UTB

W0360922

Eine Arbeitsgemeinschaft der Verlage

Böhlau Verlag · Wien · Köln · Weimar
Verlag Barbara Budrich · Opladen · Farmington Hills
facultas.wuv · Wien
Wilhelm Fink · München
A. Francke Verlag · Tübingen und Basel
Haupt Verlag · Bern · Stuttgart · Wien
Julius Klinkhardt Verlagsbuchhandlung · Bad Heilbrunn
Mohr Siebeck · Tübingen
Nomos Verlagsgesellschaft · Baden-Baden
Orell Füssli Verlag · Zürich
Ernst Reinhardt Verlag · München · Basel
Ferdinand Schöningh · Paderborn · München · Wien · Zürich
Eugen Ulmer Verlag · Stuttgart
UVK Verlagsgesellschaft · Konstanz, mit UVK/Lucius · München
Vandenhoeck & Ruprecht · Göttingen · Bristol
vdf Hochschulverlag AG an der ETH · Zürich

Georg Römpp

Nietzsche leicht gemacht

Eine Einführung in sein Denken

BÖHLAU VERLAG KÖLN WIEN WEIMAR · 2013

Georg Römpp hat Philosophie, Politikwissenschaft und Volkswirtschaftslehre studiert und wurde in Philosophie promoviert.

Bibliografische Information der Deutschen Bibliothek:

Die Deutsche Nationalbibliothek verzeichnet diese Publikation in der Deutschen Nationalbibliografie; detaillierte bibliografische Daten sind im Internet über http://dnb.ddb.de abrufbar.

Online-Angebote oder elektronische Ausgaben sind erhältlich unter www.utb-shop.de.

Umschlagabbildung: Friedrich Nietzsche, Porträtaufnahme, 1882. © akg-images.

Einbandgestaltung: Atelier Reichert, Stuttgart
Illustrationen: Rolf Bunse, Aachen
Satz: synpannier. Gestaltung & Wissenschaftskommunikation, Bielefeld
Druck und Bindung: AALEXX Buchproduktion GmbH, Großburgwedel
Gedruckt auf chlor- und säurefreiem Papier
Printed in Germany

UTB-Band-Nr. 3718 | ISBN 978-3-8252-3718-9

Inhaltsverzeichnis

Einleitung und Gebrauchsanweisung

Nietzsche als Philosoph

Vor den 80er Jahren des 20. Jahrhunderts war es durchaus nicht selbstverständlich, Nietzsche als einen ernstzunehmenden Philosophen aufzufassen. In der Regel galt er in der Zunft der ernsthaften Philosophen als philosophierender Schriftsteller nicht unbedingt von höchstem Rang und von eher zweifelhaftem Ruf. Zu dieser schlechten Reputation hatten sicherlich Versuche beigetragen, Nietzsche dem nationalsozialistischen Staat als Hofphilosophen anzudienen, verbunden mit einer auch später noch anhaltenden Rezeption, die sich in erster Linie auf eine sehr und allzu einfache Lektüre seiner Schriften beschränkte und dabei vor allem die plakativen und lauten Stellen in den Vordergrund stellte, um zu einer merkwürdigen Art von Popularphilosophie im schlechtesten Sinne zu gelangen.

Jedem Anfänger in der Lektüre von Nietzsches Werken wird sehr schnell deutlich, warum eine solche Rezeption gerade bei diesem Autor möglich und vielleicht sogar verständlich und naheliegend war: Nietzsche ist dem ersten Anschein nach sehr *einfach* zu verstehen. Natürlich ebnete diese Gestalt seiner Schriften den Weg in ein entsprechend einfaches Verständnis, während etwa Descartes, Kant, Hegel und Wittgenstein sich schon beim Lesen dagegen sperren, allzu einfach aufgefasst zu werden. Bei diesen Autoren versteht man meistens sehr wenig bis überhaupt nichts, wenn man ohne entsprechende Vorbildung einfach zu lesen beginnt. Bei Nietzsche dagegen *glaubt* man immer etwas zu verstehen und in vielen Schriften stößt man auch beim Fortschreiten kaum auf Schwierigkeiten.

In der Regel verstehen wir dort am leichtesten, wo wir einen mühelosen Anschluss an das herstellen können, was wir sowieso schon wissen oder zumindest zu wissen glauben. Man könnte deshalb vermuten, Nietzsches populäre ebenso wie die nationalsozialistische Rezeption habe sehr viel damit zu tun gehabt, dass sich seine Gedanken leicht mit den entsprechenden Vorurteilen verbinden ließen. Allerdings sind Vorurteile nichts per se Unanständiges – eigentlich sind sie sogar die Voraussetzungen dafür, überhaupt etwas zu verstehen und Erklärungen zu akzeptieren, die ‚Vor-Urteile' brauchen, um Sinn zu erzeugen und auf Akzeptanz stoßen zu können. Ein Leser, der überhaupt keine Urteile aus seinem Denken vor der Lektüre mitbringt, wird weder Descartes, Kant, Hegel und Wittgenstein noch Nietzsche verstehen können.

Demnach hängt das, was wir verstehen, also vor allem davon ab, *welche* Vor-Urteile wir mitbringen? Mit dieser Frage sind wir schon tief in Nietzsches Philosophie – tiefer als die populäre Rezeption jemals vorgedrungen war, von der nationalsozialistischen ganz zu schweigen. An dieser Stelle drängt sich jedoch eine andere Frage auf: wenn Nietzsche seit den letzten Jahrzehnten des 20. Jahrhunderts als ein genuin philosophischer Autor rezipiert wird, lässt sich daraus nicht schließen, dass es seit damals gelingt, andere Vor-Urteile bei der Lektüre seiner Werke zu aktivieren? Das würde aber bedeuten, dass sich wichtige Strömungen in der Philosophie seit Nietzsches Zeit genau in eine solche Richtung entwickelt haben müssen, aus der sich Anschlussmöglichkeiten für eine Rezeption von Nietzsche *als Philosoph* anbieten. Sollten wichtige Teile der Gegenwartsphilosophie also gerade in Nietzsche sich selbst erkennen können?

Das werden wir am besten dadurch herausfinden, dass wir uns auf eine solche Lektüre Nietzsches aus philosophischer Perspektive einlassen. Was kann es also heißen, Nietzsche leicht machen zu wollen, wenn es nicht darum gehen kann, ihn als Popularphilosophen oder als quasi-philosophischen Paukenschläger leicht zu machen, sondern als Philosophen? Sehr vereinfacht gesagt, besteht die Aufgabe dieses Buches vor allem darin, *andere* und zwar genuin philosophische Vor-Urteile für die Lektüre Nietzsches vorzuschlagen. Aus dieser Perspektive ist der ‚wirkliche' Nietzsche gerade nicht der Schriftsteller mit den lauten, plakativen und aggressiven Formulierungen, der gegen das Christentum, den Sozialismus, die ‚Entartung' des Menschen und das Mitleiden wütet und von Menschenzüchtung und natürlicher Selektion in Tönen jubelt, die nur noch durch seine Bewunderung für diejenigen übertroffen werden, die er als ‚die Starken' abwechselnd in Gestalt Napoleons und einer ‚blonden Bestie' verkörpert sieht.

In gewisser Weise besteht der erste Schritt für ein ‚Leichtmachen' Nietzsches als eines philosophischen Autors also darin, ihn ‚schwer' zu machen in dem Sinne, dass wir seine scheinbar *allzu* leicht verständlichen Texte auf Anschlussmöglichkeiten für die Philosophie von Platon über Kant bis hin zu Wittgenstein untersuchen. Die Rezeption der letzten Jahrzehnte hat bereits gezeigt, dass das möglich ist. Es ist sogar so gut möglich, dass sich daraus erstaunliche Aufschlüsse über die Problemlage einer Philosophie ergeben, welche die Reflexion auf das Wissen und das Erkennen so weit treiben will, dass wichtige denkgeschichtliche Grundlagen dabei auf eine radikale Weise infrage gestellt werden. Die weitere Entwicklung des philosophischen Denkens hat einen Horizont geschaffen, in dem sogar eine neue Perspektive auf Nietzsche als einen der zentralen Denker am Beginn des Entstehens dieses Horizontes möglich wurde. Nietzsche hatte dies übrigens selbst vorausgesagt: „Ich selber bin noch nicht an der Zeit, Einige werden posthum geboren." (EH VI-3, 296)[1]

Nietzsche ‚schwer' und dadurch leicht zu machen heißt aber natürlich nicht, ihn als einen ‚Philosophen der Schwere' aufzufassen. Gerade das Gegenteil muss der Fall sein bei jemandem, der sein Denken an einer Stelle so zusammenfasste: „Und wenn Das mein A und O ist, dass alles Schwere leicht, aller Leib Tänzer, aller Geist Vogel werde: und wahrlich, das ist mein A und O!" (Z VI-1, 286) An anderer Stelle drückte er sich so aus: „Wir müssen die Dinge lustiger nehmen, als sie es verdienen; zumal wir sie lange Zeit ernster genommen haben, als sie es verdienen." (M V-1, 333) Wir werden vor allem in Zusammenhang mit dem ‚Zarathustra'-Buch noch näher auf die Bedeutung solcher Wendungen gegen das ‚Schwere' stoßen.

Gebrauchsanweisung

Wie lässt sich Nietzsche also auf die richtige Weise schwer *und* leicht machen? Es wird sinnvoll sein, den Weg dieses Buches kurz zu skizzieren, um damit eine gewisse Gebrauchsanleitung zu geben. Ziel dieses Leichtmachens muss es offenbar sein, dem Leser solche Anschlussmöglichkeiten – wenn man will: ‚Vor-Urteile' – an die Hand zu geben, mithilfe derer er Nietzsches Texte auf einem philosophischen Niveau lesen kann, ohne sich durch die vielen allzu einfachen Stellen beirren zu lassen, die eine entsprechend vereinfachte Rezeption nahelegen könnten.

Das Buch beginnt (1.) mit einer Exposition derjenigen philosophischen Themen, die in Nietzsches Denken wichtig wurden. Nietzsche ist einer der wenigen Autoren, die in einer einzigen frühen Schrift fast alles vorgestellt haben, womit sie sich weiter beschäftigen wollten. Bei ihm ist dies die Schrift ‚Die Geburt der Tragödie aus dem Geiste der Musik', wobei man sich durch den merkwürdigen Titel nicht verwirren lassen sollte. Wir werden deshalb eine Interpretation dieser Schrift verwenden, um Nietzsches Themen zur Exposition zu bringen. Mit den meisten werden wir uns danach ohne Beschränkung auf ein einziges Werk weiter beschäftigen, mit einigen nicht, von denen man aber wenigstens gehört haben sollte.

Bekanntlich hat sich die Philosophie seit ihren griechischen Anfängen mit dem beschäftigt, was wir tun sollen und was wir wissen können. Wir folgen nach der Exposition genau diesem Schema und versuchen zunächst einen philosophischen Zugang

1 Die Zitierweise wird auf Seite 303 erklärt.

zu dem zu gewinnen, was Nietzsche für die Ethik bedeutet (2.). In Wahrheit sind wir allerdings damit schon beim Erkennen, was bald deutlich werden wird – deshalb ist dieses Kapitel auch überschrieben mit ‚Die Moral des Erkennens'. Explizit wird Nietzsches Philosophie des Wissens dann im nächsten Kapitel (3.) zum Thema, wo es um den ‚Glauben des Erkennens' gehen soll. Diese Thematik führt am Schluss auf die Frage nach dem, was man – wenn überhaupt – als so etwas wie Nietzsches ‚positive' Philosophie bezeichnen könnte, also jenseits der umfassenden Kritik an den Grundlagen des abendländischen Denkens. Hier zeigt sich, wie intensiv Nietzsche über sein eigenes Philosophieren und dessen Bedingungen reflektiert hat.

Dieses Kapitel wird abgeschlossen mit einer Interpretation eines derjenigen Texte, die schon auf dem Sprung in eine mehr oder weniger literarische Darstellungsform stehen. Deshalb kommen wir eigentlich durch den Gang der Erörterung selbst auf dasjenige Werk, das Nietzsche ganz bewusst und weitgehend als Literatur und nicht als philosophische Erörterung gestaltet hat – d. h. zu ‚Also sprach Zarathustra'. Wir werden dieses Werk abschließend an exemplarischen und wichtigen Stellen interpretieren (4.). Dabei werden die zentralen Themen aus Nietzsches Denken in einer neuen Einkleidung wieder auftauchen, aber es wird sich auch zeigen, dass dieses Buch selbst ein zentrales Thema hat, das sich wiederum aus Nietzsches Philosophie notwendig als Problem ergibt: die Frage der Vermittlung seines Denkens.

1 Das Problem des Erkennens: ‚Die Geburt der Tragödie'

1.1 Kritische Philosophie der Wissenschaft

Die Grundpositionen seiner Philosophie hat Nietzsche schon bemerkenswert früh festgelegt. Hier ist eine Schrift von geringem Umfang wichtig, die den merkwürdigen Titel trägt „Die Geburt der Tragödie aus dem Geiste der Musik". Natürlich hat Nietzsche später sein Denken umgebaut, verfeinert, expliziert, ergänzt – aber doch nie in den zentralen Bereichen in eine gänzlich andere Richtung gelenkt. Man sollte sich darüber nicht durch jene seltsame Überschrift täuschen lassen. Es geht in dieser Schrift in der Tat *auch* um die Tragödie und um den ‚Geist der Musik', aber damit sind nicht im engeren Sinne literaturhistorische oder musiktheoretische Themen gemeint. Im Grunde verbirgt sich in dieser Thematik ein – oder vielleicht das – zentrale philosophische Problem, das Kant so formuliert hatte: ‚Was können wir wissen?'. In der Gegenwart stimmen die meisten Menschen der Auffassung zu, dass das Wissen Sache der Wissenschaft ist. Nietzsche hatte diese Gleichsetzung noch nicht ganz vor Augen. Zwar war der Begriff ‚Wissenschaft' auch im 19. Jahrhundert und zuvor in Gebrauch, aber er wurde noch nicht eingeschränkt auf die Naturwissenschaft verwendet – bzw. auf die Wissenschaft, die nach dem Modell der Erkenntnisgewinnung arbeitet, das für die modernen Naturwissenschaften und hier wiederum für die Physik leitend wurde.

‚Wissenschaft' war in erster Linie der Inbegriff desjenigen Wissens, das Allgemeinheit und Notwendigkeit beanspruchen kann, d. h. welches stets und für alle Menschen in allen Kulturen gilt, und dessen Inhalt wir mit dem Bewusstsein verbinden, es müsse sich notwendig so verhalten. Damit werden Sätze wie ‚Die Ehe ist unauflöslich' oder ‚Tübingen liegt am Neckar' offensichtlich aus dem Bereich dessen ausgeschlossen, was ‚Wissenschaft' heißen soll, denn der erste Satz gilt in vielen Kulturen und Religionen nicht, und der zweite gibt keinen notwendigen Zusammenhang wieder. Aber auch viele Sätze aus den Naturwissenschaften sind nach diesem Verständnis eigentlich nicht ‚wissenschaftlich' – in der Zoologie ist es etwa nicht notwendig, dass bei der Einteilung der Säugetiere irgendwo auch die Unterscheidung in Feliden und Kaniden vorkommt, denn man könnte auch eine andere Einteilung finden als in Katzen und Hunde. Die

Sätze der Newtonschen Mechanik sollen dagegen (im Makrobereich) ebenso notwendig und allgemein gelten wie $E=mc^2$.

Was heute als ‚Wissenschaft' bezeichnet wird, deckt sich also nur zum Teil mit dem, was für Nietzsche diesen Begriff ausmachte. Er umfasste weit mehr als den Bereich des Wissens, den wir heute demjenigen Denk- und Handlungszusammenhang zuordnen, welchen wir als ‚Wissenschaft' bezeichnen und ihn damit von einem anderen Denken unterscheiden, das etwa in der Politik mit dem Ziel des Entscheidens über Regeln des Zusammenlebens, in den Religionen mit dem Ziel einer Vorgabe für das richtige Handeln für Menschen, die sich auf eine bestimmte Weise verpflichtet fühlen, oder auch in der Philosophie mit dem umfassenden Anspruch einer Reflexion auf die Grundlagen des Wissens durchgeführt wird. Diese Unterscheidung war noch nicht in der uns bekannten Weise selbstverständlich geworden, anders gesagt: der Bereich des allgemeinen und notwendigen Wissens war noch nicht auf den Bereich der Naturwissenschaft nach dem Muster der Physik eingeschränkt, wie dies heute im ‚mainstream' der Überzeugungen zumindest der Menschen in der westlichen Welt der Fall ist. Lange Zeit hatten aus Begriffen und reinem Denken (und sehr vielen Annahmen, die man einfach als selbstverständlich akzeptierte) entwickelte Sätze über Gott, die Welt und den Menschen bzw. seine Seele ebenso als Bestandteile eines notwendigen und allgemeinen Wissens gegolten.

Erst Kant hatte die Frage nach der Möglichkeit und der Legitimation für ein solches Wissen neu und radikal gestellt. *Seine* erste Einsicht war, dass ein Wissen, dem Notwendigkeit und Allgemeinheit zugeschrieben werden kann, keinesfalls aus der Erfahrung genommen werden kann, d. h. nicht a posteriori (also ‚nach' und in Abhängigkeit von der Erfahrung) gelten kann, sondern es muss sich um ein Wissen a priori handeln, also ‚vor' und ohne Abhängigkeit von der Erfahrung. Da wir von Wissen aber nur dann sprechen, wenn wir durch die Vertrautheit mit ihm etwas über die Welt erkennen (und nicht nur über die Weise, wie wir unsere Begriffe verwenden), deshalb darf es sich auch nicht nur um eine Analyse unserer Sprache handeln – offenbar sehen wir Sätze wie ‚Schimmel sind weiße Pferde' oder ‚Junggesellen sind unverheiratete Männer' nicht als Bestandteile unseres Wissens, sondern als Erklärungen der Bedeutung von Wörtern an. Die Frage nach dem Bereich dessen, was wir als ‚Wissenschaft' bezeichnen können, nahm deshalb in Kants Denken die Form einer Frage nach der Begründung apriorisch-synthetischer Urteile an, also solcher Sätze, die zum einen vor und unabhängig von der Erfahrung gelten und deshalb beanspruchen können, notwendig und allgemein zu gelten, und die uns zum anderen nicht nur etwas über unsere Sprache sagen, also nicht ‚analytisch' sind, sondern eine Synthese von zwei verschiedenen Vorstellungen enthalten, deren Verbindung uns zuvor noch nicht bekannt war.

Kant hatte auf dieser Grundlage eine Antwort gefunden, die eine *solche* Wissenschaft nur noch in einem bestimmten Bereich gelten ließ, nämlich in dem, was er als erste ‚Möglichkeitsbedingungen' des Erfahrens von Objekten identifizierte. Diese ‚subjektiven' Voraussetzungen für unsere Erfahrung stellte er unter dem Titel ‚Kategorien' zusammen und arbeitete sie schließlich als ‚Grundsätze' desjenigen Gebrauchs unseres Verstandes aus, in welchem wir in ihm selbst apriorisch-synthetische Urteile gewinnen können. Das Entscheidende an diesem Gedanken ist, dass darüber hinaus gerade kein Wissen im genannten Sinne von ‚Wissenschaft' mehr möglich ist. Der Bereich dessen, was wir als ‚Wissenschaft' in diesem strengen Sinne bezeichnen können, ist auf diese Weise offenbar sehr klein geworden. Vor allem umfasst er *nicht* den Bereich des Wissens, das wir *heute* als Wissenschaft bezeichnen, wenn wir entweder alles, was in ‚Universitäten' genannten Institutionen als ‚Wissen' bezeichnet wird, oder zumindest den Teil davon, der nach den Grundsätzen des Modells der Naturwissenschaften erzeugt wurde, dem Bereich der ‚Wissenschaft' zurechnen. Das geht nach Kants Denken natürlich schon darauf zurück, dass es sich bei dem in diesem Sinne ‚wissenschaftlichen' Wissen nicht um ein apriorisches Wissen handelt und deshalb nicht um ein Wissen, das mit dem Anspruch auf Allgemeinheit und Notwendigkeit auftreten kann.

Das scheint uns heute nichts Besonderes zu sein. Inzwischen ist es für die meisten Menschen selbstverständlich geworden, dass die Wissenschaft nicht nur ausschließlich aus der Erfahrung stammendes und methodisch in ihr begründetes Wissen ansammelt, sondern dass dieses Wissen auch keine Ewigkeitsbedeutung besitzt und schon gar keine Notwendigkeit. Diese Einsicht verbreitete sich vor allem durch Poppers Gedanken, dass das Wissen eigentlich nie verifizierbar ist, sondern nur falsifizierbar, d. h. wir gewinnen Erkenntnisse, indem wir versuchen, Geltung beanspruchende Sätze zu widerlegen. Gelingt uns dies nicht, so können wir sie akzeptieren – aber nur in dem Sinn, dass wir sie als ‚noch nicht falsifiziert' auffassen, was ein Verständnis von Wissenschaft als System notwendig und universell geltender Aussagen natürlich ausschließt. Im Anschluss daran wurde ein Selbstverständnis der modernen Wissenschaft entwickelt, das sie weitgehend als die Ausarbeitung solcher Zusammenhänge von Aussagen auffasst, die gemäß den Kriterien für Wissenschaftlichkeit, wie sie innerhalb der ‚scientific community' gelten, als ‚lebensfähig' aufgefasst werden, d. h. es lohnt sich, an ihnen festzuhalten, weil sie nicht widerlegt wurden, sich bewährt haben und man einfach keine besseren Theorien zur Verfügung hat. Man sollte allerdings beachten, dass es immer noch reflexionsfreie Zonen in der Wissenschaft gibt, in denen etwa manche Hirnforscher ihre Ergebnisse als endgültige Aufklärung über das Wesen des Menschen ansehen oder Physiker hoffen, auf der Grundlage ihrer Forschungen ‚Gottes Gedanken vor der Erschaffung der Welt' lesen zu können.

Zunächst aber sollten wir festhalten, dass sich bei Nietzsche der Begriff vom Wissen als Wissenschaft noch aufs Engste mit dem Wissen als Philosophie verband. Das heißt nicht, dass er Kant widerlegen oder hinter dessen Denken zurückgehen wollte. Die Richtung seiner Fragen war vielmehr eine andere. Das gerade ist aus der Schrift über ‚Die Geburt der Tragödie' gut zu erkennen. Wir können schon an dieser Stelle sagen: seine Frage war anders als die von Kant nicht nach der *Geltung* des Anspruchs von Sätzen auf Wissenschaftlichkeit, sondern nach der *Genesis* dieses Anspruchs. Man könnte auch sagen, er stellte sich die Frage nach dem Ursprung einer Philosophie, aus derem Denken eine Auffassung von Wissen entstehen konnte bzw. musste, das als Wissenschaft in dem eben skizzierten Sinne einer Erkenntnis mit dem Anspruch auf dauernde und absolute Geltung auftreten muss. Man sollte hier beachten, dass es sich dabei nicht um ein Wissen handeln kann, das nur zum Problemlösen dienen soll. In diesem Fall nämlich könnte sich unser Wissen ganz fundamental ändern, ohne dass sich die ‚Gegenstände', auf die sich das Wissen bezieht, geändert haben. Der Bezugspunkt eines *solchen* Wissens wären nicht die Gegenstände in der Welt ‚an sich', sondern unsere menschlichen Probleme mit ihnen, und wenn diese Probleme sich ändern, so würde sich auch das Wissen ändern, das wir nur zu deren Lösung entwickelt haben, und auch wenn sich die menschlichen Probleme kurzfristig nicht sehr verändern mögen – auf lange Sicht tun sie es doch.

Wenn Nietzsche von ‚Wissenschaft' schreibt, so sollten wir also beachten, dass es dabei (a) nicht einfach um das geht, was wir heute so bezeichnen, und auch nicht um das, was man auf der Grundlage des Selbstverständnisses vieler Wissenschaftler als das Methodenideal der Wissenschaft bezeichnen könnte, das nach dieser Auffassung meistens in der Physik am besten realisiert angesehen wird, und dass dabei nichtsdestoweniger (b) ein anspruchsvoller Begriff von Wissenschaft verwendet wird. Dass dieser Anspruch eingelöst werden kann, dies war für Nietzsche jedoch keineswegs selbstverständlich, ebenso wenig wie es ihm sicher erschien, dass das Wissen nur in der Wissenschaft zu finden sein soll, wie sie dem Ideal der Wissenschaftler entsprach. Jedenfalls sah er in diesem Anspruch ein Problem, und wir können vorwegnehmend schon festhalten, dass dieses Problem zu einer der wenigen – wenn auch nicht der einzigen – Leitfragen seiner Philosophie werden sollte. In dem viel später geschriebenen „Versuch einer Selbstkritik" zu jenem Buch über die Tragödie und deren Geburt aus dem Geiste der Musik reflektierte Nietzsche so über dieses zentrale Thema: „Was ich damals zu fassen bekam, etwas Furchtbares und Gefährliches, … heute würde ich sagen, dass es das Problem der Wissenschaft selbst war – Wissenschaft zum ersten Male als problematisch, als fragwürdig gefasst." (GT III-1, 7) Seine Philosophie sollte nach dieser Leitfrage also nicht in erster Linie die Aufgabe haben, ein Wissen zu *entwickeln*, das sich auf die Welt und den Menschen richtet, sondern es sollte von Anfang an um eine *Reflexion* auf das gehen, was als Wissen bezeichnet wird – also auf das ‚Problem der Wissenschaft'.

Mit dieser Einschränkung – Reflexion auf das Wissen statt Wissen – begann Nietzsche auf dem Stand zu denken, den die Philosophie schon längere Zeit vor ihm als für sich angemessen gefunden hatte. Dieser Weg begann grundsätzlich bereits bei Descartes, dem es in seiner berühmten Begründung alles Wissens im seiner selbst gewissen Ich und d. h. in der Selbstreflexion auf den Akt des Denkens in erster Linie auf die Frage ankam, was wir wirklich mit Sicherheit und Gewissheit wissen können und wie wir diesen Status auf die Art und Weise der Gewinnung unseres Wissens übertragen können. Endgültig hatte jedoch Kant die Aufgabe der Philosophie auf die einer solchen *Reflexion* – was bei ihm ‚Kritik' hieß – begrenzt, und eine der wichtigsten Aufgaben seiner theoretischen Philosophie bestand gerade darin, die Ansprüche einer ‚rationalen' Theologie, Psychologie und Kosmologie auf für alle Menschen notwendig geltende Erkenntnisse abzuweisen. Damit sollte natürlich nicht behauptet werden, dass wir nichts über Gott, den Menschen und den Kosmos wissen können, aber solche Erkenntnisse können gemäß Kants Einsicht nicht auf ‚rationalem' Wege, d. h. durch das bloße Denken gewonnen werden, sondern nur durch eine auf Erfahrung gegründete Wissenschaft (Psychologie und Kosmologie) bzw. durch eine Auslegung von Texten, die beanspruchen, uns Auskunft über Gott geben zu können (Theologie). Das schließt aber die Begrenztheit des Anspruchs solcher Erkenntnisse ein – es handelt sich nicht um ewige und letztbegründete Einsichten, die von niemandem bezweifelt werden können, sondern um solche, die kritisiert, revidiert und im Laufe der Zeit vielleicht sogar vollständig verändert werden können. Wenn Kant seine Statusbestimmung des philosophischen Denkens als ‚kritisch' bezeichnen konnte, so können wir den Begriff ‚kritisch' also in eben diesem Sinne auch für Nietzsches Denken gelten lassen – mit Veränderungen, die noch deutlich werden.

1.2 Apollo und das individuierende Bestimmen

Wenn eine solche Frage nach dem Wissen und der Wissenschaft mithilfe des Problems einer „Geburt der Tragödie aus dem Geiste der Musik" untersucht werden soll, so wird beansprucht, diese Untersuchung auf der Grundlage einer Reflexion auf die *Kunst* durchführen zu können. In der Tat hat Nietzsche auch in seinem späteren Kommentar zu seinem eigenen Frühwerk diesen Zusammenhang betont: das Problem der Wissenschaft könne nicht auf dem Boden der Wissenschaft erkannt werden

(GT III-1, 7), weshalb es gelte, „die Wissenschaft unter der Optik des Künstlers zu sehen" (GT III-1, 8) Man sollte sich zumindest vorläufig verdeutlichen, wogegen sich eine solche Perspektive absetzt: es soll Wissenschaft offenbar nicht zum Thema werden unter dem Gesichtspunkt, wie sich Sätze möglichst adäquat auf Zusammenhänge in der Welt beziehen können, was traditionell als ‚Wahrheit' bezeichnet wurde (adaequatio intellectus et rei). Aber vielleicht versuchte sich Nietzsche gerade mit der Frage nach der Kunst dem Problem der Wahrheit zu nähern. Die Richtung der Reflexion geht aber auf das *Entstehen* dieser Auffassung von Wahrheit, die uns als adaequatio geläufig wurde, und auf die Herkunft jener Vorstellungen über den richtigen Umgang mit jenen wahren Erkenntnissen, die mit dem so definierten Begriff verbunden wurden.

Dass dieses Buch ein zunächst nur unter künstlerischen Gesichtspunkten bedeutsames Thema mit der Frage nach der Wissenschaft zusammenführt, stellt auf jeden Fall den Ausdruck des Anspruchs dar, dass in ihm gerade das Künstlerische, das Kreative, das ästhetische Weltenschaffen als die Grundlage des möglichen Wissens von der Welt und vom Menschen erklärt werden könne. Später wird Nietzsche in seiner Reflexion auf dieses Buch von einer „ästhetischen Weltauslegung" sprechen. Den größten Gegensatz dazu wird er dann in der moralischen Weltauffassung des Christentums sehen (GT III-1, 12). Die ‚artistische' Lehre wird damit als ein prinzipiell ‚anti-christliches' Denken aufgefasst (GT III-1, 13). Es wird sich auch zeigen, dass Nietzsche bereits in seinem frühen Buch das Christentum als Erbe dessen auffasst, was er bald als ‚Platonismus' bezeichnet, also als die zu einer ‚Lehre' verfestigte Philosophie Platons.

Die Grundlage der Kunst findet Nietzsche in einer Dualität, die das eigentliche Thema dieses Buches darstellt: von Apollinischem und Dionysischem, und diese Ambivalenz des Künstlerischen scheint ihm für die Kunst eine analoge Bedeutung zu haben wie die Zweiheit der Geschlechter für die Fortpflanzung des Menschen (GT III-1, 21). Diese Unterscheidung muss dann aber nicht nur für die Aufklärung der ‚Geburt der Tragödie' wichtig sein, sondern auch für das Thema der Aufklärung der Wissenschaft als einer – und heute meist *der* – Form des Wissens. Deshalb stellt im Zusammenhang des Denkens von Nietzsche das Verhältnis von Apollinischem und Dionysischem nicht ein Spezialthema unter der Perspektive einer Aufklärung der Kunstform der Tragödie, der Musik allgemein oder sogar der Kunst als solcher dar. In Bezug auf Wissenschaft, Sprache und das menschliche Denken handelt es sich in der Tat um einen der wichtigsten Züge in Nietzsches Philosophie. Dies wird vor allem dann deutlich, wenn es gelingt, die wesentlichen Strukturen dieser Unterscheidung beizubehalten und sich dennoch von der Verengung auf eine allzu metaphorische Bedeutung zu lösen. Wir sollten aber schon an dieser Stelle und vor der Erörterung des Apollinischen und Dionysischen deutlich sehen, dass es hier nicht um zwei isolierte Kunsttendenzen oder Kulturrichtungen geht, sondern um die Bedeutung, welche deren Vereinigung gewinnt – und auch um die Notwendigkeit dieses Zusammenwirkens. Nietzsche wies ausdrücklich darauf hin, dass wir „in jenem Bruderbunde des Apollo und des Dionysos die Spitze ebenso wohl der apollinischen als der dionysischen Kunstabsichten anerkennen“ müssen (GT III-1, 146).

Über das Verhältnis zwischen diesen beiden künstlerischen Prinzipien, die zugleich Prinzipien des Wissens und damit der menschlichen Beziehung zur Welt sind, hat sich Nietzsche nach zwei Richtungen geäußert. An manchen Stellen scheint es so, dass das Dionysische ihm als die Wahrheit der Welt galt, während das Apollinische ein bloßer Schein sein sollte, der diese Wahrheit verdeckt. Etwa sprach er diese Funktion dem apollinischen Bewusstsein zu (GT III-1, 30). An einer anderen Stelle ist die Rede von der „glänzende(n) Traumgeburt des Olympischen“ (d. h. des Apollinischen), welches die Griechen vor „die Schrecken und Entsetzlichkeiten des Daseins“ stellen musste, um leben zu können (GT III-1, 31). Noch an anderer Stelle schreibt Nietzsche von der ‚metaphysischen Annahme‘,

„dass das Wahrhaft-Seiende und Ur-Eine, als das Ewig-Leidende und Widerspruchsvolle, zugleich die entzückende Vision, den lustvollen Schein, zu seiner steten Erlösung braucht: welchen Schein wir, völlig in ihm befangen und aus ihm bestehend, als das Wahrhaft-Nichtseiende d. h. als ein fortwährendes Werden in Zeit, Raum und Kausalität, mit anderen Worten, als empirische Realität zu empfinden genötigt sind.“ (GT III-1, 34–35)

Hier findet sich aber bereits eine Charakterisierung des Verhältnisses zwischen apollinischem und dionysischem Prinzip, welche in eine andere Richtung weist, und diese Richtung ist auch diejenige, welche in Nietzsches Denken wirklich Bedeutung gewinnen sollte und die Struktur dieser Philosophie fundamental prägt. Zwar soll wohl das Dionysische das „Wahrhaft-Seiende“ darstellen, aber es ist offensichtlich ein sehr mängelbehaftetes Seiendes, wenn es den Schein geradezu „braucht“. So ganz wahr kann das Wahre nicht sein, wenn es noch etwas außer seiner selbst braucht, um zu dem zu kommen, was Nietzsche als dessen „Erlösung“ bezeichnet. Ganz entsprechend nennt Nietzsche die „Erlösung durch den Schein“ auch „das ewig erreichte Ziel des Ur-Einen“ (GT III-1, 35). Dieser Schein ist allerdings kein ‚bloßer Schein‘, von dem wir etwa dann sprechen, wenn ein Gegenstand nicht wirklich vorhanden ist, wir aber doch durch bestimmte Sinneseindrücke glauben, er sei wirklich, wie dies vielleicht der Fall ist, wenn wir in der Dunkelheit einen Schatten als einen Hund wahrnehmen, was sich beim genaueren Hinsehen und bei besserer Beleuchtung als Irrtum herausstellt.

Der von Nietzsche gemeinte Schein ist vielmehr gerade das, was wir als ‚wirklich' zu bezeichnen gewohnt sind, nämlich die „empirische Realität" und deren „fortwährendes Werden in Zeit, Raum und Kausalität", was er als „das Wahrhaft-Nichtseiende" bezeichnete (GT III-1, 35). Dieser Ausdruck klingt ungewöhnlich – vor allem deshalb, weil nicht das gemeint ist, was beim ersten Lesen verstanden werden könnte: nämlich das, was in Wahrheit nicht ist. Gemeint ist vielmehr das, was auf eine *wahrhafte* Weise nicht das ist, was im dionysischen Sinne ist, und *dieses* ‚wahrhaft' sollten wir hier mit Bezug auf ‚Wahrnehmung' oder ‚Wahrscheinlichkeit' auffassen. Die empirische Realität ist also insofern ‚wahrhaft', als sie der Schein ist, in dem „das Wahrhaft-Seiende und Ur-Eine" zu seiner Erlösung kommt (GT III-1, 34). Wenn es einer solchen Erlösung bedürftig ist, dann war es offensichtlich zuvor nicht vollständig das, was es sein muss. Dann aber ‚gibt es' das Dionysische nicht ohne das Apollinische und das Wahre nicht ohne sein Scheinen.

An dieser Stelle muss wohl darauf aufmerksam gemacht werden, dass Nietzsches bisweilen irreführende Formulierungen über das Dionysische als das ‚Wahre' oder der ‚Urgrund' der Welt in der Schrift „Die Geburt der Tragödie aus dem Geiste der Musik" weitgehend auf den noch anhaltenden Einfluss der Philosophie Schopenhauers zurückgehen, der auf den merkwürdigen Gedanken gekommen war, Kants Rede von einem An-sich als einen Hinweis auf so etwas wie einen ‚Willen an sich' zu deuten, den er dann un-kantisch als den eigentlichen Grund der Welt verstand. In der vorliegenden Darstellung wird auf eine nähere Erläuterung von Schopenhauers vorübergehendem Einfluss auf Nietzsches Denken verzichtet. Bereits in der „Geburt der Tragödie aus dem Geiste der Musik" wird bei genauerem Lesen deutlich, dass sich Nietzsche schon weitgehend von dem Denken jenes Schriftstellers gelöst hatte.

Nietzsches Auffassung ist auf jeden Fall besser zu verstehen, wenn wir sie mit Grundzügen der Kantischen Philosophie vergleichen. Nach Kant können wir eine Erkenntnis nur von der ‚Erscheinung' erreichen, unter welcher bei ihm das verstanden wird, was wir als Subjekte mithilfe unserer reinen Verstandesbegriffe aus den Sinnesdaten machen, die allein uns in der Form von Anschauungen gegeben sind. Wir konstruieren die Welt der Erscheinung also, obwohl dies kein willkürliches Tun ist, sondern ein Vorgang, der notwendig ist für ein Wesen, das sich von der Welt der Objekte unterscheidet und darin für sich selbst seine Identität finden kann. Insofern ist diese Erscheinung keineswegs ein Schein, der uns das verstellt oder falsch darstellt, was wirklich ist. Sie ist vielmehr das *Wirkliche*, nur dass wir das Wirkliche auffassen müssen als etwas, das zusammen mit der bewussten Identität des Subjekts in der Anwendung von Urteilsformen bzw. reinen Verstandesformen auf die Anschauung ‚hergestellt' wird – nämlich *hergestellt* wird als die Welt des Subjekts. Natürlich kann ‚hinter' dieser Welt keine andere sein, von der sie die Erscheinung wäre, denn eine solche ‚Hinterwelt' wäre eben keine Welt für ein Subjekt. Um von einer solchen ‚Hinterwelt' sprechen zu können, müssten wir den Gedanken eines ‚Meta-Subjekts' fassen, also eines Subjekts, für das Subjekt und ‚Hinterwelt' auffassbar wären. Wir müssten also den Standpunkt Gottes einnehmen, von dem wir jedoch gerade nach der Kantischen Lehre (Kritik der rationalen Theologie) nichts *wissen* können (obwohl wir daran *glauben* können).

Nietzsche führte allerdings nicht wie Kant die Entwicklung und Begründung von reinen Verstandesbegriffen aus der Notwendigkeit durch, mithilfe von Urteilsformen aus einem Satz eine genügend bestimmte Behauptung über die Welt machen zu müssen. Von einem Subjekt, das im Verhältnis zur objektiven Welt seine Identität findet, ist ebenfalls nicht die Rede. Dennoch ist der ‚Schein' und ‚Traum' des Apollinischen ebenso wenig ein ‚bloßer Schein', hinter dem irgendwie die Wahrheit stecken könnte, wie dies für Kants Welt der Erscheinung galt. Die empirische Welt ist im einen Fall eine Konstruktion des identischen Subjekts, im anderen Fall ist sie die Weise, in der sich das Formlose, Rauschhafte des Dionysischen *darstellen* kann. Vielleicht ist es nicht ganz überflüssig zu erwähnen, dass als ‚empirische Welt' hier – ebenso wie bei Kant – nicht die Welt der Sinneswahrnehmungen bzw. –daten zu verstehen ist, sondern, wie das Wort sagt, die Welt der Erfahrung, d.h. die Welt, in der wir Objekte erfahren, ihre Zusammenhänge feststellen und darüber (u.a.) wissenschaftliche Erkenntnisse sammeln. Wir kommen also auch hier zurück zu der eingangs erwähnten Fragestellung nach der Form des Wissens, welche zu dem Phänomen gehört, das wir als Wissenschaft kennen. Diese Form des Wissens zeigte sich für Nietzsche nun in diesem frühen Stadium als eine Weise der apollinischen – d.h. umgrenzten und zur Gestalt gebildeten – Darstellung des Dionysischen, also als ein Geschehen des *Bildens* und des *Erzeugens* von Bestimmtheit.

Eine solche *Darstellung* setzt jedoch den Gedanken einer *Dualität* voraus. In Nietzsches ästhetischer Terminologie wird sie als Dualität zwischen „der Kunst des Bildners" (Apollo) auf der einen und der „unbildlichen Kunst der Musik" (Dionysos) ausgedrückt (GT III-1, 21). Diese Dualität erläuterte Nietzsche durch die Unterscheidung zwischen den „getrennten Kunstwelten des Traumes und des Rausches" (GT III-1, 22). Das ‚Bilden' steht also mit dem ‚Traum' auf der einen Seite der Musik und dem ‚Rausch' auf der anderen Seite gegenüber. Wenn hier von ‚Traum' die Rede ist, so sollte man nicht an Albträume oder an visuelle Wunscherfüllungen denken, sondern in erster Linie daran, dass im Traum Gestalten und Bilder erschaffen werden, die so in der Wirklichkeit nicht existieren, auch wenn es Zusammenhänge mit der wirklichen Welt gibt. Ebenso ist wichtig, dass der Traum in einem ambivalenten Sinne als ‚Schein' gilt – jedenfalls in Bezug auf die Wirklichkeit, in der der Träumer erwacht, obwohl er ihm während des Schlafes meist sehr real erscheint. Nietzsche nennt hier die „maßvolle Begrenzung" als Charakteristikum des Traum-Bildens, durch welche der Schein uns nicht als „plumpe Wirklichkeit" betrügen könne, so dass sich durch dieses ‚Maß' der Schein von der Realität unterscheiden kann (GT III-1, 24).

Die Seite des Gottes Apollo in der Kunst ist also diejenige der Begrenzung, des Gestaltens und damit des Schaffens von einzelnen Bildern bzw. Wesen. Nietzsche nannte Apollo deshalb den Gott „des principii individuationis", „aus dessen Gebärden und Blicken die ganze Lust und Weisheit des ‚Scheines' samt seiner Schönheit" zu uns sprechen (GT III-1, 24). Apollo ist der „Gott der Individuation und der Gerechtigkeitsgrenzen" (GT III-1, 67). Der letztere Ausdruck besagt, dass damit ein Prinzip in der Welt ist, durch das die Dinge begrenzt sind bzw. so verstanden werden, und diese Grenzen werden als die *eigenen* der Dinge aufgefasst, die ihnen ‚gerecht' sind – m. a. W.: Apollo ist nach dieser Auffassung der Gott der Bestimmtheit der Dinge, so dass sie sind, was sie sind und nichts anderes, d. h. sie sind *unterschieden*. Das Prinzip der Individuierung (‚Gott der Individuation') ist hier nicht auf den Menschen eingeschränkt zu verstehen, sondern in seiner allgemeinsten Bedeutung, d. h. so, dass jede Abgrenzung einzelner Wesen, Begriffe, Gedanken und Ideen damit gemeint sein kann.

Es handelt sich also im Grunde um das Prinzip, dass A nicht B ist und dass sich beide von C unterscheiden, was auch immer als A, B oder C bezeichnet werden mag. Offensichtlich ist dies eines der Grundprinzipien des Sprechens und des Denkens überhaupt. Ohne dieses Prinzip könnten wir eigentlich überhaupt nichts sagen, denn das Gesagte würde stets auch etwas ganz anderes bedeuten können, so dass es dem Hörer nichts sagen würde, weshalb er ihm weder zustimmen noch widersprechen könnte. Wenn wir nichts sagen können, dann können wir aber auch nichts denken, jedenfalls nichts, was auf irgendeine Weise *bestimmt* wäre, und würden wir nur Unbestimmtes denken, so könnten wir uns eben nicht *etwas* denken und es auch nicht für uns selbst so festhalten, dass wir andere Gedanken daran anschließen können.

Dieses Prinzip mag uns als selbstverständlich erscheinen, aber wir sollten bedenken, dass die Möglichkeit des Denkens *auch* darauf beruht, dass wir die Individuierung wieder aufheben bzw. relativieren können, indem wir von A etwa behaupten, es sei unter einem bestimmten Aspekt doch B, weil A und B doch Fälle von C seien. Hauskatzen sind in der Regel keine Tiger, aber immerhin gehören beide der Gattung der Feliden an und unterscheiden sich damit von den Kaniden, die ebenso Wölfe wie Dackel sein können. Hauskatzen sind also Feliden, aber doch nicht ‚ganz', denn zum einen gibt es noch andere Feliden wie z. B. Großkatzen, und zum anderen unterscheiden sich Katzen durch eine spezifische Differenz von der Gattung ‚Feliden'. Hauskatzen sind also unter einem besonderen Aspekt doch ‚so etwas' wie Tiger, weil beide Katzen sind, obwohl sie sich doch unterscheiden.

Solche Differenzierungen, durch die einzelne Entitäten als bestimmt aufgefasst werden, sind nach Nietzsche nun nicht einfach in der Welt vorhanden, sondern sie werden auf eine Weise ‚gemacht', die als *kreativ* und damit grundsätzlich als ähnlich demjenigen Schaffen aufgefasst wird, das wir als *Kunst* bezeichnen. Wenn Nietzsche hier von ‚Bilden' durch ‚Begrenzung' spricht, so macht er also darauf aufmerksam, dass eine solche ‚Individuierung' auf der Grundlage einer kreativen Tätigkeit geschieht und nicht von selbst in der Natur vorhanden ist. In der Welt des griechischen Denkens findet Nietzsche dafür das Prinzip eines Gottes (des Apollo), der sich von einem anderen Gott unterscheidet (dem Dionysos), obwohl beide in der griechischen Götterwelt doch selbst nur Individuen unter anderen waren.

Das individuierende Bilden ist aber nicht nur in der Kunst zu finden, sondern es handelt sich um ein Prinzip, das für alles Bestimmen gilt. Es ist also auch die Grundlage des Selbstbezugs, durch den sich ein Mensch von anderen Menschen unterscheidet. Dieses Ausbilden von Identität wurde in Griechenland in der Regel ethisch verstanden:

„Diese Vergöttlichung der Individuation kennt, wenn sie überhaupt imperativisch und Vorschriften gebend gedacht wird, nur Ein Gesetz, das Individuum, d. h. die Einhaltung der Grenzen des Individuums, das Maß im hellenischen Sinne. Apollo, als ethische Gottheit, fordert von den Seinigen das Maß und, um es einhalten zu können, Selbsterkenntnis. Und so läuft neben der ästhetischen Notwendigkeit der Schönheit die Forderung des ‚Erkenne dich selbst' und des ‚Nicht zu viel!' her." (GT III-1, 36)

Das Maß des Menschlichen ist demnach das Ergebnis eines Prozesses, in dem das Individuelle entsteht, indem Begrenzung und Gestaltbilden geschieht. Auch das ‚Menschliche' ist nicht vorhanden, sondern entsteht in prinzipiell künstlerischen Prozessen, also aus der Verbindung des Dionysischen und des Apollinischen, in der Form, Begrenzung und damit Bestimmtheit geschaffen werden.

1.3 Das Grauen und der Zauber des Dionysischen

Dieses individuierende Begrenzen und Bilden wird nun allerdings auch als ‚Schein' und ‚Traum' bezeichnet. Also muss es etwas anderes geben, was dieses Phänomen infrage stellt und bis zu einem gewissen Grade aufhebt – wäre man nicht zumindest rudimentär mit dem bekannt, was wir als ‚Realität' bezeichnen können, so könnte man nicht davon Schein und Traum unterscheiden. Wir sollten hier schon berücksichtigen, dass Nietzsche damit nicht das andere Prinzip als die alleinige Wahrheit auszeichnen will, wie der Wachzustand etwa die Wahrheit gegenüber dem Traum wäre. Es handelt sich um Analogien, und man sollte die Analogiebildung nie in dem Sinne zu weit treiben, dass sie selbst in ihrer Individualität aufgehoben und mit dem, wofür sie eine Analogie darstellt, identifiziert wird. Auch mit der Bezeichnung ‚Rausch' für das Dionysische wird eine solche Analogie versucht. zu der die meist von Lust begleitete Aufhebung von Grenzen gehört – sei es in einer allgemeinen Verbrüderung von Trinkgenossen oder im Verschwimmen der visuellen Begrenzungen der Dinge oder im Undeutlichwerden von akustischen Eindrücken oder der Stimme. Nietzsche spricht hier von einer ‚wonnevollen Entzückung', „die bei demselben Zerbrechen des principii individuationis aus dem innersten Grunde des Menschen, ja der Natur emporsteigt." (GT III-1, 24)

Das Zerbrechen des Prinzips der Individuierung ist also eine zentrale Bedeutung dessen, was Nietzsche als das Dionysische bezeichnet. An der gleichen Stelle weist er jedoch noch auf einen anderen Aspekt, der besonders unter der Perspektive der Reflexion auf Wissenschaft und Wissenschaftlichkeit wichtig ist. Er spricht hier von dem ‚Grausen', „welches den Menschen ergreift, wenn er plötzlich an den Erkenntnisformen der Erscheinung irre wird, indem der Satz vom Grunde, in irgend einer seiner Gestaltungen, eine Ausnahme zu erleiden scheint." (GT III-1, 24) Offensichtlich ist jener Rausch in Nietzsches Analogie nicht nur und nicht ausschließlich lustvoll, sondern auch grauenerregend, und dies geht gerade darauf zurück, dass uns der Gedanke der Kausalität in dieser Situation keinen sicheren Halt mehr bietet. Dass Nietzsche hier – unvermittelt, wie es scheinen könnte – vom ‚Satz vom Grund' und damit vom Prinzip der Kausalität spricht, lässt sich leicht mit Bezug auf Kants Philosophie verstehen. Dass ‚Kausalität' ein *Gedanke* ist, war bereits von Kant in seiner Ausarbeitung der Möglichkeitsbedingungen von Erfahrung und damit einer Welt von Objekten unabhängig von uns gedacht worden. Der Begriff der Kausalität gehört nach dieser Philosophie zu jenen Gedanken, die Kant als ‚reine Verstandesformen' bezeichnete, weil wir mit ihrer Hilfe die Welt in Urteilen bestimmen und damit überhaupt eine Welt von Objekten von uns als Subjekten unterscheiden können.

Eine solche Unterscheidung können wir in der Kommunikation zwischen Menschen nur so vornehmen, dass wir von Sätzen behaupten, dass sie gelten, d. h. etwas über die *Welt* aussagen – und nicht nur über den Sprecher und sein Bewusstsein selbst; sie sollen also unabhängig von ihm gelten. Das ist aber nur möglich, wenn sie so bestimmt sind, dass andere Menschen sie auf die Welt beziehen können und dadurch entscheiden können, ob es sich tatsächlich so verhält, wie mit dem betreffenden Satz behauptet wird. Erst dann ist etwas mit einem Satz ausgesagt, was auch ein anderer Sprecher so auffassen kann, wie dies der erste berichtet. Wir können ihn dann in der Kommunikation überprüfen und entscheiden, ob es wirklich so ist, d. h. ob er sich tatsächlich auf die objektive Welt bezieht oder vielleicht doch nicht. Kants Behauptung war es, dass wir genau für diesen Objektbezug von Sätzen den Begriff der Kausalität benötigen. Das heißt nicht, dass wir in jedem sinnvollen Satz sagen müssen, warum etwas so und nicht anders ist. Aber es muss das Verhältnis einzelner Eigenschaften zum Objekt angegeben werden, und zwar so, dass deutlich wird, es solle sich nicht nur für den Wahrnehmenden so verhalten, sondern dies solle ‚objektiv' gelten. Dafür müssen wir zumindest annehmen können, die verschiedenen Wahrnehmungen vom Objekt haben als ihre gemeinsame Ursache eben dieses Objekt – und nicht etwa unser Wahrnehmungsvermögen selbst. Wenn wir etwas von einem Objekt behaupten, so setzen wir deshalb den Gedanken der Kausalität als gültig voraus.

Wenn wir uns von Kants Überlegungen nun etwas lösen, so können wir auch sagen, dass die Vorstellung, alles was geschieht, habe eine Ursache, aufgrund derer es geschieht, uns die Welt *verständlich* und *erklärbar* macht. Es ist leicht zu sehen, dass der Grundsatz der Kausalität von jener Individuierung im begrenzenden Bilden abhängig ist, den wir schon als wichtigen Zug in Nietzsches apollinischen Prinzip erkannt haben. Ein Verhältnis von Ursache und Wirkung können wir nur erkennen, wenn wir beide Größen so individuieren können, dass wir genau wissen, um was es sich dabei handelt, und wenn wir zwischen beiden eine Beziehung finden, welche uns eindeutig angibt, an welcher Position der Kausalkette die eine und an welcher die andere steht. Wir könnten noch hinzufügen, dass damit auch eine eindeutige Individuierung in der Zeitfolge bestimmt ist, da die Ursache vor der Folge stehen muss (jedenfalls wenn wir uns auf die Grundlagen der klassischen Physik beschränken). Mit dem Prinzip der Individuierung wird demnach auch das Prinzip der Kausalität aufgehoben. Der Name des Gottes Dionysos bezeichnet in Nietzsches Denken also einen Zustand, in dem die Kausalität als Grundlage des Erklärens aus einem Grund ebenso außer Kraft gesetzt ist wie die bestimmte Identität der Dinge, der Begriffe und der Menschen. Genau deshalb spricht Nietzsche von einem ‚Grausen', wenn wir plötzlich in eine Situation kommen, in der der Satz vom Grund, demzufolge alles, was geschieht, eine Ursache hat und nichts geschieht ohne Ursache, ungültig zu sein scheint.

In einem solchen Zustand lösen sich die Begriffe ebenso auf wie die Dinge. Wir können demnach unter der alleinigen Geltung des dionysischen Prinzips auch nicht mehr von anderen Menschen als Urheber von Handlungen sprechen, d. h. wir können auch keine soziale Welt als eine Struktur von aufeinander bezogenen Handlungen mehr erkennen. Nietzsche formuliert dies in seinem bisweilen etwas blumigen Tonfall so: „Unter dem Zauber des Dionysischen schließt sich nicht nur der Bund zwischen Mensch und Mensch wieder zusammen: auch die entfremdete, feindliche oder unterjochte Natur feiert wieder ihr Versöhnungsfest mit ihrem verlorenen Sohne, dem Menschen." (GT III-1, 25) Hier wird über das ‚Verschwimmen' der Unterscheidung zwischen Menschen hinaus auch noch eine ‚Versöhnung' zwischen Mensch und Natur angesprochen. Natürlich sollten wir dabei nicht an Natur im Sinne einer zu schützenden Umwelt denken. Gemeint ist die Welt der Objekte, die sich, würde nur das dionysische Prinzip gelten, nicht von den Menschen unterscheiden könnte, ebenso wie sich Menschen in diesem Bezug nicht voneinander differenziert auffassen könnten. Erst das apollinische Prinzip schließt jene Unterscheidung zwischen Mensch und Objektwelt auf, die Kant mithilfe der reinen Verstandesbegriffe (wie etwa Kausalität) gedacht hatte. Ohne die Identifizierung von Objekten und von ihnen unterschiedener Menschen ‚verschwimmt' offensichtlich aber auch die Zuordnung von Objekten zu Menschen und damit wird das Erkennen von Veränderungen als Handlungen unmöglich.

Wir hatten eingangs als das zentrale Problem, welches das jetzt thematische Werk stellt, das Verhältnis zwischen einer Reflexion auf das Wissen der Wissenschaft und einer Untersuchung des Ursprungs der Tragödie aus dem Geiste der Musik bezeichnet. Eine erste Antwort können wir nun aus der Charakterisierung des dionysischen Prinzips entnehmen. Nietzsche schreibt hier: „Singend und tanzend äussert sich der Mensch als Mitglied einer höheren Gemeinsamkeit: er hat das Gehen und das Sprechen verlernt und ist auf dem Wege, tanzend in die Lüfte emporzufliegen." (GT III-1, 26) Offensichtlich hat nach dieser Formulierung die Auflösung des apollinischen Prinzips der Individuierung, der Begrenzung und des Gestaltbildens etwas mit der *Musik* in der Form von Singen und Tanzen zu tun. Darin sieht Nietzsche eine Auflösung der Individualität des Menschen und seinen Übergang in eine rein gemeinschaftliche Gestaltung. Für den einzelnen heben sich die Grenzen bis zu einem gewissen Grad auf, und aus der Perspektive von außen ist eine neue Gestalt wahrzunehmen, in der der einzelne nur im aufgelösten Zustand enthalten ist: „Der Mensch ist nicht mehr Künstler, er ist Kunstwerk geworden." (GT III-1, 26) Offenbar ist gerade das Kunstwerk in ganz ausgezeichneter Weise der Ort, an dem der Übergang vom Ungeformten zur Form und damit das Entstehen einer neuen Gestalt geschieht. Dieser Übergang muss schließlich weiterführen bis zu solchen bestimmten Formen, die Gegenstand von Wissenschaft sein können, weil sie in bestimmten Begriffen zum Ausdruck kommen und damit die Grundlage für ein allgemeines und mit dem Bewusstsein von Notwendigkeit auftretendes Wissen darstellen.

1.4 Die philosophische Bedeutung der Tragödie

Welche Bedeutung für Nietzsche die Tragödie (und zuvor die Musik) in diesem Zusammenhang hat, ergibt sich vor allem daraus, dass die Prinzipien des Apollo und des Dionysos alleine nicht bestehen können; sie sind fundamental defizitär, wie Nietzsche in der folgenden zusammenfassenden Formulierung verdeutlicht: das Apollinische und das Dionysische sind „künstlerische Mächte",

„die aus der Natur selbst, ohne Vermittlung des menschlichen Künstlers, hervorbrechen, und in denen sich ihre Kunsttriebe zunächst und auf direktem Wege befriedigen: einmal als die Bilderwelt des Traumes, … andererseits als rauschvolle Wirklichkeit, die wiederum des Einzelnen nicht achtet, sondern sogar das Individuum zu vernichten und durch eine mystische Einheitsempfindung zu erlösen sucht." (GT III-1, 26)

Nichtsdestoweniger gibt es doch charakteristische Kunstformen für diese künstlerischen Mächte, obwohl sie ohne die Präsenz des jeweils entgegengesetzten Prinzips nicht existieren könnten. Es sind dies die Plastik und das Epische auf der Seite Apollos, während der „dionysische Musiker" und der „lyrische Genius" Gestalten auf der dionysischen Seite der Kunst darstellen:

„Der Plastiker und zugleich der ihm verwandte Epiker ist in das reine Anschauen der Bilder versunken. Der dionysische Musiker ist ohne jedes Bild völlig nur selbst Urschmerz und Urwiederklang desselben. Der lyrische Genius fühlt aus dem mystischen Selbstentäusserungs- und Einheitszustande eine Bilder- und Gleichniswelt hervorwachsen, die eine ganz andere Färbung, Kausalität und Schnelligkeit hat als jene Welt des Plastikers und Epikers." (GT III-1, 40)

Die Unterscheidung zwischen dem Epischen und dem Lyrischen bezieht sich in diesem Zusammenhang vor allem auf die Bedeutung des Erzählten – der Geschichte – in der ersteren Form und auf das Entstehen aus der Musik, die für die Kunstform des Lyrischen charakteristisch ist: „Die Melodie gebiert die Dichtung aus sich, und zwar immer wieder von Neuem." (GT III-1, 44–45) Man könnte jedoch auch sagen, dass das Epische in erster Linie die Sprache zur Beschreibung von gestalteten und gebildeten Ereignissen außerhalb der Sprache einsetzt, während in der Lyrik der Ursprung die (Sprach-)Musik selbst ist und der Klang im Vordergrund steht, weshalb sie der Musik weit näher steht – üblicherweise werden Gedichte vertont, nicht aber Romane. Nietzsche beschreibt diesen Vorgang so:

„Hiermit haben wir das einzig mögliche Verhältnis zwischen Poesie und Musik, Wort und Ton bezeichnet: das Wort, das Bild, der Begriff sucht einen der Musik analogen Ausdruck und erleidet jetzt die Gewalt der Musik an sich. In diesem Sinne dürfen wir in der Sprachgeschichte des griechischen Volkes zwei Hauptströmungen unterscheiden, je nachdem die Sprache die Erscheinungs- und Bilderwelt oder die Musikwelt nachahmte." (GT III-1, 45)

Wir könnten uns dieses Verhältnis von Poesie und Musik so denken: wenn Beethoven ein Musikstück als ‚Pastorale' bezeichnet, so wird natürlich nicht beansprucht, mit dieser Musik werde eine ländliche Szene beschrieben, sondern die Beschreibung einer ländlichen Szene wird als eine mögliche verbale Haltung gegenüber dieser Musik vorgeschlagen, die selbst natürlich keineswegs von beschreibendem Charakter ist.

Die hier gemeinte Musik beschreibt also nicht, sondern führt aus sich selbst heraus zu einer – poetischen – Sprache, weshalb „die lyrische Dichtung als die nachahmende Effulguration der Musik in Bildern und Begriffen" betrachtet werden muss (GT III-1, 46). Der lyrische Künstler deutet also die Musik in Bildern (GT III-1, 47). Aufgrund ihrer Ursprünglichkeit ist es notwendig, der Musik „einen verschiedenen Charakter und Ursprung vor allen anderen Künsten" zuzuerkennen (GT III-1, 99–100). Nietzsche schrieb sogar, gerade dies sei die „wichtigste Erkenntnis aller Ästhetik, mit der, in einem ernstern Sinne genommen, die Ästhetik erst beginnt." (GT III-1, 100) Deren Frage ließe sich aufgrund dieser Bedeutung der Musik deshalb auch so charakterisieren: „wie verhält sich die Musik zu Bild und Begriff?" (GT III-1, 100) Offenbar handelt es sich hier um eine Übersetzung dessen in eine kunsttheoretische Frage, was Nietzsche auch als das Verhältnis von Dionysischem und Apollinischem beschreibt. Die Musik ist also nicht einfach irgendeine Kunst, sondern von besonderer Bedeutung, weil sie, obwohl selbst nicht sprachlich, doch eine Sprache aus sich entstehen lässt, die sich ursprünglich nicht aus einer Beziehung auf Zusammenhänge in der Welt rechtfertigt. Nietzsche spricht hier von der „Befähigung der Musik, den Mythus d. h. das bedeutsamste Exempel zu gebären und gerade den tragischen Mythus: den Mythus, der von der dionysischen Erkenntnis in Gleichnissen redet" (GT III-1, 103)

Aber auch innerhalb der Musik gab es nach Nietzsche in Griechenland eine entsprechende Unterscheidung zwischen einer apollinischen und einer dionysischen Form. Die apollinische Musik wird hörbar nur „in angedeuteten Tönen" und als „Wellenschlag des Rhythmus" – dies war nach Nietzsche vor allem die Musik der Kithara. Dagegen macht den Charakter der dionysischen Musik „die erschütternde Gewalt des Tones, der einheitliche Strom des Melos und die durchaus unvergleichliche Welt der Harmonie" aus (GT III-1, 29). Darüber hinaus ist diese Musik in erster Linie Tanz – „die volle, alle Glieder rhythmisch bewegende Tanzgebärde." (GT III-1, 29–30) Auch innerhalb der Musik erscheint also wieder die Unterscheidung zwischen dem Rauschhaften, Undifferenzierten, Unartikulierten auf der einen Seite und dem Besonnenen, Individuierten und Artikulierten auf der anderen Seite.

Nietzsches Verständnis der Lyrik geht also davon aus, „dass die Lyrik ebenso abhängig ist vom Geiste der Musik als die Musik selbst, in ihrer völligen Unumschränktheit, das Bild und den Begriff nicht braucht, sondern ihn nur neben sich erträgt." (GT III-1, 47) Die Musik ist demnach von allen Künsten am fernsten der Individuierung und dem Gestaltbilden. Ist sie deshalb die ‚wirklichere Wirklichkeit' oder die ‚eigentliche Wahrheit', wie Nietzsches Formulierungen an manchen Stellen anzudeuten scheinen, wenn er etwa darauf hinweist, dass gerade die Musik sich symbolisch auf das „Ur-Eine" und damit auf eine Sphäre „über aller Erscheinung und vor aller Erscheinung" bezieht (GT III-1, 47)? Dies würde nur gelten, wenn wir diese Sphäre als die Wahrheit und die Erscheinung (den Bereich der ‚Bilder' als individuierter Gestalten) demgegenüber als ‚bloßen Schein' und Unwahrheit auffassen müssten.

Wir werden noch näher darauf eingehen, dass dies in Nietzsches Denken keineswegs der Fall ist; aber schon die Bedeutung der Tragödie zeigt, dass der apollinische Schein nicht das Negative ist, das einfach beseitigt werden müsste, damit das Wahre übrig bleibt, denn die Tragödie enthält bekanntlich nicht nur Musik und Lyrik, sondern auch eine zusammenhängende Geschichte, die Bedeutung für das Leben des Publikums beansprucht. Auf dieser Grundlage wird bei Nietzsche die Erscheinung und damit die empirische Welt als Ergebnis einer ordnenden, bildenden, gestaltenden und damit individuierenden – also apollinischen – Leistung auf der Basis des dionysischen Ursprungs in Musik und Lyrik aufgefasst. Die Musik wird dann verstanden als eine symbolische Darstellung des Zustandes, der dieser ordnenden Leistung vorausliegend angenommen werden muss, um überhaupt von einer solchen Leistung sprechen zu können, also als eine Darstellung im Sinne einer Repräsentation oder einer Referenz auf das, was im Reich der Ordnung, der Gestalten und damit der Individuierung anders nicht erscheinen kann.

Wichtiger als die isolierende Auffassung dieser beiden Prinzipien ist jedoch die Möglichkeit einer Vereinigung von Apollinischem und Dionysischem: „Diesen unmittelbaren Kunstzuständen der Natur gegenüber ist jeder Künstler ‚Nachahmer', und zwar entweder apollinischer Traumkünstler oder dionysischer Rauschkünstler oder endlich – wie beispielsweise in der griechischen Tragödie – zugleich Rausch- und Traumkünstler." (GT III-1, 26) Damit sind wir offensichtlich bei dem Thema angelangt, das im Titel des Werkes ‚Die Geburt der Tragödie aus dem Geiste der Musik' steht. Für Nietzsche war die *Tragödie* – und zwar speziell die griechische Tragödie und hier wiederum die Werke von Äschylus und Sophokles – deshalb so wichtig, weil er darin eine Vereinigung der beiden Prinzipien des Apollinischen und des Dionysischen sah, d. h. eine Vereinigung des Bildens, des Gestaltens und der Ordnung des Individuierten mit seiner *Herkunft*.

Wir müssen dazu nicht eine andere Welt des Ungeordneten, Ungestalteten oder ‚Ur-Einen' annehmen, welche in der Tragödie zur Sprache kommen könnte. Zur Sprache könnte diese Welt schon deshalb nicht kommen, weil die Sprache die *Artikulation* in Sätze und Wörter erfordert, also eben jenes individuierende Bilden und Gestalten, das gerade dem Apollinischen zugehört. Wir dürfen uns also das Dionysische nicht als eine Welt vorstellen, die es irgendwo ‚gibt' und die dann in die apollinische Welt eingeht, wie das flüssige Glas in der Fabrik in die Form von Champagnerflaschen gebracht wird. Solche Bilder sind für ein philosophisches Verständnis von Nietzsches Schriften in der Regel nur schädlich, obwohl sie auch von ihm selbst bisweilen nahegelegt zu werden scheinen.

Es ist weit angemessener, die Bedeutung der Tragödie für Nietzsche darin zu sehen, dass er in dieser Kunstform das *Geschehen* der Individuierung, des Gestaltens und Bildens selbst *dargestellt* und deshalb *erscheinend* sah. Das entscheidende Element dabei ist eine Besonderheit der griechischen Tragödie, nämlich die Bedeutung des Chores und damit des Lyrischen in der Einheit mit der Musik. Die Bedeutung der Tragödie liegt also vor allem darin, dass in ihr die Musik zu Sprache und Ausdruck wurde, so dass sie etwas zu *sagen* begann, allerdings nicht so, dass ein sprachlicher Inhalt eine musikalische Untermalung oder Illustration suchte, sondern in dem Sinne, dass die Musik darin aus sich selbst zur Sprache und zum Ausdruck wurde. Zentral für Nietzsches Auffassung ist also, „dass die Tragödie aus dem tragischen Chore entstanden ist und ursprünglich nur Chor und nichts als Chor war: woher wir die Verpflichtung nehmen, diesem tragischen Chore als dem eigentlichen Urdrama ins Herz zu sehen." (GT III-1, 48) Die griechische Tragödie ist also der dionysische Chor, aber nicht in einer isolierten dionysischen Welt, sondern in einer artikulierten Form, indem er „sich immer von neuem wieder in einer apollinischen Bilderwelt entladet." (GT III-1, 58)

Auch der Chor ist demnach keineswegs eine Darstellung oder Erscheinung des Dionysischen – das Dionysische *kann* nicht erscheinen, weil es nicht artikuliert und gestaltet sein kann ohne die apollinische Individuierung. Aber dieses Verhältnis ist im Chor der griechischen Tragödie *dargestellt*, während es – so Nietzsches daran anschließende Kritik – in späteren Kunstformen und vor allem in der Form des Wissens, das wir als Wissenschaft kennen, nicht mehr dargestellt werden kann. Damit, so wird die Kritik weiter lauten, handelt es sich um eine abstrakte Form des Wissens und zuvor schon der Kunst, in der das apollinische Ergebnis (die individuierte Gestalt) allein dargestellt werden kann, aber nicht mehr der *Prozess*, in dem und aus dem diese Gestalt entsteht. Nietzsches Theorie der Tragödie zeigt sich schon hier als Ansatz zu einer ‚grenzbestimmenden' Kritik einer bestimmten Form des Wissens, das seinen Ursprung zwar aus der Kunst nahm, aber schon innerhalb der Kunst eine Tendenz zu einem *Verdecken* dieses Ursprungs selbst enthält. Das Wissen der Wissenschaft und das Vorherrschen der apollinischen Seite in der Kunst hängen demnach eng zusammen.

Die Tragödie ist also keineswegs eine Darstellung des Dionysischen, Rauschhaften, ‚Ungebildeten' und Formlosen. Sie erscheint Nietzsche vielmehr als eine „apollinische Versinnlichung dionysischer Erkenntnisse und Wirkungen." (GT III-1, 58) Apollinisch ist in der Tragödie eigentlich nur der Dialog und davon abgeleitet die Handlung. Der Chor dagegen erzeugt die „Vision" (GT III-1, 59) und stellt sie dar – während das Bild, das in dieser Vision entsteht, als individuierte Gestalt im Dialog erscheint. Erst damit wird die Vision deutlich, verständlich und schön. Entscheidend für die Bedeutung der Tragödie in Nietzsches Denken ist also nicht, dass in ihr Mythen bzw. mythologische Begebenheiten dargestellt werden, sondern dass durch die Musik und damit durch den Chor der Mythos mit einer neuen Bedeutung interpretiert wird (GT III-1, 69–70). Die Interpretation geschieht jedoch nicht durch einen sprachlichen Vorgang, sondern nur durch die Musik, und gerade deshalb kann die Tragödie jenen Bezug zu der Darstellung des Gestaltens und Bildens selbst herstellen, welchen Nietzsche mit der „in einander gewobenen" (GT III-1, 78) Dualität des Apollinischen und des Dionysischen beschreibt. Die Tragödie interpretiert also nicht, indem sie in die Sprache übersetzt, sondern indem sie das Sprachliche aus dem Geiste der Musik entstehen lässt.

Dass es gerade die Tragödie ist, in der eine solche Darstellung des dionysisch-apollinischen Grundes der Artikulation in der Kunst entstehen musste, hat jedoch auch einen Grund, der sich auf den Inhalt bezieht. Allerdings weist Nietzsche darauf hin, dass dieser Inhalt in der griechischen Tragödie gerade nicht isoliert von der musikalischen Form verstanden werden kann. Das Tragische ist die Vernichtung des Individuums durch ein Geschehen, das jenseits des Individuums waltet, und das es selbst nur in Gang bringt, nicht aber verursacht. Das Tragische ist deshalb eine Manifestation des Prinzips der Musik im Inhalt der Tragödie:

„erst aus dem Geiste der Musik heraus verstehen wir eine Freude an der Vernichtung des Individuums. Denn an den einzelnen Beispielen einer solchen Vernichtung wird uns nur das ewige Phänomen der dionysischen Kunst deutlich gemacht, die den Willen in seiner Allmacht gleichsam hinter dem principio individuationis, das ewige Leben jenseits aller Erscheinung und trotz aller Vernichtung zum Ausdruck bringt. Die metaphysische Freude am Tragischen ist eine

Übersetzung der instinktiv unbewussten dionysischen Weisheit in die Sprache des Bildes: der Held, die höchste Willenserscheinung, wird zu unserer Lust verneint, weil er doch nur Erscheinung ist, und das ewige Leben des Willens durch seine Vernichtung nicht berührt wird." (GT III-1, 104)

Der musikalische Grund der Tragödie setzt sich also durch die Vernichtung des Individuums in der Tragödie durch. Aber er könnte natürlich nicht erscheinen, würde die Tragödie nicht ebenso das Prinzip des Individuellen enthalten, das Nietzsche ‚apollinisch' nennt. Dass an dieser Stelle mit dem Thema des ‚Willens' wieder die Schopenhauersche Philosophie durchscheint, sollte angemerkt werden. Für das Verständnis der Nietzscheschen Theorie der Tragödie als Fundament, in dem wesentliche Züge seiner ganzen Philosophie zum Ausdruck kommen, ist dieser Anklang an eine ‚Willensmetaphysik' im Schopenhauerschen Sinn jedoch nicht wesentlich.

Nietzsche stellt der Tragödie in diesem Zusammenhang die Plastik als die eigentlich apollinische Kunst entgegen. Hier „überwindet Apollo das Leiden des Individuums durch die leuchtende Verherrlichung der Ewigkeit der Erscheinung." (GT III-1, 104) Merkwürdigerweise spricht Nietzsche jedoch auch davon, dass auch die dionysische Kunst „uns von der ewigen Lust des Daseins überzeugen" will – allerdings soll es sich dabei um eine Lust „hinter den Erscheinungen" handeln. Wiederum sollte man beachten, dass etwas nicht schon deshalb ‚wahrer' oder ‚eigentlicher' ist, weil es sich ‚hinter den Erscheinungen' befindet. Es wird sich noch deutlicher zeigen, dass die Fluchtlinie von Nietzsches Denken auch dazu führt, eine solche allzu oft grundlos nahegelegte Wertunterscheidung zu kritisieren. Es ist auch nicht gemeint, dass damit eine Lust an der ‚wirklichen Wirklichkeit' oder an der ‚wahren Wahrheit' gefunden werden könnte. ‚Erscheinung' ist auch hier nicht als ‚Schein' zu verstehen, den man so schnell wie möglich abbauen müsste, um der wirklichen Sache näherzukommen. Gemeint ist vielmehr eine Perspektive auf das Individuierte, das Gebildete bzw. Gestaltete in der Abstraktion vom Individuieren, Bilden und Gestalten, so dass jenes in seinem nicht selbstverständlichen und nicht natürlichen Ursprung deutlich werden kann.

Dies wird allerdings etwas verdeckt, wenn Nietzsche etwa schreibt: „Wir sollen erkennen, wie alles, was entsteht, zum leidvollen Untergange bereit sein muss, wir werden gezwungen in die Schrecken der Individualexistenz hineinzublicken – und sollen doch nicht erstarren: ein metaphysischer Trost reißt uns momentan aus dem Getriebe der Wandelgestalten heraus." (GT III-1, 105) Auch hier zeigt sich wiederum, wie wichtig es ist, sich von Nietzsches bisweilen etwas ‚romantischen' Formulierungen nicht dazu hinreißen zu lassen, seine Theorie über die Tragödie und die darin angelegte Philosophie der Wissensform der Wissenschaft und deren künstlerische

Reflexion allzu sehr in einem existenziellen Sinne misszuverstehen. Dieser Aspekt ist zwar nicht vollständig verkehrt, weil er in Nietzsches Denken über die gestaltende und bildende Individuierung am Grunde des begrifflichen und dann wissenschaftlichen Verstehen enthalten ist.

Ein solches Verstehen wird jedoch dann vollständig falsch, wenn es isoliert und verabsolutiert wird. Gemeint ist hier in erster Linie, dass alles, was entsteht, in einem Prozess des Individuierens und Gestaltens entsteht. Diesen Prozess hat es in sich, so dass es keine an sich geltende und im Sein selbst begründete Existenz besitzt. Deshalb hat es auch seinen ‚Untergang' in sich, d. h. es steht ihm ein Wandlungsprozess in eine andere individuierte Gestalt bevor – oder aber seine Auflösung in seinem individuellen Dasein. Das könnten wir vom einzelnen Menschen ebenso wie von sozialen Gebilden sagen; aber nach Nietzsche gilt dies natürlich auch für Begriffe, Erkenntnisse und Wissensformen, die in diesem Sinne ‚Individuen' und damit Ergebnisse von Gestaltungs- und Bildungsprozessen sind, weshalb auch sie ihren ‚Untergang' in sich tragen.

Der entscheidende Begriff in der oben zitierten Stelle ist deshalb eigentlich der von ‚Wandelgestalten', unter dem wir Menschen, soziale Gebilde, Begriffe, Wissenschaften und Wissensformen selbst subsumieren können. Wenn Nietzsche an derselben Stelle dann von einem ‚metaphysischen Trost' spricht, so ist nicht gemeint, wir hätten in der Auflösung aller festen Bestimmtheiten und Existenzen die tiefere – oder ‚höhere' – Wahrheit gefunden. Ihre Wahrheit hat auch die Auflösung von Individuen – auch von Begriffen und Erkenntnissen – nur *zusammen* mit ihrer Gestaltung und Bildung bzw. Neugestaltung und Neubildung. Der ‚metaphysische' Trost liegt dann eigentlich darin, dass eine Erkenntnis in der Regel durch eine neue Erkenntnis abgelöst wird und wir meistens einen neuen Begriff finden, wenn ein alter im ‚Fortschritt' des Denkens oder des Wissens seine Bedeutung verloren hat.

1.5 Richard Wagner und die Wiederkehr des Tragischen

In dieser frühen Phase seines Schaffens hatte Nietzsche allerdings die Frage nach der Möglichkeit einer neuen prinzipiell tragischen Kunst für sich schon beantwortet. Damit sind wir bei Richard Wagner und seiner Musik, der Nietzsche in der frühen Phase seines Denkens eine große – um nicht zu sagen: weltbewegende – Bedeutung für die Kultur und alles Denken zuschrieb. Diese Bedeutung entstand aus der Frage, „ob die Macht, an deren Entgegenwirken die Tragödie sich brach, für alle Zeit genug Stärke hat, um das künstlerische Wiedererwachen der Tragödie und der tragischen Weltbetrachtung zu verhindern." (GT III-1, 107) An dieser Stelle bleibt also offen, dass die Tragödie ein Revival in dem Sinne erleben könnte, dass sie nicht als eine beliebige Kunstform unter anderen auftritt, sondern in dem ausgezeichneten Sinne im Zusammenhang des Erscheinens des Dionysischen in der Artikulation und damit im Apollinischen, wie Nietzsche dies für die griechische Tragödie behauptete. Zumindest eine Zeit lang war Nietzsche der Ansicht, dies könne im ‚Musiktheater' Richard Wagners der Fall sein.

Wenn an dieser Stelle von Richard Wagner die Rede ist, so muss zunächst berücksichtigt werden, dass dieser nach Nietzsches Auffassung gerade *kein* Opernkomponist war, wie wir dies heute wohl zu verstehen geneigt sind. Als solcher hätte er für Nietzsche überhaupt keine Bedeutung gewinnen können, denn die sokratische Kultur – also die Kultur der Wissensform der Wissenschaft und des theoretischen Menschen – war für ihn auf musikalischem Gebiet gerade die „Kultur der Oper" (GT III-1, 116). Das bedeutet vor allem, dass in einem solchen Musiktheater nun der Dialog im Vordergrund steht (wie etwa im Rezitativ) und nicht die Musik, die nur zur Untermalung der Handlung und der Dialoge dient. Dagegen steht allerdings schon die Rettung bereit, die Nietzsche in etwas nahen sieht, das er als „die deutsche Musik" bezeichnet: „Aus dem dionysischen Grunde des deutschen Geistes ist eine Macht emporgestiegen, die mit den Urbedingungen der sokratischen Kultur nichts gemein hat und aus ihnen weder zu erklären noch zu entschuldigen ist, vielmehr von dieser Kultur als das Schrecklich-Unerklärliche, als das Uebermächtig-Feindselige empfunden wird, die deutsche Musik, wie wir sie vornehmlich in ihrem mächtigen Sonnenlaufe von Bach zu Beethoven, von Beethoven zu Wagner zu verstehen haben." (GT III-1, 123)

Warum es allerdings gerade die *deutsche* Musik sein soll, die eine solche rettende Kraft aufbringen können soll, und nicht die absolute Musik überhaupt, ist schwer zu verstehen. Man muss in diesem Zusammenhang auch akzeptieren, dass Nietzsche hier gegen Ende des Buches über die ‚Geburt der Tragödie aus dem Geiste der Musik' so manche Überlegungen beginnt, bei denen man an seine nationalsozialistische Vereinnahmung denken sollte und daran, dass sich bei entsprechender Suche in seinen Texten die geeigneten Zitate dafür finden lassen – möge ein harmloses Beispiel genügen: „Dabei lebt in uns die Empfindung, als ob die Geburt eines tragischen Zeitalters für den deutschen Geist nur eine Rückkehr zu sich selbst, ein seliges Sichwiederfinden zu bedeuten habe, nachdem für eine lange Zeit ungeheure von aussen her eindringende Mächte den in hilfloser Barbarei der Form dahinlebenden zu einer Knechtschaft unter ihrer Form gezwungen hatten." (GT III-1, 124) Das könnte so verstanden werden, als wollte Nietzsche gerade dem deutschen ‚Wesen' die größere Nähe zum Tragischen zuschreiben, welche nur durch das Walten ‚fremder' Mächte an der Realisierung gehindert werde. Lassen wir diese Abwege im Denken Nietzsches also auf sich beruhen – der Leser wird in den Werken reichlich vergleichbare Stellen finden, sollte ihm der Sinn merkwürdigerweise danach stehen.

Beschränken wir uns auf Richard Wagner und sein ‚Musiktheater'. Im Unterschied zu dem, was sonst unter die Gattungsbezeichnung ‚Oper' gestellt wird, sieht Nietzsche in dessen Musikdramen – und speziell in ‚Tristan und Isolde' – jenes Verhältnis von Sprache und Musik wieder auferstehen, das mit der ‚klassischen' Tragödie bei Äschylos und Sophokles untergegangen war, und zwar letztlich durch das Heraufziehen des sokratisch-platonischen Geistes. Wagner sei es gelungen, aufs neue jene „prästabilierte Harmonie" herzustellen, „die zwischen dem vollendeten Drama und seiner Musik waltet." (GT III-1, 133) Im Unterschied zur absoluten Musik kommt hier jedoch die Sprache hinzu, die aber im Unterschied zur Oper in Wagners Musikdramen gerade nicht durch die Musik ‚erläutert' wird. Durch diese Eigenständigkeit der Musik nimmt das Musikdrama eine besondere Bedeutung an: „Nimmt nun zwar auch die musikalische Tragödie das Wort hinzu, so kann sie doch zugleich den Untergrund und die Geburtsstätte des Wortes danebenstellen und uns das Werden des Wortes, von innen heraus, verdeutlichen." (GT III-1, 134) Was daran sichtbar werden kann, ist also diese Einsicht: „die Musik ist die eigentliche Idee der Welt, das Drama nur ein Abglanz dieser Idee, ein vereinzeltes Schattenbild derselben." (GT III-1, 134)

Darin soll der „ästhetische Zuhörer" wiedergeboren worden sein, der sich auf eine „ästhetische Tätigkeit" versteht (GT III-1, 138–139). Mit dieser Tätigkeit ist vor allem eine Rezeption gemeint, die die Musik und vor allem die Tragödie nicht von dem her versteht, was sie uns sagen will – in der also die Musik als Musik aufgefasst wird und nicht als Illustration, Untermalung oder emotionale Verstärkung dessen, was auf der Bühne geschieht bzw. was der Zuhörer gerade an Vorstellungen über die Welt, das Leben oder seine privaten Wünsche im Kopf hat. Es handelt sich also um eine Rezeption vom Geiste der Musik her, nicht vom Geist der Sprache von Aussagen her. Nietzsche stellt dazu die ironisch-rhetorische Frage: „Kann man aber mit einem Menschen noch verkehren, der im Stande ist, sich über Beethoven und Shakespeare zu unterhalten? Mag Jeder nach seinem Gefühl diese Frage beantworten: er wird mit der Antwort jedenfalls beweisen, was er sich unter ‚Bildung' vorstellt." (GT III-1, 140) Um keine Missverständnisse aufkommen zu lassen: Nietzsche setzt natürlich voraus, dass seine Leser mittlerweile seine Gedanken über Musik, Sprache und Denken so weit verstanden haben, dass sie diese Frage ganz selbstverständlich etwa mit ‚auf keinen Fall, so jemand kann doch keinen guten Geschmack haben' beantworten. Unser Autor vertritt hier eine sehr radikale Auffassung über das Kunstwerk und seine sprachliche Unzugänglichkeit, die betont, dass dasjenige, was gerade wertvoll an einem Kunstwerk ist, nicht zum sprachlichen Ausdruck kommen kann, der einer anderen Dimension angehört, die nicht den Regeln der logisch-sprachlichen Dimension entspricht, weshalb sie dann untergeht, wenn jemand sie in solche Regeln zu zwingen versucht.

Dass man sich über Beethoven nicht unterhalten kann, dürfte für die meisten Menschen noch einleuchtend sein – obwohl man natürlich eine Beethoven-Aufführung als Anlass für eine Konversation nehmen kann, auch wenn man darin nichts über die Musik selbst sagen wird im Sinne eines Gegenstandes, der in der Sprache beschrieben wird. Weniger selbstverständlich ist aber, dass Nietzsche an dieser Stelle auch Shakespeare anführt als einen Autor, der einen ‚ästhetischen Zuhörer' mit einer ‚ästhetischen Tätigkeit' verlangt. Gerade Shakespeares Werk hat die psychologischen und quasi-philosophischen Interpreten angezogen, die seine Stücke als Ausdruck entsprechender Inhalte gedeutet haben – also solcher Inhalte, die eigentlich auch in einer nicht literarischen Form zum Ausdruck hätten kommen können. Dass damit etwas nicht stimmen kann, weiß jeder, der jemals ein Shakespeare-Werk gelesen hat, ohne sich den Verstand vorher mit psychologistischen Interpretamenten verdorben zu haben. Der Grund dafür ist nach Nietzsche, dass diese Werke zumindest in einem gewissen Ausmaß etwas von der musikalischen bzw. lyrischen Qualität der griechischen Tragödie enthalten und entsprechend nur von ihrer immanenten Musikalität her gelesen und angemessen aufgefasst werden können. Dass es von schlechtem Geschmack zeugt, sich über Shakespeare unterhalten zu wollen, soll also sagen, dass eine Reduzierung dieses Werkes auf psychologistische oder quasi-philosophische Themen und Aussagen nicht den innersten bzw. genuinen Gehalt erreicht, der nur für den ‚ästhetischen Zuhörer' zugänglich wird, genau so wie dies bei Beethovens Musik der Fall ist.

Das Thema Richard Wagner nimmt in Nietzsches Werken einen relativ großen Raum ein. Dessen philosophische Bedeutung entspricht diesen Relationen jedoch nicht. Deshalb soll schon an dieser Stelle darauf hingewiesen werden, dass Nietzsches Auffassung sich später fundamental gewandelt hat, bis Wagner ihm als ein Komponist unter anderen erschien, dem gegenüber Bizet und dessen ‚Carmen' stets vorzuziehen sei, von dem Nietzsche dann sagte: „Diese Musik scheint mir vollkommen. Sie kommt leicht, biegsam, mit Höflichkeit daher. Sie ist liebenswürdig, sie schwitzt nicht. ‚Das Gute ist leicht, alles Göttliche läuft auf zarten Füssen': erster Satz meiner Aesthetik. Diese Musik ist böse, raffiniert, fatalistisch: sie bleibt dabei populär – sie hat das Raffinement einer Rasse, nicht eines Einzelnen. Sie ist reich. Sie ist präzis." (FW VI-3, 7) Über Wagner hieß es dann in dem für Nietzsches spätere Werke typischen Tonfall: „Ist Wagner überhaupt ein Mensch? Ist er nicht eher eine Krankheit? Er macht Alles krank, woran er rührt, – er hat die Musik krank gemacht" (FW VI-3, 15).

Das Bemerkenswerte an dieser Veränderung des Urteils liegt vor allem darin, dass Nietzsche an Wagners Musik nun eben das kritisiert, dessen Abwesenheit zuvor gerade der Grund für sein überschwängliches Lob war. Wagners Musikdrama sollte die Wiedergeburt der Tragödie einleiten und damit eine Art von kultureller Revolution mit Auswirkung auf unsere Auffassung von Wissen und Wissenschaft darstellen können, weil sie den ‚Geist der Musik' nicht für eine Illustrierung des logisch-sprachlich Ausdrückbaren aufzugeben bereit war. Der spätere Vorwurf lautete jedoch, gerade bei Wagner finde man dieses Aufgeben in einem extremen Ausmaß: „Wagner war nicht Musiker von Instinkt. Dies bewies er damit, dass er alle Gesetzlichkeit und, bestimmter geredet, allen Stil in der Musik preisgab, um aus ihr zu machen, was er nötig hatte, eine Theater-Rhetorik, ein Mittel des Ausdrucks, der Gebärden-Verstärkung, der Suggestion, des Psychologisch-Pittoresken … Immer vorausgesetzt, dass man zuerst gelten lässt, Musik dürfe unter Umständen nicht Musik, sondern Sprache, sondern Werkzeug, sondern ancilla dramaturgica sein." (FW VI-3, 24) Die Kritik lautete also, gerade Wagner habe die Musik verraten, indem er von ihr forderte, etwas zu *bedeuten*: „Tatsächlich hat er sein ganzes Leben Einen Satz wiederholt: dass seine Musik nicht nur Musik bedeute! Sondern mehr! Sondern unendlich viel mehr!… ‚Nicht nur Musik' – so redet kein Musiker." (FW VI-3, 29)

Damit ist aber auch gesagt, dass Nietzsche an seinem ursprünglichen Anspruch festhielt, den er in der ‚Geburt der Tragödie aus dem Geiste der Musik' aufgestellt hatte, auch wenn er ihn bei Wagner nicht mehr finden konnte. Er hat allerdings nicht behauptet, bei Bizet das gefunden zu haben, was die griechische Tragödie in seinem frühen Denken bedeutet hatte. Dennoch hat die Verwandlung seines Musikgeschmacks auch etwas mit seiner Philosophie zu tun. Das lässt sich schon aus dem Satz ersehen, mit dem er seine Neigung zu Bizets Musik begründete (s. o.): „Das Gute ist leicht, alles Göttliche läuft auf zarten Füßen: erster Satz meiner Ästhetik." (FW VI-3, 7) Wir werden gerade in ‚Also sprach Zarathustra' sehen, dass und wie dieser Satz im Mittelpunkt nicht nur von Nietzsches Ästhetik, sondern auch seines Denkens stehen wird.

Es liegt nahe, dass eine solche Orientierung an dem, was ‚leicht' ist, nicht gerade Wagners Musik als ästhetischen Leuchtturm heranziehen wird. Aber der Grund dafür liegt nicht darin, dass man diese Musik gewöhnlich als ‚schwer' bezeichnet, sondern diese ‚Schwere' hat für Nietzsche einen besonderen Grund, der wiederum auf das Thema zurückführt, das er im Frühwerk unter dem Titel eines Zusammenhangs zwischen Apollo, Dionysos, Sokrates / Platon und der ‚Tragödie' behandelte. Wir können daraus einen ersten Anhaltspunkt dafür entnehmen, dass sich jene ‚positive' Philosophie, zu der sich bei Nietzsche nur einige Ansätze finden lassen, auf jeden Fall von einer Kunst abgrenzen muss, die sich auf ‚Literatur' stützt in dem Sinn, dass sie eine Kommentierung in logisch-sprachlicher Form nötig hat. Gegen Wagner lautete der späte Einwand grundsätzlich: „Wagner hatte Literatur nötig, um alle Welt zu überreden, seine Musik ernst zu nehmen, tief zu nehmen, ‚weil sie Unendliches bedeute'; er war zeitlebens der Kommentator der ‚Idee'." (FW VI-3, 30) Wenn wir dies einer Ästhetik gegenüberstellen, in der alles Gute ‚leicht' sein soll, so kann es darin offenbar nicht um etwas gehen, das in logisch-sprachlicher Form ausdrückbar wäre.

Die Kritik an Wagner weist deshalb auch schon voraus auf Nietzsches Philosophie des ‚Leibes', die man nicht mit einer naturwissenschaftlichen Erklärung von Denken und Geist aus neuronalen Funktionen verwechseln sollte. Nietzsche wird hier von ‚Physiologie' sprechen und keineswegs die gleichnamige Naturwissenschaft meinen – was schon deshalb nicht möglich ist, weil er die Kritik am Wissen in der Form der Wissenschaft, die wir in der ‚Geburt der Tragödie aus dem Geiste der Musik' finden, auch später nicht aufgegeben hat. Es ist in gewissem Sinne gerade der ‚Leib' bzw. dessen Physiologie, die sich gegen Wagners Musik wenden: „Meine Einwände gegen die Musik Wagner's sind physiologische Einwände: wozu dieselben erst noch unter ästhetische Formeln verkleiden? Ästhetik ist ja nichts als eine angewandte Physiologie." (Nietzsche contra Wagner, VI-3, 416) Es sei nochmals betont, weil Missverständnisse hier sehr nahe liegen: Nietzsche behauptet an dieser Stelle keineswegs, Ästhetik sei ein Spezialfall einer angewandten speziellen Wissenschaft – in seiner Philosophie geht es an zentraler Stelle vielmehr gerade um eine Reflexion auf das Wissen, das wir alle als Wissenschaft kennen und in der Regel schätzen gelernt haben, was nicht ausschließt, dass man nach dessen Herkunft, Geltungsstatus und Reichweite fragen sollte.

1.6 Von Dionysos und Apollo zum ‚Sokratismus'

Man könnte nun darauf verweisen wollen, dass Nietzsche damit nur (a) eine Theorie über die griechische Tragödie und (b) eine Theorie über die Bedeutung des Apollinischen und Dionysischen in der Kunst vorgelegt bzw. beabsichtigt habe. Wir hatten jedoch schon am Anfang betont, dass es hier letztlich um die Form des Wissens geht, die wir heute noch in der Wissenschaft vorfinden. Darüber hinaus entwickelt Nietzsche jedoch auch eine bestimmte und nicht-triviale Auffassung vom Entstehen und der Bedeutung dessen, was wir heute noch als Philosophieren bezeichnen, und er behauptet, dass die Entstehung dieses Philosophierens im Wesentlichen auch schon die Entstehung der Wissensform der Wissenschaft war. Dieser Prozess ist nach Nietzsche gleichzeitig das Vergehen der Tragödie in der Form, die ihr Äschylos und Sophokles gegeben hatten, und darin entsteht ein neuer Gegensatz, der nicht mehr als das Dionysische vs. das Apollinische beschrieben werden kann, sondern als das Dionysische vs. „das Sokratische" – gerade an diesem neuen Gegensatz soll das Kunstwerk der griechischen Tragödie zugrunde gegangen sein (GT III-1, 79).

Natürlich könnten wir für ‚das Sokratische' auch schon ‚das Platonische' einsetzen, schließlich kennen wir die Lehren des Sokrates fast nur durch Platon und sie wirkten nur über die platonischen Dialoge und deren Rezeption. Nietzsche fasst den Beginn der Bedeutung des sokratischen Denkens jedoch in erster Linie als ein *ästhetisches* Phänomen auf. Zunächst geht es also um das

„Wesen des ästhetischen Sokratismus …, dessen oberstes Gesetz ungefähr so lautet: ‚alles muss verständig sein, um schön zu sein'; als Parallelsatz zu dem sokratischen ‚nur der Wissende ist tugendhaft'". (GT III-1, 81)

Als paradigmatischer Künstler für diese sokratisch-platonische Verfallsform der Tragödie erscheint Nietzsche Euripides. Diese Veränderung zeigt sich in der neuen Bedeutung der verschiedenen Elemente im Zusammenhang der Tragödie. Waren zuvor die „rhetorisch-lyrischen Szenen" und damit das Pathos und nicht die Handlung wichtig (GT III-1, 81), so werden nun Handlung, Bewusstwerden und die Gedanken wichtig. Nietzsche fasste dies pointiert so zusammen, dass Euripides sein Theater an zweien seiner Zuschauer ausrichtete: an ihm selbst als Denker und nicht als Dichter, und an Sokrates (GT III-1, 76, 79).

Sokrates – und damit bald Platon – erscheint nun als der Gegner des Dionysos, der Apollo in diesem Sinne natürlich nicht war, denn zumindest in der Tragödie verschwand das Dionysische keineswegs hinter dem Apollinischen. Für Nietzsches ganze Philosophie ist es nun sehr wichtig zu sehen, wie sich dieser neue Gegensatz von dem älteren und anders gearteten zwischen dem Dionysischen und dem Apollinischen unterscheidet. Dazu ist es nützlich, zunächst zu beachten, dass Nietzsche das Prinzip des ästhetischen Sokratismus vor allem in der „neuen und unerhörten Hochschätzung des Wissens und der Einsicht" sah (GT III-1, 85). Es liegt nahe, dass auf dieser Grundlage in der Tragödie die Handlung und der Dialog wichtiger wurden als die musikalische Vision des Chores. Man könnte also allgemein Nietzsches Auffassung so zusammenfassen, dass in der Tragödie nun die Gedanken wichtig werden, die ein Wissen darstellen. Das kann etwa ein Wissen über die Welt und den Menschen sein oder auch eine Lehre, die sich aus der Handlung und den Dialogen ergeben soll. Warum ist das, was Nietzsche als ‚Sokratismus' bezeichnet, aber die „fragwürdigste Erscheinung des Altertums" (GT III-1, 86)? Um eine Antwort zu finden, sollten wir vor allem den Ausdruck ‚fragwürdigst' ernst nehmen und d. h. nicht einfach in einem pejorativen Sinne auffassen.

‚Fragwürdig' in diesem Sinne ist jene ‚Erscheinung' zunächst dadurch, dass sich nun das bewusste Erkennen der „instinktiven Weisheit" entgegensetzt und dadurch die ursprüngliche Balance zwischen Instinkt und Logik gestört wird:

> „Die instinktive Weisheit zeigt sich bei dieser gänzlich abnormen Natur nur, um dem bewussten Erkennen hier und da hindernd entgegenzutreten. Während doch bei allen produktiven Menschen der Instinkt gerade die schöpferisch-affirmative Kraft ist, und das Bewusstsein kritisch und abmahnend sich gebärdet: wird bei Sokrates der Instinkt zum Kritiker, das Bewusstsein zum Schöpfer – eine wahre Monstrosität per defectum! … so dass Sokrates als der spezifische Nicht-Mystiker zu bezeichnen wäre." (GT III-1, 86)

Die logische Natur ist hier nach Nietzsche selbst zum Instinkt geworden. Das Problem dabei ist vor allem, dass diese logische Natur sich selbst nicht mehr als solche erkennen und auffassen kann – das Problem ist also vor allem die instinktive Gewalt dieser logischen Natur; Nietzsche spricht von einer „Naturgewalt", die der sokratisch-platonischen Reflexion gerade entgeht: „Wer nur einen Hauch von jener göttlichen Naivität und Sicherheit der sokratischen Lebensrichtung aus den platonischen Schriften gespürt hat, der fühlt auch, wie das ungeheure Triebrad des logischen Sokratismus gleichsam hinter Sokrates in Bewegung ist, und wie dies durch Sokrates wie durch einen Schatten hindurch angeschaut werden muss." (GT III-1, 87)

Wir hatten gesehen, dass Nietzsche in der ‚klassischen' Tragödie und deren musikalischem Ursprung eine Harmonie von dionysischem und apollinischem Prinzip walten sah, welche es ermöglichte, das Dionysische im apollinisch-individuierenden Gestalten und Erscheinen selbst noch erscheinen zu lassen, obwohl es in diesem Geschehen doch eigentlich als solches untergehen muss, um das Apollinische entstehen zu lassen. In der nicht in erster Linie auf Handlung und Dialog beruhenden klassischen Tragödie gelang es jedoch, so Nietzsche, dieses Geschehen des Bildens und Gestaltens, d. h. der individuierenden Artikulation, selbst noch im Kunstwerk zur Erscheinung zu bringen. Eben dies misslingt nun in der neueren Tragödie durch deren Orientierung an Dialog und Handlung, die beide nun durch den ‚Instinkt' der logischen Natur verabsolutiert werden. Sie werden nicht mehr durch die ‚Vision' der Musik zu einem Teil des Geschehens, in dem sich das Bilden, Gestalten, Ordnen und Individuieren selbst darstellt. Deshalb wird das Gebildete, Gestaltete, Geordnete und Individuierte nun zum Wesen der Tragödie, die den Prozess des Entstehens nicht mehr zum Ausdruck bringen kann.

Weil die logische Natur zu einem ‚Instinkt' geworden ist, kann sie nicht widerlegt werden – d. h. sie wendet sich als solcher nicht auf sich zurück (GT III-1, 87). Nietzsche spricht deshalb auch von dem „großen Zyklopenauge des Sokrates", das sich auf die Tragödie gewandt habe (Zyklopen haben bekanntlich nur ein Auge) (GT III-1, 88). Wir können diese Auffassung aber bereits jetzt in einem etwas allgemeineren Zusammenhang sehen. Natürlich geht es nicht nur um die Tragödie. Jene fehlende Selbstreflexion der sokratisch-platonischen Haltung einer Betonung des Logischen gilt nach Nietzsche auch für die Form des Wissens, die mit der platonischen Philosophie begann und in der Gestalt der Wissenschaft heute noch in weitem Ausmaß das bestimmt, was Wissen heißen soll. Aus der Erörterung von Nietzsches Auffassung über die besondere Struktur der dionysisch-apollinischen ‚klassischen' Tragödie ist jedoch auch bereits deutlich geworden, dass seine Kritik nicht auf eine Wiederherstellung des Dionysischen in der Kunst oder in der Welt abzielen kann.

Das Dionysische ‚gibt' es nicht in dem Sinn, wie es Siamkatzen oder Stahlwerke in der Welt gibt, und auch nicht so, wie es Klaviersonaten, Wissenschaftsparadigmata oder ewige Liebe gibt. Eigentlich ‚gibt' es das Dionysische überhaupt nicht – ebenso wenig wie es das Apollinische ‚gibt'. Aber das apollinisch-dionysische Bilden, Gestalten und Individuieren kann im Gestalteten, Gebildeten und Individuierten selbst zum Ausdruck kommen – oder auch ihn ihm verschwinden, wenn nur noch Gestalten, Bilder und Individuen erscheinen, in denen der Prozess ihres Entstehens verschwunden ist. Nietzsche kann also nach den Grundsätzen seiner eigenen Philosophie nicht nach einer Wiederherstellung des Dionysischen streben, sondern nur nach einer Restitution eines Zustandes, in welchem jener Prozess des Artikulierens so erhalten ist, dass er nicht hinter der logischen Natur und damit hinter dem Artikulierten verschwindet.

Auch wenn das logische Denken sich nicht *als* logisches Denken und damit in seiner Besonderheit als individuierte Gestalt auffassen kann, so gibt es doch schon am Anfang dieses Denkens einen Ansatz, an dem sich die ‚Musik' im Hintergrund des individuierten Gestaltens zur Geltung bringt. Mit dieser ‚Musik' meldet sich das Dionysische und d. h. der Prozess des Gestaltens und Bildens selbst. Nietzsche sah dieses Geschehen in der *dialogischen Form* der Darstellung der platonischen Philosophie repräsentiert, welche nach dieser Auffassung nicht zufällig in solcher Form überliefert wurde. Man könnte also pointiert sagen, dass die Dialogform die ‚Musik' in Platons Philosophie sei und gerade deshalb nicht eine äußerliche Form, sondern die Gestalt, in der sich in dieser Philosophie die Dualität von Gestaltung und Gestalt, von Bildung und Bild, von Individuierung und individuellem Begriff bzw. Gedanken zur Geltung bringt und darstellt. Platon hat aus „voller künstlerischer Notwendigkeit eine Kunstform schaffen müssen, die gerade mit den vorhandenen und von ihm abgewiesenen Kunstformen innerlich verwandt ist." (GT III-1, 89) Der platonische Dialog erscheint danach als Kunstform, die sich dem Inhalt nicht neutral anpasst, sondern selbst in einem Verhältnis zum Inhalt steht.

Man könnte hier an Platons ‚dialektischen' Philosophen denken, der die realistische Gestalt darstellt, in der das Denken und der Zugang zu den ‚Ideen' geschieht, während die demgegenüber ‚bessere' Schau der Ideen zumindest auf Erden nur in der nicht artikulierbaren Form der Liebe oder der Erfahrung des Schönen erreicht werden kann. Der dialektische Philosoph sucht im Dialog nach einer begrifflichen Einteilung des Seienden, d. h. er *artikuliert* es – und ‚articulus' hieß ‚Gelenk' und davon abgeleitet in der Rede ein ‚Glied' als Teil, Abschnitt, und davon stammt ‚articulatim' als ‚gliederweise' und deshalb ‚deutlich verständlich'. Darin bewahrt er aber ein Moment von ‚Poesie' auf, weil er diese Einteilung in einem Prozess gewinnt, der zwischen Menschen und ihren nicht von vornherein rein rationalen Vorstellungen über die richtige Begrifflichkeit für die Dinge der Welt geschieht.

Die logische Natur der sokratisch-platonischen Philosophie nimmt sich durch die Dialogform demnach zumindest in einem gewissen Ausmaß zurück. Nach Nietzsche erscheint in diesem Sichzurücknehmen wiederum das ‚Poetische', das selbst auf das Dionysische zurückverweist, d. h. auf den Prozess des individuierenden Gestaltens statt auf das Ergebnis der festgewordenen Gestalten und Begriffe. Vom platonischen Dialog gilt nach Nietzsche also, dass er „durch Mischung aller vorhandenen Stile und Formen erzeugt, zwischen Erzählung, Lyrik, Drama, zwischen Prosa und Poesie in der Mitte schwebt und damit auch das strenge ältere Gesetz der einheitlichen sprachlichen Form durchbrochen hat." (GT III-1, (GT III-1, 89)

1.7 Platon und der Optimismus der Logik

Damit wird Nietzsches Einschätzung der Veränderung des Denkens durch die sokratisch-platonische Philosophie aber nicht grundsätzlich beeinflusst. Sokrates bleibt doch auch in der Dialogform der „dämonische Sokrates" (GT III-1, 90), mit dessen logisch-begrifflichem Denken der philosophische Gedanke die Kunst überwächst. In der Tragödie zeigt sich dies etwa darin, dass der Held nun seine Handlungen „durch Grund und Gegengrund" – also mithilfe der Logik und des auf ihr beruhenden Argumentierens – zu verteidigen beginnt, wodurch ein „optimistisches" Element in diese Kunstform eindringt, von welcher sie schließlich zerstört werden musste (GT III-1, 90). Nietzsche unterscheidet in diesem Zusammenhang eine ‚pessimistische' von einer ‚optimistischen' Weltbetrachtung, deren erstere der klassischen Tragödie und ihrer Darstellung des Dionysischen zugehört, während die letztere einen wesentlichen Zug der mit Sokrates / Platon beginnenden Philosophie und Wissensform darstellt. Wir sollten diese Begriffe jedoch nicht mit der heute üblichen psychologischen Bedeutung aufladen, sondern diese Unterscheidung und ihre Bedeutung auf den Grund im Verhältnis von Dionysischem und Apollinischem bzw. dann Sokratisch-Platonischem zurückführen.

Zur pessimistischen Weltbetrachtung gehört nach Nietzsche (a) „die Grunderkenntnis von der Einheit alles Vorhandenen", (b) „die Betrachtung der Individuation als des Urgrundes des Uebels", (c) „die Kunst als die freudige Hoffnung, dass der Bann der Individuation zu zerbrechen sei, als die Ahnung einer wiederhergestellten Einheit." (GT III-1, 69) Man könnte ohne allzu große Vereinfachung sagen, dass Nietzsche als ‚pessimistisch' die in der Tragödie dargestellte Erkenntnis von der individuierenden Gestaltung als Prozess und Geschehen und nicht von einer in der Welt und an sich vorhandenen Wirklichkeit versteht. Als im moderneren Sinne ‚pessimistisch' könnte man darin wohl vor allem die Auffassung von der individuierten Gestalt (auch des Menschen) als Gestaltung in der apollinischen Artikulation erkennen, also nicht als eine Wirklichkeit, die der Welt an sich zugehört. Das ‚Pessimistische' ist also nicht das ‚Dionysische', sondern die in der Tragödie geschehende apollinische Darstellung des Dionysischen, die in sich die Begrenztheit kennt, weil sie ihren Ursprung als ein Gestalten und Bilden zeigt, so dass das Gestaltete und Gebildete nicht als etwas von Natur aus und notwendig Vorhandenes zur Geltung kommt.

Als eine ‚optimistische' Weltbetrachtung bezeichnet Nietzsche nun entsprechend die mit der platonischen Philosophie beginnende Ersetzung der apollinischen durch eine sokratisch-platonische Darstellung des Dionysischen. Wir hatten schon darauf hingewiesen, dass diese sich vor allem dadurch auszeichnet, dass das individuierende Gestalten selbst nicht mehr zur Erscheinung kommt, die sich vielmehr auf die individuierten Gestalten beschränkt. Das ‚Optimistische' darin ist vor allem der damit verbundene Glaube, diese Gestalten seien als solche – und ohne ihre Herkunft aus der individuierenden Gestaltung als einer Leistung – der Garant für die universale Verständlichkeit und Beherrschbarkeit der Welt. Das Bilden verblasst hinter dem Gebildeten und das Gestalten hinter dem Gestalteten, so dass nur noch die isolierten Bilder und Gestalten ohne ihre Herkunft übrig bleiben. Sokrates / Platon ist deshalb das

„Urbild des theoretischen Optimisten, der in dem bezeichneten Glauben an die Ergründlichkeit der Natur der Dinge dem Wissen und der Erkenntnis die Kraft einer Universalmedizin beilegt und im Irrtum das Uebel an sich begreift. In jene Gründe einzudringen und die wahre Erkenntnis vom Schein und vom Irrtum zu sondern, dünkte dem sokratischen Menschen der edelste, selbst der einzige wahrhaft menschliche Beruf zu sein: so wie jener Mechanismus der Begriffe, Urteile und Schlüsse von Sokrates ab als höchste Betätigung und bewunderungswürdigste Gabe der Natur über alle anderen Fähigkeiten geschätzt wurde." (GT III-1, 96–97)

An anderer Stelle ist von dem „ans Licht gekommenen Glauben an die Ergründlichkeit der Natur und an die Universalheilkraft des Wissens“ die Rede (GT III-1, 107). Allerdings wird darin die Herkunft des ganzen Mechanismus selbst nicht beachtet, d. h. das Logische ist nach Nietzsche zu einer solchen Reflexion auf sich und seinen Status nicht fähig.

Der Begriff von einer ‚Universalmedizin‘ weist darüber hinaus noch auf einen Aspekt im ‚Optimismus‘ der mit Sokrates / Platon in die Welt gekommenen Wissensform, den wir konkret in der Verwendung der wissenschaftlichen Erkenntnisse in der Technik antreffen können. Die undionysische ‚Heiterkeit‘ des theoretischen Menschen zeigt sich auch darin,

> „dass sie an Stelle eines metaphysischen Trostes eine irdische Konsonanz, ja einen eigenen deus ex machina setzt, nämlich den Gott der Maschinen und Schmelztiegel, d. h. die im Dienste des höheren Egoismus erkannten und verwendeten Kräfte der Naturgeister, dass sie an eine Korrektur der Welt durch das Wissen, an ein durch die Wissenschaft geleitetes Leben glaubt und auch wirklich im Stande ist, den einzelnen Menschen in einen allerengsten Kreis von lösbaren Aufgaben zu bannen, innerhalb dessen er heiter zum Leben sagt: ‚Ich will dich: du bist wert erkannt zu werden.‘“ (GT III-1, 111)

Nietzsches Philosophie ist deshalb ebenso eine Philosophie der Technik wie sie eine Philosophie der theoretischen Wissensform ist. Eine solche Technikphilosophie ist aber ebenso wie die des Wissens letztlich eine Philosophie der Kunst – also eine ästhetische Philosophie, weil sie auf den ‚künstlerischen‘ Ursprung des Individuierens von Begriffen, Erkenntnissen und Wissensformen reflektiert.

Nichtsdestoweniger ist dieser Optimismus doch auch nach Nietzsche nicht unendlich, und seine Grenzen sind gleichbedeutend mit denen der Wissenschaft bzw. denen des Glaubens an die Wissensform, die wir auch heute noch als Wissenschaft bezeichnen. Gerade an diesen Grenzen sieht Nietzsche die Wiedergeburt des Tragischen und der tragischen Kunst – d. h. der Kunst, in deren Gestalten sich das Gestaltetsein selbst noch zur Erscheinung bringen kann, weshalb sie dionysisch *und* apollinisch zugleich sein muss. Nietzsche beschreibt diese Grenzen des platonisch-wissenschaftlichen Optimismus so:

„Nun aber eilt die Wissenschaft, von ihrem kräftigen Wahne angespornt, unaufhaltsam bis zu ihren Grenzen, an denen ihr im Wesen der Logik verborgener Optimismus scheitert. Denn die Peripherie des Kreises der Wissenschaft hat unendlich viele Punkte, und während noch gar nicht abzusehen ist, wie jemals der Kreis völlig ausgemessen werden könnte, so trifft doch der edle und begabte Mensch, noch vor der Mitte seines Daseins und unvermeidlich, auf solche Grenzpunkte der Peripherie, wo er in das Unaufhellbare starrt. Wenn er hier zu seinem Schrecken sieht, wie die Logik sich an diesen Grenzen um sich selbst ringelt und endlich sich in den Schwanz beisst – da bricht die neue Form der Erkenntnis durch, die tragische Erkenntnis, die, um nur ertragen zu werden, als Schutz und Heilmittel die Kunst braucht." (GT III-1, 97)

Im Grunde beruft sich Nietzsche hier auf die Grundsätze der theoretischen bzw. logischen Kultur selbst, wenn er darauf hinweist, dass eine solche Kultur nicht vor ihren eigenen Konsequenzen zurückweichen kann, da „eine Kultur, die auf dem Prinzip der Wissenschaft aufgebaut ist, zu Grunde gehen muss, wenn sie anfängt, unlogisch zu werden, d. h. vor ihren Konsequenzen zurück zu fliehen." (GT III-1, 115)

Nietzsche weist in diesem Zusammenhang übrigens auch darauf hin, dass die Reflexion auf das Wissen selbst bereits vor ihm dazu geführt habe, dessen Grenzen zu erkennen und damit eine Neubesinnung auf das ‚Tragische' einzuleiten. Er erwähnt namentlich und naheliegenderweise Kant, der „das Rüstzeug der Wissenschaft selbst zu benützen gewusst [habe], um die Grenzen und die Bedingtheit des Erkennens überhaupt darzulegen und damit den Anspruch der Wissenschaft auf universale Geltung und universale Zwecke entscheidend zu leugnen: bei welchem Nachweise zum ersten Male jene Wahnvorstellung als solche erkannt wurde, welche, an der Hand der Kausalität, sich anmaßt, das innerste Wesen der Dinge ergründen zu können." (GT III-1, 114) Gemeint ist natürlich Kants Kritik an einer Philosophie, die beanspruchte, mithilfe von rationaler Theologie, Psychologie und Kosmologie eine rein vernünftige und damit letztbegründete Aufklärung über Gott, den Menschen und die Welt geben können, und gemeint ist Kants Begrenzung des vernünftigen Wissens auf die Möglichkeitsbedingungen der Erfahrung, die zugleich die Möglichkeitsbedingungen der Gegenstände der Erfahrung sind. Mit dieser ‚Kritik der reinen Vernunft' sieht Nietzsche also bereits eine Erschütterung des „im Wesen der Logik verborgen liegenden Optimismus." (GT III-1, 114)

Diese Erschütterung muss aber schließlich auch weiter reichende Folgen für das Leben der Menschen haben, da gerade jener Optimismus des Wissens „wiederum der Untergrund unserer Kultur ist." (GT III-1, 114) Gerade damit soll eine Kultur eingeleitet sein, „welche ich als eine tragische zu bezeichnen wage: deren wichtigstes Merkmal ist, dass an die Stelle der Wissenschaft als höchstes Ziel die Weisheit gerückt wird, die sich, ungetäuscht durch die verführerischen Ablenkungen der Wissenschaften, mit unbewegtem Blicke dem Gesamtbilde der Welt zuwendet und in diesem das ewige Leiden mit sympathischer Liebesempfindung als das eigne Leiden zu ergreifen sucht." (GT III-1, 114) Als ‚Weisheit' (im Unterschied zur Wissenschaft) bezeichnet Nietzsche hier eine Wissensform, die sich am ‚Gesamtbild' orientiert – also am Dionysischen zusammen mit dem Apollinischen, an den Individuen ebenso wie an der Individuierung, an den Gestalten ebenso wie an der Gestaltung (während für die Wissenschaft nur die Individuen und Gestalten in den Blick geraten).

Eine solche neue Darstellung der Individuierung als Prozess und Geschehen im Wandel wäre also in einem gewissen Sinne die neue Form einer ‚tragischen' Kultur, und Nietzsche sieht die Erschütterung der Sicherheit des Wissens der Wissenschaft in folgender Situation: „Nachdem ... die sokratische Kultur von zwei Seiten aus erschüttert ist ... , einmal aus Furcht vor ihren eigenen Konsequenzen, die sie nachgerade zu ahnen beginnt, sodann weil sie selbst von der ewigen Gültigkeit ihres Fundamentes nicht mehr mit dem früheren naiven Zutrauen überzeugt ist." (GT III-1, 115)

Man sollte nicht vergessen, dass Nietzsche sich hier an einer Diagnose seiner Gegenwart in Bezug auf das wissenschaftliche Weltbild versucht: wir schauen hier „auf die höchsten Sphären derjenigen Welt, die uns umflutet," und gewahren „die in Sokrates vorbildlich erscheinende Gier der unersättlichen optimistischen Erkenntnis in tragische Resignation und Kunstbedürftigkeit umgeschlagen." (GT III-1, 97–98) Es war für Nietzsche jedoch eine offene Frage, ob diesem Bedarf an Kunst in seiner Gegenwart genüge getan werden könne. Es stellte sich für ihn die Frage: „wird jenes ‚Umschlagen' zu immer neuen Konfigurationen des Genius und gerade des musiktreibenden Sokrates führen? Wird das über das Dasein gebreitete Netz der Kunst, sei es auch unter dem Namen der Religion oder der Wissenschaft, immer fester und zarter geflochten werden, oder ist ihm bestimmt, unter dem ruhelos barbarischen Treiben und Wirbeln, das sich jetzt ‚die Gegenwart' nennt, in Fetzen zu reissen?" (GT III-1, 98) Die Auseinandersetzung um den Geist seiner Gegenwart und Zukunft sah Nietzsche also zwischen „der unersättlichen optimistischen Erkenntnis" – m. a. W.: der Wissensform der Wissenschaft – auf der einen Seite und „der tragischen Kunstbedürftigkeit" auf der anderen Seite stattfinden (GT III-1, 98–99).

1.8 Der griechische Ursprung der Wissenschaft

Kants Reflexion auf die Wissensform der Wissenschaft war von der Frage geleitet, wie wir denken können, dass unser Wissen tatsächlich seinem Begriff entspricht, d. h. dass es wirklich so ist, wie wir es in Aussagen behaupten, und wir nicht nur unsere zeitlich zusammen auftretenden subjektiven Erlebnisse wiedergeben. Im Unterschied zu dieser Frage nach den Bedingungen der Möglichkeit eines seinen Begriff erfüllenden Wissens konzentrierte sich Nietzsches Untersuchung des Wissens sehr bald auf die Angabe einer geschichtlichen Epoche und eines bestimmten geographischen Raumes, in der bzw. in dem diese bestimmte Form des Wissens ihren Anfang genommen hat. Darin liegt ein Anspruch auf ein historisches Verständnis, welcher die Geltungsgrundlage dessen, was wir heute als Wissenschaft kennen, radikal anders auffasst, als es dem wissenschaftlichen Selbstverständnis in der Regel entspricht. Unsere Auffassung von der Wahrheitsfähigkeit der Wissenschaften geht diesem Verständnis zufolge nicht auf deren besonderes Verhältnis zur Welt an sich zurück, die sie besser und exakter in Aussagen zum Ausdruck bringen können, sondern auf ein geschichtliches Ereignis am Anfang der europäischen Denkgeschichte, und jene Auffassung lässt sich auch nicht durch jenes besondere Verhältnis zur Welt begründen, sondern nur aus der Wirklichkeit und Wirksamkeit der Folgen jenes Ereignisses.

Die uns heute selbstverständliche Bedeutung der Wissensform der Wissenschaft geht nach Nietzsche also letztlich darauf zurück, dass „der Einfluss des Sokrates, bis auf diesen Moment hin, ja in alle Zukunft hinaus, sich, gleich einem in der Abendsonne immer größer werdenden Schatten, über die Nachwelt hin ausgebreitet hat.“ Damit verbunden ist der Gedanke, dass dieser Einfluss „zur Neuschaffung der Kunst – und zwar der Kunst im bereits metaphysischen, weitesten und tiefsten Sinne – immer wieder nötigt und, bei seiner eignen Unendlichkeit, auch deren Unendlichkeit verbürgt.“ (GT III-1, 93) Die Macht jener Wissensform ist also zum einen geschichtlich begründet, zum anderen hängt sie ab von der Existenz einer ‚Kunst‘ – allerdings sollte man dabei nicht an bestimmte Kunstformen und vor allem nicht an bestimmte Stilrichtungen denken, wie sie kunstgeschichtlich beschrieben werden. Gemeint ist in erster Linie ein Phänomen, das Nietzsche als ‚Kunst‘ bezeichnet, weil es als eine ‚Darstellungsfähigkeit‘ und als ein Vermögen des Bildens und Gestaltens sowohl der Ausbildung der Wissenschaft als auch der Entwicklung der Kunst zugrunde liegt. Dieser Zusammenhang zwischen dem das logische Denken und Begründen fundierenden Einfluss von Sokrates / Platon und der Kunst wird Nietzsche weiter beschäftigen. Sein Denken ist auch deshalb eine vor allem ‚ästhetische‘ Philosophie, weil sein zentrales Thema selbst fundamental ‚ästhetisch‘ verfasst ist. Das Denken, welches in dieser Philosophie zum Gegenstand der Kritik wird, ist selbst ein ‚ästhetisches' Denken und wird deshalb angemessen nur in einer ‚ästhetischen' Philosophie zum Thema, die sich einer ‚begründenden' und in diesem Sinne ‚rationalen' entgegensetzt.

In Nietzsches Reflexion auf das Wissen der Wissenschaft steht also an zentraler Stelle der Gedanke, „dass die Griechen unsere und jegliche Kultur als Wagenlenker in den Händen haben." (GT III-1, 94) Diese Bedeutung geht vor allem darauf zurück, dass dort die Bedeutung der Theorie und des Theoretischen grundgelegt wurde – und dies vor allem bei Sokrates, und Nietzsche schlägt vor, „in ihm den Typus einer vor ihm unerhörten Daseinsform zu erkennen, den Typus des theoretischen Menschen." (GT III-1, 94) Damit ist nicht das gemeint, was wir heute so nennen mögen, wenn wir uns jemanden vorstellen, der von Handlungsfurcht gelähmt sich in theoretische Erwägungen über das Leben flüchtet, statt es zu leben. Nietzsche meint hier kein in unserem wissenschaftlichen Sinne beschreibbares Bild einer psychologischen Störung. Die einer solchen Beschreibung zugrunde liegende Unterscheidung fiele innerhalb die Charakterisierung des ‚theoretischen' Menschen, die Nietzsche meint. Auch eine ausgeprägte Neigung zu einem aktiven und am Handeln orientierten Leben wäre in diesem Sinne ‚theoretisch' im Sinne von ‚theoriegeleitet', weil darin Handlungen geplant und auf rationaler Grundlage kalkuliert werden – d. h. auf der Grundlage von Theorie, auch wenn dies nur im Sinne von technischer Rationalität als Abwägung von geeigneten Mitteln für die gewählten Ziele geschieht.

Nietzsche glaubte darin eine eigene Form von Lust zu erkennen, die in der Theorie begründet wurde und nur in ihr offen steht, und welche sich von der des Künstlers an einem entscheidenden Punkt unterscheidet:

> „Wenn nämlich der Künstler bei jeder Enthüllung der Wahrheit immer nur mit verzückten Blicken an dem hängen bleibt, was auch jetzt, nach der Enthüllung, noch Hülle bleibt, geniesst und befriedigt sich der theoretische Mensch an der abgeworfenen Hülle und hat sein höchstes Lustziel in dem Prozess einer immer glücklichen, durch eigene Kraft gelingenden Enthüllung. Es gäbe keine Wissenschaft, wenn ihr nur um jene eine nackte Göttin und um nichts Anderes zu tun wäre."(GT III-1, 94)

Damit wird der *Prozess* der Wissenschaft als ihre eigentliche Grundlage aufgefasst – man könnte auch sagen: ihr Tun und nicht ihr Ergebnis. So weit könnte man dies allerdings noch innerhalb der auch in der Wissenschaftstheorie bekannten Unterscheidung zwischen Genesis und Geltung zu verstehen suchen, also zwischen dem Auffindungszusammenhang und dem Begründungszusammenhang wissenschaftlicher Theorien.

Aber Nietzsches Behauptung geht doch wesentlich weiter. Er spricht geradezu vom „Grundgeheimnis der Wissenschaft“, das darin liege, dass es in ihr mehr um das „Suchen der Wahrheit“ als um diese selbst gehe (GT III-1, 95). Die Vorstellung von einer von ihrem Entstehungszusammenhang völlig unabhängigen Beziehung der Wissenschaft zu einer Welt an sich gilt ihm als eine „tiefsinnige Wahnvorstellung“ – als

> „jener unerschütterliche Glaube, dass das Denken, an dem Leitfaden der Kausalität, bis in die tiefsten Abgründe des Seins reiche, und dass das Denken das Sein nicht nur zu erkennen, sondern sogar zu korrigieren imstande sei. Dieser erhabene metaphysische Wahn ist als Instinkt der Wissenschaft beigegeben und führt sie immer und immer wieder zu ihren Grenzen, an denen sie in Kunst umschlagen muss: auf welche es eigentlich, bei diesem Mechanismus, abgesehn ist.“ (GT III-1, 95)

Wir könnten an dieser Stelle den von Nietzsche hergestellten Zusammenhang zwischen der Wissensform der Wissenschaft und der Kunst – und damit der Ästhetik – darin sehen, dass dieses Wissen auf einem ‚Glauben‘ (der aus anderer und gerade aus der wissenschaftlichen Perspektive auch als ‚Wahn‘ bezeichnet werden kann) bzw. auf einem ‚Instinkt‘ beruht. Jener ‚Glaube‘, auf dem die Wissenschaft beruht, führt sie demnach in den Bereich der ‚Kunst‘, wenn ihre spezifische Perspektive (also die des theoretischen Menschen) als ganze betrachtet wird. Wenn Nietzsche hinzufügt, dass die Wissenschaft einen ‚Mechanismus‘ darstelle, der von sich aus zur Kunst führe („auf welche es eigentlich … abgesehen ist“), so bezieht er sich auf Grenzen der Wissenschaft, die ihr selbst immanent sind. Man könnte diese Grenzen vor allem in ihrer Selbstauffassung sehen – die Wissenschaft kann sich nicht selbst wissenschaftlich auffassen.

Deshalb kommt die Wissenschaft in ihrer Selbstreflexion notwendig auf das zurück, wovon sie sich in ihrem historischen Anfang bei Sokrates / Platon gerade radikal abgrenzen wollte – auf den ‚Mythos‘, man könnte auch sagen: auf das Erzählen von Geschichten. Die „Bestimmung“ der Wissenschaft ist es demnach,

> „das Dasein als begreiflich und damit als gerechtfertigt erscheinen zu machen: wozu freilich, wenn die Gründe nicht reichen, schliesslich auch der Mythus dienen muss, den ich sogar als notwendige Konsequenz, ja als Absicht der Wissenschaft … bezeichnete.“ (GT III-1, 95)

Hier wird der ‚Mythos‘ – also die erzählte Geschichte – deshalb zur ‚Konsequenz‘ der Wissenschaft, weil das Begründen in der Wissenschaft ‚endlich‘ ist, d. h. Grenzen hat. Der ‚Umschlag‘ in Kunst ist also kein Vorgang innerhalb der Wissenschaft, sondern an ihren Grenzen, d. h. dort, wo ihr die Gründe ausgehen, und dort, wo sie grundsätzlich auf sich selbst reflektieren soll. Wenn sich die Wissenschaft dann als Mythos erweist, so heißt das demnach nicht, dass Nietzsche sie insgesamt als ein zweifelhaftes Unternehmen von geringer Qualität auffasst, das man besser auflösen sollte, sondern es geht um den Weg zu einer Reflexion auf die Grundlagen der Wissenschaft und zu ihrem angemessenen und besseren Selbstverständnis.

Nietzsches Kritik bezieht sich also auf das Verständnis des Status von Wissenschaft, d. h. der in ihr ausgearbeiteten Wissensform als solcher. Man könnte pointiert sogar sagen: kritisiert wird nicht die Wissenschaft, sondern ihr falsches Selbstverständnis, das sich etwa im Glauben an die Kausalität als einer Allmacht des Seins in den Händen der Menschen dokumentiert. Man sieht auch an dieser Stelle, wie Nietzsche auf der Grundlage der Kantischen Philosophie steht – Kant hatte die Reflexion auf Kausalität als einen der Begriffe des Verstandes unternommen, mit deren Hilfe wir aus den bloßen Anschauungen eine Welt von Objekten ‚konstruieren', von der wir uns als Subjekte unterscheiden können. Wir können Kausalität also nicht im Sein selbst finden, sondern sie nur als eine der Bedingungen der Möglichkeit der Erfahrung nachweisen, die selbst mit den Bedingungen der Möglichkeit der Gegenstände der Erfahrung identisch sind. Schon auf dieser Kantischen Grundlage müsste eine Auffassung von Kausalität als Eigenschaft des Seins selbst, welche vom Wissenschaftler nur in Aussagen beschrieben und abgeschildert werden muss, ein Selbstmissverständnis des Wissensstatus der Wissenschaft darstellen. Nietzsche nimmt diese Einsicht auf, wenn er die Vorstellung von Kausalität als einer Eigenschaft des Seins selbst als ‚Wahn', ‚Glauben' und doch auch als ‚Instinkt' der Wissenschaft bezeichnet, an deren Grenzen sie deshalb selbst als Mythos, d. h. als erzählte Geschichte erscheint.

Man kann deshalb auch sagen, dass die Wissensform der Wissenschaft als „Welttendenz" (GT III-1, 96) ‚endlich' ist, weil sie einen Anfang hat, der zum einen durch einen bestimmten geschichtlichen Ort und eine entsprechende Zeit charakterisiert ist – für Nietzsche also im Griechenland der Zeit von Sokrates (dem „Mystagogen der Wissenschaft" (GT III-1, 95)) und von Platon. Zum anderen ist dieser Anfang aber auch ein sachlicher, d. h. die Begründungsverfahren der Wissenschaft sind nicht insofern ‚unendlich', als sie sich durch die und aus der Wirklichkeit an sich dem Menschen aufgedrängt haben, die sich nur auf diese Weise beim Menschen melden könnte (was sie aus irgendeinem Grunde möchte). Der gedankliche Ansatz beim ‚theoretischen', d. h. grundsätzlich logisch begründenden und argumentierenden Menschen ist nach dieser Auffassung alles andere als selbstverständlich. Nach Nietzsche handelt es sich vielmehr um eine ‚Erfindung', deren Anfang er bei Sokrates / Platon sieht. Und erst mit dieser Erfindung geschah es, dass

„erst ein gemeinsames Netz des Gedankens über den gesamten Erdball, ja mit Ausblicken über die Gesetzlichkeit eines ganzen Sonnensystems, gespannt wurde; wer dies alles, samt der erstaunlich hohen Wissenspyramide der Gegenwart, sich vergegenwärtigt, der kann sich nicht entbrechen, in Sokrates den einen Wendepunkt und Wirbel der sogenannten Weltgeschichte zu sehen." (GT III-1, 96)

1.9 Die Tragödie, die Wissenschaft und der Staat

Wir haben mittlerweile gesehen, dass Nietzsches Erörterungen über die Geburt der Tragödie es eigentlich nur am Rande mit einer speziellen literarischen Form zu tun haben. Es geht um den Ursprung der artikulierten Sprache, um die Möglichkeit, über die Welt in einer bestimmenden Sprache sprechen zu können, um das Individuieren im Sinne desjenigen Artikulierens, das unserem Weltzugang zugrunde liegt, und vor allem geht es um die Wissensform der Wissenschaft, deren Bedeutung heute in allen Lebensbereichen immer noch wächst, und damit geht es auch um die Technik, die auf der Grundlage dieser Wissensform entstanden ist. Wenn Thema von Nietzsches Erörterungen über die Tragödie also grundlegende Erscheinungsformen der Kultur sind, dann ist es nicht überraschend, dass auch Grundlagen des Zusammenlebens in Gesellschaft und Staat zur Sprache kommen müssen. In der Tat behauptet Nietzsche, dass „notwendig und eng die Kunst und das Volk, Mythus und Sitte, Tragödie und Staat, in ihren Fundamenten verwachsen sind." (GT III-1, 143)

Dieser Gedanke liegt zunächst schon deshalb nahe, weil mit der Tragödie eine Verständnisform des Lebens vom ‚Mythus' her verbunden ist, d. h. von den ‚Geschichten' her, die nicht auf eine begründende oder logische Weise, sondern mithilfe von Erzählungen über besonders bedeutende Ereignisse die Zusammenhänge in der Welt und der Menschen mit der Welt und untereinander verständlich machen. Die Tragödie verlor ihre Bedeutung aber dann, als der ‚logische Geist' des Begründens und Erklärens mithilfe – mehr oder weniger – vernünftiger Argumente vorherrschend wurde, nach Nietzsche also mit dem sokratisch-platonischen Geist. Offensichtlich kann es die fundamentalen Formen des Zusammenlebens und der Austauschbeziehungen zwischen Menschen in einer Gesellschaft nicht unberührt lassen, wenn bei Problemen im Zusammenleben die Berufung auf die Wahrheit von sinngebenden ‚Geschichten' durch den Bezug auf prinzipiell auf vernünftige Weise begründungspflichtige Geltungsansprüche ersetzt wird. Nietzsche führt diese Bedeutung seiner Tragödientheorie für Gesellschaft und Politik so aus:

> „Jener Untergang der Tragödie war zugleich der Untergang des Mythus. Bis dahin waren die Griechen unwillkürlich genötigt, alles Erlebte sofort an ihre Mythen anzuknüpfen, ja es nur durch diese Anknüpfung zu begreifen: wodurch auch die nächste Gegenwart ihnen sofort sub specie aeterni und in gewissem Sinne als zeitlos erscheinen musste. In diesen Strom des Zeitlosen aber tauchte sich ebenso der Staat wie die Kunst, um in ihm vor der Last und der Gier des Augenblicks Ruhe zu finden." (GT III-1, 143–144)

Allerdings fährt Nietzsche dann mit einer moralischen Einschätzung dieses Vorgangs fort: „Und gerade nur so viel ist ein Volk – wie übrigens auch ein Mensch – wert, als es auf seine Erlebnisse den Stempel des Ewigen zu drücken vermag: denn damit ist es gleichsam entweltlicht und zeigt seine unbewusste innerliche Überzeugung von der Relativität der Zeit und von der wahren, d. h. der metaphysischen Bedeutung des Lebens. Das Gegenteil davon tritt ein, wenn ein Volk anfängt, sich historisch zu begreifen und die mythischen Bollwerke um sich herum zu zertrümmern." (GT III-1, 144) Dass es sich bei solchen und ähnlichen Bewertungen allerdings tatsächlich um ethische Urteile mit einem Anspruch auf vernünftige Begründbarkeit und Ausweisung handelt, sollte man nicht zu schnell als sicher annehmen. Der Ausdruck ‚ist ein Volk … wert' ist möglicherweise nur eine Beschreibung für die Erfüllung von Durchsetzungsbedingungen in einer Umwelt, die durch knappe Güter und konkurrierende Ansprüche geprägt ist. In seiner späteren Philosophie wird Nietzsche den Ausdruck ‚Wert' sehr häufig so verwenden und der Beschreibung von Strukturen einer solchen Erfüllung von Durchsetzungsbedingungen an vielen Stellen dadurch eine ethisch aufgeladene Färbung verleihen. Man könnte versuchen, diesen Stil als eine Erläuterung für eine der zentralen Behauptungen in Nietzsches Kritik der Ethik aufzufassen, nämlich für den Zusammenhang von Ethik und Willen zur Macht.

Man sollte Nietzsches ‚Werturteile' deshalb hier wie an vielen anderen Stellen auf sich beruhen lassen, um das Behauptete deutlicher zu verstehen. In erster Linie werden in dem wiedergegebenen Zitat zwei fundamentale Formen des Selbstverständnisses voneinander unterschieden, die ein unterschiedliches Verhältnis zur Zeit implizieren. Ein Selbstverständnis von Mythen her stellt einen Menschen oder eine Gesellschaft bzw. einen Staat aus der Abfolge der Zeit heraus – der Mythos als die sinngebende Geschichte gilt, weil er gilt und weil er immer gegolten hat. Solange er seine Geltung behält, kann man nicht fragen, ob er denn die ‚richtigen' Anleitungen gibt, denn die Bedeutung von ‚richtig' wird eben durch den Mythos bestimmt, und man kann auch bei keinem Ereignis fragen, ob für seine Deutung der Mythos zuständig sei, oder ob vielleicht eine andere Interpretation dieses Ereignisses sinnvoller wäre, denn was

‚sinnvoll' heißen kann, bestimmt eben der Mythos. Er formt deshalb in einem radikalen Sinne eine ‚geschlossene Gesellschaft', in der jene ‚Geschichten' den Referenzrahmen für alles darstellen, was von Menschen in ihrem Zusammenleben gedacht und getan werden kann.

Ganz anders verhält es sich, wenn für das Zusammenleben in der Gesellschaft und im Staat das ‚historische' Begreifen und damit die Abfolge des Lebens in der Zeit zum Referenzmuster wird – ebenso wie dies für einzelne Menschen gilt. Nun wird nicht mehr die Unveränderlichkeit des Ewigen die Referenz für das Verstehen von Ereignissen, sondern es wird eine Unterscheidung gemacht zwischen der Vergangenheit und der Gegenwart, und die letztere wird von der ersteren her verstanden. Nun gibt es *Erklärungen*, mithilfe derer die Gegenwart mit der Vergangenheit verbunden wird, und zwar so, dass das, was im Jetzt geschieht, dadurch verständlich wird, weil im ‚es war' etwas anderes geschehen war.

Wir hatten schon darauf hingewiesen, dass nach Nietzsche für den sokratisch-platonischen Geist und damit für die Wissensform der Wissenschaft an zentraler Stelle der Gedanke der Kausalität bedeutsam wird. Dieser Gedanke erscheint hier in der Form der historischen Kausalität: *weil* in der Vergangenheit A (und nicht B oder C) geschehen ist, *deshalb* ereignet sich in der Gegenwart X (und nicht Y oder Z). Kausalität aber ist eine Form, mit der wir verschiedene Ereignisse auf eine sehr abstrakte – wir könnten auch sagen: gedankenlastige – Weise miteinander verbinden. Sie gibt uns nicht an, dass beim Auftreten von A sich in der Folge stets X ereignen muss – es könnte sein, dass A dieses Mal unter ganz anderen Randbedingungen stattfand, weshalb keineswegs X folgt, sondern Z oder gar aus einer ganz anderen Klasse das Ereignis β. Wer sich historisch versteht, muss also immer wieder neue Erklärungen finden und stellt sich auch auf diese Weise in den Ablauf der Zeit, ob es sich nun um eine Person oder eine Gesellschaft bzw. einen Staat handelt.

Mit dieser Erklärungsweise kommen wir zurück auf Nietzsches Diagnose seiner Gegenwart in Bezug auf Gesellschaft und Staat. Jener sich historisch verstehende und damit sich vernünftig erklärende und begründende Staat ist nach seiner Vorstellung als Ergebnis des ‚Sokratismus' charakterisiert durch „den abstrakten, ohne Mythen geleiteten Menschen, die abstrakte Erziehung, die abstrakte Sitte, das abstrakte Recht, den abstrakten Staat." (GT III-1, 141) ‚Abstrakt' ist hier gleichbedeutend mit ‚ohne Grundlage in einem Mythos' bzw. mit ‚sokratisch-platonisch' bzw. mit der Wissensform der Wissenschaft. Es ist die Abstraktheit eines Begriffes wie ‚Kausalität', mit dem wir einen Zusammenhang zwischen zwei Ereignissen herstellen, der in der Wirklichkeit nur unter einem Absehen – einer ‚Ab-straktion' – von Randbedingungen und weiter zurückliegenden Ursachen gilt. Man *kann* versuchen, den Zweiten Weltkrieg durch die

Politik der Westmächte nach dem Ersten Weltkrieg zu erklären, aber diese Kausalität ist wenig aussagekräftig, wenn man nicht die Randbedingungen in einer besonderen politischen Entwicklung in der Weimarer Republik berücksichtigt, die wiederum ältere politische Traditionslinien zur Erklärung verlangen, so dass die Erklärung dafür, dass gerade in Deutschland 1933 eine Verbrecherbande an die Regierung gelangen konnte, weitgehend von der Entscheidung darüber abhängt, was als Ursachen und was als Randbedingungen aufgefasst werden soll.

Darüber hinaus schließt Nietzsche mit dem Begriff des ‚abstrakten Staates' natürlich auch an Hegels Ausdruck vom ‚Not- und Verstandesstaat' an. Hegel hatte damit den Staat gemeint, der sich durch die materiellen Interessen der Bürger rechtfertigt und so existiert – zu welchen materiellen Interessen allerdings auch Sicherheitserwägungen wie Rechtssicherheit gehören können. Es ist der Staat, der ohne Begründung in einer ‚Sitte' besteht, also in unbezweifelbaren und unmittelbar geltenden Normen, die sich durch ihre Herkunft legitimieren, d. h. die letztlich gelten, weil sie immer gegolten haben. Bei Nietzsche ist nun der Staat ohne Mythos gemeint, in dem die Beziehungen zwischen den Bürgern grundsätzlich durch ein Wissen geregelt sein sollen, das sich nicht durch den Bezug auf sinnstiftende ‚Geschichten' rechtfertigt, sondern etwa durch Regeln, die in Abstimmungen festgesetzt wurden, oder durch die Pflicht, sich in rational geleiteten Diskursprozessen ausweisen zu müssen.

Wenn wir bei Nietzsche jedoch in solchen Passagen einen kritischen Unterton bemerken, so sollten wir berücksichtigen, dass diese Einschätzung des ‚abstrakten' und ‚mythenlosen' Staates nicht auf das Fehlen einer fraglos geltenden Sittlichkeit zurückgeht, wie dies bei Hegel der Fall war. Der ‚abstrakte' Staat ist für Nietzsche vielmehr ein Staat, in dem die Reflexion auf die Herkunft staatenbildender individuierter Begriffe und Gestalten nicht stattfinden kann, d. h. dessen Bürger sich nur von diesen Begriffen und Gestalten her verstehen, ohne dass ein Bewusstsein von deren Herkunft aus ästhetischen und damit künstlerischen Prozessen lebendig wäre, und in dem ein Recht gilt, das ohne eine solche Reflexionsmöglichkeit herrscht, und in dem das Erziehungssystem auf Grundsätzen beruht, die nur ihre möglicherweise sogar vernünftige Herkunft widerspiegeln, nicht aber das Entstehen eben dieser Vernunft aus ästhetisch-künstlerischen Ursprüngen. Man könnte auch sagen: es handelt sich nach Nietzsche um einen Staat der Vernunft, in dem die Vernunft nicht reflektiert auf ihre eigene Herkunft in einem künstlerisch-kreativen Gestalten und Bilden.

Insofern ist Nietzsches Einschätzung des modernen Staates weit radikaler als es die Hegelsche war. Bei Hegel fehlte dem ‚Verstandesstaat' ein Fundament in einer selbst bereits individuierten Gestalt (also in einer Sittlichkeit), d. h. in einem zwar nicht vernünftig begründeten, aber doch genügend bestimmten Vorstellungszusammenhang über das, was man tut und was nicht, was richtig ist und was falsch. Bei Nietzsche dagegen fehlt dem ‚abstrakten' Staat das Bewusstsein, dass alle Bestimmtheiten (Begriffe, Leitvorstellungen und Ideen), die in ihm das Zusammenleben der Menschen leiten, nicht eine Welt an sich widerspiegeln, sondern in einem ästhetisch-kreativ-künstlerischen Prozess entstanden sind, der nicht notwendig ist und nicht letztgültig vernünftig begründet werden kann. Ob daraus eine philosophische Kritik am modernen Staat abgeleitet und begründet werden kann, oder ob sich bei Nietzsche daraus nicht auch eine Fülle von Ressentiments ergeben, können wir an dieser Stelle offen lassen. Auf jeden Fall wird es keine Kritik mit dem Hinweis auf eine fehlende sittliche Grundlage sein können, und es wird keine an Vernunftforderungen orientierte Kritik des Politischen abgeleitet werden können. Man sollte dies im Auge behalten, wenn man Nietzsches spätere Äußerungen über konkrete staatliche Entwicklungen liest – von denen sich viele relativieren, wenn man sie auf der Grundlage eines genaueren Verständnisses von Nietzsches Philosophie auffasst.

1.10 Die ästhetische Rechtfertigung der Welt

Wir haben am Anfang darauf hingewiesen, dass Nietzsche in diesem Buch unter dem merkwürdigen Titel „Die Geburt der Tragödie aus dem Geiste der Musik" die Frage nach dem Wissen der Wissenschaft untersucht – nach jener Form des Wissens, die er sehr früh als Problem erkannt hatte. Jetzt können wir sehen, unter welcher Perspektive er diese Frage stellte. In seinem viel später geschriebenen ‚Versuch einer Selbstkritik' differenzierte er sie so aus:

> „Und die Wissenschaft selbst, unsere Wissenschaft – ja, was bedeutet überhaupt, als Symptom des Lebens angesehn, alle Wissenschaft? Wozu, schlimmer noch, woher – alle Wissenschaft? Wie? Ist Wissenschaftlichkeit vielleicht nur eine Furcht und Ausflucht vor dem Pessimismus? Eine feine Notwehr gegen – die Wahrheit? Und, moralisch geredet, etwas wie Feig- und Falschheit? Unmoralisch geredet, eine Schlauheit? Oh Sokrates, Sokrates, war das vielleicht dein Geheimnis? O geheimnisvoller Ironiker, war dies vielleicht deine – Ironie?" (GT III-1, 6–7)

Die Wissensform der Wissenschaft soll also unter der Perspektive ihrer Geschichte untersucht werden, also auf ihren Entstehungszusammenhang hin (wozu? – woher?), der offensichtlich sehr viel mit dem platonischen bzw. sokratischen Denken zu tun hat. Es wird also die Stellung zur Welt und zum Leben verhandelt, die wir unter dem

Vorzeichen der Wissenschaftlichkeit einnehmen. Diese Haltung ist auch moralisch geprägt, so dass die Frage nach dem Wissen, das als Wissenschaft auftritt, auch mithilfe einer ethischen Reflexion untersucht werden muss. Auf diese Weise soll die Beziehung zwischen Wissenschaft und Wahrheit näher aufgeklärt werden, die wir heute oft überhaupt nicht als ein problematisches Verhältnis auffassen, weil wir die beiden Begriffe von vornherein zu identifizieren bereit sind..

In der Rückschau erschien Nietzsche sein frühes Werk als „ein Buch vielleicht für Künstler mit dem Nebenhange analytischer und retrospektiver Fähigkeiten (...), voller psychologischer Neuerungen und Artisten-Heimlichkeiten, mit einer Artisten-Metaphysik im Hintergrunde." (GT III-1, 7) Damit ist eine grundsätzliche Reflexion auf die Rezeptionsbedingungen seiner Philosophie – wie alles Denkens – angedeutet, die Nietzsches Schriften bis in die späten Werke hinein durchziehen wird. (Wir werden am Schluss in Zusammenhang mit dem ‚Zarathustra'-Buch noch näher auf diese Reflexion eingehen.) Ein Buch für ‚Künstler' soll es deshalb sein, weil es gemeinsame Erfahrungen voraussetzt, die empfänglich für das Künstlerische machen (was nicht bedeuten soll, dass Nietzsches Leser die Kunst zu ihrem Beruf machen müssten, um sein Denken verstehen zu können). Aber es soll sich doch um ein „Buch für Eingeweihte" handeln, „als ‚Musik' für Solche, die auf Musik getauft, die auf gemeinsame und seltne Kunst-Erfahrungen hin von Anfang der Dinge an verbunden sind." (GT III-1, 8)

Nietzsche grenzt das Verfahren seiner Philosophie damit von einer Wissenschaftlichkeit ab, die in erster Linie auf dem beruht, was er selbst als „die Schicklichkeit des Beweisens" bezeichnet (GT III-1, 8). Mit diesem Ausdruck der ‚Schicklichkeit', den man sich auch mit ‚Sitte' übersetzen könnte, schließt Nietzsche – vermutlich unbewusst – an Hegel an, der das wissenschaftliche Verfahren schon als ein in der Geschichte des Denkens entstandenes spezielles Begreifen der Welt erklärt hatte; und er weist bereits vor auf Wittgenstein, für den ein solches Beweisen viel später ein ‚Sprachspiel' darstellen wird, das auf der Grundlage und in Verbindung mit einer ‚Lebensform' gilt und darin auch seine Grenzen hat.

Man kann aber – und man ist geneigt zu sagen: ‚leider' – nicht übersehen, dass bereits hier beim frühen Nietzsche *auch* ein Denken beginnt, das heute in der Regel mehr zur dunklen Seite von dessen (Denk-)Macht gerechnet wird, nämlich die Kritik an Demokratie, Utilitarismus und sozialem Ausgleich, sowie der moralisch getönte Lobpreis von Stärke, Macht und Gewalt in ihrer Bedeutung für die Entwicklung der Menschheit, obwohl an vielen Stellen doch nur eine Erklärung für die Veränderungen in der Stellung des Menschen zur Welt und die dazugehörigen Wissensformen gegeben wird. Teilweise sind solche Überlegungen noch sachorientiert, aber an anderen Stellen ist das ‚Ressentiment' deutlich zu erkennen – eine Haltung, die gerade Nietzsche als eine Art moralischer Todsünde dargestellt hat. An dieser Stelle genüge dafür ein Beispiel. In seiner ‚Selbstkritik' zur ‚Geburt der Tragödie aus dem Geiste der Musik' schrieb Nietzsche in Bezug auf die Entwicklung im griechischen Denken hin zu einer „Logisierung der Welt" etwa in einer suggestiven Formulierung: „Wie? könnte vielleicht, allen ‚modernen Ideen' und Vorurteilen des demokratischen Geschmacks zum Trotz, der Sieg des Optimismus, die vorherrschend gewordene Vernünftigkeit, der praktische und theoretische Utilitarismus, gleich der Demokratie selbst, mit der er gleichzeitig ist, – ein Symptom der absinkenden Kraft, des nahenden Alters, der physiologischen Ermüdung sein?" (GT III-1, 10–11) Wie bei vielen ähnlichen Formulierungen lässt sich auch diese Stelle wertfrei lesen, aber wenn das ‚Ästhetische' berücksichtigt wird, dessen Bedeutung gerade Nietzsche herausgestellt hat, dann klingt sie doch anders – aber vielleicht will uns Nietzsche ja gerade auf diese ästhetische Grundlage des Verstehens hinweisen und führt uns deshalb mit Absicht in die Irre?

Lassen wir diese Frage zunächst auf sich beruhen. Auf jeden Fall ist nach der Lektüre der ‚Geburt der Tragödie aus dem Geiste der Musik' deutlich, dass die Bedeutung der Kunst bzw. des Schöpferischen generell für Nietzsches Denken kaum unterschätzt werden kann – und dies gilt keineswegs nur für die Tragödie, die Musik oder überhaupt das Phänomen, das wir heute in den verschiedenen Kunstformen antreffen, sondern gemeint ist vor allem ‚Kunst' in einem weiteren Sinn. An mehreren Stellen erklärt uns Nietzsche darüber hinaus, „dass nur als ein ästhetisches Phänomen das Dasein und die Welt gerechtfertigt erscheint" (GT III-1, 148), und hier handelt es sich wohl um einen seiner meistzitierten Sätze. Möglicherweise klingt dies für viele Leser so, als werde damit gesagt, es müsse alles nur in einem ästhetischen Sinne ‚schön' sein, um eine ‚Rechtfertigung' finden zu können, welche Behauptung man eher bei Oscar Wilde oder im englischen Dandyism erwarten könnte. Man sollte jedoch im engeren Sinne ‚ästhetizistische' Assoziationen hier vermeiden – es geht keineswegs darum, dass das Schöne ‚höher' als das Wahre oder das Gute ist oder dass die Welt unter ästhetischen Wertmaßstäben beurteilt werden *soll* und nicht etwa unter ethischen.

Aus den Erörterungen über die ‚Geburt der Tragödie' ist schon deutlich geworden, dass das ‚Ästhetische' bei Nietzsche nicht ‚das Schöne' meint. ‚Ästhetisch' sind die beiden Prinzipien der Sinngebung und damit der Verständlichkeit der Welt, die hier als ‚das Apollinische' und als ‚das Dionysische' bezeichnet werden. Keines von beiden kann jedoch alleine auftreten, obwohl eine sehr verschiedene Gewichtung in ihrem gemeinsamen Erscheinen möglich ist. Es kann allerdings sein, dass im *Ergebnis* das eine von beiden verschwindet und sie deshalb nicht mehr in ihrem Walten erkennbar werden. Nietzsche sieht die Besonderheit der ‚klassischen' griechischen Tragödie gerade darin, dass in ihr das eine Prinzip nicht im anderen verschwindet, sondern dass sie in ihrem ‚Zusammenspiel' wahrnehmbar werden, in dem das Apollinische nicht das Dionysische beschreibt oder illustriert (wie ein schlechtes Bild, das sich darin erschöpft, einen ebenso sprachlich beschreibbaren Sachverhalt darzustellen), und in dem das Dionysische nicht im Apollinischen verschwindet (wie dies in Texten geschieht, die sich nur an einen Sachverhalt in der Welt anpassen sollen).

Wenn von der ‚ästhetischen' Rechtfertigung die Rede ist, so enthält dies allerdings auch den Bezug auf das Sinnliche. Der Begriff stammt sogar von aistánesthai, d. h. ‚wahrnehmen', wovon das Substantiv aisthesis (Wahrnehmung, Empfindung) lautet. Man könnte nach diesem Begriffsursprung also von einer Lehre von dem sprechen, was sinnlich erscheint, bzw. von der Wahrnehmung, weshalb auch der Begriff aistetike herangezogen werden könnte, d. h. eine die Sinne in ihrer Wahrnehmungsfähigkeit betreffende Wissenschaft. Der Begriff ‚Ästhetik' selbst wurde allerdings erst viel später von A. Baumgarten in seinem 1750/58 erschienenen Werk ‚Aesthetica' verwendet. Hier ist eine Theorie der Erkenntnis gemeint, in welcher die Bedeutung der Sinnlichkeit stark aufgewertet, ja sogar die Theorie einer eigenen Erkenntnisfähigkeit durch Sinnlichkeit entworfen wurde. Es lag nahe, dass damit der Kunst und allgemein der Erfahrung des Schönen eine besondere Bedeutung für die Erkenntnis zugeschrieben wurde. Auf dieser Grundlage entstand dann bei Kant die Grundlegung einer Ästhetik als einer philosophischen Lehre von der philosophischen Bedeutung der Kunst, die sich über Schiller, Hegel, Heidegger, Gadamer, Adorno bis hin zu Dewey, Rorty, Goodman und Danto fortsetzt.

Das Sinnliche kann in einer Ästhetik aber nicht als dasjenige aufgefasst werden, was verstanden als ‚Sinnesdata' in den Prozess der Erkenntnis eingeht und etwa in Form von Anschauungs- oder Protokollsätzen die Verifikationsgrundlage der Wissenschaft bildet, wie dies vom logischen Empirismus beansprucht wurde. Die ratio einer jeden Ästhetik liegt darin, dass der sinnlichen Wahrnehmung eine ganz eigene Bedeutung zugeschrieben wird, die sich nicht im Entstehen theoretischer Erkenntnis erschöpft. Wir haben gesehen, dass Nietzsche gerade der Musik eine solche spezielle Bedeutung in der Auffassung der Welt zuschreibt. Es liegt deshalb nahe, dass

„die Musik, neben die Welt hingestellt, allein einen Begriff davon geben kann, was unter der Rechtfertigung der Welt als eines ästhetischen Phänomens zu verstehen ist." (GT III-1,148)

Das Interessante an dieser Formulierung ist im Grunde der Einschub zwischen den zwei Kommata nach ‚Musik': „neben die Welt hingestellt". Offensichtlich will Nietzsche damit zum Ausdruck bringen, dass die Musik eine solche Erläuterung nur dadurch geben kann, dass wir sie neben die ‚Welt' stellen – womit die ‚empirische' Welt gemeint ist, die nach Nietzsche ‚Erscheinung' ist und damit der apollinischen Sphäre der individuierten Gestalten angehört.

‚Neben' dieser Welt ist die Musik die Auflösung der individuierten Gestalten und ihr Übergang zu anderen Gestalten – Musik erklingt nur, wenn die Töne entstehen *und* vergehen; ein Ton allein macht keine Musik. Sie stehen aber nicht individuiert nebeneinander, sondern entwickeln sich durch die Gliederung des Rhythmus zu einer Melodie. Insofern sind die Töne in der Musik ‚Wandelgestalten' (GT III-1, 105). Wir könnten also ganz allgemein sagen, dass das Werden *und* Vergehen in der Musik eine Erläuterung über die ästhetische Rechtfertigung der Welt gibt, wenn wir sie neben die festen und individuierten Gestalten stellen, die wir in der empirischen Welt finden, wenn wir sie als solche auffassen, oder die uns in der Kunst die Plastik zeigt. Die Musik klärt uns also darüber auf, dass die Welt das Ergebnis des apollinischen *und* des dionysischen Prinzips darstellt, d. h. sie beseitigt die Einseitigkeit und Abstraktheit, die in der sokratisch-platonischen Welt und danach in der ganzen Wissensform der Wissenschaft nur noch das Apollinische und damit das Individuierte und die einzelnen Gestalten erkennen will und dabei vernachlässigt, dass es sich um Prozesse, Bildungen und Gestaltungen bzw. Individuierungen handelt, die entstanden sind und entsprechend wieder vergehen.

Damit bleibt allerdings noch die Frage offen, inwiefern und wieso die Welt dadurch ‚gerechtfertigt' ist. Es kann ja zugegeben werden, dass die Betrachtung von Entstehen und Vergehen, von Individuierung und festen Gestalten ein besseres Verständnis der Welt und des Menschen erlauben – aber warum soll deshalb die Welt ‚gerechtfertigt' sein? Dieses Problem nimmt als selbstverständlich, dass es sich dabei um einen ethischen Begriff handelt, der weitgehend durch ‚moralisch richtig' ersetzt werden könnte. Das würde jedoch voraussetzen, dass er in den Zusammenhang einer ausgearbeiteten Ethik gestellt werden könnte, aus dem er seine Rechtfertigungskraft erhalten müsste. Davon ist bei Nietzsche aber an dieser Stelle noch überhaupt nicht die Rede – und eine solche Ethik wird Nietzsche auch später nicht ausarbeiten, obwohl ‚Moralphilosophie' im Sinne einer Philosophie *der* Moral in seinem Denken eine große Bedeutung einnehmen wird. Wir müssen deshalb versuchen, für die ‚ästhetische Rechtfertigung' der Welt eine nicht-ethische Bedeutung zu finden.

Dies kann am einfachsten dadurch gelingen, indem wir berücksichtigen, dass an dieser Stelle des Denkens eine Ethik und eine moralische Auszeichnung von Ereignissen und / oder Begriffen überhaupt noch nicht stattfinden kann. Es geht an dieser Stelle um den Anfang der begrifflichen Einteilung der Welt in individuierte Gestalten.

Dazu gehört auch die Einteilung der Sprache durch ‚Artikulation' in individuierte Wörter, aus denen dann in der Auflösung der Wörter im Satz ein sinnvolles und d. h. verständliches Sprechen entstehen kann. Offenbar würde ein ethischer Zusammenhang, aus dem der Begriff ‚gerechtfertigt' eine ethische Bedeutung erhalten könnte, gerade das Ergebnis dieses Prozesses voraussetzen – er müsste bereits individuierte Gedanken und Begriffe verwenden können. Was Nietzsche mit der ästhetischen Rechtfertigung der Welt meint, muss also eine vor-ethische und ‚außermoralische' Rechtfertigung sein.

Wir könnten deshalb nun sagen, dass Nietzsche mit seinem Satz, nur als ästhetisches Phänomen sei die Welt und das Dasein gerechtfertigt, vor allem meint, eine solche Rechtfertigung sei in erster Linie deshalb gegeben, weil sich an dieser Stelle eines Entstehens von Bestimmtheit aus Unbestimmtheit, von individuierten Gestalten, von einzelnen Begriffen in kreativen Prozessen des Schaffens gleichsam von Künstlern, eine Frage nach Rechtfertigung überhaupt noch nicht stellt. Natürlich könnte man hier sogleich einwenden: wenn es prinzipiell keine Möglichkeit des Fehlschlagens von Rechtfertigung gibt, dann lässt sich der Begriff der Rechtfertigung überhaupt nicht sinnvoll gebrauchen. Das ist gewiss richtig. Dieser Einwand setzt aber wiederum jene Situation des Entstehens von Artikulation im Prozess des individuierenden Gestaltbildens voraus, von dem Nietzsche hier spricht. Vermutlich kann man von einem solchen Anfang der Bestimmtheit der Welt nur in Begriffen sprechen, die bereits dem Bereich der Bestimmtheit angehören, obwohl mit dem Gemeinten eben auf die Genesis dieses Bereichs zu reflektieren versucht wird.

‚Gerechtfertigt' ist die Welt als ästhetisches Phänomen also in dem Sinn, dass sie als ästhetisches Phänomen in der ursprünglichen Bildung im Wechselspiel von Apollinischem und Dionysischem erst entsteht – wenn wir von ‚Welt' als *artikulierbarer* sprechen, die in der Artikulation zur Sprache kommen kann, so dass wir überhaupt *über* sie sprechen können. Man könnte deshalb auch sagen: ‚gerechtfertigt' wird die Welt stets dadurch, dass sie als artikulierte und damit der Sprache zugängliche in einem prinzipiell künstlerischen Prozess entsteht. Über solche letztlich ästhetischen Rechtfertigungsprozesse hinaus gibt es so etwas wie Rechtfertigung überhaupt nicht – d. h. es gibt sie nicht als letztbegründete Ableitungen aus der reinen Vernunft oder dem reinen Denken oder auch aus dem reinen Erkenntnisvermögen. Es gibt eine Rechtfertigung *in* der Welt (und damit auch *der* Welt) überhaupt nicht auf vollständig rationaler Grundlage. Das schließt allerdings nicht aus, dass Rechtfertigungen innerhalb von sprachlichen und gedanklichen Zusammenhängen gelingen können, indem sie sich an diese Zusammenhänge anschließen. Dies funktioniert jedoch nur dann, wenn die Adressaten solcher Rechtfertigungen diese Systeme und deren Arbeitsmechanismen selbst als gerechtfertigt ansehen und dies nicht weiter infrage stellen wollen. Solche

Rechtfertigungen gelingen also auf der Grundlage von als gerechtfertigt aufgefassten Rechtfertigungssystemen.

Steht deren Legitimation jedoch in Frage, so können nicht die gleichen Mechanismen in Anspruch genommen werden wie innerhalb dieser Systeme. Natürlich kann im Prinzip wieder auf eine noch weitere bzw. höherstufige Begründungsform zurückgegriffen werden. Handlungsregeln in einem Unternehmen können aus dessen Gewinnzielen begründet werden und das Verfolgen von Gewinnzielen dann aus dem Marktprinzip, das selbst wieder als optimale Struktur für die Verfolgung eines maximalen materiellen Wohlstands gerechtfertigt wird. Die Versorgung mit materiellen Gütern selbst aber wird kaum noch durch selbst begründungsfähige Rechtfertigungssysteme als letzte Orientierung des ökonomischen Handelns ausgezeichnet werden können. Spätestens hier beginnt jener Vorgang, den Nietzsche als ästhetische Rechtfertigung bezeichnet – also als ein ‚sinnlich' gegründetes und in kreativen Prozessen des Entwerfens, Bildens und Gestalten stattfindendes *Erschaffen* von Rechtfertigungen und Rechtfertigungsverfahren, die gelten, weil sie als solche akzeptiert werden, d. h. als etwas, das seinen eigenen Sinn mit sich bringt, etwa so, wie das Sehen schon von sich aus stets etwas Gesehenes enthält, bevor wir fragen können, ob und wie sich dieses auf etwas in der Welt bezieht.

Was Nietzsche mit der ästhetischen Rechtfertigung der Welt meint, wird schließlich besonders in seinem viel später geschriebenen ‚Versuch einer Selbstkritik' deutlich. Dort wird im Anschluss an jene Behauptung mit Bezug auf die ‚Geburt der Tragödie aus dem Geiste der Musik' gesagt: „In der Tat, das ganze Buch kennt nur einen Künstler-Sinn und -Hintersinn hinter allem Geschehen, – einen ‚Gott', wenn man will, aber gewiss nur einen gänzlich unbedenklichen und unmoralischen Künstler-Gott, der im Bauen wie im Zerstören, im Guten wie im Schlimmen, seiner gleichen Lust und Selbstherrlichkeit innewerden will, der sich, Welten schaffend, von der Not der Fülle und Ueberfülle, vom Leiden der in ihm gedrängten Gegensätze löst." (GT III-1, 11) Es dürfte an dieser Stelle schon deutlich geworden sein, dass Nietzsche hier nicht von einem personalen Gott spricht. Jener ‚Künstler-Gott' ist eine Allegorie auf die künstlerische Tätigkeit des Bildens und Gestaltens auf einer sinnlichen und damit nicht rational ableitbaren Grundlage – eine Allegorie auf eine ursprüngliche ‚Artikulation', in der und mit der eine Bestimmtheit der Welt ‚ankommt', ohne dass sie auf ein Subjekt oder ‚die Subjektivität' zurückgeführt werden könnte.

Mit jener ästhetischen Rechtfertigung der Welt behauptet Nietzsche also etwas über die Grundlagen alles Rechtfertigens, das funktioniert wie die „weltbildende Kraft", die ein Kind ausübt, wenn es „spielend Steine hin und her setzt und Sandhaufen aufbaut und wieder einwirft" – so wie die Bestimmtheit der Welt und unserer Begriffe sich nicht aus der Welt an sich ableitet, sondern als „das spielende Aufbauen und Zertrümmern der Individualwelt“ geschieht und sich ereignet, ohne dass dabei eine Absicht oder gar ein personaler Akteur angenommen werden müsste (GT III-1, 149). Ästhetisch gerechtfertigt ist die Welt also, weil sie ohne die ästhetische Bewegung des Wechselspiels von Apollinischem und Dionysischem nicht existieren würde – dies in dem Sinn, dass sie nicht artikuliert und individuiert wäre, so dass in einer artikulierten Sprache über sie gesprochen werden kann. Jede spätere und etwa in einem ethischen Sinne zu formulierende Frage nach einer Rechtfertigung von was auch immer muss diese ursprüngliche Gründung und damit Rechtfertigung in einem ästhetischen – sinnlichen und künstlerischen – Prozess voraussetzen. Nietzsche spricht deshalb von der Welt als einem ästhetischen Phänomen als der ursprünglichen Voraussetzung für den Diskurs, in dem wir uns über Rechtfertigungsfragen streiten können.

2

2 Die Moral des Erkennens

2.1 Ethik als Kantkritik

Der Stand des philosophischen Denkens, auf dem Nietzsche die Frage nach dem aufnimmt, was ‚gut' und ‚böse' genannt werden soll, war durch Kant und Hegel bestimmt. Aber Ethik hieß für Nietzsche keineswegs nur das philosophische Nachdenken über ein vernünftig ausweisbares und deshalb richtiges Handeln. Er fasste unter diesem Titel auch die Grundlagen dessen zusammen, was er in der Geschichte des Abendlandes als wirksam für die moralischen Orientierungen der Menschen erkannte, also vor allem das Denken, das er als ‚christlich' bezeichnete. Dagegen nimmt die Auseinandersetzung mit der philosophischen Ethik sogar einen relativ geringen Stellenwert ein. Worum es ihm ging, war in erster Linie der Wert der Moral selbst:

> „wir haben eine Kritik der moralischen Werte nötig, der Wert dieser Werte ist selbst erst einmal in Frage zu stellen – und dazu tut eine Kenntnis der Bedingungen und Umstände not, aus denen sie gewachsen, unter denen sie sich entwickelt und verschoben haben (Moral als Folge, als Symptom, als Maske, als Tartüfferie, als Krankheit, als Missverständnis; aber auch Moral als Ursache, als Heilmittel, als Stimulans, als Hemmung, als Gift.)" (G VI-2, 265)

Aber wenn wir Nietzsche als Philosophen verstehen, so wird er sich in irgendeiner Weise in ein Verhältnis zu dem setzen müssen, was vor ihm gedacht wurde. Und in der Tat baut Nietzsche doch auf dem auf, was er aus der Geschichte der Philosophie vorgefunden hat – explizit vor allem auf Kant, und man kann mit gutem Recht dafür argumentieren, dass er das negative Ergebnis der Kantischen Moralkritik besser verstanden hat als manche Denker, die auf dem kargen Rest, den Kant für eine vernünftige Moral übriggelassen hatte, ein ganzes moralphilosophisches Regelwerk aufbauen wollten.

Kant war von der Einsicht ausgegangen, dass sich aus dem Sein kein Sollen ableiten lässt und hatte die Ethik deshalb von allen auf ‚ontischen' Einsichten beruhenden Gedankengängen befreit. Nur so konnte er sie in den Plan einer umfassenden ‚Kritik' der Vernunft einstellen, in der die Grenzen und damit der ganze Umfang der

Vernunft nicht nur auf dem Gebiet des Wissens, sondern auch auf dem Gebiet dessen, was wir als ‚gut' bezeichnen können, genau beschrieben werden sollten. Er kam auf diese Weise auf zwei Ausgangsbedingungen für eine Ethik, die innerhalb der Grenzen der reinen Vernunft operieren kann. Zum einen (1) kann nur der *Wille* ‚gut' genannt werden, denn nur dann, wenn wir uns auf diesen beschränken, geraten wir nicht in die Gefahr, dass das, was wir vielleicht zunächst als ‚gut' zu bezeichnen geneigt sind, durch die Folgen in der Welt sich als in Wahrheit ‚schlecht' herausstellen kann. Etwa könnten wir eine uneigennützige Handlung als ‚gut' bezeichnen. Aber wir wissen nie, was für Folgen aus dieser Handlung entstehen – sie mag zwar ganz und gar altruistisch gewesen sein, aber ihr Nutznießer setzt den empfangenen Vorteil vielleicht so ein, dass daraus größere Nachteile für andere Menschen entstehen.

Daraus ergibt sich, dass wir nur einen ‚reinen Willen' gut nennen dürfen, wenn wir nach dem suchen, was wir ganz und gar gut heißen können. Aber dieser Wille muss doch so bestimmt werden, dass wir ihn beurteilen können. Im einzelnen Fall mag dies schwierig sein, weil man nie so genau wissen kann, wodurch eine bestimmte Person in einer bestimmten Situation ihren Willen bestimmt. ‚Gut' können wir deshalb (2) nur eine ‚Maxime' nennen, also einen mehr oder weniger allgemeinen Handlungs- oder Verhaltensgrundsatz, mit dem eine Person die Richtschnur für das angibt, was sie in vielen ähnlichen Fällen tun will, die in dieser Maxime auf eine allgemeine Weise angegeben sind. Eine sehr allgemeine Maxime wäre etwa: ‚Du sollst nicht lügen.' oder auch ‚Du sollst einen entliehenen Gegenstand wieder zurückgeben'.

Eine ethische Qualität gewinnt eine solche Maxime allerdings erst, wenn sie auf eine besondere Weise geprüft wird. Dieses Prüfverfahren ist der entscheidende Gedanke, mit dem Kant seine ‚deontische' Ethik begründet, mit der die Grenzen der reinen Vernunft auf dem Gebiet der Praxis, also der Frage nach dem richtigen Tun und Lassen, angegeben werden sollen. Wir können den Gedankengang an dieser Stelle sehr stark abkürzen und uns darauf beschränken zu sagen, dass Maximen dadurch auf ihre Vernünftigkeit geprüft werden können, dass ihre Verallgemeinerungsfähigkeit (Universalisierbarkeit) untersucht wird. Etwa wäre die Maxime des Lügens deshalb nicht verallgemeinerungsfähig, weil es keine Wahrhaftigkeit und deshalb auch keine Lügen mehr geben könnte, würde sie universell angewendet – sie würde also ihre eigene Grundlage zerstören und könnte deshalb nicht aufrechterhalten werden. Genau diese Prüfung auf Verallgemeinerungsfähigkeit drückt Kant in den verschiedenen Formulierungen des ‚Kategorischen Imperativs' aus, etwa in der berühmten Gestalt ‚Handle so, dass die Maxime deines Handelns gleichzeitig zur Richtschnur einer allgemeinen Gesetzgebung dienen könnte'.

Nietzsche hatte dagegen einige grundsätzliche Einwände, und in ihnen werden einige ebenso grundsätzliche Facetten seines eigenen Denkens über Ethik und darüber hinaus sogar noch seines Denkens über Wissen und Wahrheit deutlich. Kants Ethik verlange vom einzelnen „Handlungen, welche man von allen Menschen wünscht: das war eine schöne naive Sache; als ob ein Jeder ohne weiteres wüsste, bei welcher Handlungsweise das Ganze der Menschheit wohlfahre, also welche Handlungen überhaupt wünschenswert seien." (MA IV-2, 42) Nun ist für jeden, der mit Kants Ethik etwas näher vertraut ist, deutlich sichtbar, dass Nietzsche hier einem nicht ganz seltenen Missverständnis unterlag. Es geht in dieser Ethik keineswegs um die ‚Wohlfahrt' des ‚Ganzen der Menschheit' – sie ist keine Optimierungslehre für das allgemeine Wohl, sondern sie zieht die Verallgemeinerungsprüfung heran, um die Vernünftigkeit einer Maxime prüfen zu können. Es geht also nicht darum, dass mit einer Maxime, die das Lügen erlaubt, Menschen schlechter leben würden, sondern es geht darum, dass sich eine solche Maxime selbst widersprechen würde: sie würde das Lügen erlauben, aber gleichzeitig das Lügen unmöglich machen – wenn alle lügen, kann man von einem bestimmten Menschen nicht mehr sagen, er lüge, denn dies würde voraussetzen, dass Menschen in der Regel wahrhaftig sind.

Aber wer etwas genauer hinsieht, der erkennt im Hintergrund dieses Einwands ein anderes Problem, und dieses führt in der Tat ins Zentrum von Nietzsches Denken. Er weist darauf hin,

> „dass es weder gleiche Handlungen gibt, noch geben kann – dass jede Handlung, die getan worden ist, auf eine ganz einzige und unwiederbringliche Art getan wurde, und dass es ebenso mit jeder zukünftigen Handlung stehen wird, – dass alle Vorschriften des Handelns sich nur auf die gröbliche Außenseite beziehen (…) – dass mit ihnen wohl ein Schein der Gleichheit, aber eben nur ein Schein erreicht werden kann, – dass jede Handlung, beim Hinblick oder Rückblick auf sie, eine undurchdringliche Sache ist und bleibt, – dass unsere Meinungen von ‚gut', ‚edel', ‚gross' durch unsere Handlungen nie bewiesen werden können, weil jede Handlung unerkennbar ist." (F V-2, 243)

Wir können hier davon absehen, dass Kant eigentlich auf die Angabe zielt, was einen guten Willen ausmacht, nicht eine gute Handlung, denn Nietzsches Einwand ist von dieser Unterscheidung unabhängig. Eine Maxime erhebt auf jeden Fall einen Anspruch auf Allgemeinheit, d. h. sie will eine Regel für viele Fälle angeben, und nur, wer will, dass die auf Universalisierbarkeit geprüfte Regel für alle Fälle gilt, die unter ihre Kriterien fallen, kann beanspruchen, dass sein Wille ‚gut' ist. Wer die Maxime akzeptiert ‚Du sollst nicht lügen', muss bereit sein, viele Verhaltensweisen unter den einen Begriff der ‚Lüge' zu subsumieren. Die Vorstellung von ‚gleichen' Handlungen wie etwa die ‚Sprachhandlungen' der Lüge ist also auch dann nötig, wenn nach Kant nur ein Wille als ‚gut' ausgezeichnet werden kann. Genau *diese* Vorstellung ist nach Nietzsche aber eine Illusion – ein ‚Schein', mit dem wir uns von der Wirklichkeit entfernen bzw. mit dem wir die Wirklichkeit ‚fälschen', auch wenn dies an der genannten Stelle nicht so deutlich gesagt wird. Die ‚wirkliche' Handlung, wie sie individuell in der Welt geschieht, ist also durch die Allgemeinheit, unter die sie subsumiert wird, nicht erkannt, so dass: „sicherlich unsere Meinungen, Wertschätzungen und Gütertafeln zu den mächtigsten Hebeln im Räderwerk unserer Handlungen gehören, dass aber für jeden einzelnen Fall das Gesetz ihrer Mechanik unnachweisbar ist." (F V-2, 243)

Dieser ‚Schein' am Grunde des kategorischen Imperativs und seiner Forderung nach Verallgemeinerungsfähigkeit führt nun auf einen Gedanken zurück, der wiederum in Nietzsches Philosophieren eine zentrale Stelle einnimmt. Die Kritik lautet nämlich nicht nur, dass hier ein ‚Schein' von Gleichheit vorausgesetzt wird. Sie bezieht sich auch auf ein bestimmtes *Motiv*, das Nietzsche mit dem Universalisierungskriterium und der damit unterstellten Vorstellung einer scheinbaren Gleichheit in der wirklichen Verschiedenheit von Handlungen verbunden sieht:

> „Selbstsucht nämlich ist es, sein Urteil als Allgemeingesetz zu empfinden; und eine blinde, kleinliche und anspruchslose Selbstsucht hinwiederum, weil sie verrät, dass du dich selber noch nicht entdeckt, dir selber noch kein eigenes, eigenstes Ideal geschaffen hast, – dies nämlich könnte niemals das eines Anderen sein, geschweige denn Aller, Aller! – – Wer noch urteilt ‚so müsste in diesem Falle Jeder handeln', ist noch nicht fünf Schritt weit in der Selbsterkenntnis gegangen." (F V-2, 242)

Das ist sicher ein Einwand, der Kant sehr fremd gewesen wäre. Nietzsche operiert hier mit einem Gedanken, den man als Ergebnis des Prinzips einer ‚Motivforschung' in Sachen moralphilosophischer Argumentation auffassen könnte. Ein bestimmtes Motiv für einen Gedanken muss aber offenbar noch keineswegs einen Einwand gegen diesen Gedanken darstellen. Dies gilt auch dann, wenn die Motive möglicherweise nicht ehrbar und anständig sind, sondern, wie Nietzsche formuliert, nicht nur der negativen Haltung der ‚Selbstsucht' entstammen, sondern sogar noch einer solchen, die ‚blind', ‚kleinlich' und ‚anspruchslos' sein soll. Kant könnte dagegen natürlich sehr leicht vorbringen: ‚mag ja sein, aber ist das Moralprinzip des kategorischen Imperativs deshalb falsch?' Im Rahmen seines Denkens müsste ihm hier jeder zustimmen, denn auch mit unehrenhaften Motiven kann man zu wahren Erkenntnissen kommen, m. a. W.: die Genesis einer Erkenntnis besagt nichts gegen ihre Geltung, mit noch anderen Worten: die Kriterien, mit denen man eine Einsicht auf ihre Geltung prüfen kann, sind vollständig unabhängig von den Kriterien, mit denen man ihr Zustandekommen bzw. ihre Genesis überprüft.

An dieser Stelle müssen wir also eine Inkompatibilität zwischen dem Vorgehen Kants in seiner Ethik und dem Argumentieren Nietzsches in seiner Moralkritik (und hier zunächst in der Kritik an Kant) feststellen, die weit über eine Verschiedenheit ethischer Entwürfe – also der ‚Ergebnisse' – hinausgeht und eine grundsätzliche Unterscheidung in der Art des Denkens und Argumentierens nicht nur in der Philosophie des ‚Richtigen', also der Praxis, sondern auch in der Philosophie des ‚Wahren', also der Theorie andeutet. Wir haben hier eine Besonderheit der Philosophie vor uns, mit der sie sich zunächst ganz entscheidend von dem Argumentieren in der Wissenschaft unterscheidet. In der Regel stellt sich die Entwicklung in den Wissenschaften als ein Fortschritt durch bessere Ergebnisse dar, die sich gerade durch den besseren Einsatz der gleichen Begründungsmethode als vergleichbar mit früheren Befunden erweisen, wie dies etwa der Fall ist, wenn neue Experimente zu einer Revision früherer Erkenntnisse führen.

Beim näheren Hinsehen lässt sich die Entwicklung der Wissenschaften jedoch nur bis zu einem gewissen Grade auf diese Weise beschreiben. Dies wurde vor allem von Thomas S. Kuhn in seiner Theorie vom Paradigmenwechsel im wissenschaftlichen Fortschritt beschrieben. Danach gibt es in der Tat in vielen Wissenschaften lange Perioden, in denen auf der Grundlage einer als unproblematisch aufgefassten Verpflichtung auf Methoden, Begründungsformen, typischen Arbeitsweisen und eines gewohnten Stiles der ‚Wissenschaftlichkeit' neue Ergebnisse gefunden werden, die innerhalb dieses ‚Paradigmas' als Fortschritt bezeichnet werden. Dies funktioniert jedoch dann nicht mehr, wenn es zu Paradigmenwechseln kommt, in denen die Methoden, Begründungsformen, Arbeitsweisen und selbst der wissenschaftliche Stil verändert werden. Was dann in einem neuen Paradigma als Fortschritt betrachtet wird, hätte sich im alten Paradigma keineswegs so darstellen müssen, und es gibt kein übergeordnetes und absolut geltendes Kriterium, mit Hilfe dessen unabhängig von den Paradigmen darüber entschieden werden könnte.

Wenn wir Nietzsches Kritik an Kants Ethik – also die Perspektive auf die ‚Ungleichheit' und auf die ‚Selbstsucht' versus die Universalisierung – betrachten, so gibt es ganz analog zu einem Paradigmenwechsel kein gemeinsames Kriterium, mit Hilfe dessen aus übergeordneter Warte über die Richtigkeit der beiden unvereinbaren Argumentationsweisen entschieden werden könnte. Im Grunde sind wir nun mit neuen Kritik- bzw. Begründungsformen konfrontiert, wenn wir Nietzsches Kritik an der vorausgesetzten Gleichheit in der Welt der Handlungen und an der ‚Selbstsucht' betrachten, die er dann wirken sieht, wenn gefordert wird, das Urteil ‚als Allgemeingesetz' zu empfinden, um es als moralisches Gesetz und gerechtfertigte Richtschnur des Handelns auffassen zu können. Es wird sich allerdings zeigen, dass es gerade Nietzsche gelingt, auch auf diese Inkompatibilität zwischen Begründungsformen zu reflektieren und eben diese Reflexion zum Teil des eigenen Philosophierens zu machen, auch wenn man zugeben muss, dass diese Ebene sich nicht immer ohne gedankliche Anstrengung aus Nietzsches bisweilen plakativen Formulierungen deutlich machen lässt. Darauf werden wir später noch ausführlicher eingehen.

Um diese Ebene in Nietzsches Philosophieren erkennen zu können, sollte jedoch ein möglicherweise naheliegendes Missverständnis ausgeräumt werden. Wenn Nietzsche von der Motivation der ‚Selbstsucht' aus die Ethik des kategorischen Imperativs kritisiert, so könnte man darin den Versuch sehen, diejenige Wissenschaft gegen die Moralphilosophie zur Geltung zu bringen, zu deren Gegenstandsbereich Motivationen und auch Haltungen wie ‚Selbstsucht' zu gehören scheinen, nämlich die Psychologie. Dies liegt natürlich bei einem Philosophen besonders nahe, der sein Vorgehen auf dem Gebiet der Ethik selbst als ‚Psychologie' bezeichnet – worauf wir später noch etwas näher eingehen werden. Wir sollten uns aber schon hier fragen, in welchem Sinne hier von Psychologie die Rede sein kann. Es bieten sich vor allem zwei Auffassungsweisen an.

Zunächst war die Philosophie viele Jahrhunderte lang zum großen Teil tatsächlich Psychologie, allerdings in einem ganz anderen Sinne, als es unserem Begriff von Psychologie als akademischem Fach entspricht. Es handelte sich um einen Bereich des Denkens, den Kant schließlich als ‚rationale Psychologie' bezeichnete. Hier ging es darum, auf rein vernünftige Weise etwas über den Menschen und seine ‚Seele' herauszufinden – ‚rein vernünftig' heißt dabei natürlich: ohne Berufung auf empirische Erkenntnisse, also auf der Grundlage dessen, was Kant schließlich als ‚apriorisch-synthetische' Erkenntnisse auf den Begriff brachte, d. h. solcher Einsichten, die unser Wissen erweitern, ohne dass wir dabei Bezug auf die uns Menschen mögliche Erfahrung von etwas von uns Unabhängigem nehmen müssten. Deshalb galt eine solche Psychologie auch als spezieller Teil der Metaphysik bzw. Ontologie – also einer Erkenntnisweise aus reiner Vernunft, deren Einsichten sich nicht durch den Bezug auf empirische Befunde ausweisen müssen.

Eine solche Psychologie hatte Kant in der ‚Kritik der reinen Vernunft' einer vernichtenden Kritik unterzogen, und wir sollten nicht daran zweifeln, dass Nietzsche ihm *hier* voll und ganz folgt. Nach dieser Kritik können wir auf diesem Gebiet durch reine Vernunft überhaupt keine Erkenntnis gewinnen, denn auf rein vernünftige – also nicht-empirische – Weise können wir überhaupt nur etwas über unsere eigene Erkenntnisfähigkeit ausmachen. In dieser Beschränkung der vernünftigen Erkenntnis bestand gerade Kants epochale Einsicht über die Begrenztheit der reinen Vernunft.

Eine rein vernünftige Einsicht können wir nur dann finden, wenn wir die Bedingungen der Möglichkeit unserer Erfahrung dort kennenlernen, wo sie gleichzeitig die Bedingungen der Möglichkeit der Gegenstände unserer Erfahrung sind. Darüber hinaus bleiben uns nur die Erkenntnisse aus der Erfahrung, welche allerdings nie endgültig gewiss sein können, weshalb wir uns auf die Befunde der empirischen Wissenschaften verlassen müssen, ohne dass wir darin notwendige und allgemeingültige Wahrheiten erwarten sollten – es sind problemlösende Einsichten, die vom Stand unseres Denkens und unserer Probleme abhängen und sich deshalb nicht auf eine ‚Welt an sich' beziehen können.

Eine dieser empirischen Wissenschaften ist die Psychologie, und damit sind wir bei der zweiten sich nahelegenden Auffassungsweise von Nietzsches Verfahren, das wir in der Kritik an Kants Moralphilosophie am Werke sehen können und das Nietzsche selbst als ‚Psychologie' beschrieb, was wir zunächst vergeblich mithilfe der älteren philosophischen Disziplin einer ‚rationalen Psychologie' zu verstehen versucht hatten. Wäre jedoch ‚empirische Psychologie' die richtige Verständnisweise für Nietzsches Verfahren, so müssten wir allerdings aufhören, Nietzsches Denken als Philosophie zu beschreiben, denn die Herstellung eines Zusammenhangs zwischen ethischen Grundsätzen mit der Abzielung auf eine Kritik an der Kantischen Ethikkonzeption müsste in diesem Fall letztlich auf eine empirische Überprüfbarkeit der Ethik verweisen. Nietzsche könnte sich höchstens noch mit dem Verweis auf wichtige Strömungen in der sog. Tiefenpsychologie herausreden, wo von ‚Psychologie' die Rede ist, obwohl empirische Evidenzen grundsätzlich weniger gelten sollen als die hehren Intuitionen von Autoritäten. Aber wichtiger ist natürlich die Einsicht, dass Nietzsche den Hinweis auf jene Motivation einer zu ‚blinden', ‚kleinlichen' und ‚anspruchslosen' Selbstsucht als *Kritik* am kategorischen Imperativ vorbringt. Das gerade wäre nicht möglich, wenn er eine Psychologie im Sinne der heute unter diesem Titel bekannten empirischen Wissenschaft zugrundelegen würde; diese nämlich könnte nur empirische Zusammenhänge feststellen, nicht aber eine Kritik an einer bestimmten Grundlegung von Sollensforderungen leisten.

Worauf stützt sich Nietzsche also eigentlich in seiner Kritik? Und was sollen wir unter jener ‚Psychologie' verstehen, die er dabei einsetzt, wenn es sich weder um rationale bzw. apriorische noch um empirische bzw. aposteriorische Psychologie handeln kann, und wenn diese Psychologie in der Lage sein soll, nicht nur in der Wirklichkeit bestehende Zusammenhänge zwischen Phänomenen aufzudecken, sondern geeignet sein soll, die Geltungsansprüche einer immerhin nicht ganz bedeutungslosen Moralphilosophie zu bestreiten, womit sie selbst zumindest einen negativen Geltungsanspruch erhebt und sich eben nicht auf die Beschreibung und Erforschung der Genesis beschränken will? Es scheint, dass Nietzsche sich hier auf eine sehr ungewöhnliche Argumentationsform stützt, die inkompatibel zumindest mit dem Kantischen Vorgehen ist, obwohl sie doch eine Kritik des letzteren zu leisten beansprucht. Für ein Verständnis von Nietzsches Philosophie wird es also von großer Bedeutung sein, dass wir diese merkwürdige Psychologie näher untersuchen.

Zunächst aber sollten wir noch einen Blick auf die ‚positive' Seite in Nietzsches Kritik an Kants Ethik werfen. Jene ‚Selbstsucht', die er dieser Ethik vorwirft, enthält nämlich einen speziellen Mangel, aus dem die Falschheit einer darauf aufbauenden Moralphilosophie entsteht – womit Nietzsche also keineswegs einer universellen ‚Selbstlosigkeit' das Wort redet; es wird sich vielmehr zeigen, dass eine solche ‚Selbstlosigkeit' sogar ein weiteres Element von Nietzsches Kritik der Ethik darstellt, allerdings nun nicht bezogen auf Kants Ethik, sondern auf die Ethik des Christentums, die er unter den generellen Titel einer ‚Ethik des Mitleidens' stellt (was eine Reaktion auf den Einfluss Schopenhauers darstellt, auf den wir aber nicht eingehen werden). Wir hatten schon darauf hingewiesen, dass jene ‚Selbstsucht' nach Nietzsche deshalb falsch ist, weil sie ‚blind', ‚kleinlich' und ‚anspruchslos' ist. Viel später bringt er gegen Kant als Moralist vor: „Eine Tugend muss unsre Erfindung sein, unsre persönlichste Notwehr und Notdurft: in jedem andren Sinne ist sie bloss eine Gefahr." (A VI-3, 175) An dieser Stelle fährt er fort, von den „tiefsten Erhaltungs- und Wachstums-Gesetzen" werde geboten,

„dass Jeder sich seine Tugend, seinen kategorischen Imperativ erfinde … Nichts ruiniert tiefer, innerlicher als jede ‚unpersönliche' Pflicht, jede Opferung vor dem Moloch der Abstraktion." (A VI-3, 175)

Daran sind mehrere Aspekte bemerkenswert. Zunächst sollen es ‚Erhaltungs- und Wachstumsgesetze' sein, die nun als Grundlage der Ethik fungieren, womit deren Anspruch auf eine Begründung aus der Vernunft offenbar grundsätzlich aufgegeben wird. Die Moral wird hier ‚hypothetisch' strukturiert verstanden, d. h. als bedingt durch andere Forderungen oder Notwendigkeiten, von denen die Gültigkeit der moralischen Regeln abhängen soll. Kant dagegen hatte solche ‚hypothetischen' Regeln gerade aus dem Gebiet der Ethik ausgeschlossen, man könnte auch sagen: diese Unterscheidung war geradezu die Grundlage für die Kantische Bestimmung der Grenzen der reinen Vernunft auf dem Gebiet der Praxis, denn eine eigene Bedeutung konnte die praktische Vernunft eben nur gewinnen, wenn es gelingen konnte, sie von der hypothetischen und technisch-praktischen Vernunft (also von den Regeln nach dem Muster ‚wenn du x willst, dann musst du y tun') durch ein eindeutiges Kriterium abzugrenzen.

Aber Nietzsche geht noch über diese Kritik hinaus. Er wendet sich auch gegen den ‚positiven' Grundsatz, in dem Kant das Kennzeichen einer nicht-hypothetischen Ethik und damit das eigene Gebiet einer reinen praktischen Vernunft überhaupt gesehen hatte. Jene Gesetze sollen nämlich auch gebieten, dass *jeder* sich seine eigene Moral *erfinden* solle. Er ergänzt an dieser Stelle allerdings, dass sich dies vor allem auf die Erhaltungsbedingungen von Völkern beziehe, von denen jedes *seine* Pflicht erkennen müsse – und nicht *die* Pflicht, wie dies für Kants Ethik gegolten hätte. Jede *unpersönliche* und *abstrakte* Pflicht dagegen soll sogar als äußerst schädlich gelten. Offenbar wendet Nietzsche sich nicht nur gegen Kants Begründung einer rein vernünftigen Ethik auf der Grundlage des Absehens von persönlichen Vorlieben, sondern gegen jede Ethik, die *allgemein* zu sein beansprucht. Als sinnvoll wird nur eine solche Ethik ausgezeichnet, welche *individuell* ist – sei es in Bezug auf die Person oder in Bezug auf ein ‚Volk', das hier als so etwas wie ein vergrößertes und kollektives Individuum aufgefasst wird (allerdings sollten wir hier nicht den Begriff ‚Staat' einsetzen, den Nietzsche an anderer Stelle scharf kritisiert, worauf wir noch eingehen werden).

2.2 Vertrauen in die Moral als Grundlage der Erkenntnis

Bis zu einem gewissen Grad könnte man Kants Unternehmen einer Neubegründung der moralischen Regeln aus dem aus der reinen Vernunft entnommenen Prinzip der Prüfung von Maximen auf ihre Verallgemeinerbarkeit und damit auf ihre Ausweisbarkeit vor den Forderungen der Vernunft als eine *Wiederherstellung* des *Vertrauens* in die Moral auffassen. Aber bis zu einem gewissen Grad könnte man ebenso gut das Gegenteil behaupten: das *Vertrauen* in die Moral ist damit gerade aus dem Bereich dessen ausgeschlossen, was als ihre Grundlage angesehen werden kann. Sie gilt nicht mehr, weil man auf sie vertraut, sondern Maximen sind moralisch gerechtfertigt, weil sie aufgrund einer Verallgemeinerungsprüfung als ‚vernünftig' ausgezeichnet werden können – von Vertrauen muss hier an keiner Stelle die Rede sein, und genau besehen *darf* sie auch keine Rolle spielen. Im Gegenteil wäre eine moralische Regel, die sich auf Vertrauen berufen wollte, schon deshalb gerade *nicht* moralisch.

Es ist schon deutlich geworden, dass Nietzsche aus bestimmten Gründen die Kantische Moralphilosophie kritisiert, und dies geht vor allem darauf zurück, dass sie jenes ‚Vertrauen' in die Moral wiederherzustellen versucht, das sie doch eigentlich gerade fundamental dementiert und aus der Begründung von Moral ausschließen will. Hier deutet sich ein größerer Zusammenhang in Nietzsches Moralkritik an, den er an einer Stelle so formulierte:

„ich begann ein altes Vertrauen zu untersuchen und anzugraben, auf dem wir Philosophen seit ein paar Jahrtausenden wie auf dem sichersten Grunde zu bauen pflegten, – immer wieder, obwohl jedes Gebäude bisher einstürzte: ich begann unser Vertrauen zur Moral zu untergraben." (M V-1, 4)

Ganz offenbar ist damit nicht nur das Vertrauen in die vor-kantische Moral gemeint, sondern in *alle* Regeln und Regelwerke, die für Menschen bestimmen, was getan und was unterlassen werden *soll.* Und ebenso offenbar geht es Nietzsche nicht um eine neue und vielleicht noch fundamentalere Grundlegung der Moral – wie das die Fluchtlinie von Kants Moralkritik gewesen war. Es geht um mehr und weniger – um mehr: gegen die ganze Moral und als solche, und um weniger: nicht um eine neue Moral als Ergebnis der Kritik.

Und eben diesem Unternehmen schrieb Nietzsche eine Bedeutung weit über die Moralphilosophie und über alle moralische Handlungsbestimmung hinaus zu:

> „nicht die logischen Werturteile sind die untersten und gründlichsten, zu denen die Tapferkeit unsers Argwohns hinunterkann: das Vertrauen auf die Vernunft, mit dem die Gültigkeit dieser Urteile steht und fällt, ist, als Vertrauen, ein moralisches Phänomen …" (M V-1, 7)

Hier wird nicht weniger behauptet als die Abhängigkeit der Vernunft, damit der vernünftigen Erkenntnis und allen auf dieser Grundlage erreichten Wissens, von einer grundsätzlich moralischen Einstellung, die als *Vertrauen* auftritt. Es sollte schon hier deutlich sein, dass damit nichts Gutes gemeint ist: Nietzsche nannte die Moral geradezu „die eigentliche Circe der Philosophen" und „die größte Meisterin der Verführung." (M V-1, 5) Mehr noch – Nietzsche beanspruchte damit sogar den letzten Grund dafür gefunden zu haben, „dass von Plato ab alle philosophischen Baumeister in Europa umsonst gebaut haben? Dass Alles einzufallen droht oder schon in Schutt liegt, was sie selber ehrlich und ernsthaft für aere perennius hielten?" (M V-1, 5) Der letzte Grund für das diagnostizierte Versagen bzw. Scheitern der Philosophie lautet demnach also so:

> „Die richtige Antwort wäre vielmehr gewesen, dass alle Philosophen unter der Verführung der Moral gebaut haben, auch Kant -, dass ihre Absicht scheinbar auf Gewissheit, auf ‚Wahrheit', eigentlich aber auf ‚majestätische sittliche Gebäude' ausging: um uns noch einmal der unschuldigen Sprache Kants zu bedienen." (M V-1, 5–6)

Man muss sich für ein Verständnis von Nietzsches Philosophie verdeutlichen, was damit eigentlich behauptet wird. Nicht nur seien alle ethischen Argumentationen der gesamten Geschichte der Philosophie gescheitert, und dies keineswegs deshalb, weil die Grundlegung der Moral nicht ‚tief' oder ‚vernünftig' genug durchgeführt worden sei, sondern die moralphilosophische Abzweckung sei geradezu die Fluchtlinie *alles* philosophischen Denkens gewesen, d. h. auch alles, über das Philosophen sonst noch nachgedacht haben, sei dadurch auf eine grundlegende Weise bestimmt worden, dass dieses Denken letztlich immer moralisch geleitet war. Dies soll auch und gerade für die Philosophie gelten, die sich um die Grundlegung und die richtigen Methoden für das Erkennen bemühte – also um die Bestimmung eines solchen Wissens, dem man Wahrheit zuschreiben und das man mit Gewissheit gelten lassen kann. Auch die theoretische Philosophie also sei eine Art von maskierter Moral gewesen. Es wird damit eine Unterscheidung gemacht zwischen dem, was die Philosophie beansprucht hat, und dem, was sie ‚in Wahrheit' stets gewesen sei: beansprucht habe sie Aufklärung über das Erkennen, das Wissen und die Wahrheit, geliefert habe sie aber stets und grundsätzlich nur Moral.

Die Behauptung geht aber sogar noch weiter. Gehen wir zunächst davon aus, dass wir von dem, was ist, nur mithilfe unseres Wissens sprechen können, das wir durch Erkennen gewinnen. Behaupten wir mit Nietzsche, dass alles Wissen und Erkennen letztlich moralisch geleitet war. Nehmen wir dann weiter noch an, dass wir von dem, was ist, nicht einfach die Art und Weise unseres Erkennens abziehen können. Das ist deshalb plausibel, weil wir für ein solches Abziehen den Anteil des Erkennens in unserem Wissen ohne Erkennen bzw. mithilfe eines anderen Erkennens bestimmen müssten, was wiederum ein Erkennen voraussetzen und das Problem damit nur erneut aufwerfen würde. Dann müssen wir sagen, dass auch das, was ist, für uns, zumindest soweit wir es erkennen können (und was sollte es für uns sein, wenn wir es nicht erkennen könnten), moralisch durchtränkt war und ist. Nietzsche hat das glücklicherweise einfacher ausgedrückt: es

„hat der Mensch Allem, was da ist, eine Beziehung zur Moral beigelegt und der Welt eine ethische Bedeutung über die Schulter gehängt. Das wird einmal ebenso viel und nicht mehr Wert haben, als es heute schon der Glaube an die Männlichkeit oder Weiblichkeit der Sonne hat." (M V-1, 15–16)

Darin steckt aber noch etwas mehr, und dieses Mehr wird uns noch ausführlich beschäftigen und wir werden darin ein gravierendes Problem für Nietzsches Philosophie entdecken. Die skizzierte fundamentale Bedeutung der Moral über ihr eigenes Gebiet hinaus für alles Erkennen und Wissen wird hier als *nicht notwendig* bezeichnet. Sie ist für Menschen nicht lebensnotwendig und kann offenbar auch anders sein – so anders, dass die moralische Ausrichtung des Erkennens ‚einmal' in der Zukunft nicht mehr Bedeutung haben wird als die Frage, ob die Franzosen denn irgendein Recht haben, die Sonne ‚le soleil' und den Mond ‚la lune' zu nennen, wo doch jeder deutschsprachige Mensch weiß, dass es *die* Sonne und *der* Mond heißen muss. Wir können darin ein erstes Element für das finden, was wir bei Nietzsche mit aller Vorsicht eine ‚positive' Philosophie nennen dürfen, über deren ‚Positivität' wir uns allerdings noch Gedanken machen müssen. Es wird darin offenbar um so etwas wie eine ‚a-moralische' (natürlich nicht un-moralische, weil dies die moralische Haltung voraussetzen würde) Stellung zu dem gehen müssen, was ist und was wir erkennen und im Wissen zum Ausdruck bringen können.

2.3 Das Prinzip der Sittlichkeit

Wir haben oben darauf hingewiesen, dass der Stand des moralphilosophischen Denkens zur Zeit Nietzsches durch Kant und Hegel bestimmt war. Es ist deutlich geworden, dass Nietzsche sich grundsätzlich an Kants Kritik einer nicht am Verallgemeinerbarkeitsprinzip ausgerichteten Moral anschließen kann, so weit sie damit als nicht philosophisch ausweisbar und vor der Vernunft nicht bestandskräftig charakterisiert wird. Darüber hinaus aber wendete Nietzsche sehr viel gegen Kants eigenen Entwurf einer vernunftgegründeten Moral ein. Wir sollten hier beachten, dass Kant darin bereits nicht mehr sehr viel an Regeln für eine moralische Welt übrig gelassen hatte. Es gibt auch den Einwand, dass genau genommen sogar nichts wirklich Verwendbares übrig bleibt, und nicht umsonst hatte Kant seine Moralphilosophie nur an ganz wenigen Beispielen vorgeführt. Nach Nietzsche bleibt allerdings auch von diesem Wenigen nichts mehr übrig – jedenfalls nichts, wenn wir nach einer vernünftig ausweisbaren und begründeten Moral suchen, die nicht nur deshalb befolgt wird, weil sie nun einmal vorhanden ist und sich vom Urgroßvater zum Großvater und dann über den Vater auf den Sohn vererbt hat.

Genau hier ist die Stelle, an dem *Hegel* für Nietzsches Moralphilosophie bedeutsam wird, wobei allerdings nicht ganz klar ist, wie weit sich Nietzsche tatsächlich an Hegel orientiert hat. Der Sache nach war die Betonung der *Sitte* bei der Einschätzung der tatsächlich geltenden Moral jedoch durchaus schon bei Hegel vorhanden. Nietzsche drückt dies so aus:

„Sittlichkeit ist nichts Anderes (also namentlich nicht mehr!), als Gehorsam gegen Sitten, welcher Art diese auch sein mögen; Sitten aber sind die herkömmliche Art zu handeln und abzuschätzen. In Dingen, wo kein Herkommen befiehlt, gibt es keine Sittlichkeit; und je weniger das Leben durch Herkommen bestimmt ist, um so kleiner wird der Kreis der Sittlichkeit." (M V-1, 17–18)

‚Sittlichkeit' meint also eine Art von Verhaltensregelung innerhalb einer Gesellschaft, die sehr wirksam sein kann, die aber nicht anders begründet werden kann als durch ihre Geltung, die sich selbst nur auf die Überlieferung stützt. Eine sittliche Handlung wird also „aus Gehorsam gegen das Herkommen getan", und das „Herkommen" ist diejenige „höhere Autorität, welcher man gehorcht, nicht weil sie das uns Nützliche befiehlt, sondern weil sie befiehlt." (M V-1, 18) Genau darin sieht Nietzsche den geschichtlichen Ursprung der Verhaltensregeln, die man später auch ‚moralisch' nannte und denen man schließlich einen weit höherwertigeren Ursprung zuschrieb als den im bloßen Herkommen.

Was wir als ‚moralisch' bezeichnen, war also ursprünglich von gleicher Art wie die Regeln, die man im Alltag einer arbeitsteiligen Gesellschaft befolgt, damit das Zusammenleben und –arbeiten funktioniert:

„Ursprünglich gehörte die ganze Erziehung und Pflege der Gesundheit, die Ehe, die Heilkunst, der Feldbau, der Krieg, das Reden und Schweigen, der Verkehr untereinander und mit den Göttern in den Bereich der Sittlichkeit: sie verlangte, dass man Vorschriften beobachtete, ohne an sich als Individuum zu denken. Ursprünglich also war Alles Sitte, und wer sich über sie erheben wollte, musste Gesetzgeber und Medizinmann und eine Art Halbgott werden: das heißt, er musste Sitten machen." (M V-1, 18)

Wenn die Sittlichkeit also im Prinzip den gleichen Status hat wie die Regelung von ökonomischen und sozialen Gebräuchen, so hat sie bis zu einem gewissen Grad auch eine gewisse Berechtigung. Nietzsche drückt dies so aus: „Die Sitte repräsentiert die Erfahrungen früherer Menschen über das vermeintlich Nützliche und Schädliche." (M V-1, 28) Wichtig ist jedoch, dass sie nicht *deshalb* gilt, sondern „das Gefühl für die Sitte (Sittlichkeit) bezieht sich nicht auf jene Erfahrungen als solche, sondern auf das Alter, die Heiligkeit, die Indiskutabilität der Sitte. Und damit wirkt dies Gefühl dem entgegen, dass man neue Erfahrungen macht und die Sitten korrigiert: das heißt, die Sittlichkeit wirkt der Entstehung neuer und besserer Sitten entgegen: sie verdummt." (M V-1, 28) Auch in der Sittlichkeit kann es also *Gründe* geben, aber sie gilt nicht wegen dieser Gründe, sondern die Gründe werden dann entwickelt, wenn die Selbstverständlichkeit der Sitten in Gefahr gerät: „die Gründe und die Absichten hinter der Gewohnheit werden immer zu ihr erst hinzugelogen, wenn Einige anfangen, die Gewohnheit zu bestreiten und nach Gründen und Absichten zu fragen." (F V-2, 75)

Von der Gewalt der Sittlichkeit unterscheidet Nietzsche zwei Haltungen: zum einen die Entwicklung der Moral, und zum anderen die späte Ausbildung dessen, was er als 'freien Geist' und damit als seine eigene Position bezeichnet. Die Ausbildung moralischer Systeme ist dabei nicht vollständig als ein Konkurrenzunternehmen zur Sittlichkeit zu verstehen. Dies wurde schon deutlich aus der Kritik an Kants Ethik, welche Kritik implizit natürlich eine Kritik an aller Ethik darstellt, die sich aus der Vernunft und nicht nur aus dem Herkommen begründen will. Wenn moralische Systeme also über viele Jahrhunderte gegolten haben, so nicht wegen ihrer vernünftigen Begründung, sondern weil sie in das aufgenommen worden waren, was durch Herkommen galt. Dies gilt speziell für die Moral, die für das Abendland entscheidend wurde, also diejenige des Christentums, die sich von der antiken nach Nietzsche auf eine sehr spezifische – und nicht gerade positiv gesehene – Weise unterscheidet. Wir werden darauf unter dem Titel der Mitleidsethik bzw. der Entgegensetzung von Herren- und Sklavenmoral noch näher eingehen.

Die Sittlichkeit ist also zunächst die Struktur der ursprünglichen Handlungsregelungen, sie ist sodann aber auch die Struktur des Geltens der Moral, die sich von der Sittlichkeit im Sinne der überkommenen Gewohnheiten zu unterscheiden begann und eine eigene Begründung beanspruchte – auch wenn sie begründet wurde, galt sie – und gilt sie bis heute – doch in erster Linie, weil wir dem 'Gefühl' vertrauen. Man nennt das heute auch in der Moralphilosophie meistens 'moralische Intuitionen', und „das heisst seinem Grossvater und seiner Grossmutter und deren Grosseltern mehr gehorchen als den Göttern, die in uns sind: unserer Vernunft und unserer Erfahrung." (M V-1, 40) Nichtsdestoweniger begann mit dem Infragestellen der Sittlichkeit durch kritische Geister jedoch eine neue Entwicklung und Nietzsche sieht darin wichtige Ansätze auch für die Entwicklung der Erkenntnis:

„Man denke nicht gering von der hier in Jahrtausenden aufgewendeten Kraft der Menschheit und am wenigsten von der Wirkung dieses Grübelns über Gebräuche! Wir sind hier auf der ungeheuren Übungsstätte des Intellektes angelangt, – nicht nur dass hier die Religionen ausgesponnen und fortgesponnen werden: hier ist die würdige, obschon schauerliche Vorwelt der Wissenschaft, hier wuchs der Dichter, der Denker, der Arzt, der Gesetzgeber!" (M V-1, 43)

In dieser Befreiung von der Sittlichkeit entsteht erst etwas, was in einem weiten Sinne als 'freier Mensch' bezeichnet werden kann, der 'von sich' abhängen will und deshalb im Reich der Sitten als 'unsittlich' und damit als 'böse' gilt. Deshalb bedeutet zunächst „'böse' so viel wie 'individuell', 'frei', 'willkürlich', 'ungewohnt', 'unvorhergesehen', 'unberechenbar'" (M V-1, 18). Nietzsche sprach auch davon, dass ein gewisses Maß an 'Ver-rücktheit' notwendig ist, um sich vom Herkommen zu unterscheiden: „wenn, sage ich, trotzdem neue und abweichende Gedanken, Wertschätzungen, Triebe immer wieder herausbrachen, so geschah dies unter einer schauderhaften Geleitschaft: fast überall ist es der Wahnsinn, welcher dem neuen Gedanken den Weg bahnt, welcher den Bann eines verehrten Brauches und Aberglaubens bricht." (M V-1, 22)

Als ‚böse' gelten die Kritiker der Sitten deshalb zunächst, weil sie sich von der ‚Gemeinde' unterscheiden wollen, die durch die Sittlichkeit gebildet wird, d. h. durch die zumindest verbale Zustimmung durch die Sitten, die gelten, weil sie überkommen sind. In einem solchen Prozess legten etwa diejenigen ‚Bösen' (d. h. die man *vor* der platonisch-sokratischen Wende im Denken so bezeichnet hätte), die *nach* der Sokratischen Begründung des Wissens zu den ‚Guten' geworden waren, „die Moral der Selbstbeherrschung und Enthaltsamkeit dem Individuum als seinen eigensten Vorteil, als seinen persönlichsten Schlüssel zum Glück ans Herz." (M V-1, 19) Auf dieser Grundlage konnte später die christliche Moral entstehen, in der dem Menschen angesonnen wurde, nach seiner *eigenen* Seligkeit zu trachten (M V-1, 19) – und nicht in erster Linie danach, dem ‚Herkommen' zu folgen, obwohl auch jenes Streben nach der eigenen Seligkeit wieder in Sitten gegossen wurde, denen man zu folgen hatte, weil sie bestanden und ‚herkömmlich' waren.

2.4 Das Sittliche und das Nützliche

Auch wenn die Sitte für den einzelnen Menschen gilt, weil sie gilt, so hat sie aus einer anderen und nicht den einzelnen Menschen in den Fokus nehmenden Perspektive doch eine gewisse ‚Begründung', die Nietzsche in ihrer ‚Nützlichkeit' sah. Das Herkommen kann auf sehr verschiedene Weise entstanden sein, aber es entwickelt sich auf jeden Fall

„zum Zweck der Erhaltung einer Gemeinde, eines Volkes; jeder abergläubische Brauch, der auf Grund eines falsch gedeuteten Zufalls entstanden ist, erzwingt ein Herkommen, welchem zu folgen sittlich ist; sich von ihm lösen ist nämlich gefährlich, für die Gemeinschaft noch mehr schädlich als für den Einzelnen." (MA IV-2, 91)

Damit wird offenbar nicht gesagt, dass jede einzelne Vorschrift der Sitte zu einem Herkommen wurde, weil sie ‚nützlich' für das Bestehen einer arbeitsteiligen Gemeinschaft unter den Menschen war. Gemeint ist wohl eher, dass das Bestehen gemeinsamer Sitten, die unbefragt und ohne Bezug auf eine vernünftige Grundlage einfach gelten, notwendig für das Bestehen von Gemeinschaften war. Die Sittlichkeit als solche war also nützlich, obwohl damit nicht gesagt ist, dass alle einzelne Sitten sich durch ihre Nützlichkeit ausweisen können müssen. In der Sitte geht es in erster Linie um den Sinn von ‚Gewohnheit' als solcher, die sich dadurch ausgewiesen hat, dass man mit ihr ‚leben' kann – was an dieser Stelle natürlich heißt ‚zusammen leben' kann:

„Man tut das Gewohnte leichter, besser, also lieber, man empfindet dabei eine Lust, und weiss aus der Erfahrung, dass das Gewohnte sich bewährt hat, also nützlich ist; eine Sitte, mit der sich leben lässt, ist als heilsam, förderlich bewiesen, im Gegensatz zu allen neuen, noch nicht bewährten Versuchen." (MA IV-2, 92)

Deshalb ist die Sittlichkeit zwar auf der einen Seite eine Einschränkung des einzelnen, in welcher sich die Gesellschaft gegen diesen einzelnen wendet. Auf der anderen Seite aber geht sie letztlich doch auf das Gesetz von Lust und Unlust zurück, d. h. „man will für sich Lust oder will Unlust abwehren" und dies schließlich um der „Selbsterhaltung" willen, so dass der Mensch darin das Gute im Sinne dessen tut, was für ihn ‚gut', weil ‚nützlich', ist (MA IV-2, 97). Auch in der Sittlichkeit befriedigt sich „das einzige Verlangen des Individuums nach Selbstgenuss", ohne dass hier die Unterscheidung nach egoistisch und altruistisch eine Bedeutung hätte – dieses Verlangen

> „befriedigt sich unter allen Umständen, der Mensch mag handeln, wie er kann, das heisst wie er muss: sei es in Taten der Eitelkeit, Rache, Lust, Nützlichkeit, Bosheit, List, sei es in Taten der Aufopferung, des Mitleids, der Erkenntnis. Die Grade der Urteilsfähigkeit entscheiden, wohin Jemand sich durch dies Verlangen hinziehen lässt." (MA IV-2, 102)

Die Sittlichkeit ist demnach eine Art Vereinigung von ‚Selbstgenuss' mit der Existenz des einzelnen als „Glied eines Ganzen, als Ziffer einer Majorität." Nietzsche spricht deshalb davon, dass sich der einzelne sich durch seine Sittlichkeit selbst „majorisiert" (MA IV-3, 48).

Die Sittlichkeit ist also auf der anderen Seite ebenso eine Art von ‚Entschränkung' des einzelnen, in welcher er nicht mehr bei sich als Individuum mit einzelnen Wünschen bleibt, die keinen Bezug auf die Wünsche derjenigen enthalten, mit denen er in einer Gesellschaft zusammenlebt. Mit der Sittlichkeit wird er vielmehr zu einer Art von ‚Doppelwesen' und nimmt eine innere Ambivalenz an: einerseits folgt er seinen eigenen Antrieben, aber eben darin auch derjenigen Nützlichkeit, die ihn zum Zusammenleben mit anderen Menschen bewegt. Die Sittlichkeit ist also nützlich, weil sie ihm eine andere Art von Leben erlaubt, das ihm die Vorteile einer Existenz in der arbeitsteiligen

Gesellschaft bietet. Der Preis dafür ist jedoch eine Art von ‚Entselbstung', in der er ein neues Selbst gewinnt, in das die Forderungen des Zusammenlebens eingebettet sind.

Diese Ambivalenz der Sittlichkeit enthält auch eine Ambivalenz der Auffassung von ‚Nützlichkeit' einerseits für die ‚Gemeinschaft' und andererseits für das ‚Individuum'. Zur Sittlichkeit gehört auch eine bestimmte Verbergung der Nützlichkeit in einem jeden Handeln, das als ‚moralisch' bezeichnet werden kann. Nietzsche führt diese Wendung gegen den Nutzen in der Moral auf eine Funktionsbedingung von Sittlichkeit zurück:

„Woher dieser Hass gegen den Nutzen, der hier sichtbar wird, wo sich alles lobenswerte Handeln gegen das Handeln um des Nutzens willen förmlich abschliesst? – Offenbar hat die Gesellschaft, der Herd aller Moral und aller Lobsprüche des moralischen Handelns, allzu lange und allzu hart mit dem Eigen-Nutzen und Eigen-Sinne des Einzelnen zu kämpfen gehabt, um nicht zuletzt jedes andere Motiv sittlich höher zu taxieren, als den Nutzen. So entsteht der Anschein, als ob die Moral nicht aus dem Nutzen herausgewachsen sei; während sie ursprünglich der Gesellschafts-Nutzen ist, der grosse Mühe hatte, sich gegen alle die Privat-Nützlichkeiten durchzusetzen und in höheres Ansehen zu bringen." (MA IV-3, 208–209)

Die Nützlichkeit der Moral muss sich demnach für die einzelnen Menschen, die den moralischen Regeln folgen, verbergen. Nietzsche hat diesen Gedanken nicht ausgeführt, aber von hier könnte man offenbar Kants Position einer extrem gegen den Nutzen durch Moral konzipierten Vernunftmoral als die radikalste Entwicklung einer solchen Verbergung auffassen, d. h. als eine solche Moral, die deshalb am nützlichsten ist, weil sie den Nutzen durch Moral gerade am gründlichsten verbirgt. Man könnte jedoch auch einen ganz anderen Gedanken verfolgen: gerade weil mit Kant ein Moralbegriff innerhalb der Grenzen der reinen Vernunft entwickelt wird, der den Bereich moralischer Regelungen extrem eng fasst, kommt damit eine gegen die Nützlichkeit gerichtete Auffassung von Moral an ein Ende. Hier müssen wir uns jedoch darauf beschränken zu sagen, dass Nietzsche die Grundlage von Sittlichkeit und Moral im ‚Gesellschafts-Nutzen' sah, d. h. sie ist „ein Mittel, die Gemeinde überhaupt zu erhalten und den Untergang von ihr abzuwehren; sodann ist sie ein Mittel, die Gemeinde auf einer gewissen Höhe und in einer gewissen Güte zu erhalten." (MA IV-3, 211)

In dieser Funktion kommen alle ‚Stufen' der Moral überein, ob es sich nun um eine religiöse oder eine philosophische Moralkonzeption bzw. –begründung handelt, und Nietzsche schließt *hier* die „Befehle eines absoluten Pflichtbegriffs mit dem ‚du sollst'" durchaus ein, die als Moral der ‚Einsicht' auftritt – und wir können hier durchaus die

Kantische Moralkonzeption darunter verstehen (MA IV-3, 211). Das ist insofern bemerkenswert, als Kants Moralphilosophie bekanntlich in keiner ‚Gemeinde' zu einer das Zusammenleben der Menschen regelnden Sittlichkeit mit dem Status eines Geltens nur durch Herkommen geworden ist. Dem Kantischen Gedanken zufolge hätte sie das auch nicht sein können, ohne ihre argumentative Grundlage vollständig aufzugeben – wenn eine Maxime gilt, *weil* sie gilt, dann ist sie offenbar nicht kantisch begründet. Nietzsche sah jedoch auch noch in dieser Moralbegründung innerhalb der Grenzen der reinen Vernunft und damit in einer radikal nicht auf Herkommen und / oder Nutzen gegründeten Moral noch jene Struktur am Werk, die seit Beginn der Vergesellschaftungsprozesse, die eine Moral nützlich machten, alle Gedankengänge leitete, welche sich auf die Ausarbeitung und Begründung moralischer Grundsätze richteten.

2.5 Die Bedeutung einer Kritik der Moral

Welchen philosophischen Status kann Nietzsches Projekt einer Kritik *aller* Moral durch die Einsicht in deren ‚Ursprung' im ‚Gesellschafts-Nutzen' aber überhaupt beanspruchen? Welcher Anspruch ist mit dieser Kritik im Sinne einer ‚Genealogie' (Entstehungslehre) und einer ‚Psychologie' verbunden? Wir haben schon bei der Skizze von Nietzsches erstem wichtigen Werk (‚Die Geburt der Tragödie aus dem Geiste der Musik') gesehen, dass er eine Kritik aller Wissenschaft zu geben beanspruchte und deshalb selbst gerade nicht etwas betreiben kann, das auf der Grundlage des kritisierten Begriffes von Wissenschaft geschieht. Worum es geht, ist vielmehr eine Aufklärung des ganzen Projektes der Wissenschaft, wie wir sie auch heute noch kennen, und wie Nietzsche es bei Sokrates und Platon begründet sah. Er *kann* also nicht eine Kritik der Moral betreiben auf der Basis einer wissenschaftlichen Psychologie und / oder Genealogie bzw. einer Geschichtsschreibung der moralischen Systeme.

Er kann aber auch nicht zurück in eine vor-kantische ‚metaphysische' Konzeption von Moral, die durch eine wie immer geartete Einsicht in die ‚Idee des Guten' oder die Gedanken Gottes zu einer Bestimmung von gut und böse kommen wollte. Aus Nietzsches Philosophie einer Entwicklung der Moral in der Sittlichkeit, aus der zwar eine für Menschen geltende Begründung von gut und böse entstehen kann, die aber selbst wieder in das Gelten durch Herkommen eingeht, entsteht natürlich eine Auffassung, die nicht wieder in die eigentlich vor-kantische Position einer ‚ontischen' Moral zurückführen kann, also in eine Position, die das Fundament für Werte und ihr Gelten in einer ‚natürlichen Ordnung' oder in der ‚Idee des Guten' oder in der ‚Ordnung des Seins' angelegt sieht. Insofern folgt Nietzsche Kant (und Hegel) durchaus:

„Abgesehen von aller Theologie und ihrer Bekämpfung liegt es auf der Hand, dass die Welt nicht gut und nicht böse, geschweige denn die beste oder die schlechteste ist, und dass diese Begriffe ‚gut' und ‚böse' nur in Bezug auf Menschen Sinn haben, ja vielleicht selbst hier, in der Weise, wie sie gewöhnlich gebraucht werden, nicht berechtigt sind." (MA IV-2, 45)

Nietzsche unterschied sich jedoch durch eine grundsätzlich andere Fragestellung radikal von Kant und Hegel, wobei er allerdings näher an Hegel war als an Kant. Die Frage steht hier nicht nach einem festen Fundament für moralische Urteile, auch wenn dies bei Kant schon nur noch um den Preis einer Grenzziehung um ein sehr kleines Gebiet der reinen praktischen Vernunft erreicht werden konnte. Die Frage wird auch nicht auf eine Erörterung des Sinnes von Moral als Sittlichkeit und deren Bedeutung in der Entwicklung des Wissens zu seinem Selbstverständnis eingeschränkt, wie dies weitgehend bei Hegel der Fall war. Nietzsches Frage richtete sich auf die ‚Funktion' von Moral – obwohl dieser Begriff hier noch nicht vorkommt, und auch keine systemtheoretische Terminologie verwendet wird, wie dies heute in der Soziologie bei vergleichbaren Fragestellungen der Fall wäre.

Von einer solchen einzelwissenschaftlichen – ob nun soziologischen, psychologischen oder noch anderen empirisch-wissenschaftlichen – Herkunft unterscheidet sich Nietzsches Frage nach der Funktion der Moral und damit der Unterscheidung von gut und böse durch ihre Reichweite. Das wird durch Nietzsches eigene Ausführungen an vielen Stellen verdeckt, an denen man ein Konkurrenzunternehmen zu wissens- oder moralsoziologischen Untersuchungen erkennen zu können glaubt. Es geht aber eigentlich nicht um die Feststellung von Funktionen bzw. Aufgaben, die moralische Regelungen in bestimmten Gesellschaften übernehmen können, und um die Bestimmung von Zusammenhängen zwischen moralischen Handlungsregulierungen als solchen bzw. einzelnen moralischen Regeln auf der einen Seite und der Erfüllung bestimmter Erhaltungsbedingungen von Gesellschaften auf der anderen Seite.

Es geht bei Nietzsches Frage also nicht isoliert um die Frage nach der Genesis moralischer Regelungen, von welcher man die Frage nach der Geltung getrennt halten könnte. Aus der Tatsache, dass eine bestimmte moralische Vorschrift plausibel als notwendig für das Funktionieren einer Gesellschaft auf einer bestimmten Entwicklungsstufe und innerhalb einer bestimmten Kultur beschrieben werden kann, folgt offenbar keineswegs notwendig, dass eben diese Vorschrift als eine Forderung begründet ist, die gelten *soll* – mithilfe einer solchen Plausibilität wird nur einleuchtend gemacht, *dass* wir einer solchen Vorschrift folgen und warum wir ihr folgen, es wird aber nichts darüber ausgesagt, dass und warum wir ihr folgen *sollten*. Nietzsche jedoch zieht aus seinen eigenen Interpretationen über die Funktion moralischer Regelungen nicht nur Schlüsse auf deren Genesis, sondern entnimmt ihnen auch Behauptungen über deren Geltung bzw. Nicht-Geltung und damit in einem philosophischen Sinne über das, was Moral überhaupt bedeuten kann. Darin zeigt sich, dass die Frage nach der Funktion und Herkunft der Moral bei ihm ein genuin philosophisches Thema darstellt. Deshalb können alternative Erklärungen über die Funktion der Moral *sein* Unternehmen auch nicht grundsätzlich erschüttern, auch wenn sie vielleicht sogar bessere Erkärungen darstellen können.

Der Status von Nietzsches Erklärung und quasi-funktionalistischer Ableitung und gleichzeitig Reduktion der Moral auf ihre ‚Nützlichkeit' ist grundsätzlich auch nicht der einer argumentativen Widerlegung einer bestimmten Moral oder gar der einer Begründung für eine neue und ganz andere Moral. Wir sind hier an einem Punkt, wo Nietzsches Philosophie sich sehr fundamental von den gewohnten philosophischen Konzeptionen unterscheidet – auf eine Weise, die eigentlich erst im 20. Jahrhundert wieder aufgenommen wurde, wie etwa bei Heidegger und vor allem bei Wittgenstein. Wir werden auf diesen Status noch öfter zurückkommen, und wir werden schließlich in dem Versuch, Nietzsches ‚positive' Philosophie zu skizzieren, noch deutlicher auf diese Besonderheit stoßen, wenn wir einsehen werden müssen, dass es so etwas wie eine ‚positive' Philosophie bei Nietzsche nicht in dem Sinne gibt, wie wir ihn vielleicht erwarten – möglicherweise aber doch in einem Sinne, den wir unter diesem Begriff nicht notwendigerweise erwarten.

In Bezug auf die Moralkritik gibt Nietzsche selbst die Aufgabe seiner Moralkritik an, wenn er eine bestimmte Beschränkung anrät:

> „Beschränken wir uns also auf die Reinigung unserer Meinungen und Wertschätzungen und auf die Schöpfung neuer eigener Gütertafeln: – über den ‚moralischen Wert unserer Handlungen' aber wollen wir nicht mehr grübeln! Ja, meine Freunde! In Hinsicht auf das ganze moralische Geschwätz der Einen über die Andern ist der Ekel an der Zeit! Moralisch zu Gericht sitzen soll uns wider den Geschmack gehen! … Wir aber wollen Die werden, die wir sind, – die Neuen, die Einmaligen, die Unvergleichbaren, die Sich-selber-Gesetzgebenden, die Sich-selber-Schaffenden!" (F V-2, 243)

Unter der Perspektive dieser Passage sieht es so aus, als verfolge Nietzsche mit seiner ‚Genealogie' und ‚Psychologie' der Moral als dem Inbegriff der wichtigsten menschlichen Vorurteile eine vorwiegend ‚didaktische' und nicht in erster Linie ‚kritische'

Abzweckung. Wir könnten sogar sagen: die Kritik der Moral ist in erster Linie ‚therapeutisch' gemeint, d. h. sie soll uns vor allem von dem Gedanken befreien, moralische Vorschriften seien durch Vernunft wohlbegründete Einsichten, an die wir uns – meistens – halten, weil sie uns durch die Vernunft selbst vorgeschrieben werden oder weil die Natur in ihrer Ordnung sie genau so vorgesehen oder weil Gott in seiner Weisheit sie so verfügt hat.

Die eigentliche Abzweckung dieser Kritik wird hier also ganz anders angegeben als an vielen anderen Stellen. Es geht Nietzsche hier um das, was *nach* dieser Kritik kommt – also nach jener ‚Reinigung' von den moralischen Vorurteilen. Man könnte auch sagen, es geht ihm um ein ‚neues Denken', in dem so etwas wie ein ‚Grübeln' über moralische Wertschätzungen überhaupt nicht mehr vorkommt. Für eine solche Haltung rät Nietzsche an der obigen Stelle die Haltung des ‚Ekels' und der Ablehnung auf der Grundlage des ‚guten Geschmacks' an. Es wird auch bereits und vorläufig angegeben, wie sich ein solcher besserer Geschmack gegenüber der Moral ausbilden kann: durch ‚die Schöpfung neuer eigener Gütertafeln' durch Menschen, die ‚sich selber schaffen' und sich selber die Gesetze geben.

Man könnte an dieser Stelle darauf verweisen wollen, dass neue moralische Gebote doch gerade den Prozess der ‚Reinigung' vom ‚üblen Geschmack' der Moral stoppen und die Entwicklung eines besseren Geschmacks verhindern würden. Wir werden auf dieses Problem noch im Zusammenhang mit dem eingehen, was wir mit aller Vorsicht als Nietzsches ‚positive' Philosophie bezeichnen können. Aber schon hier können wir sehen, was der Unterschied ist: die kritisierten moralischen Regeln gelten, weil der Mensch sich in ihnen ‚majorisiert' hat. Diesen Ausdruck hatte Nietzsche eingeführt, um darauf hinzuweisen, dass die Moral stets darauf beruhte, dass der Mensch sich in sich so von sich zu unterscheiden gelernt hatte, dass er sich in seinem Selbstbezug auf die ‚Mehrheit' der Menschen oder zumindest der jeweiligen Gesellschaft bezog und deren Forderungen in Gestalt der Moral für sich gelten ließ.

Jene Moral gewann ihre Macht also um den Preis einer Selbstauffassung des Menschen, in der er sich gerade *nicht* selbst ‚schafft' in Bezug auf die Begriffe, mithilfe derer er sich selbst versteht und unter deren Anleitung er handelt. Die von Nietzsche gemeinte ‚Schöpfung neuer eigener Gütertafeln' unterscheidet sich also nicht durch die bloße Tatsache von mit moralischem Status und Anspruch auftretenden Regelungen von der kritisierten Moral des ‚üblen Geschmacks'. Der Unterschied liegt in der *Haltung*, die Menschen ihnen gegenüber einnehmen. Offenbar meint Nietzsche damit, dass solche neuen ‚Gütertafeln' deshalb den Menschen ‚eigen' sind, weil sie *mit Bewusstsein* von ihnen geschaffen werden und ihnen deshalb nicht mehr als fremde Gehalte in ihnen selbst gegenübertreten. ‚Geschaffen' wurden ja auch die moralischen Regelungen des

‚üblen Geschmacks' von Menschen, die in Gesellschaft zusammenleben wollten und deshalb Regelungen benötigten, die nicht von der individuellen Nutzeneinschätzung des einzelnen und in jedem einzelnen Fall abhängig waren. Aber das Prinzip der Moral lautete gerade, dass die in Wahrheit moralisch Schaffenden und Gesetzgebenden sich nicht als solche in dieser Tätigkeit bewusst wurden und sich erkennen konnten. Der ‚bessere Geschmack' in der Moral würde dann darin bestehen, neue ‚Gütertafeln' zu schaffen mit dem Bewusstsein, dass sie geschaffen sind und deshalb keine ‚jenseits' des Menschen geltende Welt darstellen.

Eine *solche* Reflexion auf den Wert der Moral ist ganz offenbar gründlich verschieden von einer wie auch immer gearteten wissenschaftlichen Erörterung über die Funktion der Moral, die sie als solche oder in einzelnen Vorschriften für eine bestimmte Gesellschaft einnehmen kann. Eine solche Erörterung wäre offenbar schon abhängig von einer bestimmten Perspektive auf moralische Vorschriften, mit der diese unabhängig von ihrem Gelten betrachtet werden sollen. Sie wäre darüber hinaus abhängig von Annahmen über die Wahrheitsfähigkeit einer wissenschaftlichen Untersuchung überhaupt, und hier müssen wir beachten, dass Nietzsche sich nicht nur als Kritiker der Moral, sondern ebenso und in engem Zusammenhang damit auch als Kritiker der Wissenschaft verstand – letztlich wird sich zeigen, dass diese Kritik gerade an dem von Nietzsche diagnostizierten fundamental moralischen Charakter von Wissenschaft und Wissenschaftlichkeit ansetzt.

2.6 Der Ursprung von Gut und Böse

Zunächst müssen wir uns aber darauf konzentrieren, dass Nietzsches Moralphilosophie bzw. –kritik sich im Unterschied zu den traditionellen moralischen Konzeptionen in erster Linie auf die *Herkunft* solcher Vorstellungen richtet. Hier wird zunächst vor allem die moralische Grundunterscheidung zwischen ‚gut' und ‚böse' wichtig, die nach Nietzsche schon von ihrem Ursprung her eine Tendenz zu einer besonderen Moral in sich enthält, nämlich zu jener, die Nietzsche als zentral für die Religion ansieht, die das Abendland geprägt hat: die Mitleidsmoral des Christentums. Dass Nietzsche für das Christentum nicht gerade viel übrig hatte, dürfte bekannt sein. Seine Kritik einer damit verbundenen ‚Mitleidsmoral' ist darüber hinaus sicher eines der für viele Menschen anstößigsten Stücke in seiner Moralphilosophie. Hinter den vielen Formulierungen, in denen man in der Regel sehr viel Ressentiment bei dem Philosophen findet, der sich an anderen Stellen gerade als schärfster Kritiker eines Denkens aus dem Ressentiment erweist, sind jedoch auch Einsichten zu erkennen, die in das Zentrum von Nietzsches Philosophie führen und die gerade dann nicht mehr anstößig sein müssen, wenn man ihren eigentlich christlichen Charakter einzusehen lernt. Auf dem Weg zu diesen Einsichten müssen wir jedoch zunächst einige Schritte auf dem Weg von Nietzsches Interpretation einer besonderen Entwicklung innerhalb der Moralgeschichte des Abendlandes untersuchen, und dies wird uns zu einigen weiteren möglicherweise anstößigen Begriffen wie etwa ‚Herrenmoral' und ‚Sklavenmoral' führen.

Zunächst haben moralische Regelungen unabhängig von ihrer näheren Bestimmung eine generelle Funktion für die Entwicklung der Menschheit:

„Die Bestie in uns will belogen werden; Moral ist Notlüge, damit wir von ihr nicht zerrissen werden. Ohne die Irrtümer, welche in den Annahmen der Moral liegen, wäre der Mensch Tier geblieben. So aber hat er sich als etwas Höheres genommen und sich strengere Gesetze auferlegt." (MA IV-2, 62)

Wir hatten bereits weiter oben gesehen, dass Moral für Nietzsche etwas genuin ‚Menschliches' ist. Das geht offenbar so weit, dass der Mensch sich im Grunde durch seine Erfindung der Moral selbst geschaffen hat, und zwar so, dass er sich dadurch als ‚etwas Höheres' aufgefasst hat. Die moralische Genesis des Menschen in seiner Unterscheidung vom Tier geschah danach also durch das Entstehen einer bestimmten Selbstauffassung, man könnte auch sagen, durch die Entwicklung eines Selbstverständnisses, in dem der Mensch sich als moralisches Wesen auf sich beziehen konnte, indem er sich von anderen Wesen – die damit als ‚niedriger' aufgefasst wurden – unterscheiden konnte.

Dieses Selbstverständnis entstand nach Nietzsches Auffassung jedoch auf zwei ganz verschiedene Weisen, und in dieser ‚doppelten Vorgeschichte' der moralischen Fundamentalunterscheidung zwischen gut und böse erkannte Nietzsche die Grundlage dafür, dass sich ‚unsere' Moralauffassung – d. h. die in der abendländischen Welt herrschende – gerade so entwickelte, wie sie geworden ist. Damit beginnt das Thema der Unterscheidung zwischen einer ‚Herrenmoral' und einer ‚Sklavenmoral', die für Nietzsches Erklärung der Entwicklung der Moral von grundlegender Bedeutung ist. Wenn wir schon an dieser Stelle berücksichtigen, dass die Moral auch für Nietzsches Philosophie der Erkenntnis fundamental ist, so wird sich die Bedeutung dieser Unterscheidung nicht nur auf die Moral beschränken.

Die moralische Fundamentalunterscheidung zwischen gut und böse beginnt am Anfang der Entstehungsgeschichte des Menschen als eines gesellschaftlich lebenden Wesens

„in der Seele der herrschenden Stämme und Kasten. Wer die Macht zu vergelten hat, Gutes mit Gutem, Böses mit Bösem, und auch wirklich Vergeltung übt, also dankbar und rachsüchtig ist, der wird gut genannt; wer unmächtig ist und nicht vergelten kann, gilt als schlecht. Man gehört als Guter zu den ‚Guten', einer Gemeinde, welche Gemeingefühl hat, weil alle einzelnen durch den Sinn der Vergeltung mit einander verflochten sind. Man gehört als Schlechter zu den ‚Schlechten', zu einem Haufen unterworfener, ohnmächtiger Menschen, welche kein Gemeingefühl haben. Die Guten sind eine Kaste, die Schlechten eine Masse wie Staub. Gut und schlecht ist eine Zeit lang so viel wie vornehm und niedrig, Herr und Sklave." (MA IV-2, 65)

Es ist bemerkenswert, dass Nietzsche an dieser Stelle das Entstehen der Moral nach dieser Seite aus dem erklärt, was er später als den ‚Geist der Rache' bezeichnen wird, von dem seine Philosophie den Menschen gerade erlösen will. Als ‚böse' gilt zunächst derjenige, der nicht zur Rache fähig ist. Es könnte die Frage nahe liegen, ob und wie Nietzsche diese Theorie durch einschlägige Forschungsergebnisse belegen kann. Hier muss man akzeptieren, dass eine solche Basis von Nietzsche nicht geliefert wird. Möglicherweise ist die Theorie aber auch zu allgemein, als dass sie überhaupt operationalisierbar und damit einer empirischen Überprüfung fähig wäre. Man könnte jedoch auch darauf hinweisen, dass es für die philosophische Bedeutsamkeit letztlich nicht auf die Einzelheiten der Genesis ankommt, sondern auf die Frage, was Nietzsche schließlich aus dieser Theorie einer Reduktion der Geltung auf die Genesis gemacht hat. Möglicherweise ist der richtige Ansatzpunkt für eine solche kritische Betrachtung also auf einer generelleren Ebene zu finden als auf der einer Kritik der konkreten Ausgestaltung einer Theorie der Genesis.

Die moralische Fundamentalunterscheidung zwischen gut und böse hat jedoch nach Nietzsche noch einen *zweiten* Anfang, der sich von dem auf der Seite der Herrschenden unterscheidet. Er beginnt

„in der Seele der Unterdrückten, Machtlosen. Hier gilt jeder andere Mensch als feindlich, rücksichtslos, ausbeutend, grausam, listig, sei er vornehm oder niedrig. Böse ist das Charakterwort für Mensch, ja für jedes lebende Wesen, welches man voraussetzt, zum Beispiel für einen Gott; menschlich, göttlich gilt soviel als teuflisch, böse. Die Zeichen der Güte, Hilfsbereitschaft, Mitleid werden angstvoll als Tücke, Vorspiel eines schrecklichen Ausgangs, Betäubung und Überlistung aufgenommen, kurz als verfeinerte Bosheit." (MA IV-2, 65–66)

Die Asymmetrie zwischen den beiden Begriffen der moralischen Grundunterscheidung liegt demnach darin, dass es eine Unterscheidung auf der Seite der Herrschenden war, während die Beherrschten nur die *eine* Seite dieser Differenzierung kannten, nämlich das, was böse genannt wird, nicht aber die eigentlich dazugehörende Bezeichnung für das Gute. ‚Gut' war nach dieser Auffassung eine Selbstbezeichnung für die Mächtigen:

> „das Urteil ‚gut' rührt nicht von Denen her, welchen ‚Güte' erwiesen wird! Vielmehr sind es ‚die Guten' selber gewesen, das heisst die Vornehmen, Mächtigen, Höhergestellten und Hochgesinnten, welche sich selbst und ihr Tun als gut, nämlich als ersten Ranges empfanden und ansetzten, im Gegensatz zu allem Niedrigen, Niedrig-Gesinnten, Gemeinen und Pöbelhaften. Aus diesem Pathos der Distanz heraus haben sie sich das Recht, Werte zu schaffen, Namen der Werte auszuprägen, erst genommen: was ging sie die Nützlichkeit an!" (G VI-2, 273)

Gut und böse waren demnach zunächst keine Unterscheidung für eine Orientierung an moralischen Grundsätzen in der Entgegensetzung zu einem egoistischen Handeln – der Ursprung dieses Gegensatzes war vielmehr „das dauernde und dominierende Gesamt- und Grundgefühl einer höheren herrschenden Art im Verhältnis zu einer niederen Art, zu einem ‚Unten'" (G VI-2, 273). Diese Unterscheidung bezeichnete also zunächst im Grunde ein Herrschaftsverhältnis bzw. brachte dieses Verhältnis aus der Sicht der Herrschenden zum Ausdruck.

Nietzsche beansprucht hier auch eine etymologische Evidenz für den von ihm hergestellten Zusammenhang am Beginn des moralischen Urteilens. Die in verschiedenen Sprachen vorhandenen Bezeichnungen für das ‚Gute' sollen sich demnach alle auf eine „Begriffs-Verwandlung" zurückführen lassen:

> „dass überall ‚vornehm', ‚edel' im ständischen Sinne der Grundbegriff ist, aus dem sich ‚gut' im Sinne von ‚seelisch-vornehm', ‚edel', von ‚seelisch-hochgeartet', ‚seelisch-privilegiert' mit Notwendigkeit heraus entwickelt: eine Entwicklung, die immer parallel mit jener anderen läuft, welche ‚gemein', ‚pöbelhaft', ‚niedrig' schliesslich in den Begriff ‚schlecht' übergehen macht." (G VI-2, 275)

Über diese etymologische Herkunft der Unterscheidung zwischen gut und böse hinaus findet er darin jedoch grundsätzlich eine Entwicklung von dem, was zunächst ein „politische[r] Vorrangs-Begriff" war, hin zu einem „seelischen Vorrangs-Begriff" (G VI-2, 278). Diese These über die politische Herkunft des Moralischen bedeutet also nicht nur, dass der Inhalt dessen, was als gut und böse zu gelten hat, letztlich *politisch*, d. h. durch strukturierte Machtverhältnisse in Gesellschaften bestimmt wurde. Politisch ist nach dieser These vielmehr bereits die moralische Grundunterscheidung selbst, d. h. sie ist in ihrem Ursprung eine Unterscheidung zwischen verschiedenen

Gesellschaftsklassen, die sich durch ihre Machtposition bestimmen und diese Machtunterscheidung in eine Wertunterscheidung transformieren. Während in der Regel moralische Regelungen gerade als Machtbegrenzungen und als Handlungsorientierungen an dem, was richtig bzw. vernünftig ist, aufgefasst werden, reflektiert die zugrundeliegende Unterscheidung nach Nietzsche bereits Machtverhältnisse, die sich nicht erst in der *Bestimmung* des Guten, sondern schon in der *Unterscheidung* zwischen gut und böse ein Wertfundament geben.

Wenn wir Nietzsches ‚Archäologie' der Moral so verstehen, dass damit nicht ein vorübergehendes Element in einer bestimmten historischen Epoche erkannt wird, sondern der Ursprung der Moral, der in *aller* Moral eine bestimmende Bedeutung behält, so ist damit ein ‚Subtext' angegeben, der in dem Werten wiedergefunden werden muss, das sich in irgendeinem Sinne als moralisch auffasst. Alles moralische Werten enthält nach dieser Auffassung *Macht* – und dies nicht, weil die moralischen Systeme und Urteile auf der Grundlage von Macht bestimmt werden, sondern schon deshalb, weil in allem moralischen Urteilen als solchem bereits eine Machtbeziehung enthalten ist. Dass eine solche Unterscheidung überhaupt existiert, unabhängig davon, wie sie ausgestaltet ist, geht letztlich darauf zurück, dass Macht die Lebensverhältnisse zwischen Menschen in einer Gesellschaft bestimmt. Für Nietzsche legt sich damit der Gedanke nahe, dass sich diese Macht in bestimmten Gesellschaftsverhältnissen auch in herrschenden Moralvorstellungen entsprechend ausgestaltet.

2.7 Herren- und Sklavenmoral

Die Unterscheidung egoistisch versus altruistisch wird nach Nietzsches Auffassung erst relativ spät in die moralische Grundunterscheidung aufgenommen. Dies hat mit einer wichtigen sozialen Veränderung zu tun, nämlich mit dem Machtverlust der Aristokratie und mit einer Art Rebellion der zuvor Beherrschten. Es geschieht

„erst bei einem Niedergange aristokratischer Werturteile, dass sich dieser ganze Gegensatz ‚egoistisch' ‚unegoistisch' dem menschlichen Gewissen mehr und mehr aufdrängt, – es ist, um mich meiner Sprache zu bedienen, der Herdeninstinkt, der mit ihm endlich zu Worte (auch zu Worten) kommt."

(G VI-2, 274)

Nietzsche glaubte auf der Grundlage solcher sozialer Veränderungen schließlich zwei ‚Grundtypen' von Moralen in der Weltgeschichte erkennen zu können, die jenem doppelten – obwohl asymmetrischen – Ursprung des moralischen Wertens entsprechen und einen ‚Grundunterschied' in diesem Werten bezeichnen: „Herren-Moral" und „Sklaven-Moral", wobei allerdings Vermittlungen, Vermischungen und auch ein ‚Nebeneinander' vor allem in höheren Kulturen vorkommen können (J VI-2, 218):

„Die moralischen Wertunterscheidungen sind entweder unter einer herrschenden Art entstanden, welche sich ihres Unterschieds gegen die beherrschte mit Wohlgefühl bewusst wurde, – oder unter den Beherrschten, den Sklaven und Abhängigen jeden Grades." (J VI-2, 218–219)

Dieser soziale Ort des Ursprungs der moralischen Unterscheidung hat nun Folgen für die inhaltliche Bestimmung der moralischen Vorschriften – jedenfalls in einem sehr allgemeinen Sinn, der eine gewisse Grundorientierung für alles moralische Werten vorgibt. Eine Moral wird also in einem erheblichen Ausmaß dadurch bestimmt, ob der Ursprung der moralischen Grundunterscheidung zwischen gut und böse von den herrschenden Klassen her stammt oder ob diese Unterscheidung auf der Seite der Machtunterworfenen entstanden ist.

Wir müssen an dieser Stelle schon darauf aufmerksam machen, dass Nietzsche die zu seiner Zeit herrschende Moral grundsätzlich als eine Folgeerscheinung einer Entstehung der moralischen Unterscheidung bei den Beherrschten bzw. den ‚Sklaven' betrachtete. Es ist deshalb nicht einfach, seine Charakterisierung dessen, was zu einer ‚Herren-Moral' gehört, in modernen Moralkonzeptionen wiederzufinden. Darüber hinaus lassen sich zwei verschiedene Strömungen in dieser Charakterisierung unterscheiden. Die erste dieser Strömungen lässt sich in zahlreichen Formulierungen erkennen, die Nietzsches Ruf als ‚Eliten-Philosoph' begründet haben und an denen sich bis heute manche Menschen stören und andere erfreuen. Viel wichtiger für Nietzsches Philosophie ist jedoch die zweite Strömung, die weit weniger Aufmerksamkeit gefunden hat, obwohl sie zentral in die Fluchtlinie dessen führt, was wir – bei aller gebotenen Vorsicht – als Nietzsches ‚positive Philosophie' auffassen können, wobei allerdings stets die Vorbehalte mitgedacht werden müssen, die bei Nietzsche aus grundsätzlichen Erwägungen gegen eine solche Bezeichnung sprechen.

Die Moral, welche aus dem Ursprung der moralischen Grundunterscheidung bei den *Herrschenden* entsteht, stellt nach Nietzsche „die erhobenen stolzen Zustände der Seele, welche als das Auszeichnende und die Rangordnung Bestimmende empfunden werden", in den Mittelpunkt der Bestimmung des Guten (J VI-2, 219). Es soll sich also um eine Moral handeln, in der vor allem solche Menschen verachtet werden, die es an jenem Stolz fehlen lassen: „der Feige, der Ängstliche, der Kleinliche, der an die enge Nützlichkeit Denkende; ebenso der Misstrauische mit seinem unfreien Blicke, der Sich-Erniedrigende, die Hunde-Art von Mensch, welche sich misshandeln lässt, der bettelnde Schmeichler, vor Allem der Lügner." (J VI-2, 219) Positiv soll es in einer solchen Moral vor allem um „Selbstverherrlichung" gehen:

> „Im Vordergrunde steht das Gefühl der Fülle, der Macht, die überströmen will, das Glück der hohen Spannung, das Bewusstsein eines Reichtums, der schenken und abgeben möchte: – auch der vornehme Mensch hilft dem Unglücklichen, aber nicht oder fast nicht aus Mitleid, sondern mehr aus einem Drang, den der Überfluss von Macht erzeugt." (J VI-2, 219–220)

Wir können aus dieser Stelle entnehmen, dass es bei Nietzsches Unterscheidung nicht in erster Linie um verschiedene Handlungsanweisungen geht – es scheint, der christliche Grundsatz der tätigen Nächstenliebe (Caritas) könnte auch mit einer ‚Herren-Moral' vereinbart werden. Entscheidend ist offenbar eine Haltung, eine Atmosphäre, man könnte aber auch von einer ‚Grundstimmung' sprechen.

Nietzsche sah auch so etwas wie eine Grundstimmung wirksam, wenn der Ursprung der moralischen Grundunterscheidung auf der Seite der *Beherrschten* gemacht wird: die ‚Sklaven-Moral' ist grundsätzlich „Nützlichkeitsmoral":

> „in's Böse wird die Macht und Gefährlichkeit hinein empfunden, eine gewisse Furchtbarkeit, Feinheit und Stärke, welche die Verachtung nicht aufkommen lässt. Nach der Sklaven-Moral erregt also der ‚Böse' Furcht." (J VI-2, 221)

Aber es gibt auch noch eine andere Seite, die Nietzsche als charakteristisch für die ‚Sklaven-Moral' ansieht, und diese Seite lässt sich sehr gut mit solchen Charakterisierungen der ‚Herren-Moral' zusammenfügen, in denen eine etwas kompliziertere und differenziertere Auffassung über den Ursprung der Moral als nur in einer sozialen Konstellation erkennbar wird. An einer Stelle spricht Nietzsche davon, dass die „Krankhaften' des Menschen größte Gefahr seien, und er meint damit „die von vornherein Verunglückten, Niedergeworfnen, Zerbrochenen – sie sind es, die Schwächsten" (G VI-2, 386).

Auf dem Boden einer Moral des Mitleidens können solche Formulierungen Empörung hervorrufen – aber was ist damit gemeint? Das wird deutlich, wenn Nietzsche etwas blumig so fortfährt, dass der ‚verhängte' und ‚traurige' Blick in solchen Fällen „es verrät, wie ein solcher Mensch zu sich selber spricht – jenem Blick, der ein Seufzer ist! ‚Möchte ich irgend jemand anderes sein!' so seufzt dieser Blick: ‚aber da ist keine

Hoffnung. Ich bin, der ich bin: wie käme ich von mir selber los? Und doch – habe ich mich satt!'" Und daran schließt sich an: „Auf solchem Boden der Selbstverachtung, einem eigentlichen Sumpfboden, wächst jedes Unkraut, jedes Giftgewächs" (G VI-2, 386). Was ist hier also mit den ‚Krankhaften' gemeint? Offenbar ein Mangel an Selbst, an Selbst-Anerkennung, an Selbst-Bewusstsein, oder noch allgemeiner: die Grundlage für eine solche ‚Sklaven-Moral' wird in einer Negation der Identität gesehen – in die Identität ist ein Bewusstsein eingelassen, dass etwas *nicht* so sein soll, obwohl es doch so ist, also eine Selbst-Verneinung, ein Existieren mit dem Bewusstsein, diese Existenz solle nicht sein.

Zusammen mit dieser ‚Selbst-Verneinung' gehört zur ‚Sklaven-Moral' aber auch eine Verneinung des anderen Selbstes und darüber hinaus zu allem, was anders ist als es selbst: es

> „sagt die Sklaven-Moral von vornherein Nein zu einem ‚Ausserhalb', zu einem ‚Anders', zu einem ‚Nicht-selbst': und dies Nein ist ihre schöpferische Tat. Diese Umkehrung des wertesetzenden Blicks – diese notwendige Richtung nach Aussen statt zurück auf sich selber – gehört eben zum Ressentiment: die Sklaven-Moral bedarf, um zu entstehn, immer zuerst einer Gegen- und Aussenwelt." (G VI-2, 284–285)

Die Sklaven-Moral ist also auf doppelte Weise eine Verneinung – sie verneint das Selbst in seiner werteschaffenden Leistung als etwas, das nicht sein soll, und sie verneint das ihr andere ebenso als etwas, das nicht – auf jeden Fall nicht so, wie es ist – sein soll. Nietzsche bezeichnet das Gegenbild des ‚vornehmen' Menschen der ‚Herren-Moral' deshalb auch als den „Menschen des Ressentiment" (G VI-2, 286). Wir haben oben schon angedeutet, dass Nietzsche eine Asymmetrie behauptet zwischen der ‚Herren-Moral' mit ihrer Betonung des Guten und der ‚Sklaven-Moral', die sich vor allem auf das konzentriert, was sie als böse bezeichnen kann. Entsprechend schafft sich die letztere Moral eine Entgegensetzung zwischen dem Guten und dem Bösen:

> „Dagegen stelle man sich ‚den Feind' vor, wie ihn der Mensch des Ressentiment konzipiert – und hier gerade ist seine Tat, seine Schöpfung: er hat ‚den bösen Feind' konzipiert, ‚den Bösen', und zwar als Grundbegriff, von dem aus er sich als Nachbild und Gegenstück nun auch noch einen ‚Guten' ausdenkt – sich selbst!..." (G VI-2, 287–288)

Wir sollten Nietzsches pointierte Skizze von einem der beiden nach seiner Theorie möglichen Ursprünge der Moral hier jedoch nicht als Beschreibung einer

Persönlichkeitsstörung im individuellen Sinne missverstehen. Im Grunde wird hier eine Theorie über den Ursprung derjenigen Moral ausgedrückt, die wir als die heute noch herrschende ansehen können: nämlich die christliche. Auf Nietzsches Sicht darauf müssen wir offensichtlich noch näher eingehen.

Es ist jedoch bereits deutlich, dass die beiden Ursprünge der Moral zu zwei im Grunde verschiedenen Unterscheidungen führen, je nachdem, ob ‚gut' im Zentrum steht, wie in der ‚Herren-Moral', oder das Entstehen der Moral sich in der ‚Sklaven-Moral' auf das konzentriert, was als ‚böse' bezeichnet wird. Auf der Seite der ersteren wird dem ‚Guten' das entgegengesetzt, was ‚schlecht' ist, und das ist gleichbedeutend mit ‚verächtlich', worunter das verstanden wird, was den ‚Moral-Schaffenden' schädlich dünkt (J VI-2, 219). Unter dieser Perspektive wird dem ‚Guten' aber nicht das ‚Böse' gegenübergesetzt, sondern bei den ‚Vornehmen' wird der „Grundbegriff ‚gut' primär und spontan, nämlich von sich aus konzipiert und von da aus erst eine Vorstellung von ‚schlecht'" geschaffen (G VI-2, 288). Eine solche Entgegensetzung findet sich nur im anderen Ursprung der Moral, nämlich auf der Seite der ‚Sklaven-Moral' – und dies hat vor allem mit der ‚Selbst-Negation' bzw. der Verneinung des eigenen *und* des fremden Selbst zu tun, durch welche diese Moral gekennzeichnet ist. Hier ist das ‚Böse' „das Original, der Anfang, die eigentliche Tat in der Konzeption einer Sklaven-Moral" (G VI-2, 288). Nietzsche bezeichnet diese zwei Konzeptionen auch selbst als ‚Werte' und interpretiert die Geschichte der Moral hauptsächlich als Auseinandersetzung zwischen ihnen:

„Die beiden entgegengesetzten Werte ‚gut und schlecht', ‚gut und böse' haben einen furchtbaren, Jahrtausende langen Kampf auf Erden gekämpft; und so gewiss auch der zweite Wert seit langem im Übergewichte ist, so fehlt es doch auch jetzt noch nicht an Stellen, wo der Kampf unentschieden fortgekämpft wird." (G VI-2, 299)

Jene zweite Grundströmung in dem, was Nietzsche als ‚Herren-Moral' bezeichnet, beginnt damit, dass die „vornehme Art Mensch" als „wertbestimmend" bezeichnet wird: „sie weiss sich als Das, was überhaupt erst Ehre den Dingen verleiht, sie ist werteschaffend." (J VI-2, 219) Wir sollten dabei vor allem darauf achten, dass Nietzsche hier ein Bewusstsein über das Werteschaffen unterstellt (‚sie weiß sich als das, …'). In diesen gedanklichen Zusammenhang gehört auch, dass Nietzsche eine bestimmte ‚Untugend' von den ‚vornehmen' Menschen abzugrenzen versucht, nämlich die Eitelkeit, also das Verlangen, den Wert des eigenen Selbst vom Wahrgenommenwerden durch andere Menschen abhängig zu machen:

> „Das Problem ist für ihn, sich Wesen vorzustellen, die eine gute Meinung über sich zu erwecken suchen, welche sie selbst von sich nicht haben – und also auch nicht ‚verdienen' –, und die doch hinterdrein an diese gute Meinung selber glauben … Der vornehme Mensch muss es sich erst mit Zwang, …, vorstellig machen, dass seit unvordenklichen Zeiten, in allen irgendwie abhängigen Volksschichten der gemeine Mensch nur Das war, was er galt: – gar nicht daran gewöhnt, Werte selbst anzusetzen, mass er auch sich keinen andern Wert bei, als seine Herren ihm beimassen (es ist das eigentliche Herrenrecht, Werte zu schaffen)." (J VI-2, 222–223)

Ganz offenbar geht es an dieser Stelle nicht um eine lässliche Sünde, sondern um eine ‚Kardinal-Untugend', die Nietzsche als eine der Grundlagen für die Unterscheidung von ‚vornehm' und ‚gemein' auffasst, und die Grundlage für diese Bedeutung ist der Verzicht auf die Fähigkeit, selbst Werte zu bestimmen, bzw. die Bereitschaft, fremde Werte ohne weiteres zu übernehmen und für sich gelten zu lassen.

An dieser Stelle ist schon deutlich, dass für Nietzsches Unterscheidung zwischen Herrschenden und Beherrschten und für die dazugehörige Unterscheidung verschiedener Ursprünge der moralischen Grunddifferenz zwischen gut und böse, die wiederum zu verschiedenen moralischen Inhalten führen, nicht bloß eine politische Machtdivergenz entscheidend ist, die wir mit solchen Begriffen wie ‚Herrschende' und ‚Beherrschte' gewöhnlich verbinden. Bekanntlich war Eitelkeit in der Geschichte keine Eigenschaft, an der es die herrschenden Klassen fehlen ließen. Vermutlich ist Nietzsches Unterscheidung deshalb in einem etwas weiteren Sinn zu verstehen als nur in einem politischen, obwohl dieser Sinn nicht vollständig ausgeklammert werden sollte.

Jene Unterscheidung ist vielmehr in erster Linie eine solche zwischen Werteschaffen und Werteakzeptieren. Wenn wir uns daran erinnern, dass es Nietzsches Behauptung ist, dass der *Ursprung* der moralischen Grunddifferenz zwischen gut und böse selbst bis zu einem gewissen Grad zur Bestimmung dessen beiträgt, *was* als gut und *was* als böse gelten soll, so können wir diese etwas abstraktere Unterscheidung zwischen Herrschenden und Beherrschten auch für diese Behauptung auswerten. Wird die Moral mit dem Bewusstsein für das Wertesetzen bzw. –schaffen und mit der entsprechenden Reflexion auf den ‚selbstischen' Charakter dieses Schaffens entwickelt, so ergibt sich nach dieser Überlegung eine nach der ‚Grundstimmung' *andere* Moral als in dem Fall, in dem ein solches Bewusstsein und eine solche Reflexion nicht besteht bzw. nicht durchgeführt wird.

Nach dieser Überlegung wäre der entscheidende Grundzug desjenigen Ursprungs der moralischen Grunddifferenz, den Nietzsche auf der Seite der ‚Herrschenden' sieht, der eines bewussten und reflektierten Egoismus im Sinne einer Orientierung der moralischen Inhalte am ‚Selbst':

„der Egoismus gehört zum Wesen der vornehmen Seele, ich meine jenen unverrückbaren Glauben, dass einem Wesen, wie ‚wir sind', andre Wesen von Natur untertan sein müssen und sich ihm zu opfern haben. Die vornehme Seele nimmt diesen Tatbestand ihres Egoismus ohne jedes Fragezeichen hin, auch ohne ein Gefühl von Härte, Zwang, Willkür darin, vielmehr wie Etwas, das im Urgesetz der Dinge begründet sein mag: – suchte sie nach einem Namen dafür, so würde sie sagen ‚es ist die Gerechtigkeit selbst'." (J VI-2, 229–230)

Der selbstverständliche Egoismus des Moralschaffens würde danach eine andere Moral hervorbringen als sie aus einer solchen Position entstehen kann, in der eine solche ‚Selbstheit' nicht als selbstverständlich gilt, sondern unter der Perspektive eines ‚schlechten Gewissens' aufgefasst wird. Wir haben oben Nietzsches Auffassung von der ‚Sklaven-Moral' bereits mit einer ‚Grundstimmung' des ‚Verneinens' dessen, was ist und was auf dieser Grundlage eigentlich nicht sein soll, in Verbindung gebracht. Auf der Seite der Herren-Moral entspricht dem im Anschluss an jenen ‚Egoismus' nun die umfassende ‚Bejahung':

„Die vornehme Moral, die Herren-Moral, hat umgekehrt [d. h. im Verhältnis zur Sklaven-Moral] ihre Wurzel in einem triumphierenden Ja-sagen zu sich – sie ist Selbstbejahung, Selbstverherrlichung des Lebens." (FW VI-3, 46)

Die Entgegensetzung zwischen den beiden Ursprüngen der Moral ist für Nietzsche also auch die Unterscheidung zwischen dem Menschen, den er als „Herdentier" bezeichnet, und demjenigen, den er durch den Ausdruck „vornehm" charakterisiert. An vielen Stellen geht dies mit der Entgegensetzung zwischen Herren- und Sklavenmoral parallel. Aber man sollte darauf achten, wie Nietzsche diese Eigenschaft „vornehm" näher umschreibt. An einer Stelle etwa steht für das, was zentral in die Herrschaft des „Herdentiers" gehört, die „gemeinsame Bekriegung alles Seltenen, Fremden, Bevorrechtigten, des höheren Menschen, der höheren Seele, der höheren Pflicht, der höheren Verantwortlichkeit, der schöpferischen Machtfülle und Herrschaftlichkeit." (J VI-2, 151) Offenbar macht auch die mehrfache Wiederholung der Adjektivs ‚höher' es nicht aussagekräftiger. Auf der anderen Seite sollten wir aber doch Begriffe wie ‚das Seltene' oder ‚das Fremde' nicht außer Acht lassen, wenn wir Nietzsches Vorstellung von dem ‚Vornehmen' verstehen wollen über eine politische Entgegensetzung von Herren und Sklaven hinaus.

An der gleichen Stelle erklärt Nietzsche, dass zu ‚Größe' gehöre „das Vornehmsein, das Für-sich-sein-wollen, das Anders-sein-können, das Allein-stehn und

Auf-eigne-Faust-leben-müssen," und fährt fort, der Philosoph – womit er an dieser Stelle deutlich sich selbst meint – werde

> „etwas von seinem eignen Ideal verraten, wenn er aufstellt: ‚der soll der Grösste sein, der der Einsamste sein kann, der Verborgenste, der Abweichendste, der Mensch jenseits von Gut und Böse, der Herr seiner Tugenden, der Überreiche des Willens; dies eben soll Grösse heissen: ebenso vielfach als ganz, ebenso weit als voll sein können.'" (J VI-2, 151)

Dieser Katalog von Beschreibungen dessen, was Nietzsche als ‚vornehm' auszeichnen will, liest sich nicht gerade wie das Anforderungsprofil für eine Stelle als Herren- oder als Machtmensch, der in der ‚Verborgenheit' und ‚Einsamkeit' und ‚Abweichung' sicher nicht besonders erfolgreich im Aufbau solcher Netzwerke sein wird, die für den Erwerb von Macht in allen Zeiten notwendig waren.

Im gleichen Werk (‚Jenseits von Gut und Böse') wird vom ‚vornehmen Menschen' gesagt, er könne sich gerade nicht durch „Handlungen" oder „Werke" beweisen:

> „Es sind nicht die Werke, es ist der Glaube, der hier entscheidet, der hier die Rangordnung feststellt, um eine alte religiöse Formel in einem neuen und tieferen Verstande wieder aufzunehmen: irgend eine Grundgewissheit, welche eine vornehme Seele über sich selbst hat, Etwas, das sich nicht suchen, nicht finden und vielleicht auch nicht verlieren lässt. – Die vornehme Seele hat Ehrfurcht vor sich." (J VI-2, 243)

Mit dem letzten Satz sollten wir verbinden, dass Nietzsche an einer anderen Stelle im Zusammenhang mit der Moral des Mitleidens die ‚Vornehmen' als die bezeichnet, „welche zu ehren verstehen" (J VI-2, 220). Offenbar sieht er diese Fähigkeit nicht nur im sozialen Zusammenhang als bedeutsam für das an, was er gerade den ‚Vornehmen' zuschreibt, sondern es handelt sich um eine Eigenschaft auch des Individuums, also um eine besondere Art, sich zu sich selbst zu verhalten und sich selbst zu verstehen. Durch diese Eigenschaft unterscheidet der ‚Vornehme' oder ‚Edle' sich aber nicht nur vom ‚Herdentier' bzw. vom ‚Sklaven', sondern im Grunde von allen anderen, denn er ist gerade durch etwas ausgezeichnet, was Nietzsche als ‚Sonderheit' bezeichnet:

> „... dass die Leidenschaft, die den Edeln befällt, eine Sonderheit ist, ohne dass er um diese Sonderheit weiss: der Gebrauch eines seltenen und singulären Maßstabes und beinahe eine Verrücktheit: das Gefühl der Hitze in Dingen, welche sich für alle Anderen kalt anfühlen: ein Erraten von Werten, für die die Waage noch nicht erfunden ist: ein Opferbringen auf

> Altären, die einem unbekannten Gotte geweiht sind: eine Tapferkeit ohne den Willen zur Ehre: eine Selbstgenügsamkeit, welche Ueberfluss hat und an Menschen und Dinge mitteilt. Bisher war es also das Seltene und die Unwissenheit um dies Seltensein, was edel machte." (F V-2, 91–92)

Es wird aus solchen Stellen deutlich, dass sich jene ‚Sonderheit' nicht einfach mit dem ‚seltenen' Vorkommen solcher Exemplare gleichsetzen lässt – ‚selten' sind auch Rothaarige (jedenfalls außerhalb von Irland und mit echter Farbe), aber deshalb schreibt man ihnen noch keine ‚Sonderheit' zu. An der gerade zitierten Stelle könnte man besser die Fähigkeit zu einer besonders fundamentalen Kreativität zu den Eigenschaften zählen, die zu Nietzsches Begriff des ‚Vornehmen' gehören, eine solche schöpferische Fähigkeit also, die sich nicht auf den Begriff des Kreativen reduziert, wie er in Werbeagenturen verwendet wird oder wie wir ihn als selbstverständliche Fähigkeit in der Kunst ebenso wie im Kunstgewerbe voraussetzen. Nietzsche weist eigens auf die ‚physiologische' Dimension dieser Fähigkeit (Hitze in Dingen empfinden, ‚welche sich für alle anderen kalt anfühlen') in Verbindung mit dem Schaffen von Werten und dem Erzeugen von Göttern – eine ‚Selbstgenügsamkeit' im Überfluss.

Wir können also nun zwei Charakteristika dessen hervorheben, was Nietzsche als ‚vornehm' oder ‚edel' bezeichnet. Zum ersten handelt es sich um eine ‚Ungleichheit', die sich nicht durch eine Rubrizierung unter *andere* beschreibende Begriffe ergibt, so dass sich eine Klasse von Elementen als ungleich mit den Elementen einer anderen Klasse darstellen würde. Es entsteht dadurch also nicht eine andere Gruppe von Menschen, die untereinander wieder ‚gleich' wären. Was Nietzsche hier mit ‚vornehm' meint, ist vielmehr eine sozusagen ‚von Innen kommende' Ungleichheit, d. h. ein Sichunterscheiden von anderen, ohne dass eine neue Zugehörigkeit zu allgemeinen Begriffen und Charakterisierungen an die Stelle der Gruppenzugehörigkeit treten müsste.

Zum zweiten ist diese ‚Ungleichheit' aber nicht in *dem* Sinne ‚selbstgenügsam', dass sie sich auf die bloße Negation derjenigen Begriffe beschränken müsste, durch die sich die ‚Vornehmen' mit anderen gleichgemacht hatten. Hier betont Nietzsche das schöpferische Element in der Ungleichheit, d. h. das Schaffen von Werten und Göttern, womit die ‚Ungleichen' – wir könnten auch sagen: die Individuen – schließlich nicht mehr im Zustand der ‚Ungleichheit' bleiben können, sondern eine neue Gleichheit *schaffen*. Offenbar trägt jene ‚Vornehmheit', von der Nietzsche so oft spricht, auch den Keim des eigenen Untergangs in sich, wenn sie die Ungleichheit durch ihre Kreativität wieder in eine – allerdings nun neu geschaffene – Gleichheit zurückverwandeln muss. Nach diesem Gedanken gibt es jene ‚Vornehmheit', von der Nietzsche spricht, also nur in der Gestalt einer Bewegung, in der sich im Ausgang von einer Gleichheit eine radikale Ungleichheit und Individualität abhebt, die sich durch das, was sie an Werten und Göttern erschafft, wieder in eine neue Gleichheit zurückstellen muss.

Auf dieser Grundlage kann man sich mit Recht fragen, ob Nietzsches Unterscheidung zwischen ‚Herren-' und ‚Sklaven-Moral' tatsächlich noch so sehr von der politischen Machtunterscheidung abhängt, von der wir zunächst deshalb ausgegangen sind, weil Nietzsche selbst jene Unterscheidung an vielen – und vielleicht allzu vielen – Stellen mithilfe dieser Begrifflichkeit einführt und erläutert. Darüber hinaus gibt er in einigen Schriften einen sehr moralischen Eifer im Lob dessen zum Besten, was er als ‚Herren-Moral' bzw. als Moral der ‚Vornehmen' bezeichnet. Es gibt auch die Beschreibung der römischen Kultur und der Renaissance als Kulturen der ‚Herren-Moral' (G VI-2, 299ff). Und es gibt die Herstellung eines Zusammenhangs zwischen dem, was ‚vornehm' heißen soll, mit jener skurrilen Spezies, die im populären Verständnis – nach dem ‚Willen zur Macht' und nach der fast ebenso skurrilen Spezies des ‚Übermenschen' (worauf wir noch kommen werden) – bisweilen spontan mit Nietzsche assoziiert wird, nämlich mit der ‚blonden Bestie':

„Auf dem Grunde aller dieser vornehmen Rassen ist das Raubtier, die prachtvolle nach Beute und Sieg lüstern schweifende blonde Bestie nicht zu verkennen; es bedarf für diesen verborgenen Grund von Zeit zu Zeit der Entladung, das Tier muss wieder heraus, muss wieder in die Wildnis zurück: – römischer, arabischer, germanischer, japanesischer Adel, homerische Helden, skandinavische Wikinger – in diesem Bedürfnis sind sie sich alle gleich." (G VI-2, 289)

Man kann solche Zitate leider nicht einfach weglassen, denn jeder Leser von Nietzsches Schriften wird damit konfrontiert, vor allem dann, wenn sie – wie dies hier der Fall ist – in einem zentralen Werk stehen, und er wird entscheiden müssen, wie er damit umgehen soll. Der Kontrast zu den oben wiedergegebenen Umschreibungen dessen, was ‚vornehm' heißen soll, ist auf jeden Fall deutlich. Man *kann* sich auf diese Richtung von Nietzsches Denken konzentrieren, und vor allem in den späteren Schriften wird man sehr viel Material dafür finden. Allerdings wird man auf diese Weise nicht den Nietzsche für *Philosophen* finden. Als solcher ist Nietzsche etwas schwerer zu entdecken und die Lektüre seiner Schriften erfordert ein wenig Mühe beim Einüben in eine abstraktere und weniger wörtliche, aber mehr am Sinn des Gesamtwerks orientierte Lektüre.

2.8 Das ‚Herdentier' und das Individuum

Vor allem aus dem Zusammenhang von Nietzsches Kritik der Moral und aller bisherigen Ethik ist deutlich geworden, dass die ‚Fluchtlinie' dieser Kritik in das Thema ‚Gleichheit' versus ‚Ungleichheit' führt, das – wie noch zu untersuchen sein wird – ebenso die zentrale Entgegensetzung in Nietzsches Philosophie der Erkenntnis und des Wissens darstellt. Moral heißt für Nietzsche im Grunde und prinzipiell immer ‚Herden-Instinkt' und ist damit unabhängig von ihrer konkreten Ausgestaltung ein ‚Gleichmachen':

> „Herden-Instinkt. – Wo wir eine Moral antreffen, da finden wir eine Abschätzung und Rangordnung der menschlichen Triebe und Handlungen. Diese Schätzungen und Rangordnungen sind immer der Ausdruck der Bedürfnisse einer Gemeinde und Herde: Das, was ihr am ersten frommt – und am zweiten und dritten –, das ist auch der oberste Maßstab für den Wert aller Einzelnen. Mit der Moral wird der Einzelne angeleitet, Funktion der Herde zu sein und nur als Funktion sich Wert zuzuschreiben." (F V-2, 152–153)

Der Ausdruck ‚Herde' klingt für uns sicherlich sehr negativ und vermutlich war gerade dies von Nietzsche beabsichtigt. Gemeint aber sind natürlich alle Gruppen, in denen Menschen zusammen leben: Gemeinden, Staaten und Gesellschaften (F V-2, 153); an anderer Stelle gelten als ‚Herden' die „Geschlechts-Verbände, Gemeinden, Stämme, Völker, Staaten, Kirchen" (J VI-2, 121). Auf jeden Fall führt Nietzsche die Verschiedenartigkeit von Moralen auf die verschiedenen „Bedingungen der Erhaltung einer Gemeinde" zurück und fasst zusammen: „Moralität ist Herden-Instinkt im Einzelnen." Deshalb ist die ‚Herden-Moral' stets auch „die Moral der Furchtsamkeit" (J VI-2, 125).

Wenn die Moral also ‚gleich' machen kann, so deshalb, weil sie den Menschen vor dem schützt, was er in bestimmten Situationen und Zeitaltern am meisten fürchtete:

> „Aber die längste Zeit der Menschheit hindurch gab es nichts Fürchterlicheres, als sich einzeln zu fühlen. Allein sein, einzeln empfinden, weder gehorchen noch herrschen, ein Individuum bedeuten – das war damals keine Lust, sondern eine Strafe; man wurde verurteilt ‚zum Individuum' … Selbst sein, sich selber nach eigenem Maß und Gewicht schätzen – das ging damals wider den Geschmack … denn mit dem Alleinsein war jedes Elend und jede Furcht verknüpft." (F V-2, 153)

Es gibt aber noch eine andere Tendenz zur Gleichheit, die in der Moral und besonders in der abendländischen, d. h. christlichen, Spielart bedeutsam wurde, nämlich die

Selbstverabsolutierung, so dass die ursprünglich nur für die Erhaltung von ‚Gemeinden' oder eben ‚Herden' nützliche Moral zu einer allgemein verbindlichen Lehre gemacht wurde. Das hatte schließlich zur Folge, dass ein *bestimmter* ‚Herdenmensch' sich das Ansehn gab,

„als sei er die einzig erlaubte Art Mensch, und verherrlicht seine Eigenschaften, vermöge deren er zahm, verträglich und der Herde nützlich ist, als die eigentlich menschlichen Tugenden: also Gemeinsinn, Wohlwollen, Rücksicht, Fleiss, Mässigkeit, Bescheidenheit, Nachsicht, Mitleiden." (J VI-2, 122)

Hier zeigt sich ein weiterer wichtiger Aspekt von Nietzsches ‚Kritik' der Moral. Es ist ja bereits deutlich geworden, dass es sich nicht um eine Kritik im Sinne einer Abwertung von einem besser begründeten Standpunkt aus handeln kann. Eine ‚neue' Ethik ist gerade nicht Bestandteil dessen, was wir mit entsprechender Vorsicht als Nietzsches ‚Moralphilosophie' bezeichnen können. Eine der wichtigsten Stoßrichtungen dieser Kritik ist also gegen die Entwicklung der Moral zu einer einheitlichen Moral, die absolute und universelle Geltung beansprucht:

„man weiss ersichtlich in Europa, was Sokrates nicht zu wissen meinte, und was jene alte berühmte Schlange einst zu lehren verhiess – man ‚weiss' heute, was Gut und Böse ist … was hier zu wissen glaubt, was hier mit seinem Loben und Tadeln sich selbst verherrlicht, sich selbst gut heisst, ist der Instinkt des Herdentiers Mensch: als welcher zum Durchbruch, zum Übergewicht, zur Vorherrschaft über andere Instinkte gekommen ist und immer mehr kommt, gemäss der wachsenden physiologischen Annäherung und Anähnlichung, deren Symptom er ist." (J VI-2, 126)

Auf diese Weise hat die Moral aber selbst ihre ursprüngliche Individualität verloren, die sich aus der Verschiedenheit der ‚Herden' bestimmte, deren Zusammenleben in einer bestimmten Umwelt durch Moral geregelt wurde. Mit diesem Verlust der Individualität verabsolutiert sich die bestimmte Moral, die gerade für ‚Europa' zur Geltung gekommen war:

„Moral ist heute in Europa Herdentier-Moral: – also nur, wie wir die Dinge verstehn, eine Art von menschlicher Moral, neben der, vor der, nach der viele andere, vor Allem höhere Moralen möglich sind oder sein sollten. Gegen eine solche ‚Möglichkeit', gegen ein solches ‚Sollte' wehrt sich aber diese Moral mit allen Kräften: sie sagt hartnäckig und unerbittlich ‚ich bin die Moral selbst, und Nichts ausserdem ist Moral!'" (J VI-2, 126)

Damit gerät die Moral in Gegensatz sowohl zu der Individualität von Gemeinschaften – oder auch ‚Herden' – als auch zu derjenigen des einzelnen Menschen. Im Thema Moral als ‚Herden-Moral' ist also noch nicht der letzte Fluchtpunkt der Moralkritik Nietzsches zu finden. Näher kommt dem Zentrum dieser Kritik schon der Hinweis auf den Widerspruch zwischen Moral als Regelung des Zusammenlebens zwischen Menschen einer bestimmten ‚Herde' und der Tendenz zur Verabsolutierung und Verallgemeinerung einer bestimmten Moral. Noch weiter führt aber der Widerspruch zwischen dieser Moral, die sich nicht mehr als Lebensbedingung einer bestimmten ‚Herde' rechtfertigen kann, und der Wirklichkeit des Individuums, dem sie auf diese Weise als eine fremde Macht gegenübertritt, die sich durch keine Vermittlung mehr ausweisen kann. Hier zeigt sich die Moral als der eigentliche Gegensatz zur Individualität – sie vertritt die Ansprüche der ‚Herde' und fordert, die Individualität zu ‚verbergen' „wie ein böses Gewissen – weshalb? Aus Furcht vor dem Nachbar, welcher die Konvention fordert und sich selbst mit ihr verhüllt." (UB III-1, 333)

Das Ergebnis ist nach Nietzsche eine Situation einer inneren Gespaltenheit des Menschen, die durch jene auf der Grundlage ihrer Genesis eigentlich nicht begründete Verabsolutierung der Moral nicht aufgelöst bzw. in einer akzeptablen Erklärung unschädlich gemacht werden kann. Nietzsche sieht also auf der einen Seite die ‚Wirklichkeit' der Individualität des Menschen und auf der anderen Seite das moralische ‚Gleichmachen' des Menschen in der Verpflichtung auf den ‚Herden-Maßstab', der dem einzelnen seinen Wert zuschreibt und ihn damit als Funktion ‚gleichnamig' macht (F V-2, 121–122). Man könnte hier darauf hinweisen, dass eine solche Situation dann ohne das Entstehen einer quasi-schizophrenen Situation von Individualität *und* ‚Gleichsein' aufgelöst werden kann, wenn der einzelne das ‚Gleichmachen' als Preis seines Lebens in Gesellschaft erkennt und akzeptiert. Das Problem dabei ist also, dass eine verabsolutierte Moral eine solche Problemauflösung durch Einsicht gerade unmöglich macht, weil sie fordert, als die eine und einzige für alle – oder zumindest für alle ‚vernünftigen' – Menschen akzeptiert zu werden.

Nietzsche hat diese Gespaltenheit des Menschen in der Situation einer verabsolutierten Moral durch zwei scheinbar widersprüchliche Beschreibungen zum Ausdruck gebracht. Zum einen gehört danach das Bewusstsein der Individualität durchaus zum Selbstverständnis des Menschen:

„Im Grunde weiß jeder Mensch recht wohl, dass er nur einmal, als ein Unicum, auf der Welt ist und dass kein noch so seltsamer Zufall zum zweitenmal ein so wunderlich buntes Mancherlei zum Einerlei, wie er es ist, zusammenschütteln wird." (UB III-1, 333)

Die Individuen sind deshalb „diese wahren An- und Für-sich's," (F V-2, 71) d.h sie sind die Wirklichkeit und sie wissen von sich selbst; gerade indem sie sich auf sich selbst beziehen, sind sie die Wirklichkeit. Auf der anderen Seite aber entspricht diesem Bewusstsein nichts im wirklichen Leben der Menschen:

> „Die meisten Menschen halten sich offenbar für gar keine Individuen; das zeigt ihr Leben." (Nachgelassene Fragmente März 1875, IV-1, 107–108)

Nietzsche hat diesen fundamentalen Konflikt unter verschiedenen Gesichtspunkten zum Thema gemacht. Wir könnten vier unterscheiden: (1) die moderne Gestalt dieses Konflikts, (2) die mögliche Auflösung bzw. Verdeutlichung der Seite des Individuellen durch die Kunst, (3) durch die Entwicklung einer Art von ‚advokatorischer' Moral in der Fürsprache für das Individuelle, und schließlich (4) ergibt sich von diesem Thema aus die Möglichkeit, einen Zugang zu so manchen Stellen in Nietzsches Texten zu finden, die bei vielen Menschen Anstoß erregen und lange Zeit den schlechten Ruf Nietzsches zumindest mitbegründet haben.

(1) Es gibt eine Formulierung von Nietzsche, in der er die ‚Arbeiterfrage' als eines der zentralen Probleme seiner Zeit direkt in Verbindung mit jenem Konflikt zwischen Individualität und ‚Gleichmachen' setzte:

> „Bei der Verherrlichung der ‚Arbeit', bei dem unermüdlichen Reden vom ‚Segen der Arbeit' sehe ich denselben Hintergedanken, wie bei dem Lobe der gemeinnützigen unpersönlichen Handlungen: den der Furcht vor allem Individuellen. Im Grunde fühlt man jetzt, beim Anblick der Arbeit – … dass eine solche Arbeit die beste Polizei ist, dass sie Jeden im Zaume hält und die Entwicklung der Vernunft, der Begehrlichkeit, des Unabhängigkeitsgelüstes kräftig zu hindern versteht … Und nun! Entsetzen! Gerade der ‚Arbeiter' ist gefährlich geworden! Es wimmelt von ‚gefährlichen Individuen'! Und hinter ihnen die Gefahr der Gefahren – das individuum!" (M V-1, 154)

Es braucht wohl nicht erwähnt zu werden, dass Nietzsche hier keine ‚sozialistischen' Gedanken entwickeln will, die er an zahlreichen anderen Stellen als neuesten Versuch des ‚Gleichmachens' kritisierte. Aber er sieht offenbar eine strukturelle Analogie zwischen der ‚gleichmacherischen' Moral und der auf ihre Weise entsprechend ‚gleichmacherischen' Arbeitsmoral seiner Zeit über die ökonomischen Notwendigkeiten hinaus in Richtung einer ‚Verherrlichung' der Arbeit als eines universellen Wertes an sich. Eine Gesellschaft hat also eine Art von funktionellem Äquivalent für die nicht mehr ausreichend bindende Kraft der universellen Moral mit absolutem Anspruch in jener Verpflichtung auf Arbeit als absolutem Wert gefunden. Auf diese Weise funktioniert sie als Gesellschaft weiter, weil die Ansprüche des Individuellen damit weiter unterdrückt werden können, obwohl die selbstverständliche Geltung der traditionellen Moral sich aufzulösen beginnt.

Deshalb ist an dieser Stelle die Rede davon, dass gerade der ‚Arbeiter' gefährlich geworden sei – Nietzsche bezieht sich hier implizit auf die geringer gewordene religiöse Bindung in der Arbeiterklasse seiner Zeit. Die ‚Furcht vor allem Individuellen' – vor der ‚Gefahr der Gefahren' – nimmt nun also die Gestalt der Furcht vor gerade diesen ‚gefährlichen Individuen' an. Man sollte Nietzsches ‚anti-sozialistische' Ausführungen deshalb nicht mit einer ‚pro-liberalistischen' politischen Haltung identifizieren. Ein politischer Liberalismus wäre Nietzsche aufgrund seiner individualistischen Philosophie letztlich genauso ‚gleichmacherisch' erschienen wie jede Art von Sozialismus. Darüber hinaus sollte man stets beachten, dass sich Nietzsches Philosophie auf einer sehr grundsätzlichen Ebene bewegt, was jedoch aufgrund seines so sehr literarischen Stiles und der damit verbundenen plakativen Formulierungen mit einer bisweilen auf den ersten Blick nicht erkennbaren Symbolik zu leicht übersehen wird.

(2) Es mag überraschend erscheinen, dass Nietzsche im Zusammenhang der Thematik Individuum versus ‚Gleichmachen' zu einem so weit von den sozialen Fragen seiner Zeit entfernten Thema wie der Kunst zurückfindet. Aber es war nicht erst Nietzsches Erfindung, dass die Kunst es gerade mit dem Individuellen zu tun hat und nicht mit dem Allgemeinen der Erkenntnis oder der Moral, obwohl sie doch etwas zur Geltung bringen will, was Bedeutung für viele haben soll. Gerade aus dieser Einsicht war die ‚Ästhetik' als philosophische Disziplin neben der Beschäftigung mit dem Guten und dem Wahren entstanden. Für Nietzsche nimmt die Kunst nun eine Bedeutung an, die sich gerade gegen das ‚Gleichmachen' in der Moral richtet:

„Die Künstler allein hassen dieses lässige Einhergehen in erborgten Manieren und übergehängten Meinungen und enthüllen das Geheimnis, das böse Gewissen von Jedermann, den Satz, dass jeder Mensch ein einmaliges Wunder ist; sie wagen es, uns den Menschen zu zeigen, wie er bis in jede Muskelbewegung er selbst, er allein ist, noch mehr, dass er in dieser strengen Konsequenz seiner Einzigkeit schön und betrachtenswert ist, neu und unglaublich wie jedes Werk der Natur und durchaus nicht langweilig." (UB III-1, 333–334)

Weiter oben fand sich bei Nietzsche die Formulierung, die Moral sei der Versuch, die Individualität zu ‚verbergen wie ein böses Gewissen'. Nun wird die Kunst gerade als die Gegenbewegung bezeichnet, d. h. als die Bemühung, jenes böse Gewissen zu

‚enthüllen' – die Kunst stellt also dar und aus, was die Moral verbergen will. Dies nimmt hier die Gestalt der Individualität des Schaffens *und* des Ergebnisses im Werk an. Zwar kann ein Künstler einen ‚Stil' übernehmen und vielleicht sogar einer ‚Schule' zugeordnet werden, aber reduziert sich sein Schaffen darauf, so wird er es nur zu Illustrationen in kunsthistorischen Werken bringen, die selbst nicht als Kunstwerke gelten, sondern uns nur zeigen, woran man einen bestimmten Stil oder eine einzelne Schule erkennen kann. Und auch wenn er in seinem Werk allgemeine Begriffe darstellen will, so wird er doch individuelle Menschen in individuellen Situationen schaffen müssen – er kann nicht ‚das Böse' darstellen, sondern nur den individuellen Bösen oder die einzelne böse Tat.

(3) Man könnte vor diesem Hintergrund schon die Kunst als ein Thema auffassen, in dem Nietzsche eine Art ‚Propädeutik' für eine Philosophie sieht, in welcher das ‚Gleichmachen' durch die Moral und – wie wir noch sehen werden – durch das Erkennen und Wissen überwunden (und zunächst als solches erkannt) werden kann. Es gibt aber auch manche Stellen, an denen er explizit eine Art von ‚Ratgeber-Position' einnimmt. Wir werden darauf natürlich im Zusammenhang der Skizze eines ‚positiven Entwurfs' bei Nietzsche noch eingehen, aber eine besonders prägnante Stelle sei hier doch bereits wiedergegeben:

> „Niemand kann dir die Brücke bauen, auf der gerade du über den Fluss des Lebens schreiten musst, niemand außer dir allein. Zwar gibt es zahllose Pfade und Brücken und Halbgötter, die dich durch den Fluss tragen wollen; aber nur um den Preis deiner selbst: du würdest dich verpfänden und verlieren. Es gibt in der Welt einen einzigen Weg, auf welchem niemand gehen kann, ausser dir: wohin er führt? Frage nicht, gehe ihn. Wer war es, der den Satz aussprach: ‚ein Mann erhebt sich niemals höher, als wenn er nicht weiß, wohin sein Weg ihn noch führen kann'?" (UB III-1, 336)

Wir müssen dieses Thema an dieser Stelle nicht weiter vertiefen – es soll hier nur darauf hingewiesen werden, dass der in erster Linie ‚kritische' Philosoph Nietzsche an manchen Stellen doch auch zitierfähige Lebensweisheiten zu bieten hat und nicht nur *nicht* zitierfähige Bemerkungen über Frauen …

(4) Wichtiger ist in Zusammenhang mit dem Thema Individuum versus ‚Gleichmachen' aber ein Hinweis auf eine mögliche und durchführbare Interpretation solcher Stellen, an denen Nietzsche seiner – in vielen Zusammenhängen nur scheinbaren – Bewunderung für Tyrannen verschiedenster Art von schurkischem Kaliber nachgibt. Diese Bewunderung ist fast immer zu verstehen aus der Wahrnehmung einer Gegenbewegung gegen das Absolutnehmen einer ‚gleichmachenden' Moral. An einer Stelle

nennt Nietzsche die ‚Tyrannen' geradezu „die Vorläufer und gleichsam die frühreifen Erstlinge der Individuen." (F V-2, 70)

An der gleichen Stelle beschreibt er den typischen Verlauf des Entstehens von solchen Individuen / Tyrannen so (F V-2, 70–71): die Tyrannen erscheinen dann, wenn ‚die Sitten verfallen', d. h. wenn die ‚gleichmachende' Moral (die Nietzsche ja als ‚Sitte' auffasst) ihre volle Kraft verloren hat, so dass sie nicht mehr ausreichend Zwang auf die Individuen ausüben kann – als ‚Tyrannen' bezeichnet Nietzsche also hier diejenigen, die über mehr Stärke verfügen als andere, so dass sie sich früher als andere dem nachlassenden Zwang des moralischen ‚Gleichmachens' entziehen können. Natürlich kommt selten ein Tyrann alleine, d. h. der ‚Verfall der Sitten' führt nach einiger Zeit zu einem „Kampf aller Art Tyrannen" – die Individuen können sich nicht auf eine neue Art von Regelung in der ‚Herde' einigen und verhalten sich zueinander ohne Verpflichtung auf gemeinsame Regeln, was Nietzsche hier als ‚Kampf' bezeichnet.

Dieser Kampf dauert so lange, bis der ‚Schluss-Tyrann' auftritt, und wir sollten uns hier nicht durch die Erwähnung Cäsars in die Irre führen lassen, der an dieser Stelle nur als Beispiel aus dem Reich des Politischen angeführt wird. Am Schluss kann er nur stehen, weil er als siegreicher/s Tyrann / Individuum die Situation beendet, in der Tyrannen / Individuen möglich waren, d. h. mit ihm beginnt ein neues ‚Gleichmachen' bzw. eine neue Moral / Sitte. Ein Ende ist er also im Sinne der Individualität, weil mit ihm eine *neue* Sitte beginnt. Damit sagt Nietzsche allerdings auch, dass die neue Sitte als das Erzeugnis eines Individuums (bzw. eines kollektiven Individuums) beginnt, das sich selbst in seiner Individualität aufhebt.

An anderer Stelle beschrieb Nietzsche den Zusammenhang zwischen den Tyrannen bzw. den ‚Gewaltmenschen' und jenen Individuen, die er dort wie oben bereits erwähnt als „diese wahren An- und Für-sichs" bezeichnet, so:

Die Individuen knüpfen „sich gerne an Gewaltmenschen an, weil sie sich Handlungen und Auskünfte zutrauen, die bei der Menge weder auf Verständnis noch auf Gnade rechnen können, – aber der Tyrann oder Cäsar versteht das Recht des Individuums auch in seiner Ausschreitung und hat ein Interesse daran, einer kühneren Privatmoral das Wort zu reden und selbst die Hand zu bieten." (F V-2, 71)

Hier sind die Tyrannen / Gewaltmenschen also nicht die ‚Vorläufer' bzw. die ‚frühreifen Erstlinge' der Individuen, wie sie an anderer Stelle bezeichnet wurden (F V-2, 70). Dennoch sieht Nietzsche auch hier die Verbindung, und wir sollten uns bei der Lektüre der entsprechenden Stellen in Nietzsches Texten an diese Verbindung erinnern – es geht letztlich immer um die Stellung des Individuums gegen die ‚gleichmachende' Moralität, wenn wir auf Nietzsches scheinbare Helden- und Gewaltmenschen-Verehrung stoßen.

Wenn die Rede vom Individuum ist, so beschrieb Nietzsche also nicht die friedfertigen Zeiten einer gefestigten und von allen anerkannten Moral. An einer Stelle ist sogar die Rede von den „Zeiten der Korruption", in denen die Individuen wie „die Äpfel vom Baume fallen" – ‚korrupt' (‚verdorben') sind diese Zeiten also deshalb, weil die Kraft der herrschenden Moral bzw. der Normensysteme nicht mehr ausreicht, um die Welt vor den Individuen zu bewahren, d. h. ‚verdorben' sind eigentlich diese Systeme selbst, und Korruption ist eine Bezeichnung für ihre „Herbstzeiten" (F V-2, 72). Eine solche Formulierung sollte aber nicht als Nietzsches Urteil über die Entstehungszeiten von Individuen missverstanden werden – dies wäre schon deshalb falsch, weil Nietzsche natürlich nicht neue moralische Urteile an die Stelle der Aufklärung über moralische Systeme setzen will; obwohl er letztlich doch zu dem Schluss kam, dass auch die Kritik moralischer Systeme als solcher schließlich nur eine Art von moralischem Urteilen darstellt.

Damit allerdings sind wir bei der Selbstreflexion Nietzsches auf sein eigenes Philosophieren, die wir weiter unten etwas näher betrachten werden. Aber bereits an dieser Stelle sollte man beachten, dass Nietzsche die Individuen bezeichnete als „die Samenträger der Zukunft, die Urheber der geistigen Kolonisation und Neubildung von Staats- und Gesellschaftsverbänden." (F V-2, 72) Eben dies wird er auch für sich und seine Kritik an aller Moral gelten lassen müssen, d. h. auch sein Anspruch auf eine Neugründung des Denkens in der ‚Überwindung' der platonischen Wissensform wird sich selbst auffassen müssen als abhängig von der ‚Korruption' eines alten Normensystems; und dieser Anspruch muss seine Kraft gewinnen durch sein Fähigkeit, sich gegen andere – letztlich ebenso individuelle – Ansprüche durchzusetzen. Auch die Kritik gewinnt damit den Status eines ‚siegreichen Individuums' – weshalb sie nicht den Status einer durch reine Vernunft begründeten und deshalb ‚besseren' Moral beanspruchen kann.

2.9 Die Kritik an einer Ethik des Mitleidens

Es ist schon deutlich geworden, dass Nietzsche einen – wenn auch nicht den einzigen – Grundzug der ‚Herren-Moral' in der Ablehnung einer Moral des ‚Mitleidens' sieht. Darin ist die Betonung des ‚Selbst' wichtig und eine implizite Kritik an der ‚Selbstlosigkeit', die Nietzsche auf der Seite der ‚Sklaven-Moral' findet:

„Vornehme und Tapfere, welche so denken, sind am entferntesten von jener Moral, welche gerade im Mitleiden oder im Handeln für Andere oder im désintéressement das Abzeichen des Moralischen sieht; der Glaube an sich selbst, der Stolz auf sich selbst, eine Grundfeindschaft und Ironie gegen ‚Selbstlosigkeit' gehört ebenso bestimmt zur vornehmen Moral wie eine leichte Geringschätzung und Vorsicht vor den Mitgefühlen und dem ‚warmen Herzen'." (J VI-2, 220)

Nietzsches Kritik an dem, was er als ‚Mitleids-Ethik' bezeichnet, richtet sich generell gegen das Christentum, dem er eine solche Ethik als grundsätzliche Besonderheit zuschreibt.

Wir müssen hier die Frage, ob diese Einschätzung berechtigt ist, nicht im einzelnen untersuchen. Man könnte dagegen etwa einwenden, dass das christliche Liebesgebot eigentlich auf Caritas als tätige Nächstenliebe abzielt und nicht auf die Erzeugung eines Gefühls der Teilhabe am Leiden anderer, wie dies im Phänomen des Mitleids der Fall ist. Nietzsche war sich zumindest in einer bestimmten Phase seines Denkens durchaus dessen bewusst, dass eine Mitleidsethik im Ursprung des Christentums nicht an zentraler Stelle stand und sie „weder seine Absicht noch seine Lehre gewesen ist." (M V-1, 121) Er sah darin auch mehr ein ‚residuum' des Christentums, das in der kulturellen Welt des Abendlandes bestimmend geworden sei:

„Aber es war das residuum christlicher Stimmungen, als der sehr entgegengesetzte, streng egoistische Grundglaube an das ‚Eins ist not', an die absolute Wichtigkeit des ewigen persönlichen Heils, mit den Dogmen, auf denen er ruhte, allmählich zurücktrat, und der Nebenglaube an die ‚Liebe', an die ‚Nächstenliebe', zusammenstimmend mit der ungeheuren Praxis der kirchlichen Barmherzigkeit, dadurch in den Vordergrund gedrängt wurde. Je mehr man sich von den Dogmen loslöste, um so mehr suchte man gleichsam die Rechtfertigung dieser Loslösung in einem Kultus der Menschenliebe:" (M V-1, 121)

Wir müssen auch nicht näher darauf eingehen, dass sich eine Mitleidsethik in erster Linie bei jenem Schopenhauer finden lässt, den Nietzsche lange Zeit als seinen vielleicht wichtigsten Lehrer verehrte. Wie immer er auf diese Bedeutung einer Ethik des Mitleids kam, sie wurde für ihn geradezu zum Inbegriff dessen, was er an aller Ethik als kritikbedürftig ansah, und wir müssen akzeptieren, dass Nietzsche das Christentum vor allem unter dieser Perspektive als eine besonders kritikbedürftige Religion auffasste. Deshalb ergibt seine Kritik am Mitleiden als ethischer Forderung wichtige Aufschlüsse sowohl zu Nietzsches Ethik- als auch Christentumskritik, und darüber hinaus sogar zu seiner Auffassung von Religion generell, denn außer dem Mitleiden werde „jetzt keine andre Religion mehr gepredigt" (J VI-2, 162). Allerdings war mit dieser Kritik seine Haltung zum Christentum keineswegs vollständig erschöpft.

Nichtsdestoweniger ist seine hauptsächliche Auffassung bezüglich des Mitleidens doch nur negativ: „und die Mitleidigen gut zu nennen, ist Nichts, als eine moralische Mode, welche ihre Zeit hat: wie auch die umgekehrte Mode ihre Zeit gehabt hat, und eine lange Zeit!" (M V-1, 125) Zunächst weist seine Kritik an dem, der Mitleid erregen will, auf den darin verborgenen Willen zur Macht hin – es handelt sich um den Versuch,

> „den Anwesenden weh zu tun: das Mitleiden, welches Jene dann äussern, ist insofern eine Tröstung für die Schwachen und Leidenden, als sie daran erkennen, doch wenigstens noch Eine Macht zu haben, trotz aller ihrer Schwäche: die Macht, wehe zu tun. Der Unglückliche gewinnt eine Art von Lust in diesem Gefühl der Ueberlegenheit, welches das Bezeugen des Mitleids ihm zum Bewusstsein bringt; ... Somit ist der Durst nach Mitleid ein Durst nach Selbstgenuss, und zwar auf Unkosten der Mitmenschen." (MA IV-2, 68–69)

Diese Beobachtung bleibt allerdings auf der Ebene jener Psychologie, von der sich Nietzsches Denken als Philosophie gerade absetzen muss, auch wenn er selbst sein Unternehmen bisweilen ausdrücklich als ‚Psychologie' bezeichnete.

Weiter ins Zentrum seiner Mitleidenskritik führt jedoch der Hinweis, dass dabei insofern kein *Mit*leiden stattfindet, als es sich um zwei ganz verschiedene Leiden handelt: das Mit-Leiden ist ein Leiden, das gerade nicht dem ersten Leidenden zugehört, sondern nur dem, der sich in die Position dessen bringt, der sein eigenes Leiden bei der Wahrnehmung fremden Leidens erzeugt: „unter allen Umständen ist es ein Leid, von dem der vor uns Leidende frei ist: es ist uns zu eigen, wie ihm sein Leiden zu eigen ist." Deshalb befreien wir uns bei Handlungen aus Mitleid auch nicht von dem Leid des anderen, sondern von genau dem Leid, das wir aus Anlass fremden Leidens in uns selbst erzeugt haben: „Nur dieses eigene Leid aber ist es, welches wir von uns abtun, wenn wir Handlungen des Mitleidens verüben." Und deshalb gewinnen wir dabei unsere eigene Lust durch die Befreiung von einem eigenen Leid. (M V-1, 124)

Das tiefere Motiv für die Kritik an einer Mitleidsethik besteht also eigentlich in der Kritik an dem, was der Begriff des ‚Mitleidens' suggeriert: dass der eine das Leiden des anderen empfinden könne, so dass die Empfindungen des einen dem anderen als Empfindungen (und nicht nur über Beschreibungen von Empfindungen mithilfe der in einer Sprache vorgegebenen Ausdrücke) zugänglich sein können:

„Das, woran wir am tiefsten und persönlichsten leiden, ist fast allen Anderen unverständlich und unzugänglich: darin sind wir dem Nächsten verborgen, … Ueberall aber, wo wir als Leidende bemerkt werden, wird unser Leiden flach ausgelegt; es gehört zum Wesen der mitleidigen Affektion, dass sie das fremde Leid des eigentlich Persönlichen entkleidet: – unsre ‚Wohltäter' sind mehr als unsre Feinde die Verkleinerer unsres Wertes und Willens." (F V-2, 246)

Mit dem Begriff des ‚Mitleidens' wird also beansprucht, den anderen Menschen als einen ‚Gleichen' auffassen zu können, der anderen auch in seinem Innersten zugänglich ist. Wenn hier die ‚Wohltäter' als diejenigen bezeichnet werden, die den Wert des anderen Menschen ‚verkleinern', so ist in erster Linie gemeint, dass der Wert des anderen Menschen schon damit nicht hoch genug aufgefasst wird, weil er in seinen Empfindungen als ‚gleich' mit anderen eingeschätzt wird – also so weit gleich, dass sie behaupten können, sie wären in der Lage, das ‚mitzuleiden', was er empfindet.

An der gleichen Stelle weist Nietzsche jedoch noch auf einen zweiten Gesichtspunkt hin, durch den derjenige, der ein Mitleidenkönnen beansprucht, dem anderen Menschen im Grunde Unrecht tut, und dies bezieht sich ebenso auf ein durch Mitleiden motiviertes Handeln:

> „Bei den meisten Wohltaten, die Unglücklichen erwiesen werden, liegt etwas Empörendes in der intellektuellen Leichtfertigkeit, mit der da der Mitleidige das Schicksal spielt: er weiß Nichts von der ganzen inneren Folge und Verflechtung, welche Unglück für mich oder für dich heisst! Die gesamte Ökonomie meiner Seele und deren Ausgleichung durch das ‚Unglück', … kümmert den lieben Mitleidigen nicht: er will helfen und denkt nicht daran, dass es eine persönliche Notwendigkeit des Unglücks gibt, dass mir und dir Schrecken, Entbehrungen, Verarmungen, Mitternächte, Abenteuer, Wagnisse, Fehlgriffe so nötig sind, wie ihr Gegenteil, ja dass, um mich mystisch auszudrücken, der Pfad zum eigenen Himmel immer durch die Wollust der eigenen Hölle geht." (F V-2, 246)

Zusammengefasst macht Nietzsche hier darauf aufmerksam, dass eine durch Mitleiden bzw. durch die zugrundeliegende Auffassung von der eigenen Nachempfindbarkeit fremden Leidens motivierte Handlung nicht nur Empfindungen in ungerechtfertigter Weise gleichnamig gemacht werden, sondern auch in ihrer je verschiedenen Bedeutung für verschiedene Menschen verkannt werden. An anderer Stelle schreibt Nietzsche: „Ich werfe den Mitleidigen vor, dass ihnen die Scham, die Ehrfurcht, das Zartgefühl vor Distanzen leicht abhanden kommt." (EH VI-3, 268) Man könnte auch sagen: der Mitleidige weiß im Grunde nicht, was er tut, handelt aber so, als wüsste er sogar, *was* er eigentlich für den anderen tut – und ihm, indem er ihn dabei nicht in seiner Eigenheit lässt, vielleicht sogar ‚antut'.

Natürlich kann man nicht vollständig davon absehen, dass es auch andere Motive in Nietzsches Kritik am Mitleiden gibt. Dies wird vor allem in den späten Werken deutlich. Um ein Beispiel zu geben:

> „Das Mitleiden steht im Gegensatz zu den tonischen Affekten, welche die Energie des Lebensgefühls erhöhn: es wirkt depressiv. Man verliert Kraft, wenn man mitleidet. Durch das Mitleiden vermehrt und vervielfältigt sich die Einbusse an Kraft noch, die an sich schon das Leiden dem Leben bringt. Das Leiden selbst wird durch das Mitleiden ansteckend; unter Umständen kann mit ihm eine Gesamt-Einbusse an Leben und Lebens-Energie erreicht werden." (A VI-3, 170–171)

Darüber hinaus gibt es auch den Hinweis, das Mitleiden richte sich gegen die Entwicklung des Lebens, welche die Selektion nötig habe:

> „Es erhält, was zum Untergange reif ist, es wehrt sich zugunsten der Enterbten und Verurteilten des Lebens, es gibt durch die Fülle des Missratnen aller Art, das es im Leben festhält, dem Leben selbst einen düsteren und fragwürdigen Aspekt." (A VI-3, 171)

Wie bei vielen Themen in Nietzsches Philosophie, so muss man sich auch hier entscheiden, ob man die philosophisch interessante Interpretation wählt oder sich auf solche Stellen konzentriert, an denen gerade der Autor, dessen Denken in seiner Fluchtlinie auf die Wendung gegen das Philosophieren aus dem ‚Ressentiment' hinausläuft, seinen eigenen Ressentiments freien Lauf gewährte.

Wenn Nietzsche also in einem späten Werk schreibt: „Mitleiden ist die Praxis des Nihilismus" (A VI-3, 171), so lässt sich dies sehr verschieden auffassen. Man *kann* darin den Teil einer Weltanschauung sehen, in welcher der Ethik die Aufgabe gestellt wird, zur Entwicklung des ‚Lebens' unter der Perspektive von Macht beizutragen. Damit befindet man sich mit zahlreichen Stellen vor allem in späten Schriften Nietzsches in Übereinstimmung. Der Preis dafür ist jedoch, dass zentrale Gedankenlinien von Nietzsches Denken auf diese Weise ignoriert werden. Man *kann* die Kritik am Mitleiden auch psychologistisch zu verstehen suchen, indem darin die egoistischen Elemente im Lob des Unegoistischen herausgestellt werden (F V-2, 67). Am besten anschließen an Nietzsches *philosophisches* Denken lässt sich hingegen *die* Kritik an einer Ethik des Mitleidens, welche das mehr oder minder gewaltsame Herstellen einer Gleichheit unter den Menschen in den Mittelpunkt stellt, was im Verlust der Fähigkeit resultiert, den anderen zu ‚ehren' (J VI-2, 220).

2.10 Das Christentum und die ‚Gleichen'

Religion ist für Nietzsche generell der Versuch, eine falsche Perspektive als allein gültig und alleinseligmachend auszuzeichnen und sie damit nicht mehr als eine Perspektive zu betrachten, sondern als die Selbstdarstellung der Welt an sich:

> „Man macht bei sich eine Moral, eine Tugend, eine Heiligkeit aus dieser fehlerhaften Optik zu allen Dingen, man knüpft das gute Gewissen an das Falsch-sehen, – man fordert, dass keine andre Art Optik mehr Wert haben dürfe, nachdem man die eigne mit den Namen ‚Gott', ‚Erlösung', ‚Ewigkeit' sakrosankt gemacht hat." (A VI-3, 173)

Damit schließt sich Religion mit dem zusammen, was Moral als Perspektive ist: sie verurteilt, „insofern sie verurteilt, an sich, nicht aus Hinsichten, Rücksichten, Absichten des Lebens," während Nietzsche sich selbst unter dem Namen „wir anderen, wir Immoralisten" dagegen setzt: wir „haben umgekehrt unser Herz weit gemacht für alle Art Verstehn, Begreifen, Gutheissen. Wir verneinen nicht leicht, wir suchen unsre Ehre darin, Bejahende zu sein." (GD VI-3, 81) Die eigentliche und wesentliche „Erfindung" aller Religionsstifter besteht dagegen darin, einem bestimmten „Leben und Alltag der Sitte"

> „eine Interpretation zu geben, vermöge deren es vom höchsten Werte umleuchtet scheint, so dass es nunmehr zu einem Gute wird, für das man kämpft und, unter Umständen, sein Leben lässt." (F V-2, 271)

Die Funktion, die Religion – und hier gleichen sich Moral und Religion – im Leben der Menschen spielt, lässt sich auch mithilfe der Kausalvorstellung angeben. In diesem Zusammenhang sollten wir nicht außer Acht lassen, dass sich diese Interpretation des Begriffes Kausalität nicht nur auf religiöse und moralische Phänomene erstreckt, sondern ebenso auf die Verwendung von Kausalität in wissenschaftlichen Zusammenhängen. Kausalität erscheint hier bei Nietzsche nicht mehr, wie bei Kant, als reiner Verstandesbegriff, dessen Bedeutung darin liegt, dass wir mit seiner Hilfe unsere Anschauungen in solchen Urteilen zum Ausdruck bringen können, die ‚wahrheitsdifferent' sind, d. h. bei denen wir prinzipiell über Wahrheit oder Falschheit entscheiden können, weshalb wir auch sagen können, es handle sich um ‚objektkonstituierende' Begriffe – um solche Begriffe also, die gleichzeitig Bedingungen der Möglichkeit der uns möglichen Erfahrung *und* Bedingungen der Möglichkeit der Objekte dieser Erfahrung sind.

Kausalität ist bei Nietzsche nun zu einem Begriff mit einer bestimmten Funktion für das Leben geworden. In gewisser Weise schließt sich Nietzsche darin allerdings durchaus an Kant an: auch bei diesem war Kausalität keine in der Welt vorkommende Größe, die wir nur beschreiben müssen, um die Welt zu verstehen, sondern es handelte sich um einen Begriff mit einer bestimmten Funktion, nämlich zur Konstitution einer Erfahrungswelt, in der wir Objekte von uns als Subjekten unterscheiden können.

Nach Nietzsche dagegen ist der „Ursachentrieb" ein Teil des Denkens, mit dem wir über das einfach Gegebene hinausgehen, indem wir jeder Tatsache eine „Motivierung" zuordnen:

> „wir wollen einen Grund haben, uns so und so zu befinden, – uns schlecht zu befinden oder gut zu befinden. Es genügt uns niemals, einfach bloss die Tatsache, dass wir uns so und so befinden, festzustellen: wir lassen diese Tatsache erst zu, – werden ihrer bewusst –, wenn wir ihr eine Art Motivierung gegeben haben." (GD VI-3, 86)

Grundsätzlich geht es dabei stets um die Reduktion des Unbekannten auf etwas Bekanntes, was „erleichtert, beruhigt, befriedigt, gibt ausserdem ein Gefühl von Macht." (GD VI-3, 87) Diese Macht befreit von dem Unbekannten:

> „Mit dem Unbekannten ist die Gefahr, die Unruhe, die Sorge gegeben, – der erste Instinkt geht dahin, diese peinlichen Zustände wegzuschaffen. Erster Grundsatz: irgend eine Erklärung ist besser als keine. Weil es sich im Grunde nur um ein Loswerdenwollen drückender Vorstellungen handelt, nimmt man es nicht gerade streng mit den Mitteln, sie loszuwerden: die erste Vorstellung, mit der sich das Unbekannte als bekannt erklärt, tut so wohl, dass man sie ‚für wahr hält'. Beweis der Lust (‚der Kraft') als Kriterium der Wahrheit. – Der Ursachen-Trieb ist also bedingt und erregt durch das Furchtgefühl." (GD VI-3, 87)

Genau diesen ‚Ursachentrieb' befriedigen Religionen – wie auch die Moral – auf eine solche Art, dass sie ein „System" einer „Art von Ursachen-Setzung" ausbilden, welches so dominierend wird, dass sie andere Ursachen und Erklärungen ausschließen können (GD VI-3, 87). Eine Religion erscheint damit als ein System, das angibt, welche Ursachen für jene ‚Beruhigung' und die Beseitigung von Furcht vor dem Unbekannten infrage kommen und welche nicht. In systemtheoretischer Terminologie könnte man sagen: sie erschafft einen Denkbereich, in dem nicht mehr so viel möglich ist wie in der ‚Umwelt' des Systems – prinzipiell gäbe es sehr viele Möglichkeiten, Unbekanntes auf Bekanntes zurückzuführen, was durch die Überfülle zu Problemen führen könnte.

Eine Religion schafft also einen Bereich ‚vorgetaner Komplexitätsreduktion', d. h. wir müssen uns nicht mehr mit dieser Wahl zwischen Erklärungen beschäftigen, sondern können diese Wahl immer schon als erledigt voraussetzen und uns auf die Aufgabe konzentrieren, innerhalb der erlaubten Art von Erklärungen eine bestimmte auszuwählen und das gegebene Problem unter sie zu subsumieren. Nietzsche fasst diese generelle Einschätzung von Religionen deshalb so zusammen: „Der ganze Bereich der Moral und Religion gehört unter diesen Begriff der imaginären Ursachen." (GD VI-3, 88)

Welche Perspektive hat also das Christentum dominierend werden lassen, und welche Art von Kausalität und Erklärung kommt darin zur Herrschaft? Man könnte Nietzsches Auffassung hier mit den beiden Begriffen ‚Strafe' (oder auch ‚Rache' bzw. ‚Sünde') und ‚Gleichheit' zusammenfassen. Die Begrifflichkeit der ‚Gleichheit' war bereits für Nietzsches Kritik an dem wichtig, was er als Mitleids-Ethik bezeichnete. Aber er sah auch eine folgenreiche Entwicklung hin zu einem ‚Gleichmachen' zwischen Menschen aus dem christlichen Grundsatz entstehen, dass alle Menschen vor Gott ‚gleich' seien (J VI-2, 81). Man sollte dabei beachten, dass hier grundsätzlich zwei Interpretationsrichtungen möglich sind, für die es bei Nietzsche viele Ansatzpunkte gibt.

Zum einen kann man den Begriff der ‚Gleichheit' auf den politischen Bereich einschränken und ihn im Sinne der ursprünglich gegen den Absolutismus gerichteten Forderung nach der Gleichheit des Staatsbürgers vor dem Gesetz oder etwa auch im Sinne der Forderung nach gleichem Gewicht der Mitwirkung in der politischen Willensbildung durch das gleiche Stimmgewicht (‚one person, one vote') auffassen. Das ist *eine* mögliche Verwendung im Zusammenhang mit Nietzsches Schriften. Man kann nicht leugnen, dass sich für eine solche Lesart extrem plakative Stellen bei Nietzsche finden lassen, die sich in den Kasinos der besser bezahlten Bankangestellten gerne und trefflich zitieren lassen – nur um ein Beispiel zu nennen:

„Und unterschätzen wir das Verhängnis nicht, das vom Christentum aus sich bis in die Politik eingeschlichen hat! Niemand hat heute mehr den Mut zu Sonderrechten, zu Herrschafts-Rechten, zu einem Ehrfurchts-Gefühl vor sich und seines Gleichen, – zu einem Pathos der Distanz … Unsre Politik ist krank an diesem Mangel an Mut! – Der Aristokratismus der Gesinnung wurde durch die Seelen-Gleichheits-Lüge am unterirdischsten untergraben." (A VI-3, 216)

Bisweilen findet sich aber im gleichen Satz, der scheinbar auf eine solche politische Bedeutung hinauszulaufen scheint, ein ganz anderes Element. Sogar in der gerade zitierten Passage ist die Rede von einem „Pathos der Distanz" und sogar von einem „Ehrfurchtsgefühl vor sich und seinesgleichen". An anderer Stelle ist die Rede davon, das Christentum habe „das Gift der Lehre ‚gleiche Rechte für Alle‘ … am grundsätzlichsten ausgesät; das Christentum hat jedem Ehrfurchts- und Distanz-Gefühl zwischen Mensch und Mensch“ den Krieg erklärt (A VI-3, 215–216). Hier ist keineswegs die Rede von politischen Sonderrechten aufgrund von Herkunft, Bildung und / oder Einkommen. Die Rede ist einfach davon, das Christentum habe den Gedanken der Verschiedenheit zwischen Menschen in den Hintergrund des Denkens gestellt und damit den Respekt vor der Individualität des anderen Menschen nicht ausreichend gewürdigt, weil es nur die Gleichheit vor Gott betont habe und nicht deren wechselseitige Unerkennbarkeit untereinander, die es verhindern sollte, sie auf ‚gleiche Nenner‘ bringen zu wollen – außer dort, wo es notwendig ist und reflektiert geschieht, d. h. mit dem Bewusstsein einer funktionalen Notwendigkeit und Legitimation, worin man die Individualität des anderen ‚ehrt‘ in einem ‚Ehrfurchts-Gefühl‘, das ebenso ein ‚Pathos der Distanz‘ einschließen kann.

Darüber hinaus aber kann man den Begriff der ‚Gleichheit‘ weit grundsätzlicher verwenden, und Nietzsche verwendet ihn durchaus in diesem weiten Sinne. Dann bezeichnet er eine kritische Wendung gegen das Gleichsetzen, das wir in jeder Begriffsbildung vornehmen. Wir werden auf diesen Sinn im Zusammenhang mit Nietzsches Kritik an der traditionellen und von ihm meist als ‚platonisch‘ bezeichneten Konzeption des Erkennens noch näher eingehen. Dort meint ‚Gleichheit‘ in der Regel eine kritische Wendung gegen das ‚Gleichmachen‘ von Dingen, Verhalten, Gedanken und Menschen im Erkennen, wo das, was in Wahrheit nie gleich ist, als gleich *angesehen* wird, um es unter allgemeine Begriffe und Gesetze bringen zu können. Nach Nietzsche hängt dies eng mit dem ‚platonischen‘ Grundzug der abendländischen Erkenntniskonzeption zusammen, die stets auf eine Erkenntnis von etwas abzielt, was es ‚eigentlich‘ nicht gibt. Bei Platon selbst waren dies die ‚Ideen‘ der Dinge an der Stelle der wirklichen Dinge. Eine Erkenntnis im vollen Wortsinn sollte eigentlich nur dann vorliegen, wenn sie sich nicht auf die wirklichen Bienen bezieht, sondern auf die ‚Idee‘ der Biene – man könnte auch sagen: auf das, was das Wesen der Biene ausmacht.

Jener platonische Grundzug der Erkenntniskonzeption wird jedoch nicht unbedingt aufgegeben, auch wenn man sich von der platonischen Ideenlehre sehr weit entfernt wähnt. Das Problem der Gleichheit, wie Nietzsche es im Zusammenhang der Erkenntnisproblematik aufwirft, entsteht im gleichen Sinne, wenn beansprucht wird, eine Erkenntnis von den tatsächlichen sprachlichen Äußerungen von Menschen und von der tatsächlich erreichbaren Akzeptanz von Erklärungen abzukoppeln. Das geschieht etwa dann, wenn eine wissenschaftliche Erkenntnis nicht als eine Erklärung aufgefasst wird, die für bestimmte Menschen (etwa die scientific community) mit bestimmten und durch die geschichtliche Herkunft des Denkens legitimierten und somit durch in eben dieser Gemeinschaft generell akzeptierten Erklärungskonventionen gilt, sondern beansprucht wird, sie müsse als eine an sich und für alle Menschen und in allen möglichen Situationen gültige Erklärung aufgefasst werden.

Wenn etwa ein in der Presse wegen seiner körperlichen Behinderungen gern zitierter englischer Atomphysiker erklärt, man werde bald eine ‚Weltformel' erreichen, die dann Gottes Gedanken vor der Erschaffung der Welt beschreiben würde, so handelt es sich grundsätzlich um einen ca. 2.300 Jahre verspäteten Platonismus ähnlich jener Auffassung von der alle einzelnen Bienen an Erkennbarkeit übertreffenden Idee der Biene. Auch hier wird eine sprachlich (hier: mathematisch) ausgedrückte Behauptung so aufgefasst, als würde es sich um eine Erklärung besonders umfassender Art ‚an sich' handeln – d. h. als wäre sie unabhängig davon, dass Menschen sie aufgrund bestimmter Konventionen (wie sie etwa in der Atomphysik gelten) akzeptieren, sozusagen als eine Erklärung ‚für niemanden' und nicht für die Menschen, die sie eben in der Wirklichkeit der Erkenntnisgewinnung als Erklärung gelten lassen, weil sie ihnen aufgrund ihrer in der Geschichte ihrer Bildung erworbenen Erklärungsbereitschaft als ein Fall von Erklärung gilt und genügt.

Wir brechen diesen kurzen Ausflug in den antiken und ganz modernen Platonismus hier ab, da Nietzsches Kritik der Erkenntnis ausführlich auf diesen Gedanken zurückkommt. An dieser Stelle ging es nur darum, Nietzsches Begriff der ‚Gleichheit', wie er ihn im Zusammenhang seiner Kritik der Ethik und speziell des Christentums und seiner Moral verwendet, von der bisweilen vornehmlich wahrgenommenen Fixierung auf politische und / oder rechtliche Gleichheit zu lösen und auf die weiteren Zusammenhänge hinzuweisen, in denen das Problem der ‚Gleichheit' in Nietzsches Philosophie verstanden werden muss. Damit kommen wir zurück auf die Frage nach den Perspektiven von Kausalität und Erklärung, wie sie im Christentum in Gedanken wie ‚Strafe', ‚Rache', oder auch ‚Sünde' dominierend wurden.

Diese Begriffswelt hängt nach Nietzsche mit einer folgenreichen Veränderung im Übergang von der griechischen Götterwelt zur Gottesvorstellung des Christentums zusammen:

„Die Griechen sahen über sich die homerischen Götter nicht als Herren und sich unter ihnen nicht als Knechte, wie die Juden. Sie sahen gleichsam nur das Spiegelbild der gelungensten Exemplare ihrer eignen Kaste, also ein Ideal, keinen Gegensatz des eigenen Wesens. Man fühlt sich miteinander verwandt, es besteht ein gegenseitiges Interesse, eine Art Symmachie. Der Mensch denkt vornehm von sich, wenn er sich solche Götter gibt, und stellt sich in ein Verhältnis, wie das des niedrigeren Adels zum höheren ist." (MA IV-2, 117)

Im Christentum dagegen wurde die Diskrepanz zwischen Gott und den Menschen größer, d.h. der Mensch erlebt sich in einer ungleich größeren Distanz zu Gott. Nietzsche drückte sich in seiner ein wenig exaltierten Sprache so aus:

> „Das Christentum dagegen zerdrückte und zerbrach den Menschen vollständig und versenkte ihn wie in tiefen Schlamm: in das Gefühl völliger Verworfenheit liess es dann mit Einem Male den Glanz eines göttlichen Erbarmens hineinleuchten, so dass der Ueberraschte, durch Gnade Betäubte, einen Schrei des Entzückens ausstiess und für einen Augenblick den ganzen Himmel in sich zu tragen glaubte." (MA IV-2, 118)

Dem entsprach psychologisch im Christentum als gekennzeichnet durch eine „asketische Moral" die Abspaltung eines Teils des Menschen, der als Gott angebetet wurde, während der übrige Teil ,diabolisiert' wurde (MA IV-2, 131). Im Christentum findet Nietzsche also im Unterschied zur griechischen Götterwelt eine weit stärkere Erhöhung und gleichzeitig Erniedrigung im Selbstverständnis des Menschen.

Diese größere Distanz zwischen Gott und den Menschen führt zu dem „Bedürfnis der Erlösung" (MA IV-2, 129) einerseits und zu „übertriebenen Ansprüchen" durch das, was der Mensch in seiner Seele vergöttert (MA IV-2, 131). Charakteristisch für die Moral des Christentums sind nach Nietzsche die „überspannten" Anforderungen an den Menschen – darin zeigt sich eine bestimmte innere Gespanntheit dieser Religion, die solche Anforderungen aufstellt, „damit der Mensch ihnen nicht genügen könne; die Absicht ist nicht, dass er moralischer werde, sondern dass er sich möglichst sündhaft fühle." (MA IV-2, 136) Diese Orientierung an der Sünde ist für Nietzsche ein zentrales Charakteristikum des Christentums und hängt eng mit der Interpretation der Welt unter dem Vorzeichen des Begriffs der Strafe zusammen. Damit wird das, was zuvor ,Unglück' hieß, zu ,Strafe':

> „gab es im Altertum wirklich noch Unglück, reines, unschuldiges Unglück; erst im Christentum wird alles Strafe, wohlverdiente Strafe: es macht die Phantasie des Leidenden auch noch leidend, sodass er bei allem Übel-ergehen sich moralisch verwerflich und verworfen fühlt. Arme Menschheit!" (M V-1, 73)

Der Christ braucht vor allem das Bewusstsein des Übels als einer Strafe, und darin setzt sich ein Bedürfnis nach ,Rache' in einer speziellen Form durch. Nietzsche sieht das Streben nach ,Ursachen' hier schon als eine solche Form von ,Rache'-Bedürfnis, wenn es sich vor allem in dem Wunsch manifestiert, jemanden und/oder etwas zu finden, der oder das ‚schuld' sein kann an einem nicht gewollten Zustand. Der ‚Psychologe' Nietzsche erkannte bereits in dem Gefühl einer „schönen Entrüstung" schon einen „kleinen Rausch von Macht" und ein Bedürfnis nach Rache in jeder „Klage" (GD VI-3, 126). Die spezielle Form der ‚Rache' des Christen besteht jedoch darin, unangenehme Situationen sich selbst als Schuld zuzuschreiben, d. h. er findet die Gelegenheit zur ‚Rache' in sich selbst, indem er sein Ungenügen zur Erfüllung der moralischen Forderungen seiner Religion als ‚Sünde' auffasst und alles Leiden deshalb als ‚Strafe' dafür interpretiert (GD VI-3, 127).

Der Begriff der ‚Rache' wird von Nietzsche hier sicherlich in einem weiten Sinne verwendet – gemeint ist vor allem das Gefühl, einen als negativ empfundenen Zustand nicht ‚neutral' in seinem bloßen Vorkommen akzeptieren zu können, sondern ihn als Verschulden durch jemand anderen oder auch durch etwas anderes auffassen zu müssen, und im Extremfall auch als Folge eines Verschuldens vonseiten des Leidenden selbst. Man könnte also sagen, dass Nietzsche eine allgemein gefasste Struktur von Rache heranzieht, um eine grundsätzliche Haltung gegenüber der Welt zu beschreiben, die er vor allem im Christentum zentral geworden sieht. Diese Formalisierung geht so weit, dass auch noch die Suche nach der Schuld in sich selbst unter den Begriff der Rache fallen kann.

Das Christentum brachte also vor allem eine neue Perspektive auf die Welt und den Menschen in ihr zur Geltung. Diese Perspektive ist keineswegs rational begründet und sie ist deshalb auch nicht rational zu widerlegen – Nietzsches Kritik am Christentum wie an aller Religion sollte nicht im einem solchen rationalistischen Sinne missverstanden werden. Eine solche Kritik war in der Epoche der Aufklärung weit verbreitet, aber Nietzsches spezifischer Zugang zu solchen Phänomenen unterscheidet sich fundamental von jenen Unternehmungen. Ebenso wie bei anderen Formen in der „Optik der Werte" handelt es sich beim Christentum um

> „Arten zu sehen, denen man mit Gründen und Widerlegungen nicht beikommt. Man widerlegt das Christentum nicht, man widerlegt eine Krankheit des Auges nicht." (FW VI-3, 45)

Letztlich also wird der „Geschmack" gegen das Christentum entscheiden, nicht „Gründe", die von Philosophen auf rationalistischer Basis vorgebracht werden (F V-2, 163). Wir werden allerdings noch sehen, dass es sich für Nietzsches keineswegs *nur* um eine ‚Krankheit' handelt, was natürlich schon deshalb nicht möglich wäre, weil Nietzsche sich bewusst war, dass sein eigenes Denken durchaus auf demjenigen des Christentums aufbaut. Was eigentlich über den christlichen Gott gesiegt hat, war deshalb letztlich

„die christliche Moralität selbst, der immer strenger genommene Begriff der Wahrhaftigkeit, die Beichtväter-Feinheit des christlichen Gewissens, übersetzt und sublimiert zum wissenschaftlichen Gewissen, zur intellektuellen Sauberkeit um jeden Preis." (F V-2, 282)

2.11 Die Seele und das ‚schlechte Gewissen'

Die Kritik am Christentum zeigt sich hier in erster Linie als Kritik an einer bestimmten Moral, welche die Wahrnehmung der Dinge und des menschlichen Lebens grundlegend verändert hat, und Nietzsche war vor allem in seiner späten Zeit überaus stolz auf diese Kritik:

„Die Entdeckung der christlichen Moral ist ein Ereignis, das nicht seines Gleichen hat, eine wirkliche Katastrophe. Wer über sie aufklärt, ist eine force majeure, ein Schicksal – er bricht die Geschichte der Menschheit in zwei Stücke. Man lebt vor ihm, man lebt nach ihm …" (EH VI-3, 371)

Vor allem wurde die Welt auf diese Weise zu einem Ort, in dem der Mensch Anforderungen erfüllen sollte, denen er nicht genügen konnte, und das, was ihm geschah, war nicht einfach ein Ereignis, sondern in erster Linie die Folge einer genügenden oder nicht genügenden Erfüllung jener Anforderungen. Damit veränderte das Christentum die Struktur der Wahrnehmung der Welt – es entstand eine ‚Gebrochenheit' im Verhältnis zu den Dingen. Die Leistung des Christentums war danach vor allem dies:

„Alle Wertschätzungen auf den Kopf stellen – das mussten sie! Und die Starken zerbrechen, die grossen Hoffnungen ankränkeln, das Glück in der Schönheit verdächtigen, alles Selbstherrliche, Männliche, Erobernde, Herrschsüchtige, alle Instinkte, welche dem höchsten und wohlgeratensten Typus ‚Mensch' zu eigen sind, in Unsicherheit, Gewissens-Not, Selbstzerstörung umknicken, ja die ganze Liebe zum Irdischen und zur Herrschaft über die Erde in Hass gegen die Erde und das Irdische verkehren – das stellte sich die Kirche zur Aufgabe." (J VI-2, 80)

Es sei nur am Rande erwähnt, dass Nietzsche ‚das Christentum' durchaus nicht immer mit ‚der Kirche' gleichsetzte. Für die Moral des Christentums soll jedoch gelten, dass sich der Mensch damit gegen sich selbst wendet, d. h. er fasst sich auf als etwas, was eigentlich nicht sein sollte, jedenfalls nicht auf die Weise, in der er nun einmal existiert.

Charakteristisch für das Christentum ist nach dieser Interpretation also eine intensive Selbstverneinung, die in eins geht mit der Weltverneinung – das Ergebnis bezeichnet Nietzsche als ‚Unsicherheit' und ‚Selbstzerstörung' und darüber hinaus als das ‚schlechte Gewissen'. Auch damit unterscheidet sich die christliche Moral fundamental von dem, was Nietzsche (s. o.) als die ‚Herren-Moral' bezeichnete:

„Die Herren-Moral bejaht ebenso instinktiv, wie die christliche verneint (‚Gott', ‚Jenseits', ‚Entselbstung' lauter Negationen). Die erstere gibt aus ihrer Fülle an die Dinge ab – sie verklärt, sie verschönt, sie vernünftigt die Welt –, die letztere verarmt, verblasst, verhässlicht den Wert der Dinge, sie verneint die Welt. ‚Welt' ein christliches Schimpfwort." (FW VI-3, 45)

Wir könnten an zentraler Stelle in Nietzsches Auffassung des Christentums deshalb die Kritik am Gedanken des ‚Gewissens' sehen, das in dieser Religion in erster Linie als ‚schlechtes Gewissen' auftritt. Allerdings ist das ‚schlechte Gewissen' nicht eine genuin christliche Erfindung, sondern Nietzsche leitet dieses Phänomen bereits aus dem Leben in Gesellschaft ab:

„Ich nehme das schlechte Gewissen als die tiefe Erkrankung, welcher der Mensch unter dem Druck jener gründlichsten aller Veränderungen verfallen musste, die er überhaupt erlebt hat, – jener Veränderung, als er sich endgültig in den Bann der Gesellschaft und des Friedens eingeschlossen fand." (G VI-2, 337–338)

Das Christentum konnte seine Lehre von einem angesichts der durch seine Moral gestellten Anforderungen fast notwendig zu habenden ‚schlechten Gewissen' also auf einem durch die Vergesellschaftung des Menschen bereiteten Boden ausbreiten. Dazu gehörte auch die Seelenvorstellung, die Nietzsche schon in der in der Gesellschaft notwendigen „Verinnerlichung" des Menschen angelegt sieht, wo die „Instinkte, welche sich nicht nach Aussen entladen, ... sich nach Innen [wenden] – dies ist das, was ich die Verinnerlichung des Menschen nenne: damit wächst erst das an den Menschen heran, was man später seine ‚Seele' nennt." (G VI-2, 338) Das ‚schlechte Gewissen' hat seinen Ursprung dann in dem Bewusstsein vom Fortbestehen jener „Instinkte", auf die der Mensch in der Gesellschaft verzichten musste:

„Die Feindschaft, die Grausamkeit, die Lust an der Verfolgung, am Überfall, am Wechsel, an der Zerstörung – Alles das gegen die Inhaber solcher Instinkte sich wendend: das ist der Ursprung des ‚schlechten Gewissens'. Der Mensch, ... eingezwängt in eine drückende

> Enge und Regelmässigkeit der Sitte, … – dieser Narr, dieser sehnsüchtige und verzweifelte Gefangne wurde der Erfinder des ‚schlechten Gewissens‘. Mit ihm aber war die grösste und unheimlichste Erkrankung eingeleitet, von welcher die Menschheit bis heute nicht genesen ist, das Leiden des Menschen am Menschen, an sich.“ (G VI-2, 339)

Der „asketische Priester“ – womit Nietzsche nun die Kirche des Christentums meinte – konnte sich das so ausgebildete Gewissen und damit die Grundlage des „Schuldgefühls“ zunutze machen. Die christliche Vorstellung der *Sünde* ist also das aus dem Leben in Gesellschaft entstandene Gewissen und Schuldgefühl, das zunächst noch in einer Art „Rohzustande“ vorkam, in einer ausgestalteten Form (G VI-2, 407). Nietzsche sah darin allerdings nicht nur die Verfallsform des menschlichen Lebens, sondern gerade auch den Beginn einer Entwicklung, die schließlich zum Denken und zur Wissenschaft führte:

> „Fügen wir sofort hinzu, dass andrerseits mit der Tatsache einer gegen sich selbst gekehrten, gegen sich selbst Partei nehmenden Tierseele auf Erden etwas so Neues, Tiefes, Unerhörtes, Rätselhaftes, Widerspruchsvolles und Zukunftsvolles gegeben war, dass der Aspekt der Erde sich damit wesentlich veränderte.“ (G VI-2, 339)

Der Anblick – ‚Aspekt‘ – der Welt war damit für die Lebewesen, die durch das Zusammenleben in Gesellschaft erst eigentlich zu ‚Menschen‘ wurden, wesentlich verändert, weil sie damit ein Verhältnis zu sich selbst gewinnen konnten, auch wenn dieses Verhältnis vor allem negativ bestimmt war. Das gilt prinzipiell aber auch für das daraus in der religiösen Interpretation durch das Christentum entstandene Phänomen der ‚Sünde‘. Diese ‚Umdeutung‘ des zum Leben in Gesellschaft gehörigen ‚schlechten Gewissens‘ stellt „das größte Ereignis in der Geschichte der kranken Seele“ dar, und „in ihr haben wir das gefährlichste und verhängnisvollste Kunststück der religiösen Interpretation“ (G VI-2, 407).

Aber gerade mit dem – negativen – Verhältnis zu sich selbst verbindet Nietzsche ebenso die Hoffnung auf das, was er an anderen Stellen als die ‚Überwindung‘ des Menschen bezeichnen wird. Der Mensch ist gerade durch dieses so entstandene Selbstverhältnis das, was im ‚Zarathustra‘ eine ‚Brücke zum Übermenschen‘ genannt werden wird; durch jenes Selbstverhältnis erweckt der Mensch

> „für sich ein Interesse, eine Spannung, eine Hoffnung, beinahe eine Gewissheit, als ob mit ihm sich Etwas ankündige, Etwas vorbereite, als ob der Mensch kein Ziel, sondern nur ein Weg, ein Zwischenfall, eine Brücke, ein grosses Versprechen sei …“ (G VI-2, 339–340)

Voraussetzung dafür ist aber gerade der Abbau jener religiösen Vorstellungswelt, die jenes Phänomen des schlechten Gewissens zur ‚Sünde' ausgestaltet hatte:

„Fällt aber die Vorstellung Gottes weg, so auch das Gefühl der ‚Sünde' als eines Vergehens gegen göttliche Vorschriften, als eines Fleckens an einem gottgeweihten Geschöpfe. Dann bleibt wahrscheinlich noch jener Unmut übrig, welcher mit der Furcht vor Strafen der weltlichen Gerechtigkeit, oder vor der Missachtung der Menschen sehr verwachsen und verwandt ist." (MA IV-2, 128)

Darüber hinaus aber ist jener Zugang zum ‚Übermenschen' auch noch von der Vorstellung des freien Willens und der Verantwortlichkeit abhängig, und hier handelt es sich nicht genuin um Bestandstücke der christlichen Moral, auch wenn sie durch diese umgestaltet und folgenreich bestimmt wurden. Der Weg über die christliche Wendung gegen die Identität des Menschen mit sich hinaus und gegen das „Leiden des Menschen am Menschen, an sich" (G VI-2, 339), ist nach Nietzsche also auch ein Weg über die philosophischen Grundlagen des Christentums hinaus:

„Gelingt es dem Menschen zuletzt noch, die philosophische Ueberzeugung von der unbedingten Notwendigkeit aller Handlungen und ihrer völligen Unverantwortlichkeit zu gewinnen und in Fleisch und Blut aufzunehmen, so verschwindet auch jener Rest von Gewissensbissen." (MA IV-2, 128)

2.12 Gott und seine Schatten

Bei einem so fundamentalen Verdacht gegen jede Vorstellung von einem Jenseits irgendwelcher Art, der sich mit einer heftigen Kritik gegen die Auswirkungen solcher Vorstellungen auf das Leben der Menschen in dieser Welt verbindet, wird Nietzsche die Vorstellung ‚Gott' nicht als einen vernünftigen und sinnvollen Gedanken auffassen können. Der Ausdruck vom ‚Tod Gottes' ist sicher nicht zu Unrecht eine geläufige Assoziation mit Nietzsches Denken. Nietzsche hat diese Richtung seines Denkens schon relativ früh gewissermaßen als eine Art ‚Markenkern' seiner Philosophie aufgefasst:

„ich selbst glaube nicht, dass jemals Jemand mit einem gleich tiefen Verdachte in die Welt gesehn hat, und nicht nur als gelegentlicher Anwalt des Teufels, sondern ebenso sehr, theologisch zu reden, als Feind und Vorforderer Gottes." (MA IV-2, 7)

Wir sollten diese Art von Atheismus jedoch nicht naturalistisch oder rationalistisch missverstehen. Nietzsche geht es nicht darum, eine umfassende naturwissenschaftliche Welterklärung zu entwerfen mit dem Anspruch, alle Erscheinungen der Welt mithilfe von Erklärungsmustern aus der Physik verständlich machen zu können, so dass auf die Vorstellung ‚Gott' als Erklärungshilfe verzichtet werden kann. Es geht ihm auch nicht um einen ‚rationalen' Nachweis für die Nicht-Existenz Gottes oder die mangelnde Vernünftigkeit eines entsprechenden Glaubens. Wir werden im Zusammenhang von Nietzsches Konzeption von Erkenntnis bzw. ihrer Kritik genauer sehen, dass solche Formen von Atheismus in seiner Philosophie eigentlich überhaupt nicht möglich sind, d. h. sie werden gerade durch sein eigenes Denken ausgeschlossen.

Nietzsche war dies durchaus bewusst, weshalb er seine Kritik an der Gottes-Vorstellung ausschließlich auf sein psychologisch-historisches Verfahren gründete:

„Die historische Widerlegung als die endgültige. – Ehemals suchte man zu beweisen, dass es keinen Gott gebe, – heute zeigt man, wie der Glaube, dass es einen Gott gebe, entstehen konnte und wodurch dieser Glaube seine Schwere und Wichtigkeit erhalten hat: dadurch wird ein Gegenbeweis, dass es keinen Gott gebe, überflüssig." (M V-1, 82)

Einen ‚Anti-Gottesbeweis' wird man bei Nietzsche also vergeblich suchen. Jene ‚historische Widerlegung' wurde schon im Zusammenhang der Themen ‚Moral' und ‚Christentum' zum Thema. Wir können uns deshalb an dieser Stelle auf die Bedeutung von Nietzsches Atheismus für die anderen Bereiche seines Denkens konzentrieren. Jener ‚Tod Gottes', von dem im ‚Zarathustra' in sehr dramatischen Ausdrücken die Rede sein wird, steht bei Nietzsche im Zusammenhang mit grundlegenden Theoremen seines Denkens, und dies gilt vor allem für die Kritik des Erkennens. Unsere grundlegenden Vorstellungen über die Natur der Erkenntnis und über das, was wir unter ‚Wahrheit' zu verstehen haben und wie wir sie erreichen können, sind ebenso mit unseren – mehr oder weniger expliziten – Vorstellungen von ‚Gott' verbunden wie dies für das ganze Verhältnis des Menschen zur Natur der Fall ist.

Was Nietzsche mit ‚Gott' – und dessen ‚Tod' – meint, ist also nicht einfach das Ende der entsprechenden Religion(en), sondern die ‚Schatten Gottes' ergeben eine bestimmte Perspektive auf die Welt. Die Welt wird damit aus einer Perspektive des Ewigen, des An-sich, der aus der Natur selbst zu nehmenden festen und unabänderlichen, weil durch die Natur selbst entstandenen Begriffe aufgefasst. Die Erläuterung zu jenem Satz vom Tode Gottes aus dem ‚Zarathustra' lautet so:

„Gott ist tot: aber so wie die Art der Menschen ist, wird es vielleicht noch Jahrtausende lang Höhlen geben, in denen man seinen Schatten zeigt. – Und wir – wir müssen auch noch seinen Schatten besiegen!“ (F V-2, 145)

Was ist also unter diesen Schatten zu verstehen, die eine solche Bedeutung für unsere Wahrnehmung der Welt unter der Perspektive des Erkennens besitzen sollen? Nietzsche fasst diese Erklärung so zusammen:

„Es gibt keine ewig dauerhaften Substanzen; die Materie ist ein ebensolcher Irrtum, wie der Gott der Eleaten. Aber wann werden wir am Ende mit unserer Vorsicht und Obhut sein! Wann werden uns alle diese Schatten Gottes nicht mehr verdunkeln? Wann werden wir die Natur ganz entgöttlicht haben! Wann werden wir anfangen dürfen, uns Menschen mit der reinen, neu gefundenen, neu erlösten Natur zu vernatürlichen!“ (F V-2, 146–147)

Offenbar sind hier mehrere Gedanken zusammengefasst, und wir sollten drei Momente unterscheiden. Zunächst werden Vorstellungen wie ‚Materie‘ im Sinne von ‚dauerhaften Substanzen‘ als so etwas wie ‚Schatten Gottes‘ bezeichnet, d. h. – um im Bilde zu bleiben – die Vorstellung ‚Gott‘ wirft solche Verdunklungen auf das Erkennen, dass wir uns darin mit Gedanken von ‚Substanzen‘ und von ‚Materie‘ herumschlagen, die damit offenbar nicht in der Sache selbst gegründet sein sollen; sie beschreiben also nicht die Wirklichkeit, wie sie ‚an sich‘ ist, sondern es sind menschliche Gedanken, die unter dem Einfluss oder jedenfalls in engem Zusammenhang mit der Vorstellung ‚Gott‘ entstanden sind und nur darin ihre Geltung besitzen.

An dieser Stelle fällt die Verbindung zu Kants Philosophie jedem ins Auge, der sich bereits damit beschäftigt hat. ‚Substanz‘ gehört bei Kant zu den sog. ‚reinen Verstandesbegriffen‘ bzw. ‚Kategorien‘ – also nicht zu den Begriffen, die wir aus der Erfahrung und Erkenntnis der Welt nehmen, sondern zu den Begriffen, mit denen wir so etwas wie eine erkennbare Welt erst ‚konstruieren‘. Es handelt sich um einen Begriff unseres Verstandes nicht in dem Sinn, in dem wir mithilfe unseres Verstandes aus der Erfahrung der Welt empirische Erkenntnisse gewinnen, sondern in dem Sinn, in dem der Verstand selbst Begriffe enthalten muss, die er ganz aus sich selbst nimmt, um überhaupt eine solche Erfahrung auffassen zu können, die für unser Erkenntnisvermögen zugänglich und passend ist. ‚Rein‘ heißen solche Begriffe, weil wir sie nicht aus der empirischen Erkenntnis nehmen, d. h. weil sie ohne Anschauung (also generell: ohne sinnliche Eindrücke) entstehen und doch für alles gelten, was wir auf der Grundlage von Anschauung über die Welt der Erfahrung erkennen können. Nur weil es solche aus dem reinen Verstande entstandene Begriffe gibt, können wir einen Bereich notwendiger und allgemeingültiger Erkenntnisse behaupten, nämlich eben solcher, die sich nur auf diese Begriffe beziehen, denn nur für sie gilt, dass sie als Bedingungen der Möglichkeit der Erfahrung gleichzeitig die Bedingungen der Möglichkeit der Gegenstände der Erfahrung sein müssen.

Im Grunde enthält Kants Theorie solcher reiner Verstandesbegriffe wie ‚Substanz' und ‚Kausalität' seine ganze kritische Philosophie und damit auch seine Kritik dessen, was reine Vernunft heißen kann. Nietzsches Theorie über den Zusammenhang der Vorstellungen von solchen Begriffen wie ‚Substanz' – und übrigens grundsätzlich auch ‚Kausalität – mit der Vorstellung ‚Gott' hat dagegen keinen ‚transzendentalphilosophischen' Hintergrund wie bei Kant; sie wird also nicht über die Erörterung der Möglichkeitsbedingungen von Erfahrung begründet. Wir müssen uns hier mit jener psychologisch-historischen Ableitung und ‚Ursachenforschung' begnügen, die sich inzwischen bereits als Nietzsches übliche Methode gezeigt hat.

Für die Aufklärung dieses Zusammenhangs müssen wir die enge Verbindung von Platonismus und Gottesglauben beachten, die Nietzsche in seinem bekannten Diktum vom Christentum als „Platonismus für's ‚Volk'" hergestellt hat (J VI-2, 4). Was Platonismus in diesem weiten Sinne über die eigentlich von Platon entworfene Philosophie hinaus bedeutet, haben wir oben schon etwas ausführlicher erläutert. Grundsätzlich könnte man sagen, dass in Nietzsches Sinne von einer platonistischen Konzeption von Erkenntnis die Rede ist, wenn die Möglichkeit einer Erkenntnis behauptet wird, welche sich auf Sachverhalte bezieht, die unabhängig von jeder Erkennbarkeit an sich vorhanden sind und sich in eine für alle Menschen gültige Erkenntnis übersetzen lassen (sofern diese Menschen eine rudimentäre Vernunft besitzen). Diese Vorstellung vom Erkennen beschreibt ebenso Platons Auffassung von zeitlos, sprachunabhängig und jenseits der Bedingungen menschlichen Erkennens bestehenden ‚Ideen' wie die von vielen Naturwissenschaftlern gehegte Auffassung, physikalische Gesetze würden sich auf an sich bestehende Sachverhalte beziehen und seien in ihrer Geltung unabhängig von den sprachlichen und gedanklichen Bedingungen gerade einer physikalischen Erkenntnis, und ihre Akzeptanz sei unabhängig von der historisch und kulturell gewordenen Akzeptanzbereitschaft für einen bestimmten Typus von Erklärung, der selbst von historischen und kulturellen Voraussetzungen abhängt.

Was Nietzsche mit den ‚Schatten Gottes' meint, ist also die Abhängigkeit solcher Auffassungen vom Erkennen von einer Vorstellungswelt, die ‚metaphysisch' ist im Sinne eines Glaubens an eine an sich bestehende Welt, welche unabhängig von aller Erkennbarkeit als Referenz für alles Erkennen bestehen soll, das deshalb als an sich und universell gültig aufgefasst werden kann, also an eine Welt jenseits der Erkenntnis, die wir aber nichtsdestoweniger in unserem Erkennen ‚entschlüsseln' können, wie der in der Presse im Zusammenhang mit Forschungsergebnissen gerne verwendete Ausdruck lautet, in dem eine solche platonistische Erkenntnisvorstellung auf populäre Weise verwendet wird. Wir könnten ‚Gott' und den Glauben daran in diesem Sinne als eine Metapher für diesen Vorstellungszusammenhang auffassen, und wenn wir bei Platon von ‚Ideen' in einem ‚Ideenhimmel' sprechen, dann wird diese Metapher sehr einleuchtend.

Wir sollten uns in diesem Zusammenhang also nicht die Vorstellung von einem personalen Gott machen, den Nietzsche als verantwortlich für lange unangezweifelte Strukturen unseres Erkennens auffasst. Jener ‚Gott', dessen Tod Nietzsche diagnostiziert und der dennoch noch lange u. a. in unseren Vorstellungen vom Erkennen wirksam bleiben soll, ist im Grunde der Inbegriff des Glaubens an eine jenseitige Welt an sich, die für Menschen ein Erkennen garantiert, das ebenso ‚an sich' und damit universell und von bedingungsloser Erklärungskraft ist.

Aber in dem oben wiedergegebenen Zitat ist doch noch mehr enthalten. Offenbar bedeuten für Nietzsche jene ‚Schatten Gottes' noch mehr als jene ‚Verdunkelung' der menschlichen Erkenntnis durch ein falsches Verständnis. Die Passage von der endlich zu ‚entgöttlichenden' Natur ist noch leicht mithilfe der nun bereits vorläufig beschriebenen Erkenntniskritik Nietzsches zu verstehen. Aber Nietzsche erklärt an der zitierten Stelle jene ‚Schatten Gottes' auch als ein Hindernis für die ‚Vernatürlichung' des Menschen und zugleich für die ‚Vernatürlichung' der Natur selbst. Den letzteren Ausdruck können wir dabei leicht als weitere Kritik an einer Erkenntnis unter der ‚metaphysischen' Perspektive des Bezugs auf ein Jenseits verstehen, in dem die uns durch Anschauungen (also durch unsere Sinnlichkeit) zugängliche Erfahrungswelt eine Wahrheit besitzt, die es uns erlaubt, unsere Erkenntnisse als ‚Entschlüsselungen' eines bereits sprachlich verfassten ‚Wissens an sich' aufzufassen – nur etwas, was schon in sprachlicher Form vorliegt, kann man ‚verschlüsseln' und dann ‚entschlüsseln'.

Aber damit ist noch nicht jene ‚Vernatürlichung' des Menschen erklärt, die auf irgendeine Weise mit der Beseitigung der ‚Schatten Gottes' in Verbindung gebracht wird. Wir kommen einem Verständnis jedoch näher, wenn wir berücksichtigen, dass die bessere Lösung gegenüber dem Glauben an einen Gott nach Nietzsche der Glaube an *viele* Götter ist – es verhält sich mit den Göttern gewissermaßen so, wie Bert Brecht von den Lastern sagte: sucht euch (mindestens) zwei aus, eines ist zu viel. Nietzsche drückte das so aus:

„Der Monotheismus dagegen, diese starre Konsequenz der Lehre von Einem Normalmenschen – also der Glaube an einen Normalgott, neben dem es nur noch falsche Lügengötter gibt – war vielleicht die grösste Gefahr der bisherigen Menschheit: da drohte ihr jener vorzeitige Stillstand." (F V-2, 168)

Offenbar sind wir wieder zurückgekehrt zu jenem Problem der ‚Gleichheit', das wir schon einige Male von Nietzsche aufgeworfen fanden und das uns auch weiter begegnen wird. Jene Lehre von einem ‚Normalmenschen' schließt ein, dass Menschen ‚normalerweise' gleich sind, so dass alle, die nicht ‚gleich' sind, als ‚unnormal' gelten können bzw. müssen. Nietzsche schreibt an der zitierten Stelle, dass eben diese Gleichheitsvorstellung zur Vorstellung von einem ‚Normalgott' geführt habe – was natürlich den christlichen (oder besser den jüdisch-christlichen) Gott meint, der sich als einzelner (trotz der Trinitätslehre) von den vielen Göttern Griechenlands unterscheidet.

Hier wird ein Grundlegungsverhältnis gedacht von der Vorstellung vom Standardmenschen hin zur Idee eines Standardgottes. Aber natürlich gibt es auch die umgekehrte Fundierung: der Glaube an einen Normalgott hat zur Konsequenz die Vorstellung von einem Normalmenschen und dies gilt für eine gewisse Zeit auch dann noch, wenn jener Glaube in seiner ursprünglichen Form verschwunden ist und nur noch die Schatten Gottes die Erde ‚verdunkeln'. Wir sollten uns in diesem Zusammenhang nicht an Vorstellungen von Kausalität klammern – gemeint ist eine gedankliche Verbindung, bei welcher der eine Gedanke die Tendenz in sich hat, den anderen mit hervorzurufen, weil er einen Horizont mit sich bringt, in dem sowohl der eine als auch der andere Gedanke gedeiht. Der Geist des Monotheismus ist also der Geist der Vorstellung eines Normalmenschen. Wir können dies auch so verstehen: der eine Gott bedeutet die Vorstellung von *einer* jenseitigen Welt und damit von *einer* Wahrheit, auf die wir uns mit unseren Erkenntnissen beziehen können, und diese *eine* Wahrheit wiederum enthält eine Tendenz, auch nur *eine* Wahrheit über Menschen gelten zu lassen, m. a. W.: statt Menschen nur noch *den* Menschen als wichtig und wahrheitsfähig aufzufassen.

Deshalb erschien Nietzsche der Polytheismus immer noch besser als die Vorstellung von *einem* Gott (was allerdings nicht heißt, dass er ihn als neue Wahrheit oder Religion gepredigt hätte):

„Größter Nutzen des Polytheismus. – Dass der Einzelne sich sein eignes Ideal aufstelle und aus ihm sein Gesetz, seine Freuden und seine Rechte ableite – das galt wohl bisher als die ungeheuerlichste aller menschlichen Verirrungen und als die Abgötterei an sich; in der Tat haben die wenigen, die dies wagten, immer vor sich selber eine Apologie nötig gehabt, und diese lautete gewöhnlich: ‚nicht ich! nicht ich! sondern ein Gott durch mich!' Die wundervolle Kunst und Kraft, Götter zu schaffen – der Polytheismus – war es, in der dieser Trieb sich entladen durfte." (F V-2, 168)

Die ‚Vielgötterei' erscheint hier als jenes Pendant eines Verzichts auf den Gedanken von einem Normalmenschen unter Beibehaltung einer jenseitigen metaphysischen Welt, die der Wirklichkeit des Menschen am nächsten kommt. Unter diesem Vorzeichen ist Nietzsches berühmte Klage zu verstehen: „Zwei Jahrtausende beinahe und nicht ein einziger neuer Gott!" (A VI-3, 183) Man könnte das, was Nietzsche hier meint, jedoch nicht nur in Anlehnung an den reich bevölkerten griechischen Götterhimmel mit seinen bisweilen miteinander konkurrierenden Spezialgöttern auffassen, sondern auch in radikaler Form als die gedankliche Vorstellung einer radikalen Individualisierung, in der der einzelne ‚sein eignes Ideal' besitzt und sich auf diese Weise überhaupt keine Vorstellung von einem Normalmenschen bilden kann.

Nietzsche spricht hier auch von der Einsicht in die „ästhetischen Menschlichkeiten" (F V-2, 146). Damit sind natürlich keine besonders schönen Menschen gemeint, sondern es geht um die Perspektive auf Menschen nach ihrer sinnlichen Individualität, wobei die sinnliche Wahrnehmung allerdings nicht als ausgerichtet an einer allgemeingültigen Erkenntnis verstanden wird, wie dies in der Erkenntnistheorie gewöhnlich der Fall zu sein pflegt. Etwa werden sinnliche Wahrnehmungen für die Begründung von wissenschaftlichen Aussagen herangezogen, indem sie in ‚Protokollsätzen' geäußert werden, die so weit ‚gleichgemacht' werden müssen, dass viele von ihnen in einem übereinstimmenden Sinn als Begründung (oder auch Widerlegung) von solchen Aussagen dienen können. Deshalb ist an dieser Stelle die Rede von dem ‚Ästhetischen', das als das Individuierende im Unterschied zur verstandesmäßigen Verallgemeinerung erscheinen kann, wie das Kunstwerk zwar eine sinnliche Erkenntnis bieten soll, die aber gerade nicht ‚gleichgemacht' werden kann, sondern im Werk gerade in ihrer Individualität zur Geltung kommen soll. Das Ästhetische erscheint hier also als das Prinzip der einzelnen Menschen im Unterschied zum Prinzip *des* Menschen, der als der ‚allgemeine' von selbst zum Normalmenschen unter einem Normalgott werden müsste.

Damit kommen wir neu auf den Zusammenhang von Normalgott und Moral zurück. Wenn Nietzsche die Vorstellung von einer an sich für alle geltenden Moral kritisiert, so kommt die Gottesvorstellung natürlich auch deshalb ins Spiel, weil sie als Instanz für die Geltung dieser Moral aufgefasst wurde – der Gott belohnt die Guten und bestraft die Bösen. Aber an dieser Stelle besteht dieser Zusammenhang auch über die Allgemeinheit der Moral in der Verbindung mit der Allgemeinheit des einen Gottes. Wenn *ein* Gott über alle herrscht, so bringt diese Vorstellung auch den Gedanken von *einer* Moral mit sich, nach der sich alle richten müssen – was wiederum alle Menschen gleich macht, obwohl sie nach der Seite ihrer ‚ästhetischen Menschlichkeiten' doch gerade nicht gleich, sondern sehr verschieden sind. Deshalb weist Nietzsche darauf hin, dass auch dieses Phänomen zu jenem gehört, „was Alles, nachdem dieser Glaube untergraben ist, nunmehr einfallen muss, weil es auf ihm gebaut, an ihn gelehnt, in ihn hineingewachsen war: zum Beispiel unsre ganze europäische Moral." (F V-2, 255) Jene ‚Schatten Gottes' können wir also auch in der Vorstellung einer universellen Moral wiederfinden, die Teil des Gedankens von Normalmenschen ist, welche auch insofern ‚gleich' sein sollen, dass sie auf die gleiche Moral verpflichtet werden können.

Wir haben in dem weiter oben angeführten Zitat gesehen, dass die ‚Schatten Gottes' nach Nietzsche auch ein Hindernis für die ‚Vernatürlichung' des Menschen *und* der Natur darstellen (F V-2, 147). Es ist sicher deutlich geworden, dass hier nicht die Rede von einem ökologischen oder einem naturwissenschaftlichen Naturbegriff ist. Ein solcher Begriff würde gerade ein Pendant zu jenem *einen* Gott darstellen, unter dessen Schatten die Vorstellung von einer Welt gedeiht, in der alles ‚gleich' ist – die Dinge, die wir unter Begriffe bringen, und die Menschen, die unter der Rubrik des Normalmenschen aufgefasst werden. Die vorherrschende Vorstellung von der Naturwissenschaft als einer Erkenntnis einer jenseits der einzelnen Dinge und der gelingenden Erklärungen ‚vorhandenen' und sprachlich verfassten Beschreibung der Welt wäre gerade das Gegenteil von dem, was Nietzsche an dieser Stelle als ‚Vernatürlichung' meint.

Die ‚Vernatürlichung' weist hier vielmehr in die Richtung jener ‚ästhetischen Menschlichkeiten', von denen weiter oben die Rede war. Sie wendet sich also unter dem Zeichen des Individuellen gegen jene Allgemeinheit, die durch die abendländische Konzeption des Wissens und der Erkenntnis so lange verbreitet wurde, bis ‚das Natürliche' und ‚Wirkliche' nicht mehr in den individuellen Dingen, Sachverhalten und Menschen gesucht wurde, sondern in einem an sich bestehenden Wissen, an das sich das *menschliche* Erkennen nur ‚richtig' anpassen sollte. *Jener* Begriff von Natur im Sinne des ‚ästhetisch' Individuellen und Wirklichen dagegen wurde von Nietzsche schließlich gerade als „Gegenbegriff" zu der vorherrschenden Gottesvorstellung des Abendlandes aufgefasst – er war das, was unter der Herrschaft dieser Vorstellung gerade mit ‚verwerflich' gleichgesetzt wurde, so dass er die „Fiktions-Welt" der Jenseitsvorstellung (sei es in Platons ‚Ideenhimmel', in dem Himmel des einen Gottes oder in der Welt an sich der naturwissenschaftlichen Abstraktion) schließlich als entstanden aus dem „Hass gegen das Natürliche (– die Wirklichkeit! –)" und als „Ausdruck eines tiefen Missbehagens am Wirklichen" auffassen konnte (A VI-3, 179–180).

Als Gegenbegriff zu jener ‚Vernatürlichung' erschien ihm der christliche Gottesbegriff schließlich als Tiefpunkt „in der absteigenden Entwicklung des Götter-Typus":

„Gott zum Widerspruch des Lebens abgeartet, statt dessen Verklärung und ewiges Ja zu sein! In Gott dem Leben, der Natur, dem Willen zum Leben die Feindschaft angesagt! Gott die Formel für jede Verleumdung des ‚Diesseits', für jede Lüge vom ‚Jenseits'! In Gott das Nichts vergöttlicht, der Wille zum Nichts heilig gesprochen!…" (A VI-3, 183)

Darin deutet sich allerdings auch ein anderer Gedanke an. Zunächst handelt es sich in dieser Formulierung ganz offenbar um so etwas wie eine ‚Klage'. In Zusammenhang mit Nietzsches Kritik an der christlichen Moral hatte sich aber weiter oben gezeigt, dass Nietzsche schon in dem Gefühl einer „schönen Entrüstung" einen „kleinen Rausch von Macht" erkannte und ein Bedürfnis nach Rache in jeder „Klage" (GD VI-3, 127). Das Bedürfnis nach Rache erschien ihm aber gerade als eine wichtige Grundlage jener Moral. Sollte unser Philosoph selbst rachsüchtig und damit auf dem Weg zu einer Revitalisierung von Moral gewesen sein? Wir werden noch sehen, dass Nietzsche eine solche Reflexion auf sein eigenes Unternehmen keineswegs fremd war. Darüber hinaus aber weist dasjenige, was Nietzsche im christlichen Gottesbegriff offenbar gerade fehlt, auf etwas, was wir mit beträchtlicher Vorsicht doch als so etwas wie eine ‚positive Konzeption' auffassen könnten – fehlen lässt es die christliche Gottesvorstellung an einem Gott, der ‚Verklärung und ewiges Ja' zum Leben sein könnte.

Es ist deutlich geworden, dass Moral und Erkennen und damit ‚Praxis' und Theorie gerade im Gedanken von den ‚Schatten Gottes' sehr eng zusammenhängen. Deshalb konnte dieses Thema als ‚Scharnier' zwischen den Themen ‚Moral' und ‚Erkennen' dienen. Aus dem gleichen Grund stellt Nietzsches Kritik der Moral bzw. der Moralphilosophie und dann der Religion eine gute Grundlage für die Erörterung seiner Philosophie der Erkenntnis bzw. seiner Kritik der zu seiner Zeit gängigen Vorstellungen über das Erkennen dar. Wir werden in den folgenden Erläuterungen zu diesen Themen immer wieder auf gedankliche Motive stoßen, die bereits im Zusammenhang mit der Moralkritik eine wichtige Rolle spielten. Bei einigen dieser Motive haben wir schon ausdrücklich auf den auch erkenntnistheoretischen Aspekt im Denken Nietzsches hingewiesen. Bei anderen werden im Folgenden diese Zusammenhänge zwischen Moral, Glauben und Wissen noch deutlicher werden.

3

3 Der Glaube des Erkennens

3.1 Die Wissenschaft, das Erklären und seine ‚Manieren'

Bereits in einer sehr frühen Schrift gab Nietzsche eine wichtige Leitlinie für seine künftige Auffassung über Erkenntnis, die Bedeutung von Wissen und den Status von Wissenschaft an:

„In irgend einem abgelegenen Winkel des in zahllosen Sonnensystemen flimmernd ausgegossenen Weltalls gab es einmal ein Gestirn, auf dem kluge Tiere das Erkennen erfanden. Es war die hochmütigste und verlogenste Minute der ‚Weltgeschichte': aber doch nur eine Minute. Nach wenigen Atemzügen der Natur erstarrte das Gestirn, und die klugen Tiere mussten sterben. – So könnte Jemand eine Fabel erfinden und würde doch nicht genügend illustriert haben, wie kläglich, wie schattenhaft und flüchtig, wie zwecklos und beliebig sich der menschliche Intellekt innerhalb der Natur ausnimmt." (Ü III-2, 369)

An der gleichen Stelle ist weiter davon die Rede, dass der Intellekt des Erkennens keinerlei „Mission" habe, „die über das Menschenleben hinausführte", sondern stets vollständig „menschlich" bleibe. Ganz offensichtlich beansprucht Nietzsche eine Position, von der aus ‚erkannt' werden kann, was das Erkennen selbst ist, und von da aus kann bestimmt werden, dass es zwar für menschliche Zwecke sehr praktisch ist, dass es aber darüber hinaus keinerlei Bedeutung besitzen könne. Vor allem aber werden die erkennenden Lebewesen dadurch doch nicht mehr als „kluge Tiere", denen im Ganzen der Welt nur eine sehr kurze Zeit für ihren Erfolg gegönnt ist.

Wir sollten uns verdeutlichen, was damit eigentlich gemeint ist und inwiefern diese Passage grundsätzlich gegen das zentrale Selbstverständnis verstößt, das von vielen Wissenschaftlern ohne Bereitschaft zu philosophischen Reflexionen auch heute noch geteilt wird. Nach diesem Selbstverständnis gewinnt die Wissenschaft – und damit ist paradigmatisch die Physik und ihr Methodenideal gemeint – eine Erkenntnis, welche die grundlegenden Zusammenhänge der Welt in einer für alle Zeiten gültigen Form beschreibt, d. h. die gefundenen Erkenntnisse der Physik sind zwar zu einem bestimmten Zeitpunkt der Geschichte gefunden worden, aber sie waren zuvor zu aller Zeit gültig und dies wird auch künftig für alle Ewigkeiten gelten, oder, wie Katholiken gerne sagen: per omnia saecula saeculorum.

Wenn Nietzsche an dieser Stelle nun darauf hinweist, dass jene Erfindung der Erkenntnis nur „eine Minute" dauerte, so meint er damit natürlich nicht, dass irgendwann die ‚Träger' dieser Erkenntnis aussterben werden, was mit eben diesen Erkenntnissen natürlich durchaus vereinbar wäre. Gemeint ist vielmehr, dass diese Erkenntnisse selbst ‚ihre Zeit' haben, d. h. dass sie nicht über diese kurze Periode der Weltgeschichte hinaus überhaupt Geltung beanspruchen können. Dass sie für alle Zeit Geltung haben, ist eben eines jener Vorurteile der zum baldigen Aussterben verurteilten „klugen Tiere". Die „Angeln der Welt" (Ü III-2, 369) drehen sich also keineswegs in jenem Intellekt, dessen Bedeutung sich in Wahrheit auf das menschliche Leben beschränkt.

Wir können dies sogleich an Nietzsches Auffassung jener Wissenschaft exemplifizieren, die seit langem die Position des Musters für alle Wissenschaft einzunehmen versucht – gemeint ist natürlich die Physik, und Nietzsches Urteil darüber war zu seiner Zeit sicher weit anstößiger als dies heute bei Wissenschaftsphilosophen und reflexionsbereiten Wissenschaftlern gilt:

„Es dämmert jetzt vielleicht in fünf, sechs Köpfen, dass Physik auch nur eine Welt-Auslegung und -Zurechtlegung (nach uns! mit Verlaub gesagt) und nicht eine Welt-Erklärung ist: aber, insofern sie sich auf den Glauben an die Sinne stellt, gilt sie als mehr und muss auf lange hinaus noch als mehr, nämlich als Erklärung gelten. Sie hat Augen und Finger für sich, sie hat den Augenschein und die Handgreiflichkeit für sich: das wirkt auf ein Zeitalter mit plebejischem Grundgeschmack bezaubernd, überredend, überzeugend – es folgt ja instinktiv dem Wahrheits-Kanon des ewig volkstümlichen Sensualismus. Was ist klar, was ‚erklärt'? Erst Das, was sich sehen und tasten lässt – bis so weit muss man jedes Problem treiben." (J VI-2, 22)

Nietzsche weist an dieser Stelle also darauf hin, dass die Physik keine „Welt-Erklärung" ist, obwohl sie doch „als Erklärung gelten" muss, weil sie sich auf einen „Glauben" stützt, und dieser Glaube ist des näheren ein „Glaube an die Sinne".

Inwieweit er hier recht hat, müssen wir nicht ausführlich klären. Es sei nur daran erinnert, dass eine wichtige Position der Wissenschaftstheorie des 20. Jahrhunderts die Bedeutung der ‚Protokollsätze' oder ‚Beobachtungssätze' für die Verifikation wissenschaftlicher Aussagen betonte, was in Bezug auf Nietzsches Behauptung ambivalent ist, denn einerseits sollen sich solche Sätze in der Tat auf sinnliche Wahrnehmungen beziehen und diese in ihren einfachsten Strukturen beschreiben. Andererseits aber werden wissenschaftliche Erkenntnisse (als sprachliche Aussagen) auf diese Weise gerade nicht durch Sinneswahrnehmungen verifiziert, sondern nur durch andere sprachliche Aussagen, so dass das Verifikationsverfahren (und das gleiche gilt natürlich auch für Falsifikationsversuche) letztlich auf einem Vergleich von Aussagen mit Aussagen beruht und nicht auf einem Vergleich von Aussagen mit einer sinnlich wahrnehmbaren Wirklichkeit.

Wichtiger für die hier vertretene Auffassung von Wissenschaft ist jedoch, dass die Physik als eine ‚Erklärung‘ bezeichnet wird, weil und insofern sie sich an bestimmte Glaubensbestände anschließen kann, welche Nietzsche an dieser Stelle als ‚den Glauben an die Sinne‘ beschreibt. Man muss diese Struktur des Erklärens nur ein wenig formalisieren, und es ergibt sich die Grundstruktur für alles wissenschaftliche Erklären auf eine solche Weise, die jenem Anspruch auf eine ‚Welt-Erklärung‘ kritisch widerspricht, welche Nietzsche als „eine Welt-Auslegung und –Zurechtlegung‘ nach menschlichem Maß und gemäß menschlichen Ansprüchen bezeichnet. Die Gegensetzung besteht hier zwischen dem, was wir als eine ‚Erklärung an sich‘ auffassen könnten und was Nietzsche als jene ‚Welt-Erklärung‘ bezeichnet, die die Physik gerade nicht ist, und dem, was wir als eine Erklärung im Sinne eines ‚argumentum ad hominem‘ oder auch eines ‚argumentum ex concessis‘ auffassen könnten, was Nietzsche als die Grundstruktur auch der Wissenschaft auffasst, die in der modernen Entwicklung zum Muster für alle Erkenntnis geworden ist, welche Anspruch auf strenge Wissenschaftlichkeit erheben darf.

Ein solches Argument stützt sich auf das, was nicht der ‚Mensch an sich‘ und als solcher annimmt, sondern auf das, was der Mensch als Adressat gerade dieses Argumentes bzw. dieser wissenschaftlichen Begründungsstrategie annimmt oder ‚glaubt‘. Deshalb kann auch die Rede von einem ‚argumentum ex concessis‘ sein, d. h. das Argument bezieht seine Begründungskraft daraus, dass es sich an dasjenige anschließen kann, was der Argumentationspartner zuzugeben bereit ist – was er also ‚konzediert‘. Gerade weil auch die Physik darauf angewiesen ist, auf Adressaten zu stoßen, an deren ‚Vorwissen‘ bzw. ‚Glauben‘ sie ihre Argumentationen anschließen kann, deshalb bezeichnet Nietzsche sie als ‚eine Welt-Auslegung‘. Und weil diese ‚Auslegung‘ damit abhängig bleibt von der Akzeptanz der Erklärungsadressaten, die selbst wieder von deren ‚Glauben‘ abhängig ist, deshalb kann Nietzsche auch von einer ‚Welt-Zurechtlegung‘ sprechen. Damit ist also keineswegs gemeint, dass es sich hier um eine beliebige Phantasterei und um bloße Erfindungen von Personen mit einer Leidenschaft fürs Drauflos-Interpretieren handelt.

Gemeint ist vielmehr, dass auch die nach ihrem Selbstverständnis so ‚strenge‘ Wissenschaft der Physik angewiesen ist auf die Anschließbarkeit an Erklärungsbereitschaften, die selbst letztlich nicht wissenschaftlich begründet sind, sondern in den Voraussetzungs- und Ermöglichungsbereich von Wissenschaft gehören. Damit ist übrigens die ‚Strenge' und ‚Exaktheit' der Wissenschaft keineswegs ausgeschlossen – sie findet sich nur nicht dort, wo sie in der Physik als ‚Welt-Erklärung' vorkommen müsste, nämlich in der Übereinstimmung von wissenschaftlichen Aussagen mit der Welt an sich (die in diesem Fall selbst sprachlich verfasst sein müsste), sondern sie findet sich in der Anschließbarkeit an jenen ‚Glauben', in dem die Gemeinschaft der Wissenschaftler die Kriterien aufgestellt und verbindlich gemacht hat, die eine Aussage erfüllen muss, soll sie im Sinne dieser Gemeinschaft als ‚wissenschaftlich' bezeichnet werden. Was Nietzsche an der oben wiedergegebenen Stelle beschreibt und durch den Gegensatz von ‚Welt-Erklärung' und ‚Welt-Auslegung' auf den Begriff bringt, ist also grundsätzlich eine sehr moderne Beschreibung der Begründungssituation der Wissenschaft.

Nietzsche fasst das ‚Erklären' als Zurückführen auf etwas Akzeptiertes, an das eine Aussage so angeschlossen werden kann, dass sie begründet erscheint, weil jenes bereits Akzeptierte als gültig angesehen wird und diese Gültigkeit dann auch auf das übertragen wird, was daraus abgeleitet bzw. daran angeschlossen werden kann, als grundsätzliche Struktur alles Erkennens auf – und zwar nicht nur der Wissenschaft, sondern auch des philosophischen Denkens:

„was versteht eigentlich das Volk unter Erkenntnis? was will es, wenn es ‚Erkenntnis' will? Nichts weiter als dies: etwas Fremdes soll auf etwas Bekanntes zurückgeführt werden. Und wir Philosophen – haben wir unter Erkenntnis eigentlich mehr verstanden? Das Bekannte, das heisst: das woran wir gewöhnt sind, so dass wir uns nicht mehr darüber wundern, unser Alltag, irgend eine Regel, in der wir stecken, Alles und Jedes, in dem wir uns zu Hause wissen: – wie? ist unser Bedürfnis nach Erkennen nicht eben dies Bedürfnis nach Bekanntem, der Wille, unter allem Fremden, Ungewöhnlichen, Fragwürdigen Etwas aufzudecken, das uns nicht mehr beunruhigt?" (F V-2, 276)

In diesem Zusammenhang spricht Nietzsche auch von der „Genügsamkeit der Erkennenden" (F V-2, 276), und gemeint ist natürlich die Grundstruktur aller Erkenntnis, in der etwas Unbekanntes so auf etwas Bekanntes zurückgeführt wird, dass das erstere an der Fraglosigkeit des letzteren partizipieren kann. Im Grunde funktioniert die Erkenntnis also nicht viel anders als jede gewöhnliche Diskussion um alltägliche Fragen, in der wir etwas suchen, das der Gesprächspartner zugibt (oder zumindest zugeben sollte, wenn wir ihn als ‚vernünftig' auffassen sollen), um dann die eigene Behauptung als eine notwendige Folge jenes Zugegebenen darstellen zu können.

Auf der Grundlage dieses ‚subjektiven‘ Verständnisses von Erkenntnis ist nun auch ein zunächst sehr merkwürdig erscheinender Satz Nietzsches zu verstehen, in dem er sich über den Sinn der Mathematik äußert:

„Mathematik. – Wir wollen die Feinheit und Strenge der Mathematik in alle Wissenschaften hineintreiben, so weit dies nur irgend möglich ist, nicht im Glauben, dass wir auf diesem Wege die Dinge erkennen werden, sondern um damit unsere menschliche Relation zu den Dingen festzustellen. Die Mathematik ist nur das Mittel der allgemeinen und letzten Menschenkenntnis.“ (F V-2, 192–193)

Kant hatte die Besonderheit der Mathematik darin gesehen, dass in ihr alle Begriffe präzise definiert sind. Dies führt dazu, dass sie keine Metasprache mehr benötigt, um sich zu erklären. Die wissenschaftliche Sprache ist dagegen in allen anderen Bereichen darauf angewiesen, dass sie ‚erklärt‘ werden kann und zwar letztlich in der Alltags- oder Umgangssprache. Deshalb können ihre Begriffe nie genau bestimmt werden (außer wenn wiederum die Mathematik zur Hilfe genommen wird). Die Umgangssprache aber ist ein offenes System, d. h. ihre Begriffe sind offen für immer weitere Erklärungen, die von den jeweiligen Adressaten abhängen – man kann prinzipiell immer weiter fragen, was die erklärenden Begriffe denn bedeuten, und die Begriffe, mit denen jene erklärt werden, und diejenigen, mit denen dann die zuletzt genannten Begriffe erläutert werden usw. und bis ins Unendliche. Genau das ist in der Mathematik nicht möglich. Deren Begriffsbestimmungen bleiben innerhalb dieses Systems, das selbst geschlossen ist.

Nietzsche widerspricht dem im Grunde nicht. Er weist aber an der genannten Stelle darauf hin, dass auch diese Konstruktion eines geschlossenen Systems eine menschliche Leistung ist. Daraus ergibt sich, dass wir in einer Wissenschaft nicht so viel ‚Wahrheit‘ im Sinne eines Bezugs auf eine ‚an sich‘ und ohne Bezug auf uns vorhandene und erkennbare Welt finden, so viel Mathematik in ihr angetroffen werden kann. Wir finden vielmehr gerade so viel menschliche Leistung des Konstruierens in ihr, so viel Mathematik wir in ihr antreffen. Was erkennen wir also durch die Mathematik in den Wissenschaften über die Welt? Nun, nach Nietzsche „unsere menschliche Relation zu den Dingen“, und genau deshalb kann er sagen, die Mathematik sei „das Mittel der allgemeinen und letzten Menschenkenntnis.“ (F V-2, 193) Natürlich will er damit nicht sagen, die Mathematik sei ‚falsch‘ oder wir könnten alle ‚Privat-Mathematiker‘ sein, die sich ihre eigene Mathematik zusammenbasteln dürfen. Die Mathematik ist ein festgefügtes Regelsystem, das nur ganz am Rande einige Meinungsverschiedenheiten erlaubt, etwa wenn eine uralte ‚Vermutung‘ von den einen als bewiesen angesehen wird, was die anderen dann wieder bezweifeln.

Nichtsdestoweniger liegt das „Wunderbare“ in den Naturgesetzen „gerade und ganz allein nur in der mathematischen Strenge und Unverbrüchlichkeit der Zeit- und Raum-Vorstellungen.“ (Ü III-2, 379) Damit werden aber nicht die Tatsachen der Welt bei uns vorstellig, sondern gewissermaßen wir bei den Tatsachen, denn jene Vorstellungen

„produzieren wir in uns und aus uns mit jener Notwendigkeit, mit der die Spinne spinnt; wenn wir gezwungen sind, alle Dinge nur unter diesen Formen zu begreifen, so ist es dann nicht mehr wunderbar, dass wir an allen Dingen eigentlich nur eben diese Formen begreifen: denn sie alle müssen die Gesetze der Zahl an sich tragen, und die Zahl gerade ist das Erstaunlichste in den Dingen. Alle Gesetzmässigkeit, die uns im Sternenlauf und im chemischen Prozess so imponiert, fällt im Grund mit jenen Eigenschaften zusammen, die wir selbst an die Dinge heranbringen, so dass wir damit uns selber imponieren.“ (Ü III-2, 379–380)

Es ist offensichtlich, dass Nietzsche sich hier eng an Kants Philosophie anschließt, auch wenn nicht die Rede von ‚reinen Verstandesbegriffen‘ bzw. ‚Urteilsformen‘ ist, mit denen nach Kant im Erkennen eine Identität zwischen den Bedingungen der Möglichkeit der Erfahrung und den Bedingungen der Möglichkeit der Gegenstände dieser Erfahrung hergestellt wird. Auch die Rede von einer ‚Notwendigkeit‘, mit der diese Erkenntnisbedingungen hergestellt werden, ist durchaus kantisch, denn die Urteilsformen bzw. reinen Verstandesbegriffe hatte Kant als Bedingungen der Identität des Ichs (genauer: des Ichs der transzendentalen Apperzeption) nachzuweisen gesucht.

Damit sind wir offenbar bereits beim Thema ‚Strenge‘ der Wissenschaft, mit dem sich Wissenschaftler aus dem Bereich der Naturwissenschaft und hier wiederum vor allem der Physik als der modernen ‚Modell-Wissenschaft‘ von allen nicht-wissenschaftlichen Wissensansprüchen ebenso abgrenzen wollen wie von allen sogenannten ‚Geisteswissenschaften‘, die sich nicht mit ‚Strenge‘ und ‚Exaktheit‘ der Welt nähern, sondern mit Interpretationen und Hermeneutik auf der Grundlage von vorausgesetzten Horizonten. Nietzsche drückte sich über diesen Anspruch auf eine etwas überraschende Weise aus:

„Mit dieser ‚Strenge der Wissenschaft‘ steht es nun wie mit der Form und Höflichkeit der allerbesten Gesellschaft – sie erschreckt den Uneingeweihten. Wer aber an sie gewöhnt ist, mag gar nicht anderswo leben.“ (F V-2, 213–214)

Nach dem, was weiter oben über Nietzsches Begriffe ‚Welt-Auslegung‘ und ‚Welt-Erklärung‘ und das ‚Erklären‘ als Anschließen an akzeptierte Meinungen oder für selbstverständlich gehaltene Meinungen im Sinne eines Glaubens gesagt wurde, mag diese Auslegung der ‚Strenge' der Wissenschaft nicht mehr ganz so verwunderlich erscheinen. Man muss in der Wissenschaft – und vor allem in den Naturwissenschaften – die eigenen Forschungen und deren Ergebnisse auf eine sehr konsequente Weise an sehr rigide Begründungsvoraussetzungen anschließen, d. h. diese Voraussetzungen sind unvergleichlich ‚strenger' gefasst, als dies etwa im täglichen Leben der Fall ist, wenn man als Kind nach Argumenten für eine Taschengelderhöhung suchte oder wenn ein Politiker den Wählern gegenüber eine bestimmte Gesetzesinitiative begründen möchte.

Nichtsdestoweniger aber handelt es sich doch auch in der Wissenschaft um Anschlussstellen an das, was geglaubt und akzeptiert wird, nur dass es hier die Gemeinschaft der Wissenschaftler – hier: die Gemeinschaft der Physiker und noch spezieller der Universitätsphysiker – ist, an deren Akzeptanzkriterien sich jemand anschließen muss, der seine Forschungsergebnisse als wissenschaftlich und speziell als physikalisch anerkannt sehen will. Diese Akzeptanzkriterien bzw. Bedingungen der Anschließbarkeit an das, was bereits als physikalisches Wissen gilt, fasst Nietzsche nun auf wie das Regelwerk der strikten Höflichkeit, wie es zu bestimmten Zeiten vielleicht an Fürstenhöfen galt, wo die Zugehörigkeit und damit die Anschlussfähigkeit an die höfische Gesellschaft durch das Beherrschen dieser Regeln bestimmt wurde. Es ist offensichtlich, wie weitreichend Nietzsches Behauptung hier ist: von ‚Strenge' der Wissenschaft ist nicht die Rede in Bezug auf die Tatsachen in der Welt, die von der Wissenschaft besonders präzise beschrieben würden – die ‚Strenge' der Wissenschaft ist vielmehr eigentlich eine Regelung und damit Beschränkung von Diskursen, d. h. ‚streng' sind nur die Kriterien, die darüber entscheiden, welche Aussagen als Bestandteil des wissenschaftlichen Diskurses zugelassen sind und welche nicht, weil sie ‚strengen' Bedingungen genügen – oder eben nicht.

Wenn man einen etwas ironischen Ausdruck wählen möchte, so könnte man also auch sagen, dass die Wissenschaft auch in der Form der ‚Muster-Wissenschaft' der Physik letztlich darauf beruht, dass man sich an sehr spezielle ‚gute Manieren' anzuschließen weiß. Bekanntlich ändern sich die ‚guten Manieren' im Laufe der Zeit und wer sich im Weißen Haus wie am Hofe von Ludwig XIV benimmt, wird bald Ärger mit dem Secret Service bekommen. In Entsprechung dazu sieht Nietzsche den Beginn des für die moderne Wissenschaft charakteristischen ‚Benehmens' in einer ‚Geschmacksveränderung' in der griechischen Antike, als der ‚Geschmack' für die ‚Dialektik' aufkam. Unter ‚Dialektik' ist hier nichts Marxistisches zu verstehen, sondern das Verfahren, nach dem Muster der platonischen Dialoge in der Unterredung durch das Geben und Kritisieren von Gründen und die auf diese Weise immer weitergetriebene Einteilung von Begriffen eine möglichst genaue Bestimmung eines Gegenstandes zu finden, so dass dann festgelegt ist, wie es sich mit ihm verhält und wie man über ihn sprechen soll.

3.2 Die Geschichtlichkeit des Erkennens

Wir können in einem solchen Verfahren eine frühe Form jenes Regelwerks der Wissenschaft sehen, durch das bestimmt wird, welche Aussagen anschlussfähig an den wissenschaftlichen Diskurs sind und welche nicht. Nietzsche sah im Aufkommen eines solchen Verfahrens aber keinen Fortschritt im Sinne einer besseren Annäherung an die in Aussagen ausdrückbare Wahrheit über die Welt, sondern lediglich eine Veränderung in den Diskursregeln:

> „Mit Sokrates schlägt der griechische Geschmack zu Gunsten der Dialektik um: was geschieht da eigentlich? Vor Allem wird damit ein vornehmer Geschmack besiegt; der Pöbel kommt mit der Dialektik obenauf. Vor Sokrates lehnte man in der guten Gesellschaft die dialektischen Manieren ab: sie galten als schlechte Manieren, sie stellten bloss ... Auch misstraute man allem solchen Präsentieren seiner Gründe. Honette Dinge tragen, wie honette Menschen, ihre Gründe nicht so in der Hand ... Was sich erst beweisen lassen muss, ist wenig wert. Überall, wo noch die Autorität zur guten Sitte gehört, wo man nicht ‚begründet', sondern befiehlt, ist der Dialektiker eine Art Hanswurst: man lacht über ihn, man nimmt ihn nicht ernst. – Sokrates war der Hanswurst, der sich ernstnehmen machte: was geschah da eigentlich?" (GD VI-3, 63–64)

Es ist deutlich, dass Nietzsche hier eine normativ aufgeladene Ausdrucksweise verwendet. Sachlich aber wird der Übergang von der ‚Autorität' zu einem begründenden Diskurs nicht als Fortschritt in der Wahrheit des Erkennens aufgefasst, sondern im wesentlichen als eine soziale Veränderung, die gleichzeitig eine Veränderung im ‚Geschmack' darstellte: vom ‚vornehmen Geschmack' auf der Grundlage von Autorität und Befehl und der Geringschätzung alles Begründungsbedürftigen hin zur Orientierung am Beweisen und Begründen und an der Dialektik. Man könnte also auch sagen: es begann sich eine neue Sitte an die Stelle der alten Sitten zu setzen, d. h. es wurde etwas ernstgenommen, was vorher – in Nietzsches Ausdrucksweise – Sache von ‚Hanswursten' war.

Was Nietzsche hier behauptet, ist, in aller Radikalität ausgedrückt, dass das Aufkommen des ‚rationalen' (d. h. ‚gründegebenden') Denkens und der daraus entstehenden Wissenschaft keineswegs auf die Vorstellung zurückging, auf diese Weise könne man der Wahrheit in der Erkenntnis der Welt näherkommen, sondern in erster Linie auf eine Veränderung im Umgang zwischen Menschen und in dessen Regeln. Man hat also anders gedacht und damit anders vereinfacht, denn ein Denker ist jemand, der sich darauf versteht, „die Dinge einfacher zu nehmen, als sie sind." (F V-2, 182)

Daraus ergibt sich konsequent die Einsicht, „dass der Mensch geworden ist, dass auch das Erkenntnisvermögen geworden ist.“ (MA IV-2, 20) Nietzsche verallgemeinert diese Erkenntnis bald zu einer Philosophie von der umfassenden Geschichtlichkeit aller Erkenntnis: „Alles aber ist geworden; es gibt keine ewigen Tatsachen: so wie es keine absoluten Wahrheiten gibt.“ (MA IV-2, 21) Nichtsdestoweniger gibt es doch wissenschaftliche ‚Methoden‘, die an zentraler Stelle in jene ‚Gebräuche‘ gehören, deren Strenge derjenigen der höfischen Gesellschaft mit ihren strengen Ritualen gleicht, und diese ‚Methoden‘ (was nichts anderes heißt als ‚Wege‘) sind wichtige Kriterien für die Anschlussfähigkeit neuer Forschungsergebnisse an die Akzeptanzkriterien, die sich in einer langen Geschichte seit der sokratischen Erfindung des dialektischen Begründens und der daran anschließenden Ersetzung von Autorität und Befehl entwickelt haben.

Nach Nietzsche handelt es sich bei solchen anerkannten Methoden um nichts anderes als um ‚Friedensschlüsse‘ – also letztlich um Verhältnisse zwischen Menschen, nicht zwischen Menschen und Dingen oder Tatsachen in der Welt , mithilfe derer die konkurrierenden Ansprüche um Wahrheit ausgeglichen werden konnten:

> „Uebrigens ist das methodische Suchen der Wahrheit selber das Resultat jener Zeiten, in denen die Überzeugungen miteinander in Fehde lagen. Wenn nicht dem Einzelnen an seiner ‚Wahrheit‘, das heisst an seinem Rechtbehalten gelegen hätte, so gebe es überhaupt keine Methode der Forschung; so aber, bei dem ewigen Kampf der Ansprüche verschiedener Einzelner auf unbedingte Wahrheit, ging man Schritt für Schritt weiter, um unumstössliche Prinzipien zu finden, nach denen das Recht der Ansprüche geprüft und der Streit geschlichtet werden könne. Zuerst entschied man nach Autoritäten, später kritisierte man sich gegenseitig die Wege und Mittel, mit denen die angebliche Wahrheit gefunden worden war; dazwischen gab es eine Periode, wo man die Konsequenzen des gegnerischen Satzes zog und vielleicht sie als schädlich und unglücklich machend erfand: woraus dann sich für Jedermanns Urteil ergeben sollte, dass die Ueberzeugung des Gegners einen Irrtum enthalte.“ (MA IV-2, 371–372)

Wie alle Regeln für die Akzeptanz von Erklärungen, die als ‚wissenschaftlich‘ bezeichnet werden können, sind also auch die Methoden nicht in einem Prozess der Annäherung an die ‚Wahrheit‘ entstanden – was es natürlich schon deshalb nicht geben kann, weil man über eine solche Annäherung nur dann entscheiden könnte, wenn man die Wahrheit schon kennt, so dass man über eine mehr oder weniger große Nähe zu ihr ein Urteil fällen könnte. Wenn Nietzsche also schreibt, „auf der Einsicht in die Methode beruht der wissenschaftliche Geist“ (MA IV-2, 372), so hat dies nicht nur die Bedeutung, dass die Entwicklung der modernen Wissenschaft in der Tat auf der

Grundlage der Ausbildung einheitlicher Methoden vonstatten ging, sondern es hat die speziellere Bedeutung, dass die Einigung über Methoden einen wichtigen Teil der Ausbildung jener Akzeptanzregeln und Anschlusskriterien für Erklärungen darstellte, welche die ‚Strenge' der Wissenschaft zu einem sinnvollen Begriff machte.

Sind solche allgemeinen Bräuche für das Anschließen von Erklärungen an das schon Bekannte einmal eingebürgert und d. h. ist allgemein festgelegt, was als ‚Erklärung' gelten kann und darf, d. h. wann und unter welchen Bedingungen in der für den Erklärungsgeber wichtigen Gemeinschaft einer Aussage die Fähigkeit zugeschrieben wird, ‚Klarheit' schaffen und deshalb als ‚Erklärung' gelten zu können, so gerät in der Regel die Entstehungsgeschichte dieses Brauches in Vergessenheit. Diese Situation beschreibt Nietzsche so:

> „Die Philosophen [und hier könnte man die Wissenschaftler einschließen – G. R.] pflegen sich vor das Leben und die Erfahrung – vor Das, was sie die Welt der Erscheinung nennen – wie vor ein Gemälde hinzustellen, das ein für alle Mal entrollt ist und unveränderlich fest denselben Vorgang zeigt: diesen Vorgang, meinen sie, müsse man richtig ausdeuten, um damit einen Schluss auf das Wesen zu machen, welches das Gemälde hervorgebracht habe: also auf das Ding an sich." (MA IV-2, 32)

Nietzsche beschreibt hier im Grunde das, was als Paradigma für den Vorgang des Erkennens auch heute noch bei vielen reflexionsfernen Wissenschaftlern in Geltung ist. Vor diesem Hintergrund wird das Erkennen dann als ein ‚Entschlüsseln' aufgefasst, etwa wie man einen Text – oder eben ein Gemälde – decodieren kann, wenn man die richtigen Beziehungen zwischen den einzelnen Elementen des Textes / des Bildes zu Elementen der Wirklichkeit herstellen kann. Jenes Gemälde selbst wird dann als etwas aufgefasst, was die Wirklichkeit bzw. die ‚Welt an sich' hervorgebracht hat, um sich für die Spezies ‚Mensch' darzustellen und ihr jene Übereinstimmung zwischen dem Intellekt und den ‚Sachen' bzw. den Aussagen und den Tatsachen zu ermöglichen, die wir seit sehr langer Zeit als ‚Erkenntnis' bezeichnen.

Dass dieses Paradigma falsch ist, war im Grunde natürlich bereits von Kant festgestellt worden. Von einer Erkenntnis können wir nur sprechen, wenn die Bedingungen der Möglichkeit der Gegenstände unserer Erfahrung gleichzeitig die Bedingungen der Möglichkeit unserer Erfahrung darstellen – wenn also etwa unsere Urteilsformen bzw. die daraus zu entwickelnden Kategorien (reinen Verstandesbegriffe) ebenso die Begriffe sind, durch welche eben die Gegenstände für unsere Erkenntnis ‚konstruiert' werden, die wir dann mithilfe eben dieser Begriffe erkennen können. Begriffe wie ‚Kausalität' oder ‚Substanz' (und die anderen Begriffe, die Kant in seiner Liste der reinen Verstandesbegriffe zusammengestellt hat) verwenden wir in der Erkenntnis also nicht, indem wir uns vor ein ‚Gemälde' (wie Nietzsche an der oben zitierten Stelle schreibt) hinstellen und dann ‚Schlüsse' auf eine Welt vornehmen, die von jenem Gemälde repräsentiert wird und in welcher auch ohne menschliche Erkenntnistätigkeit solche Begriffe vorkommen wie Kieselsteine, Apfelbäume oder Feldmäuse.

Nietzsche bringt jedoch einen neuen Grund dafür, dass dieses Paradigma falsch ist, was nicht heißt, dass er Kants Theorie damit zu widerlegen gedenkt. Jenes Paradigma, das er mit der Metapher eines Gemäldes und seiner Ausdeutung in Richtung auf die sich dahinter verbergende ‚Welt an sich' beschreibt, ist damit nun doppelt falsch:

> „dass jenes Gemälde – Das, was jetzt uns Menschen Leben und Erfahrung heisst – allmählich geworden ist, ja noch völlig im Werden ist und deshalb nicht als feste Grösse betrachtet werden soll, von welcher aus man einen Schluss über den Urheber (den zureichenden Grund) machen oder auch nur ablehnen dürfte. Dadurch, dass wir seit Jahrtausenden mit moralischen, ästhetischen, religiösen Ansprüchen, mit blinder Neigung, Leidenschaft oder Furcht in die Welt geblickt und uns in den Unarten des unlogischen Denkens recht ausgeschwelgt haben, ist diese Welt allmählich so wundersam bunt, schrecklich, bedeutungstief, seelenvoll geworden, sie hat Farbe bekommen, – aber wir sind die Koloristen gewesen: der menschliche Intellekt hat die Erscheinung erscheinen lassen und seine irrtümlichen Grundauffassungen in die Dinge hineingetragen." (MA IV-2, 32–33)

Wir sollten beachten, dass Nietzsche hier die oben schon verwendete Metapher des ‚Gemäldes' fortsetzt – das, was wir wahrnehmen und erkennen können, ist keine Repräsentation einer ‚Welt an sich', sondern ist ein von uns konstruiertes und ‚koloriertes' Gemälde, und unsere Erkenntnisbemühungen beziehen sich auf etwas, was unser ‚Produkt' ist. Wir sollten darin allerdings nicht ein beliebiges Gemälde sehen, das wir vielleicht auch noch nach Belieben übermalen und umgestalten könnten, sondern das Erzeugnis eines langen und in wesentlichen Zügen mehrere tausend Jahre währenden Prozesses, in dem wir selbst in eins mit jenem Gemälde geworden sind, das uns die Welt repräsentiert, hinter der keine ‚Welt an sich' sich mehr verborgen hält.

Die Welt, mit der wir umgehen und die wir zu erkennen suchen, ist nach Nietzsche also

> „das Resultat einer Menge von Irrtümern und Phantasien, welche in der gesamten Entwickelung der organischen Wesen allmählich entstanden, ineinander verwachsen sind und uns jetzt als aufgesammelter Schatz der ganzen Vergangenheit vererbt werden." (MA IV-2, 33)

An dieser Stelle sollten wir allerdings den Ausdruck ‚Irrtümer' nicht falsch verstehen. Nietzsche meint keinesfalls, dass jenes von Menschen ‚kolorierte' Gemälde, das uns die Welt repräsentiert, aufgrund von Unzulänglichkeiten der menschlichen Erkenntnisfähigkeit nicht eine genaue Abbildung der Welt sein könne, wie sie ‚an sich' sei. Als Resultat von ‚Irrtümern' bezeichnet er dieses Gemälde vielmehr nicht deshalb, weil es auch eine ‚wahre' Repräsentation gegeben hätte, sondern weil es sich gerade dann um ‚Irrtümer' handelt, wenn wir die Vorstellung einer abbildenden Erkenntnis der ‚Welt an sich' als Idealvorstellung dagegenhalten, also jene Vorstellung von Erkenntnis, die außerhalb der Philosophie lange Zeit den Erkenntnisbegriff von reflexionsfernen Wissenschaftlern vor allem in ihrer medialen Darstellung geprägt hat.

Es handelt sich aber auch nicht um die Welt des wissenschaftsfernen Menschen, der sich ein Gemälde konstruiert, das demjenigen der – älteren, neueren oder neuesten – Wissenschaft nicht gleicht und nur der Kritik bedarf, um endgültig im Museumsmagazin zu verschwinden. Jenes Gemälde ist vielmehr eben die Welt der Vorstellungen, die in langen Jahrhunderten entstanden ist und den eigentlichen Gegenstand der Wissenschaft darstellt, auch der ‚strengsten' und neuesten:

„Von dieser Welt der Vorstellung vermag uns die strenge Wissenschaft tatsächlich nur in geringem Maße zu lösen … , insofern sie die Gewalt uralter Gewohnheiten der Empfindung nicht wesentlich zu brechen vermag." (MA IV-2, 33)

Wenn die ‚strenge' Wissenschaft jedoch eigentlich nur die ‚uralten Gewohnheiten' reproduziert, so könnte man sich fragen, welche Funktion sie in dieser geschichtlich bedingten Erkenntnis überhaupt erfüllen kann. Hier muss man zunächst beachten, dass jenes ‚Gemälde' natürlich eine Metapher für eine ganze ‚Welt' darstellt, die sich geschichtlich entwickelt hat, so dass sie schließlich für die Menschen zumindest einer Kultur *die* Welt bedeutet, so dass deren Erforschung mit wissenschaftlichen Methoden tatsächlich einen Fortschritt in der Kenntnis dieser Welt bedeutet. Eine wissenschaftliche Erforschung ist also auch auf der Grundlage von Nietzsches geschichtlicher Auffassung von Erkenntnis keineswegs so etwas wie ein müßiger Zeitvertreib ohne wirkliche Bedeutung für die Menschen einer solchen Welt. Sie ist durchaus zu einer ‚wirklichen Erkenntnis' in der Lage, wenn dieser Begriff nicht in dem Sinn verwendet wird, den Nietzsche für falsch erklärt hat, also im Sinne eines Bezugs von Aussagen auf eine ‚Welt an sich', deren Repräsentation unabhängig von den Adressaten eines solchen Repräsentierens in jener ‚Welt an sich' anzutreffen wäre wie andere Gegenstände.

Darüber hinaus aber kann jene ‚strenge Wissenschaft' doch zu einer Aufklärung über den Status von Wissenschaft selbst beitragen:

> „sie kann die Geschichte der Entstehung jener Welt als Vorstellung ganz allmählich und schrittweise aufhellen – und uns wenigstens für Augenblicke über den ganzen Vorgang hinausheben. Vielleicht erkennen wir dann, dass das Ding an sich eines homerischen Gelächters wert ist: dass es so viel, ja Alles schien und eigentlich leer, nämlich bedeutungsleer ist." (MA IV-2, 33–34)

Hier kann offenbar sehr Verschiedenes gemeint sein: zum ersten könnte die ‚strenge Wissenschaft' durch ihre eigene Forderung nach Konsequenz dazu beitragen, ihren eigenen Status als bezogen auf eine geschichtlich gewordene Repräsentation der Welt aufzuklären; zum zweiten könnte gemeint sein, zur ‚Strenge' der Wissenschaft gehöre auch die Einbeziehung der jeweiligen Geschichte der Wissenschaft und dadurch die Aufklärung über ihr geschichtliches Gewordensein; zum dritten schließlich könnte eine Kontinuität zwischen der konsequenten Durchführung einer Wissenschaft und ihrer Selbstreflexion in dem unterstellt werden, was heute unter der Bezeichnung ‚Wissenschaftsphilosophie' ein eigenes Gebiet der Philosophie darstellt. Allerdings lässt sich auch nicht ausschließen, dass Nietzsche alle drei Bedeutungen im Auge hatte, als er vermutete, dass die ‚strenge Wissenschaft' in ihrer Konsequenz gerade eine Selbstaufklärung über sich als geschichtlich entstandenes Ereignis und nicht als bezogen auf eine ‚Welt an sich' zur Folge haben werde.

Auf jeden Fall setzte Nietzsche auf die Entwicklung dieses ‚historischen Sinns' in Bezug auf die Selbsterhellung der Wissenschaften und damit des seit der Antike gewachsenen Selbstverständnisses auf der Grundlage der begründenden Wissenschaft große Hoffnungen:

> „Die zukünftige ‚Menschlichkeit'. – Wenn ich mit den Augen eines fernen Zeitalters nach diesem hinsehe, so weiss ich an dem gegenwärtigen Menschen nichts Merkwürdigeres zu finden, als seine eigentümliche Tugend und Krankheit, genannt ‚der historische Sinn'. Es ist ein Ansatz zu etwas ganz Neuem und Fremdem in der Geschichte: gebe man diesem Keime einige Jahrhunderte und mehr, so könnte daraus am Ende ein wundervolles Gewächs mit einem eben so wundervollen Geruche werden, um dessentwillen unsere alte Erde angenehmer zu bewohnen wäre als bisher." (F V-2, 244)

3.3 Evolutionäre Erkenntnistheorie bei Nietzsche?

Wir hatten zu Beginn des Themas ‚Erkenntnis' bei Nietzsche eine Stelle zitiert, in der Nietzsche darauf hinwies, dass das Erkennen von ‚klugen Tieren' für eine sehr kurze Periode („nur eine Minute") auf „irgendeinem abgelegenen Winkel" namens ‚Erde' erfunden wurde, und dass dieses Unternehmen in der Natur doch vollständig „schattenhaft und flüchtig, … zwecklos und beliebig" bleibe (Ü III-2, 369). Später schrieb Nietzsche dem Erkennen doch eine gewisse Aufgabe zu – allerdings nicht diejenige einer akkuraten Abbildung der Welt, wie sie im Innersten ist und funktioniert, wie dies in manchen erkenntnistheoretischen Positionen auch heute noch geschieht. Die Erkenntnis hat es mit dem ‚Schein' zu tun und nicht mit so etwas wie ‚Wesen'; man könnte in moderner Begrifflichkeit auch sagen: sie ist nicht platonisch an den ‚Ideen' der Dinge interessiert, sondern ist grundsätzlich ein ‚pragmatisches' Unternehmen, d. h. mit ihr verfolgen wir Zwecke, die unseren Interessen entsprechen, und bisweilen auch sehr spezielle Interessen. Von einer platonischen Position aus kann eine solche Erkenntnis dann als das Tun von ‚Träumern' bezeichnet werden, da sie sich nicht auf das ‚wahre Wesen' der Dinge bezieht, aber Nietzsche sieht darin gerade nicht das Problem, wenn er schreibt:

> „dass unter allen diesen Träumenden auch ich, der ‚Erkennende', meinen Tanz tanze, dass der Erkennende ein Mittel ist, den irdischen Tanz in die Länge zu ziehen und insofern zu den Festordnern des Daseins gehört, und dass die erhabene Konsequenz und Verbundenheit aller Erkenntnisse vielleicht das höchste Mittel ist und sein wird, die Allgemeinheit der Träumerei und die Allverständlichkeit aller dieser Träumenden unter einander und eben damit die Dauer des Traumes aufrecht zu erhalten." (F V-2, 91)

Offenbar ist das Erkennen doch nicht vollständig überflüssig, wenn die Erkennenden zu den „Festordnern des Daseins" gehören, mit deren Hilfe der Traum des Daseins länger bestehen bleiben kann als dies ohne das Erkennen gelingen könnte.

Wenn das Erkennen ‚nützlich' ist, so muss das allerdings noch nicht heißen, dass die Ursache dafür ist, dass sich der Mensch auf diese Weise in eine nähere und genauere Bekanntschaft mit der Welt ‚an sich' setzt. An der gerade angeführten Stelle deutet Nietzsche eine ganz andere Quelle für den Nutzen des Erkennens an: der Zusammenhang und der systematische Charakter unserer Erkenntnisse (die „Konsequenz und Verbundenheit aller Erkenntnisse") schien ihm ein geeignetes Mittel für die „Allverständlichkeit" der „Träumenden untereinander" zu sein. Offenbar hat das Erkennen für Nietzsche mehr mit der Herstellung der Verständigung unter den Menschen zu tun als mit der Gewinnung von Einsichten in die ‚Welt an sich'.

Kann eine solche kommunikationsorientierte Erkenntnistheorie als Vorläufer für das gelten, was viel später als ‚evolutionäre Erkenntnistheorie' zu einer mehr oder weniger vorübergehenden Prominenz gelangte? Die Frage ist also, ob Nietzsche in der Geschichte des Erkennens und des Wissens eine immer bessere Anpassung an die wirkliche Welt bzw. die ‚Welt an sich' auffinden zu können glaubte, so dass in diesem Prozess ein in dem Sinne besseres Erkennen entstehen konnte, als die so Erkennenden auf diese Weise erfolgreicher sein konnten, weil sie ihre ‚Erkenntniswerkzeuge' durch lange Prozesse von Versuch und Irrtum immer besser gestalten konnten. Solche Theoreme scheinen sich bei Nietzsche an so manchen Stellen auffinden zu lassen, als Beispiel diene die folgende Passage:

„Ursprung der Erkenntnis. – Der Intellekt hat ungeheure Zeitstrecken hindurch Nichts als Irrtümer erzeugt; einige davon ergaben sich als nützlich und arterhaltend: wer auf sie stiess, oder sie vererbt bekam, kämpfte seinen Kampf für sich und seinen Nachwuchs mit grösserem Glücke. Solche irrtümliche Glaubenssätze, die immer weiter vererbt und endlich fast zum menschlichen Art- und Grundbestand wurden, sind zum Beispiel diese: dass es dauernde Dinge gebe, dass es gleiche Dinge gebe, dass es Dinge, Stoffe, Körper gebe, dass ein Ding Das sei, als was es erscheine, dass unser Wollen frei sei, dass was für mich gut ist, auch an und für sich gut sei." (F V-2, 147)

Aber schon an dieser Stelle finden sich auch die Ansätze dafür, dass eine solche Auffassung von Erkenntnis für Nietzsche aus Gründen, die tief in das Zentrum seines Denkens zurückreichen, überhaupt nicht infrage kommen konnte. Zwar ist es eine der wichtigsten Grundeinsichten Nietzsches, dass das, was wir als ‚Erkennen' bezeichnen, in erster Linie von seiner geschichtlichen Herkunft her verstanden werden kann und nicht von seiner abbildenden Beziehung auf eine ‚Welt an sich' her. Darüber hinaus wird das Erkennen an der gerade zitierten Stelle als ‚nützlich und arterhaltend' bezeichnet. Aber damit verbindet sich gerade nicht die zentrale Behauptung einer evolutionären Erkenntnistheorie, diese Nützlichkeit sei auf der Grundlage einer immer besseren Anpassung an die wirkliche Welt entstanden, d. h. dadurch, dass der menschliche Erkenntnisapparat sich immer ‚besser' entwickelt habe. Im Gegenteil – bei Nietzsche sind es gerade ‚irrtümliche Glaubenssätze', die zum Überlebenserfolg der Gattung beitragen konnten, wie in der obigen Passage die Unterstellung einer ‚Gleichheit', die für Nietzsche natürlich gerade keine Wahrheit darstellt. Die Wahrheit dagegen ist gerade

„die unkräftigste Form der Erkenntnis" und „die Kraft der Erkenntnisse liegt nicht in ihrem Grade von Wahrheit, sondern in ihrem Alter, ihrer Einverleibtheit, ihrem Charakter als Lebensbedingung." (F V-2, 147)

Nietzsche leugnet also nicht, dass Wissenschaft und Erkennen eine Bedeutung für das Überleben und für die Fortentwicklung der Menschheit zukommt, aber der Grund dafür liegt gerade nicht – wie dies eine evolutionäre Erkenntnistheorie behaupten würde – in der immer besseren Erkenntnis durch die bessere Anpassung unseres Erkenntnisapparats an die Strukturen der Wirklichkeit. Viel wichtiger erschien ihm der Beitrag der Erkenntnisfunktion zur Erhaltung der ‚Herde' (oder auch Gemeinde bzw. Gesellschaft) in der Konkurrenz zu anderen ‚Herden'. Die Selbsterhaltung des einzelnen konnte dabei keine Rolle spielen:

„Sich selbst erhalten wollen ist der Ausdruck einer Notlage, einer Einschränkung des eigentlichen Lebens-Grundtriebes, der auf Machterweiterung hinausgeht und in diesem Willen oft genug die Selbsterhaltung in Frage stellt und opfert." (F V-2, 267)

Hier zeigt sich der zweite grundlegende Einwand Nietzsches gegen den Grundgedanken einer evolutionären Erkenntnistheorie über die Bedeutung des Irrtums an der Stelle der Wahrheit für die Arterhaltung hinaus. Um ‚Selbsterhaltung' kann es in der Entwicklung der Welt bzw. des Lebens nicht gehen – weder um die Selbsterhaltung des einzelnen Organismus (was auch nicht der Lehre Darwins entsprochen hätte), noch um die Selbsterhaltung von ‚Arten', was im übrigen ebenfalls nicht ‚darwinistisch' im Sinne des Erfinders gewesen wäre, dessen Grundthese bekanntlich war, dass die Entwicklung und Veränderung der Organismen durch Prozesse von Mutation und Selektion auf der Grundlage der Angepasstheit an die Umwelt zu erklären ist, in welcher die Organismen leben. Schon ein Ausdruck wie ‚Anpassung' kann in diesem Zusammenhang missverständlich sein, wenn Arten auf diese Weise als ‚Subjekte' aufgefasst werden, die ‚Leistungen' aufbringen mit der ‚Absicht', sich an bestimmte Lebensumstände anzupassen. Bei Darwin kommt nur (1) der Zufall der Mutation vor und (2) die Auswahl unter den Zufallsselektionen nach ihren Überlebenschancen.

Darüber hinaus wandte sich Nietzsche ausdrücklich gegen den Darwinismus „mit seiner unbegreiflich einseitigen Lehre vom ‚Kampf um's Dasein'." (F V-2, 267) Gegen diese Konzeption setzte er eine Idee, die in der Geschichte der Nietzsche-Editionen eine unrühmliche Rolle spielte, weil der Titel ‚Der Wille zur Macht' durch eine Nietzsches Philosophie entstellende Zusammenstellung seiner Texte lange Zeit eine gängige Bezeichnung seines Denkens war, obwohl dieser Begriff in Nietzsches Philosophie in Wahrheit kaum eine Rolle spielt. Nichtsdestoweniger liegt hier doch die Abgrenzung zum Darwinismus:

> „Aber man sollte, als Naturforscher, aus seinem menschlichen Winkel herauskommen: und in der Natur herrscht nicht die Notlage, sondern der Ueberfluss, die Verschwendung, sogar bis in's Unsinnige. Der Kampf um's Dasein ist nur eine Ausnahme, eine zeitweilige Restriktion des Lebenswillens; der grosse und kleine Kampf dreht sich allenthalben um's Uebergewicht, um Wachstum und Ausbreitung, um Macht, gemäss dem Willen zur Macht, der eben der Wille des Lebens ist." (F V-2, 267–268)

Deshalb müssen wir zumindest kurz auf diesen Begriff eingehen, um Nietzsches Auffassung vom Erkennen strikt von einer evolutionären Erkenntnistheorie abzugrenzen. Dazu können bereits die Begriffe dienen, die Nietzsche an der soeben genannten Stelle verwendet, um den ‚Willen zur Macht' zu charakterisieren: ‚Wachstum', ‚Ausbreitung', ‚Leben', ‚Übergewicht'. An einer anderen Stelle stellte Nietzsche dem darwinistischen Begriff der ‚Anpassung' als ‚Reaktivität' denjenigen der „eigentlichen Aktivität" gegenüber und beschrieb diese näher als „die spontanen, angreifenden, übergreifenden, neu-auslegenden, neu-richtenden und gestaltenden Kräfte." (G VI-2, 332) ‚Anpassung' sei demgegenüber eine sekundäre Aktivität, die erst auf jene Kräfte folge, die eigentlich den ‚Willen des Lebens' bzw. den ‚Willen zur Macht' ausmachen. Man beachte, dass hier nicht die Rede ist von einem ‚Willen *zum* Leben'. Der ‚Wille *des* Lebens' dagegen ist vor allem dadurch ausgezeichnet, dass er „aktiv und formgebend" ist (G VI-2, 332).

Die Entgegensetzung zwischen der darwinistischen Konzeption und dem, was Nietzsche mit seiner Konzeption des Erkennens und der Bedeutung des ‚Willens zur Macht' bzw. des ‚Willens des Lebens' meint, wird sogar noch größer, wenn er darauf hinweist, dass in den Fällen, wenn tatsächlich eine darwinistische Situation des ‚Kampfes ums Leben' eintritt, das Ergebnis gerade nicht zugunsten derjenigen ausfällt, die er – Nietzsche ! – als diejenigen auffasst, die ‚eigentlich' gewinnen sollten: dieser Kampf verläuft

> „zu Ungunsten der Starken, der Bevorrechtigten, der glücklichen Ausnahmen. Die Gattungen wachsen nicht in der Vollkommenheit: die Schwachen werden immer wieder über die Starken Herr – das macht, sie sind die grosse Zahl, sie sind auch klüger ... Darwin hat den Geist vergessen (...), die Schwachen haben mehr Geist ..." (GD VI-3, 114–115)

Darwin hätte einen solchen Gedanken im Grunde überhaupt nicht formulieren können, denn die ‚Starken' wären für ihn per se diejenigen, die aufgrund einer für das Überleben in der für sie relevanten Umwelt vorteilhaften Mutation entstanden sind – die ‚Starken' überleben, weil die Überlebenden per se die ‚Starken' sind. Offenbar sind Nietzsches und Darwins Begriffe von den ‚Starken' nicht deckungsgleich.

3.4 Das Erkennen und der Wille zur Macht

Nietzsches ‚Wille zur Macht' bezieht sich also nicht auf diejenigen, die aufgrund ihrer besseren Angepasstheit an ihre relevante Umwelt bessere Überlebenschancen haben; ‚stark' sind diejenigen, denen der ‚Wille zur Macht' zukommt, vielmehr als die ‚Bevorrechtigten' und die ‚glücklichen Ausnahmen', welche über jene (s. o.) „spontanen, angreifenden, übergreifenden, neu-auslegenden, neu-richtenden und gestaltenden Kräfte" (G VI-2, 332) verfügen. Wir haben im Zusammenhang mit Nietzsches Konzeption von Moral und Moral-Philosophie bereits gesehen, dass Nietzsche einen Begriff von den ‚Bevorrechtigten' nicht auf der Grundlage einer übergeordneten und umfassenden Moral formulieren kann, die bestimmten Wesen solche Vorrechte zuweisen könnte. Soeben haben wir erkennen müssen, dass er von den ‚glücklichen Ausnahmen' auch nicht im darwinistischen Sinne jener Mutanten sprechen kann, welche in ihrer relevanten Umwelt bessere Überlebens- und Reproduktionschancen haben als andere Mutanten.

Möglicherweise kommen wir auf ein besseres Verständnis, wenn wir uns an das halten, was Nietzsche von denen sagt, denen er eine „höhere Natur" zuschreibt:

> „Der Geschmack der höheren Natur richtet sich auf Ausnahmen, auf Dinge, die gewöhnlich kalt lassen und keine Süssigkeit zu haben scheinen; die höhere Natur hat ein singuläres Wertmaß. Dazu ist sie meistens des Glaubens, nicht ein singuläres Wertmaß in ihrer Idiosynkrasie des Geschmacks zu haben, sie setzt vielmehr ihre Werte und Unwerte als die überhaupt gültigen Werte und Unwerte an, und gerät damit in's Unverständliche und Unpraktische. Es ist sehr selten, dass eine höhere Natur so viel Vernunft übrig behält, um Alltags-Menschen als solche zu verstehen und zu behandeln: zu allermeist glaubt sie an ihre Leidenschaft als an die verborgen gehaltene Leidenschaft Aller und ist gerade in diesem Glauben voller Glut und Beredtsamkeit." (F V-2, 49)

Wie verlaufen danach die Prozesse, in denen sich das Erkennen entwickelt, dessen Begriff Nietzsche auf der Basis des Kantischen Denkens so auffasste, dass nicht nur die zuvor so lange als gültig aufgefasste Abbildungsbeziehung zu einer ‚Welt an sich' aufgegeben ist, sondern dass es in erster Linie durch die Entwicklung der Geschichte des Menschen und der menschlichen Beziehungen untereinander bestimmt wird? Es ist offensichtlich, dass auch darin solche Wesen eine Rolle spielen, die als ‚stark' bezeichnet werden, außerdem aber als ‚spontan' und als ‚neu-auslegend', ‚neu-richtend' und ‚gestaltend'. Sollte sich jener ‚Wille zur Macht', der die Grundlage der Entwicklung des Erkennens und der Erkenntnis darstellt, als die spezielle Eigenschaft der ‚Kreativen' zeigen, womit nicht gerade die Leute in Werbeagenturen gemeint sind? Wir sollten uns in diesem Zusammenhang daran erinnern, dass Nietzsche den ‚Willen zur Macht' geradezu mit dem ‚Willen *des* Lebens' gleichsetzte – nicht mit dem ‚Willen *zum* Leben'.

Es zeigt sich wiederum, wie fundamental sich Nietzsches Philosophie des Erkennens sich von einer evolutionären Erkenntnistheorie unterscheidet. Weder ist eine darwinistische Konzeption von der Entwicklung des Lebens mit seinem Denken vereinbar, noch geht es in Nietzsches Begriff von Erkenntnis um eine besser oder schlechter werdende Anpassung des Erkenntnisapparates an eine ‚Welt an sich', die mithilfe dieses Apparates immer besser und erfolgreicher abgebildet und beschrieben werden könnte. Eine solche Abbildungsbeziehung kommt bei Nietzsche im Grunde überhaupt nicht vor. Im Zentrum steht vielmehr eine Stärke, die ihre eigenen Werte oder auch Unwerte verabsolutiert und damit als gültig für alle – oder zumindest alle erreichbaren – Lebewesen setzt, d. h. sie erzeugt ihr ‚singuläres Wertmaß' (F V-2, 49) auch im Erkennen aus sich selbst heraus und setzt es durch.

Jene ‚Spontaneität' (also ‚Selbsttätigkeit'), welche Kant im Zusammenspiel mit der ‚Rezeptivität' (also ‚Empfänglichkeit') der Sinnlichkeit als die bestimmende Kraft in aller Erkenntnis auffasste, hat sich nun bei Nietzsche wesentlich verändert. Bei Kant war ‚spontan' der reine Verstand, indem er durch die Urteilsformen, welche auch in ‚reinen Verstandesformen' ausgedrückt werden können, die ungeordneten und chaotischen Eindrücke aus den Sinneswahrnehmungen (welche Eindrücke Kant als das ‚Mannigfaltige' der Anschauung bezeichnete) zu ‚Objekten' konstruierte, die für unser Erkennen als zumindest relativ konstante Gegenstände zur Verfügung stehen, um von ihnen entsprechend relativ konstante Erkenntnisse gewinnen zu können. Diese ‚Selbsttätigkeit' des Verstandes verlief nach Kant jedoch in sehr streng geordneten Bahnen, wie jeder sehen kann, der nur einen Blick auf Kants Tafel der Urteilsformen bzw. der reinen Verstandesbegriffe wirft. Die Spontaneität geschieht in diesen Formen, innerhalb derer es zwar eine Wahl gibt – aber nicht in anderen, die wir uns etwa frei wählen könnten. Und die Spontaneität ist noch auf eine andere Weise eingeschränkt: diese reinen Formen des Verstandes lassen sich aus der Identität des spontanen Ichs begründen, das seine Identität also nicht auf eine beliebige Form bewahren kann, weil es sich sonst nicht von einer konstanten Umwelt unterscheiden könnte.

Nietzsches ‚Spontaneität' als Eigenschaft des ‚Willens zur Macht' dagegen ist keine vorweg geregelte Instanz, bei der ‚spontan' nur heißt, dass sie ‚selbsttätig' dem ‚fremdtätig' gegebenen ‚Mannigfaltigen der Anschauung' eine Erkenntnisansprüchen genügende Form gibt. Die ‚Spontaneität' des ‚Willens zur Macht' dagegen ist frei von solchen Regelungen und selbst in einer umfassenden Form regelsetzend. Man weiß vorher nicht nur nicht, welche aus dem vorgegebenen Repertoire von Formen er auswählen wird, um die Welt zu ihrer Erkennbarkeit zu bestimmen. Man kennt vielmehr jene Formen überhaupt nicht, die überhaupt für eine solche Wahl zur Verfügung stehen können. In Bezug auf die Erkenntnis ist der ‚Wille zur Macht' sozusagen ‚absolut spontan'. Möglicherweise wird er nur Grenzsteine umstoßen, vielleicht wird er ‚Pietäten' verletzen, also das, was lange Zeit als heilig und unverletzlich galt, unter Umständen wird er aber „neue Religionen und Moralen" schaffen (F V-2, 50). Auf jeden Fall aber wird er ‚ungerecht' und ‚böse' sein, gerade weil er das Werk von ‚Edlen' sein wird (F V-2, 49–50). Er wird ungerecht und böse sein, weil er neue Regeln erzeugt, die die Gerechtigkeit neu definieren, was im Verhältnis zu dem, was zuvor ‚gerecht' hieß, ‚ungerecht' und damit ‚böse' gelten wird; und er wird von ‚Edlen' ausgeübt, weil sich nur diese von dem ablösen können, was von anderen als ‚gerecht' und ‚gut' definiert wurde, die also deshalb, weil sie an das allgemein Geltende glauben, ‚gemein' sind.

Eben diese Fähigkeit bzw. Kraft des Menschen unter dem Titel ‚Wille zur Macht' bezeichnet Nietzsche in Bezug auf das Erkennen und das Werten als den „Dämon der Menschen":

> „Man gebe ihnen Alles, Gesundheit, Nahrung, Wohnung, Unterhaltung – sie sind und bleiben unglücklich und grillig: denn der Dämon wartet und wartet und will befriedigt sein. Man nehme ihnen Alles und befriedige diesen: so sind sie beinahe glücklich – so glücklich, als eben Menschen und Dämonen sein können." (M V-1, 211)

Der ‚Wille zur Macht' ist in einer anderen Formulierung „alle wirkende Kraft", mit der wir die Auflösung des Rätsels der Welt selbst finden:

> „Die Welt von innen gesehen, die Welt auf ihren ‚intelligiblen Charakter' hin bestimmt und bezeichnet – sie wäre eben ‚Wille zur Macht' und nichts ausserdem." (J VI-2, 51)

Der Ausdruck ,Wille zur Macht' ist offenbar und mit Sicherheit einer der am wenigsten bestimmten Begriffe bei Nietzsche – bei einem Autor also, der aus Gründen, die sehr viel mit seiner Philosophie zu tun haben, in vielen Fällen sowieso nicht allzu viel Wert auf eine präzise Bestimmung seiner Begriffe legte. Dennoch sollten wir zumindest auf einen Versuch, ihn etwas besser zu verstehen, nicht verzichten. Wir könnten den ,Willen zur Macht' dann als die ,Kreativität' auffassen, die sich im Versuch jeder ,Interpretation' zeigt, mit der wir die Welt und die Sachverhalte in ihr mithilfe der verständigungsorientierten Sprache so verstehen, dass wir mit anderen Menschen über sie sprechen und sie auf dieser Grundlage in einer Welt des kommunikativen Handelns gebrauchen können.

An einer Stelle weist Nietzsche auf den Unterschied zwischen der Entstehung eines Dings und seiner Auffassung als ,nützlich' und damit seiner Einstellung in Verwendungszusammenhänge hin. Die letztere Haltung gegenüber den Dingen bezeichnet er dann als eine Einstellung der Macht:

„dass etwas Vorhandenes, irgendwie Zu-Stande-Gekommenes immer wieder von einer ihm überlegenen Macht auf neue Ansichten ausgelegt, neu in Beschlag genommen, zu einem neuen Nutzen umgebildet und umgerichtet wird; dass alles Geschehen in der organischen Welt ein Überwältigen, Herrwerden und dass wiederum alles Überwältigen und Herrwerden ein Neu-Interpretieren, ein Zurechtmachen ist, bei dem der bisherige ,Sinn' und ,Zweck' notwendig verdunkelt oder ganz ausgelöscht werden muss." (G VI-2, 329–330)

In der Macht geht es also um ein Auffassen-als-etwas, was wir gemeinhin als ein Interpretieren bezeichnen. Der Begriff der Macht entsteht in Nietzsches Denkzusammenhang demnach aus der Differenz zwischen der bloßen Existenz eines Dinges, das seinen ,Entstehungsgrund' hat, und seinem ,Zweck', seiner ,Nützlichkeit', welche ihm in einem Vorgang zuwächst, in dem ihm der „Sinn einer Funktion" aufgeprägt wird (G VI-2, 330). Dieses ,Aufprägen' ist das Tun des ,Willens zur Macht'. Daraus kann eine ,Geschichte' dieses Dings entstehen, die nichts mehr mit seiner ursprünglichen Entstehung zu tun hat, sondern nur noch mit den Vorgängen, in denen es ,machtvoll' interpretiert wird:

„Aber alle Zwecke, alle Nützlichkeiten sind nur Anzeichen davon, dass ein Wille zur Macht über etwas weniger Mächtiges Herr geworden ist und ihm von sich aus den Sinn einer Funktion aufgeprägt hat; und die ganze Geschichte eines ,Dings', eines Organs, eines Brauchs kann dergestalt eine fortgesetzte Zeichen-Kette von immer neuen Interpretationen und Zurechtmachungen sein, deren Ursachen selbst unter sich nicht im Zusammenhange zu sein brauchen, vielmehr unter Umständen sich bloss zufällig hinter einander folgen und ablösen.“ (G VI-2, 330)

Im Verlaufe dieser Geschichte verschwindet die ursprüngliche Entstehung und damit das, was das Ding einmal war, mehr und mehr hinter der Entwicklungsgeschichte seiner Auffassungen und seines Interpretiertwerdens, und was es ist, geht mehr und mehr auf die Interpretationen zurück, in denen Menschen es erst ‚als etwas‘ und dann ‚als etwas anderes‘ und schließlich ‚als etwas ganz anderes‘ aufgefasst haben. Was es ursprünglich war, kann dann vollständig in Vergessenheit geraten und kann den verschiedenen Interpretationen auch nicht mehr entgegengesetzt werden. Eine Kritik an dem, was das Ding in einem bestimmten Zeitpunkt ist, kann dann nur noch durch eine neue Interpretation vorgebracht werden, deren Erfolg dann davon abhängt, ob sie bei genügend Menschen zur Geltung kommt oder nicht.

Dieser Entwicklungsweg, auf dem immer wieder neu bestimmt und umbestimmt wird, was das Ding ist, wie ein Sachverhalt eingeordnet wird oder welchen Wert oder Unwert einer Handlung zugeschrieben werden soll (und zuvor schon, was überhaupt eine Handlung ist und welche Kriterien sie erfüllen muss, um sie von einem bloßen Geschehen in der Welt zu unterscheiden), kann im Zusammenhang von Nietzsches Philosophie der Erkenntnis natürlich nicht als eine ‚Annäherung‘ an die Wahrheit des Dinges, des Sachverhaltes oder der Handlung bzw. des Geschehens aufgefasst werden. Wir haben weiter oben Nietzsches Auffassung vom ‚Erklären‘ als zentralen Bestandteil seiner Erkenntnisphilosophie erörtert, und wir haben danach die Geschichtlichkeit der Grundlagen dieses Erklärens und seiner Akzeptanzbedingungen behandelt. Jener Prozess der Sinnzuschreibung, in dem etwas ‚als etwas‘ aufgefasst wird, entgeht dieser Geschichtlichkeit natürlich nicht. Was mit dem Begriff des ‚Willens zur Macht‘ jedoch nun näher angegeben wurde, ist ein Faktor im Verlauf dieser Geschichte. Letztlich handelt es sich bei der Bestimmung dessen, was ein Ding, ein Sachverhalt oder eine Handlung ist, um ein Machtgeschehen – um einen „progressus“,

„als welcher immer in Gestalt eines Willens und Wegs zu grösserer Macht erscheint und immer auf Unkosten zahlreicher kleinerer Mächte durchgesetzt wird.“ (G VI-2, 331)

Auf dieser Grundlage können nun auch zwei Theoreme verständlich werden, die bei Nietzsche vor allem in seinen späten Schriften erscheinen. In seiner Priester- und Kirchenkritik erwähnt Nietzsche den ‚nihilistischen Willen‘ als den ‚Willen zum Ende‘:

„Kommt es vor, dass Theologen durch das ‚Gewissen' der Fürsten (oder der Völker –) hindurch nach der Macht die Hand ausstrecken, zweifeln wir nicht, was jedes Mal im Grunde sich begibt: der Wille zum Ende, der nihilistische Wille will zur Macht ..." (A VI-3, 174)

Warum stellt Nietzsche hier gerade ‚Theologen' – also allgemein: die Vertreter der christlichen Kirchen – unter den Generalverdacht, den ‚Willen zum Ende' zu verkörpern, also gerade das Gegenteil des ‚Willens zur Macht', der nach den bisherigen Erörterungen gerade der Machtprozess ist, in dem die Dinge, Sachverhalte und Handlungen durch Interpretationen, also begriffliche Bestimmungen, zu dem ‚gemacht' und immer wieder neu ‚gemacht' werden, was sie dann sind und im Prozess der Umbestimmung ‚werden'?

Natürlich hängt das damit zusammen, dass zu dem Begriff ‚Gott' die Vorstellung von einer ‚endgültigen' Bestimmung aller Dinge gehört – also das Ende des Interpretierens. Wenn Gott weiß, um was es sich bei einem Ding oder einem Sachverhalt handelt, dann kann offenbar der Mensch nicht mehr mit seinen Interpretationen eine andere Bestimmung vorschlagen; die Bestimmung der Dinge durch Gott ist der Diskussion entzogen. Deshalb spricht Nietzsche an dieser Stelle vom ‚Wille zum Ende' und bezeichnet gerade diesen Willen als den ‚nihilistischen' Willen. Gemeint ist also das Ende und der Abbruch jenes Interpretationsprozesses, in dem die Dinge geworden sind und weiter werden. Wenn wir aber den Zusammenhang der Erkenntnisphilosophie von Nietzsche berücksichtigen, dann kann auf diese Weise nicht ‚die Sache selbst' erreicht sein. Nietzsche muss ein solches Ende der interpretativen Neu- und Umbestimmung deshalb als ‚nihilistisch' im Sinne eines gewaltsamen und willkürlichen Endes des Bestimmens auffassen, das keineswegs in einer ‚Sache an sich' gegründet ist.

Darüber hinaus lässt sich nun auch die grundsätzlich ‚moralistische' Haltung Nietzsches gegenüber dem ‚Willen zur Macht' verstehen – obwohl eine solche Haltung bei einem Philosophen, dessen Denken hauptsächlich aus einer Kritik an allem moralischen Denken und Urteilen besteht, ein prinzipielles Problem darstellen muss, worauf wir noch eingehen werden. Nichtsdestoweniger sind solche Urteile doch nicht zu ignorieren, wie etwa:

„Was ist gut? – Alles, was das Gefühl der Macht, den Willen zur Macht, die Macht selbst im Menschen erhöht.

Was ist schlecht? – Alles, was aus der Schwäche stammt.

Was ist Glück? – Das Gefühl davon, dass die Macht wächst – dass ein Widerstand überwunden wird.

Nicht Zufriedenheit, sondern mehr Macht; nicht Friede überhaupt sondern Krieg; nicht Tugend, sondern Tüchtigkeit (Tugend im Renaissance-Stile, virtù, moralinfreie Tugend).

> Die Schwachen und Missratnen sollen zu Grunde gehn: erster Satz unsrer Menschenliebe. Und man soll ihnen noch dazu helfen.
> Was ist schädlicher als irgendein Laster? – Das Mitleiden der Tat mit allen Missratnen und Schwachen – das Christentum …“ (A VI-3, 168)

Dass es Nietzsche als ‚gut‘ bezeichnet, wenn die Macht zunimmt, ist dann sehr leicht verständlich, wenn man diesen Begriff richtig zu verstehen sucht und ihn nicht auf der Grundlage von zu einfachen Vorurteilen auffasst. Das Aufhören der Macht wäre jenes Ende der interpretativen Bestimmung der Dinge und der Welt, aus der nicht die ‚richtigen‘ Begriffe der Dinge, sondern die in einer bestimmten geschichtlichen Situation festgestellten Begriffe resultieren würden, m. a. W.: es wäre die ewige Identifikation der Dinge mit ihren unrichtigen und geschichtlich gerade zufällig entstandenen Begriffen.

Entsprechend muss ‚schlecht‘ sein, was aus der ‚Schwäche‘ stammt, d. h. aus dem Verzicht auf das neue Interpretieren und Uminterpretieren, was ebenso zu jener Identifikation mit einer zufällig festgestellten Begrifflichkeit führt. Daran lässt sich anschließen, dass Nietzsche hier von ‚Glück‘ als dem Gefühl der Herrschaft durch neues Interpretieren spricht. Ein Zustand der ‚Zufriedenheit‘ und des ‚Friedens‘ würde ebenso das Ende des Bestimmens der Welt bedeuten wie die ‚Schwäche‘ und doch nicht zu ‚richtigen‘ Begriffen führen.

Wenn Nietzsche dann von ‚Menschenliebe‘ spricht als Forderung, dass die ‚Schwachen‘ und ‚Missratenen‘ untergehen sollen, so ist natürlich ebenso gemeint, dass es die Forderung der Liebe zum Menschen als dem immer neu Interpretierenden sein muss, nicht die Haltung zu loben, mit der eben dieses Interpretieren an ein Ende kommt, obwohl kein Ende die ‚richtigen‘ oder ‚wahren‘ Begriffe der Dinge enthüllen würde – jene ‚Menschenliebe‘ fordert also, nicht bei falschen Begriffen stehenzubleiben, sondern den ‚Machtweg‘ auf der Entwicklung von weiteren Interpretationen und Begriffsbildungen weiterzugehen. Wenn schließlich noch das Christentum als das ‚schädlichste‘ Phänomen in diesem Zusammenhang bezeichnet wird, so deshalb, weil Nietzsche darin gerade die Religion sieht, in der die Tendenz zum Ende der ‚Macht‘, d. h. des Bestimmens und Umbestimmens der Begriffe in der Situation eines Erkennens, in dem wir mit unseren eigenen Vorstellungen konfrontiert sind, nicht aber mit einer ‚Welt an sich‘, am stärksten geworden ist.

Wir sollten also nicht unterstellen, dass Nietzsche an dieser Stelle die darwinistische Theorie von einer wissenschaftlichen Theorie zu einem System von Sollenssätzen umformen will. Natürlich war ihm bekannt, dass vom Sein kein Weg zum Sollen führt, auch wenn er dies noch nicht als ‚naturalistischen Fehlschluss‘ bezeichnet hätte. Gemeint ist vielmehr, dass nach seiner Auffassung gerade die christliche Religion jene ‚Schwachen‘ und ‚Missratenen‘ begünstigt, deren Tendenz zur Beendigung des Interpretationsweges der Bestimmung und Umbestimmung der Welt dazu führen müsste, bei solchen Begriffen stehenzubleiben, die mehr oder weniger zufällig gerade jetzt geschichtlich so geworden sind, wie sie sind, ohne dass sie sich auf irgendeine Weise durch eine bessere Beziehung zu den Dingen und Sachverhalten in der Welt ausweisen könnten.

3.5 Der Begriff der ‚Wissenschaft‘

Nietzsche Auffassung von Wissenschaft lässt sich nach zwei wichtigen Hinsichten sehr gut aus der folgenden Stelle entnehmen:

„Wenn wir nicht in irgendeinem Maße unwissenschaftliche Menschen geblieben wären, was könnte uns auch nur an der Wissenschaft liegen! Alles in Allem genommen und rund, glatt und voll ausgesprochen: für ein rein erkennendes Wesen wäre die Erkenntnis gleichgültig. – Von den Frommen und Gläubigen unterscheidet uns nicht die Qualität, sondern die Quantität Glaubens und Frommseins; wir sind mit Wenigerem zufrieden.“ (MA IV-3, 54)

Zum einen weist Nietzsche hier auf eine Grundlage aller Wissenschaft hin, die spätestens seit Habermas als die Bedeutung des *Interesses* für die Erkenntnisgewinnung der Wissenschaft zum allgemein bekannten Thema geworden ist. Allerdings sollten wir schon hier beachten, dass Nietzsches Zweifel an der ‚Interesselosigkeit‘ der wissenschaftlichen Suche nach Erkenntnis weiter reichen als die viel späteren von Habermas. Diese Sicht gewinnt ihre besondere Gestalt, wenn wir sie mit der zweiten Hinsicht auf die Wissenschaft aus dem obigen Zitat verbinden. Wenn Nietzsche dort von ‚uns‘ spricht, so können wir generell den ‚wissenschaftlichen Menschen‘ darunter verstehen – und von diesen wird hier gesagt, sie würden sich von den ‚Frommen und Gläubigen‘ nicht durch die Ausrichtung an einer prinzipiell anderen Wissensform unterscheiden, sondern nur durch ihre Bescheidenheit in Sachen *Glauben*: sie sind mit weniger zufrieden. Damit kann die Wissenschaft nicht bei der ‚Welt an sich‘ anfangen, sondern nur mit einem ‚Glauben‘:

„Es gibt, streng geurteilt, gar keine ‚voraussetzungslose‘ Wissenschaft, der Gedanke einer solchen ist unausdenkbar, paralogisch: eine Philosophie, ein ‚Glaube‘ muss immer erst da sein, damit aus ihm die Wissenschaft eine Richtung, einen Sinn, eine Grenze, eine Methode, ein Recht auf Dasein gewinnt.“ (G VI-2, 418)

Man muss sich verdeutlichen, wie radikal Nietzsche hier dem Selbstverständnis dessen widerspricht, was sich seit Beginn der Neuzeit unter dem Titel ,Wissenschaft' ausgebildet hat. Die Wissenschaft sollte sich vom Glauben gerade dadurch unterscheiden, dass sie durch spezifische Methoden sicherstellt, dass ihre Erkenntnisse von *allen* Menschen als ,wahr' eingesehen werden können, weil eben diese Methoden garantieren sollten, dass solche Erkenntnisse nicht durch den subjektiven und individuellen Glauben von Menschen begründet werden, sondern durch ihre Beziehung auf die Tatsachen in der Welt, so wie sie an sich selbst sind, d. h. unabhängig von dem, was Menschen subjektiv glauben und meinen. Genau diese Ur-Überzeugung der Wissenschaft wird von Nietzsche infrage gestellt, wenn er davon spricht, dass in der Wissenschaft lediglich die ,Quantität' des Glaubens geringer ist als in der Religion. Damit ist natürlich nicht gesagt, dass Wissenschaftler als Personen durchaus gläubige Menschen sein können, sondern gemeint ist, dass die Wissenschaft selbst zumindest zu einem guten Teil auf etwas gegründet ist, was in der Religion als ,Glauben' bezeichnet wird – also als eine persönliche Entscheidung für die Annahme von Aussagen als wahr, die sich nicht für alle Menschen auf vernünftiger Grundlage als Erkenntnis über die Welt an sich ausweisen können.

Diese beiden Hinsichten auf die Wissenschaft – Interesse und Glauben – werden von Nietzsche natürlich nicht ohne innere Beziehung aufgefasst. Generell könnte man sagen, dass die Bedeutung des Interesses für die Wissensform der Wissenschaft nach Nietzsche gerade auf die Wichtigkeit des Anteils an Glauben für dieses Wissen zurückgeht, das sich nach dem Selbstverständnis der Wissenschaft doch eigentlich stark vom Glauben unterscheiden sollte. Diesen Zusammenhang drückt Nietzsche an einer anderen Stelle mithilfe eines fiktiven Dialogs aus:

„,Um Ihnen zu beweisen, dass der Mensch im Grunde zu den gutartigen Tieren gehört, würde ich Sie daran erinnern, wie leichtgläubig er so lange gewesen ist. Jetzt erst ist er, ganz spät und nach ungeheurer Selbstüberwindung, ein misstrauisches Tier geworden – ja! der Mensch ist jetzt böser als je.' – Ich verstehe dies nicht: warum sollte der Mensch jetzt misstrauischer und böser sein? – ,Weil er jetzt eine Wissenschaft hat, – nötig hat!'" (F V-2, 78)

Offensichtlich sieht Nietzsche jenes Interesse an der Wissenschaft, das den notwendigen Glauben in ihr und an sie begründet, in einem Rückgang des ursprünglichen Vertrauens des Menschen in die Verlässlichkeit des Wissens, das ihm durch die Überlieferung zur Verfügung gestellt worden war. Die Wissenschaft wird also für den Menschen ,interessant', weil sie ihm ein ,standhaltendes' Wissen liefert, dessen Bedeutung dann zunimmt, wenn die Verbindlichkeit der ,Sitten' abnimmt:

„Es liegt ein tiefes und gründliches Glück darin, dass die Wissenschaft Dinge ermittelt, die Stand halten und die immer wieder den Grund zu neuen Ermittlungen abgeben: – es könnte ja anders sein! Ja, wir sind so sehr von all der Unsicherheit und Phantasterei unserer Urteile und von dem ewigen Wandel aller menschlichen Gesetze und Begriffe überzeugt, dass es uns eigentlich ein Erstaunen macht, wie sehr die Ergebnisse der Wissenschaft Stand halten! Früher wusste man nichts von dieser Wandelbarkeit alles Menschlichen, die Sitte der Sittlichkeit hielt den Glauben aufrecht, dass das ganze innere Leben des Menschen mit ewigen Klammern an die eherne Notwendigkeit geheftet sei.“ (F V-2, 85)

Die Grundlage der Bedeutung der Wissenschaft ist nach diesem Gedanken das ‚Glück‘ einer ‚standhaltenden‘ Erkenntnis in den Veränderungen, die zum einen durch den Wandel in der Welt und zum anderen durch den Wandel in den Überzeugungen der Menschen verursacht werden. Demnach gewinnt die Wissensform der Wissenschaft dann die Priorität in den Wissensbeziehungen zur Welt und zwischen den Menschen, wenn die ältere Wissensform der Überlieferung und des gewohnheitsmäßigen Verhaltens ihre Kraft verliert, welche Wissensform Nietzsche hier mit dem in erster Linie aus der Ethik bekannten Namen der Sittlichkeit bezeichnet. Wenn aber die neue Wissensform ebenso zum großen Teil auf ‚Glauben‘ beruht, so könnte man sagen, dass auch dieses Wissen noch sehr viel Sittlichkeit in sich enthält. Wir sollten also Nietzsches Unterscheidung zwischen einer Wissensform in Analogie zur Sittlichkeit und einer neueren Wissensform der Wissenschaft mit der Aufgabe einer ‚methodischen‘ Ausarbeitung eines ‚standhaltenden‘ Wissens nicht in dem Sinn missverstehen, dass die ältere Wissensform vollständig durch die neuere abgelöst worden wäre. Eine solche Auffassung würde Nietzsches Betonung des Glaubens als eines begründenden Bestandteils auch der Wissenschaft widersprechen.

Diese Bedeutung der Sittlichkeit in einem nicht-ethischen oder zumindest nicht in erster Linie ethischen Sinn hält Nietzsche auch der Vorstellung der ‚Realisten‘ entgegen, „so wie euch die Welt erscheine, so sei sie wirklich beschaffen: vor euch allein stehe die Wirklichkeit entschleiert.“ (F V-2, 97) Dagegen setzt Nietzsche den Gedanken von einer durch jene Sittlichkeit geprägten Wirklichkeit, von der die Geschichte nicht subtrahiert werden könne, um dann etwa die ‚reine‘ Wirklichkeit auffassen zu können:

„Immer noch tragt ihr die Schätzungen der Dinge mit euch herum, welche in den Leidenschaften und Verliebtheiten früherer Jahrhunderte ihren Ursprung haben! … Eure Liebe zur ‚Wirklichkeit‘ zum Beispiel – oh das ist eine alte uralte ‚Liebe‘! In jeder Empfindung, in jedem Sinneseindruck ist ein Stück dieser alten Liebe: und ebenso hat irgendeine Phantasterei, ein

> Vorurteil, eine Unvernunft, eine Unwissenheit, eine Furcht und was sonst noch Alles! daran gearbeitet und gewebt … Es gibt für uns keine ‚Wirklichkeit'." (F V-2, 97–98)

Dass die ‚Schätzungen' aus der Vergangenheit noch in dem enthalten sind, was wir wahrnehmen und für wahr halten, ist jedoch kein Zufall, sondern hat eine bestimmte Funktion – und hier wird die Verbindung zur Aufgabe der Sitte in der Regelung des Verhaltens der Menschen besonders deutlich – im Grunde ist es sogar die gleiche Aufgabe.

Nietzsche verweist hier darauf, über der Menschheit

> „schwebte und schwebt fortwährend als ihre grösste Gefahr der ausbrechende Irrsinn – das heisst eben das Ausbrechen des Beliebens im Empfinden, Sehen und Hören, der Genuss in der Zuchtlosigkeit des Kopfes, die Freude am Menschen-Unverstande. Nicht die Wahrheit und Gewissheit ist der Gegensatz der Welt des Irrsinnigen, sondern die Allgemeinheit und Allverbindlichkeit eines Glaubens, kurz das Nicht-Beliebige im Urteilen. Und die grösste Arbeit der Menschen bisher war die, über sehr viele Dinge mit einander übereinzustimmen und sich ein Gesetz der Uebereinstimmung aufzulegen – gleichgültig, ob diese Dinge wahr oder falsch sind. Dies ist die Zucht des Kopfes, welche die Menschheit erhalten hat." (F V-2, 107)

Nun bedeutet Wissenschaft aber grundsätzlich nicht, dass alle Menschen das Gleiche glauben; und sie bedeutet nicht den Stillstand und die Unveränderlichkeit des Wissens. Das wissenschaftliche Zeitalter ist vielmehr gerade durch die schnellsten Veränderungen im Bestand des menschlichen Wissens seit Beginn der bekannten Geschichte gekennzeichnet. Nichtsdestoweniger kann Nietzsche doch mit Recht darauf hinweisen, dass die Herstellung einer ‚Allgemeinheit' und ‚Allverbindlichkeit' im Wissen und damit das ‚Nicht-Beliebige im Urteilen' zu den zentralen Eigenschaften der Wissensform gehört, die wir heute noch als Wissenschaft bezeichnen, die wir in der Tat geradezu als ‚ein Gesetz der Übereinstimmung' auffassen können. Worauf sich Nietzsche hier bezieht, ist ganz offensichtlich die Einheit der Methode und die Einheitlichkeit des Erklärens.

Wir haben weiter oben schon darauf hingewiesen, dass nach Nietzsche die Wissenschaft eine besondere ‚Manier' des Erklärens ist, und d. h. nicht die ‚Erklärung an sich' durch einen Bezug auf die ‚Welt an sich', die sich darin selbst zum sprachlichen Ausdruck bringt. Alles Erklären ist für sein Gelingen auf eine Akzeptanzbereitschaft gerade für je diese Form des ‚Klarmachens' angewiesen, weshalb eine wirkliche Universalität nicht schon ‚an sich' darin enthalten ist. Es gibt eben kein Erklären, das wir von vornherein für alle Menschen a priori als verbindlich ansehen können, sondern diese Verbindlichkeit stellt sich nur a posteriori durch das *Gelingen* von Erklärungen her – auch wenn es Erklärungsstrategien gibt, die wir etwa in bestimmten sozialen Zusammenhängen (wie z. B. in der Gemeinschaft der Wissenschaftler) mit guter Aussicht auf Erfolg einsetzen können, weil wir in bestimmten Gemeinschaften eine Akzeptanzbereitschaft für bestimmte Erklärungsformen voraussetzen dürfen. Dies gilt natürlich besonders dann, wenn sich eine solche Gemeinschaft gerade durch die Bereitschaft zum Geben und Akzeptieren von *bestimmten* Erklärungsformen bildet und erhält, wie dies etwa in der Gemeinschaft der Wissenschaftler der Fall ist.

Als Wissenschaft bezeichnet Nietzsche also nun eben diese ‚Zucht des Kopfes‘, in der eine ‚Allgemeinheit‘ und eine ‚Allverbindlichkeit‘ hergestellt wird, die vor allem aus jener ‚gelernten‘, ‚eingeübten‘ und vielleicht auch ‚andressierten‘ Akzeptanzbereitschaft für bestimmte Erklärungen besteht, welche für den Diskurszusammenhang der Wissenschaft charakteristisch ist. Deshalb sind wissenschaftliche Fortschritte durch diese ‚Allverbindlichkeit‘ gerade nicht ausgeschlossen. Es ist für jene ‚Allgemeinheit‘, die wir heute unter dem Titel ‚Wissenschaft‘ kennen, nicht notwendig, dass immer die gleichen Erkenntnisse beibehalten werden – es ist durchaus möglich, die Newtonsche Physik auf den Makrobereich einzuschränken und im Bereich der subatomaren Physik andere Gesetze zu akzeptieren.

Entscheidend ist nur, dass die neuen Erkenntnisse mithilfe einheitlicher Erklärungsformen und damit einer einheitlichen Akzeptanzbereitschaft an die bereits akzeptierten angeschlossen werden können; oder, wenn alte Erkenntnisse revidiert werden können, dass diese Revision ebenso innerhalb einheitlicher Erklärungs- und Akzeptanzformen geschieht. Es hat der Einheitlichkeit der ‚Zucht des Kopfes‘ durch Wissenschaft nicht geschadet, dass die Quantenphysik und die Relativitätstheorie der Physik Gedanken integrieren konnten, die die meisten Physiker nur wenige Jahre zuvor wohl als Erzeugnisse kranker Gehirne bezeichnet hätten. Der Erklärungsanschluss ist offenbar gelungen, wie die weitere Entwicklung der Physik gezeigt hat.

An der oben zitierten Stelle weist Nietzsche jedoch darüber hinaus darauf hin, dass es sich bei jener ‚Zucht des Kopfes‘, durch welche die Wissenschaft die ‚Allgemeinheit‘ eines ‚Glaubens‘ herstellt, nicht nur um einen ‚eingespielten‘ Vorgang des Gebens und Akzeptierens von Erklärungen handelt. Dies wird deutlich, wenn er von der Gefahr des Ausbrechens „des Beliebens im Empfinden, Sehen und Hören“ spricht. Das wird dann verständlich, wenn wir berücksichtigen, dass das „Nicht-Beliebige im Urteilen“ (F V-2, 107), auf das es letztlich ankommt, und deren Grundlagen in einheitlichen Erklärungs- und Akzeptanzformen dann nicht erzeugt werden könnten, wenn die sinnlichen Wahrnehmungsweisen der Menschen sich so voneinander unterscheiden würden, dass solche Erklärungen und Akzeptanzen nicht gelingen könnten. Nietzsche hat sich über die Zusammenhänge zwischen dem Wahrnehmen und dem einheitlichen

Urteilen auf dem Grunde der Vereinheitlichung des Denkens durch Wissenschaft nicht sehr detailliert ausgedrückt.

Es wird aber deutlich, dass es auch in Nietzsches Auffassung von Wissenschaft letztlich um die ‚Gleichheit' geht und wie sie hergestellt wird – hier in der Dimension der Urteile, die jedoch nicht ohne ein Mindestmaß an Gleichheit in den sinnlichen Wahrnehmungsformen und –schemata ausreichend ‚gleich' werden können. Diese ‚Gleichheit' ist aber wiederum eine Konsequenz des Interpretierens der Welt – und Interpretation heißt „Vergewaltigen, Zurechtschieben, Abkürzen, Weglassen, Ausstopfen, Ausdichten, Umfälschen" (G VI-2, 418). Die Sinne selbst dagegen lügen prinzipiell nicht – was allerdings nicht bedeutet, dass sie die ‚Wahrheit' sagen, was schon deshalb unmöglich wäre, weil sie bekanntlich überhaupt nichts *sagen*:

„Was wir aus ihrem Zeugnis machen, das legt erst die Lüge hinein, zum Beispiel die Lüge der Einheit, die Lüge der Dinglichkeit, der Substanz, der Dauer … Die ‚Vernunft' ist die Ursache, dass wir das Zeugnis der Sinne fälschen. Sofern die Sinne das Werden, das Vergehn, den Wechsel zeigen, lügen sie nicht …" (GD VI-3, 69)

Unter dieser Perspektive ist die Wissenschaft nicht sehr weit von dem entfernt, was Religionen und andere Deutungssysteme ohne rationalen Anspruch zu leisten versprechen und vermögen:

„aber auch jenes ungestüme Verlangen nach Gewissheit, welches sich heute in breiten Massen wissenschaftlich-positivistisch entladet, das Verlangen, durchaus etwas fest haben zu wollen (während man es wegen der Hitze dieses Verlangens mit der Begründung der Sicherheit leichter und lässlicher nimmt): auch das ist noch das Verlangen nach Halt, Stütze, kurz, jener Instinkt der Schwäche, welcher Religionen, Metaphysiken, Ueberzeugungen aller Art zwar nicht schafft, aber – konserviert." (F V-2, 263–264)

Wenn die Wissenschaft sich nicht durch einen Bezug auf die ‚Welt an sich' legitimieren kann und keine Aussagen hervorbringen kann, welche unabhängig von der Akzeptanzbereitschaft für gerade solche Erklärungen gelten, wie sie die Wissenschaft anbieten kann, dann kann die Wissenschaft sich nicht mehr durch eine übergeordnete, weil quasi aus der Welt an sich selbst stammende Erklärungsleistung rechtfertigen, mithilfe derer sie uns bei genauer Befolgung der Regeln eine ‚Selbsterklärung' der Welt zur Verfügung stellen könnte.

Jenes Verlangen nach ‚Gewissheit', von dem Nietzsche an der soeben wiedergegebenen Stelle spricht, lässt sich in dieser Situation nicht mehr durch die Einsicht in das erfüllen, was in früheren Zeiten als ‚Übereinstimmung' zwischen Aussagen und der Welt an sich bezeichnet worden war – d. h. als ‚adaequatio intellectus et rei', m. a. W.: als ‚Wahrheit'. Wenn die Wissenschaft also abhängig wird von prinzipiell ‚subjektiven' Bereitschaften zur Akzeptanz von Erklärungen, dann wird sie unter dieser Perspektive funktional äquivalent mit jenen anderen Wissensformen, die dem Menschen ‚Halt', ‚Stütze' und ‚Gewissheit' bieten. Wissenschaft wird damit also ein System zur Deutung der Welt und unterscheidet sich prinzipiell nicht mehr von anderen solchen Systemen. Sie ist *eine* „Welt-Interpretation" unter anderen möglichen Welt-Interpretationen – und nach Nietzsche nicht gerade die intelligenteste, sondern eine „Plumpheit und Naivetät", „eine solche, die Zählen, Rechnen, Wägen, Sehn und Greifen und nichts weiter zulässt." (F V-2, 307)

Dieses spezielle Deutungssystem ‚Wissenschaft' operiert auch auf ähnliche Weise wie jene ‚Religionen' oder ‚Metaphysiken', nur dass es andere Elemente verwendet: „Wir operieren mit lauter Dingen, die es nicht gibt, mit Linien, Flächen, Körpern, Atomen, teilbaren Zeiten, teilbaren Räumen." (F V-2, 151) Dass es dies alles ‚nicht gibt' heißt natürlich nur, dass es Abstraktionen für die Zwecke der Wissenschaft sind – bekanntlich gibt es in der Natur ebenso wenig gerade Linien wie Kreislinien und natürlich auch keine Flächen im Sinne der Geometrie. Zeit und Raum teilen sich nicht durch sich selbst in einzelne Einheiten, sondern werden von Menschen nach menschlichen Vorstellungen und zu menschlichen Zwecken eingeteilt und dies kann je nach Zweck auf sehr verschiedene Weise geschehen. Ebenso ist ‚Körper' ein Begriff der Physik, während in der Natur Meerschweinchen, Goldnuggets und Cable Cars vorkommen, die man nur unter Einsatz einer beträchtlichen Abstraktionskompetenz unter den gemeinsamen Begriff als ‚Körper' bringen kann. Natürlich ‚gibt es' auch keine Atome – außer man folgt einer sehr speziellen Verwendungsweise des Ausdrucks ‚es gibt', wonach mit ihm auch das gemeint sein kann, was wir aufgrund der Erklärungsstrategie der Physik annehmen *müssen*, weil es sich im Rahmen der Konventionen des Begriffs- und Erklärungssystems ‚Physik' als notwendig erweist, also aufgrund einer Notwendigkeit, die dieses System bereits voraussetzt.

Die ‚Operationsform' der Wissenschaft ist auch insofern solchen Deutungssystemen wie ‚Religionen' und ‚Metaphysiken' vergleichbar, weil wir auch in ihr „Alles erst zum Bilde machen, zu unserem Bilde!" (F V-2, 151) Nietzsche folgt hier also bis zu einem gewissen Grade wiederum Kants ‚transzendentaler Wende', der gemäß etwa ‚Kausalität' und andere zentrale Begriffe der Wissenschaft ‚reine Verstandesbegriffe' sind, mit deren Hilfe wir unsere Erfahrung organisieren und damit die Wahrheitsfähigkeit unserer Erkenntnis garantieren, indem wir gleichzeitig mit der Erfahrung auch die Gegenstände unserer Erfahrung auf gleiche Weise organisieren, d. h. aus dem ‚Mannigfaltigen der Anschauung' (also dem, was unsere Sinne uns an ‚Material' für das Erkennen darbieten, ohne dass wir darin aktiv sein könnten oder müssten) eine Welt mithilfe eben jener Verstandesbegriffe strukturieren. Aber es gibt doch einen wichtigen Unterschied. Kant behauptete zumindest eine Notwendigkeit in dieser Struktur von ‚reinen Verstandesbegriffen' als Grundlage des Erkennens, indem er sie aus der Identität des erkennenden Ich begründen zu können beanspruchte, was ihm nach Meinung der meisten Interpreten nicht gelungen ist.

Nietzsche formuliert die analoge Behauptung wesentlich radikaler:

„… man soll sich der ‚Ursache', der ‚Wirkung' eben nur als reiner Begriffe bedienen, das heißt als konventioneller Fiktionen zum Zweck der Bezeichnung, der Verständigung, nicht der Erklärung. Im ‚An-sich' gibt es nichts von ‚Kausal-Verbänden', von ‚Notwendigkeit', von ‚psychologischer Unfreiheit', da folgt nicht ‚die Wirkung auf die Ursache', da regiert kein ‚Gesetz'. Wir sind es, die allein die Ursachen, das Nacheinander, das Für-einander, die Relativität, den Zwang, die Zahl, das Gesetz, die Freiheit, den Grund, den Zweck erdichtet haben; und wenn wir diese Zeichen-Welt als ‚an sich' in die Dinge hineindichten, hineinmischen, so treiben wir es noch einmal, wie wir es immer getrieben haben, nämlich mythologisch." (J VI-2, 30)

Auch bei Kant war Kausalität ein reiner Verstandesbegriff, also kein Verhältnis in der ‚Welt an sich', aber er hätte nicht von einer ‚konventionellen Fiktion' gesprochen, die nur zur ‚Verständigung' dient. Darüber hinaus wäre Kant wohl auch nicht so weit gegangen zu sagen, dass die ‚reinen Verstandesbegriffe' von uns Menschen ‚erdichtet' worden seien und wir sie ‚in die Dinge hineindichten'. Wenn Nietzsche an dieser Stelle schreibt, solche ‚Fiktionen' dienten nur zur ‚Verständigung', aber nicht zur ‚Erklärung', so ist mit dem letzteren Ausdruck nicht gemeint, ein solcher Begriff sei nicht von der Bereitschaft abhängig, ihn als Teil von Erklärungen zu akzeptieren. Gerade der Hinweis auf den Status eines Begriffes wie ‚Kausalität' als ‚konventioneller Fiktion' stellt ihn in den Zusammenhang der nicht durch die ‚Welt an sich' zu garantierenden Akzeptanzbereitschaft für Begriffe, aus der ihre erklärende Kapazität erwächst.

Vom Zweck der ‚Verständigung' wird hier zwar die ‚Erklärung' unterschieden, aber Nietzsche verwendet an dieser Stelle nur das Wort ‚Verständigung' für das, was wir als ‚Erklärung' bezeichnet hatten, und reserviert das Wort ‚Erklärung' für die Auffassung, nach der sich ‚Erklärungen' aus der ‚Welt an sich' als deren sprachliche Repräsentation entnehmen lassen könnten. Nach dieser Auffassung gäbe es im Prinzip für alles nur eine einzige und alleinige ‚Erklärung an sich', die unabhängig von der Voraussetzung einer entsprechenden Akzeptanzbereitschaft und damit unabhängig von der Bereitschaft von Menschen, sich etwas erklären zu lassen, gelten müsste.

Nietzsche dagegen kommt auf der Grundlage seiner radikaler im subjektiven Sinne aufgefassten Konzeption von Wissenschaft schließlich zu der Einschätzung, auch die Wissenschaft sei letztlich ‚mythologisch'. Wir könnten pointiert sagen, damit werde das Ende des Zeitalters des Wissens proklamiert, das mit Platons Denken begonnen hatte. Dessen Anspruch war gerade, im Wissen mit dem ‚Geschichtenerzählen' aufzuhören, d. h. mit der Verwendung von ‚Mythen' (‚Geschichten') für die Verständigung mit anderen Menschen über die Welt und die Sachverhalte in ihr. An die Stelle der ‚Geschichten' sollte die Erkenntnis der ‚Ideen' treten und, wenn eine solche Erkenntnis der Welt, wie sie ‚an sich' ist, nicht gelingen kann, dann doch wenigstens eine ‚dialektische' Erkenntnis, d. h. eine Erkenntnis mithilfe vernünftiger Erwägungen zwischen Menschen mit dem Ziel einer richtigen Einteilung der Welt durch Begriffe, so dass wir zu einer Sprache gelangen können, mit der wir so über die damit ein für allemal festgestellte Welt sprechen können, wie es für vernünftige Wesen möglich ist. Im Grunde ist damit auch noch das Programm der modernen Naturwissenschaften mit deren Modellvorstellung in der Gesetzeserkenntnis der Physik beschrieben.

Nietzsche dagegen nennt die Vorstellung, mithilfe der Wissenschaft zu einer Erkenntnis der ‚Welt an sich' zu gelangen, ‚mythologisch' – also eine ‚Geschichte', mit deren Hilfe wir uns die Welt ‚zurechtmachen'. Wir sollten dabei beachten, dass damit nicht die wissenschaftliche Methode selbst und als solche als ‚mythologisch' bezeichnet wird. ‚Mythologie' – das Erzählen von ‚Geschichten' bzw. das ‚Denken' in Geschichten – wird vielmehr nur dann getrieben, wenn wir die Wissenschaft nicht als eine ‚Welt-Interpretation' und eine ‚Welt-Deutung', als eine ‚Vermenschlichung' und eine ‚Erdichtung' auffassen, sondern sie, die doch in Wahrheit eine ‚Zeichen-Welt' ist, als die sprachliche Darstellung der ‚Welt an sich' auffassen, wie sie selbst von Ewigkeit an war, ist und immer sein wird, in Nietzsches Worten: ‚mythologisch' wird die Wissenschaft dann, wenn wir ihre ‚Zeichen-Welt' in die ‚Welt an sich' bzw. „in die Dinge hineindichten, hineinmischen" (J VI-2, 30).

Angemessener als ein Selbstverständnis der Wissenschaft als in Aussagen transformierte Struktur der Welt an sich ist es deshalb, „die Wissenschaft als möglichst getreue Anmenschlichung der Dinge zu betrachten." In ihr lernen wir „immer genauer uns selber beschreiben, indem wir die Dinge und ihr Nacheinander beschreiben." (F V-2, 151) Der Erfolg dieser Beschreibung unserer selbst in der Beschreibung der Welt hängt aber davon ab, dass das Dasein „seines vieldeutigen Charakters" entkleidet wird, womit wir wiederum bei der Herstellung von ‚Gleichheit' sind (F V-2, 307), die es nicht ‚gibt', sondern die wir ‚herstellen':

„aber jene ‚Gesetzmässigkeit der Natur', von der ihr Physiker so stolz redet, wie als ob – – besteht nur Dank eurer Ausdeutung und schlechten ‚Philologie' – sie ist kein Tatbestand, kein ‚Text', vielmehr nur eine naiv-humanitäre Zurechtmachung und Sinnverdrehung." (J VI-2, 31)

Jene ‚Philologie' ist nicht deshalb ‚schlecht', weil die Naturwissenschaftler nicht genau genug lesen bzw. den von ihnen mit der Welt selbst identifizierten Text nicht richtig deuten, interpretieren oder ‚entschlüsseln' können, wie der in den Massenmedien so gern verwendete Ausdruck lautet. Auch die „beste Wissenschaft" hält uns noch „in dieser vereinfachten, durch und durch künstlichen, zurecht gedichteten, zurecht gefälschten Welt" fest (J VI-2, 38).

Jene Philologie der Physiker ist vielmehr deshalb ‚schlecht', weil sie an die Stelle des zu interpretierenden Textes die Interpretation setzt, d. h. an die Stelle dessen, was gedeutet werden soll, die Deutung. Damit bezieht sie sich nur auf sich selbst, was den Begriff der Interpretation absurd macht. Die entscheidende Kritik daran bezieht sich jedoch auf den Reflexionsverzicht und auf das daraus entstandene falsche Selbstverständnis der Wissensform der Wissenschaft, die entstehen, wenn die ‚Anmenschlichung' der Dinge so weit getrieben wird, dass der von Menschen geschaffene Text so in die Welt ‚hineingedichtet' wird, dass er als derjenige Text aufgefasst wird, in dem sich die Welt selbst zum Ausdruck bringt.

3.6 Wissenschaft und Wahrheit

Es ist deutlich geworden, dass die Wissenschaft nach Nietzsche nicht – wie es ihrem eigenen Anspruch bei vielen Wissenschaftlern auch heute noch entspricht – mit der sprachlichen Darstellung der ‚Welt an sich' beschäftigt ist, sondern mit der Ausarbeitung eines Textes, den sie in ihrer falschen Selbstauffassung mit der ‚Welt an sich' identifiziert. Mit dieser Identifizierung wird sie zum ‚Geschichtenerzählen' bzw. zur ‚Mythologie', was sie seit ihrer Begründung in der Antike gerade nicht sein wollte. Darüber hinaus zeigte sich, dass Nietzsche jenen ihr Selbstverständnis begründenden Anspruch und den Fluchtpunkt aller Verfahren der Wissenschaft in einem ‚Glauben' und in einem ‚Interesse' sieht, welches sich in erster Linie auf die Herstellung einer Einheit zwischen den Menschen einer Gemeinschaft richtet. Die Wissenschaft ist eine „Welt-Auslegung und –Zurechtlegung" (J VI-2, 22), in der ‚Fremdes „auf etwas Bekanntes zurückgeführt werden" soll (F V-2, 276). Mit dem Aufkommen der Wissensform der Wissenschaft wird dabei ‚Autorität' durch das Geben von Gründen ersetzt.

Aufgrund dieser einheitbildenden Leistung bezeichnet Nietzsche die Wissenschaft und generell die Erkenntnis auch als „zu den Festordnern des Daseins" (F V-2, 91) gehörig – also zu den Faktoren, die Ordnung, Struktur und Konstanz in das Dasein bringen. Dies gelingt vor allem dadurch, dass sie durch ‚erdichtete' Begriffe in die Welt eine ‚Gleichheit' hineininterpretiert, durch die eine gemeinschaftliche Auffassung der Welt hergestellt wird.

Im Grunde ist damit aber nicht nur die spezielle und geschichtlich erst spät erschienene Wissensform der Wissenschaft gemeint, sondern generell das, was seit der Antike als ‚Wahrheit' bezeichnet wird:

„weil aber der Mensch zugleich aus Not und Langeweile gesellschaftlich und herdenweise existieren will, braucht er einen Friedensschluss und trachtet darnach dass wenigstens das allergröbste bellum omnium contra omnes aus seiner Welt verschwinde. Dieser Friedensschluss bringt etwas mit sich, was wie der erste Schritt zur Erlangung jenes rätselhaften Wahrheitstriebes aussieht. Jetzt wird nämlich das fixiert, was von nun an ‚Wahrheit' sein soll d. h. es wird eine gleichmässig gültige und verbindliche Bezeichnung der Dinge erfunden und die Gesetzgebung der Sprache gibt auch die ersten Gesetze der Wahrheit: denn es entsteht hier zum ersten Male der Kontrast von Wahrheit und Lüge. Der Lügner gebraucht die gültigen Bezeichnungen, die Worte, um das Unwirkliche als wirklich erscheinen zu machen; … Er missbraucht die festen Konventionen durch beliebige Vertauschungen oder gar Umkehrungen der Namen." (Ü III-2, 371–372)

Was wir mit dem so ehrwürdig klingenden Ausdruck ‚Wahrheit' meinen, ist dieser Auffassung zufolge also nichts anderes als eine Bezeichnung für den ursprünglichen und für das (Über-)Leben der Menschen entscheidenden ‚Friedensschluss'; jedenfalls ist damit der ‚erste Schritt' hin zu dem getan, was wir als ‚Wahrheitsstreben' bezeichnen können. Natürlich genügt dafür nicht, dass dieser Name erfunden wurde, sondern dazu gehört wesentlich die Festlegung dessen, ‚was Wahrheit ist', d. h. wie der ‚Friede' gesichert werden kann, indem Menschen sich nicht mehr – bzw. nur in Ausnahmefällen – im Kampf zueinander verhalten, sondern im Zusammenleben auf etwas Bezug nehmen, was sie als ‚wahr' bezeichnen und damit als etwas auszeichnen, was nicht nur für den einen, sondern auch für anderen eine bindende Wirkung besitzen soll.

‚Wahrheit' wird damit von vornherein nicht als ein ‚absoluter Wert' aufgefasst, sondern als etwas, was durchaus in Austauschbeziehungen zu anderen Werten steht, d. h. als etwas, von dem man auch etwas weniger akzeptiert, wenn man im Austausch etwas mehr von etwas anderem erhält, das man höher schätzt. Wer sich in diesem Zusammenhang an Nietzsches Konzeption von Ethik erinnert sieht, die das funktionierende

Zusammenleben in der ‚Herde' bzw. in der menschlichen Gemeinschaft reguliert, kann das gleiche Argumentationsprinzip erkennen. Auch ‚Wahrheit' ist in erster Linie nicht eine Beziehung zwischen den Menschen und der ‚Welt an sich', sondern gewinnt ihre Bedeutung primär durch die Notwendigkeit, eine einheitliche Beziehung zwischen Menschen herzustellen und dafür feste und dauerhaft geregelte Auffassungen über die Welt gewinnen zu müssen. Der „Sinn für Wahrheit" ist „im Grunde der Sinn für Sicherheit" (M V-1, 33). Der Mensch will also die Wahrheit

„in einem ... beschränkten Sinne ... Er begehrt die angenehmen, Leben erhaltenden Folgen der Wahrheit; gegen die reine folgenlose Erkenntnis ist er gleichgültig, gegen die vielleicht schädlichen und zerstörenden Wahrheiten sogar feindlich gestimmt." (Ü III-2, 372)

Diese Interessiertheit an der Wahrheit – einschließlich des Desinteresses an anderen Wahrheiten – schlägt natürlich auf den Status dessen durch, was Menschen als Wahrheit bezeichnen. Wahrheit ist zunächst eine ‚Verpflichtung', aber nicht von höheren Mächten oder aus der ‚Welt an sich', sondern aus der ‚Gesellschaft', und dies nicht willkürlich, sondern weil diese Verpflichtung eine ‚Existenzbedingung' für Gesellschaft darstellt. Nietzsche drückt dies im Zusammenhang so aus: Wahrheit sei eine

> „Verpflichtung ..., die die Gesellschaft, um zu existieren, stellt, wahrhaft zu sein, d. h. die usuellen Metaphern zu brauchen, also moralisch ausgedrückt: ... [die] Verpflichtung nach einer festen Konvention zu lügen, scharenweise in einem für alle verbindlichen Stile zu lügen." (Ü III-2, 375)

Jedem Leser einer solchen Passage fällt auf, dass Nietzsche hier ganz offenbar die Begriffe ‚Wahrheit' und ‚Wahrhaftigkeit' nicht so unterscheidet, wie dies üblich ist. Meist wird der Begriff ‚Wahrhaftigkeit' als Bezeichnung für die Differenz zwischen dem reserviert, was ein Mensch glaubt oder meint, und dem, was er sprachlich anderen Menschen gegenüber zum Ausdruck bringt, d. h. er ist ‚wahrhaftig', wenn es keine Differenz gibt. Was ‚wahr' ist, d. h. welche Aussagen als ‚wahr' bezeichnet werden können und welche nicht, spielt in diesem Zusammenhang zunächst überhaupt keine Rolle. Was ein Mensch meint / glaubt, kann vollständig und nach allen gängigen Kriterien falsch sein, und dennoch wird man ihn und seine Rede als ‚wahrhaftig' bezeichnen, solange man annimmt, er glaube / meine das, was er sagt. Eine Aussage kann also ‚wahrhaftig' und dennoch und gleichzeitig ‚unwahr' sein; ebenso kann sie ‚unwahrhaftig' und dennoch und gleichzeitig ‚wahr' sein, nämlich dann, wenn jemand das sagt, was nach allen gängigen Kriterien ‚wahr' heißen muss, obwohl er selbst etwas ganz anderes glaubt oder meint.

Wenn Nietzsche nun davon spricht, dass der Mensch durch den Gebrauch ‚usueller Metaphern' geradezu ‚nach einer festen Konvention lügt', so nimmt er offenbar die Position eines Menschen an, der jemanden dabei ertappt, wie dieser etwas anderes sagt als das, was er glaubt / meint. Er unterstellt jedoch weiter, dass dieses Verbergen des wirklich Geglaubten / Gemeinten ‚gewohnheitsmäßig' (‚usuell') geschieht, und zwar so, indem Metaphern verwendet werden, deren Verwendungsgewohnheit wiederum durch ‚Konventionen' bestimmt wird, also eigentlich durch ein aus der Tradition stammendes Übereinkommen. Die Sache wird noch merkwürdiger, wenn Nietzsche fortfährt, dass dem Menschen diese Situation keineswegs bewusst ist, d. h. die Behauptung lautet in der Tat, der Mensch lüge ohne Bewusstsein davon:

> „Nun vergisst freilich der Mensch, dass es so mit ihm steht; er lügt also in der bezeichneten Weise unbewusst und nach hundertjährigen Gewöhnungen – und kommt eben durch diese Unbewusstheit, eben durch dies Vergessen zum Gefühl der Wahrheit. An dem Gefühl verpflichtet zu sein, ein Ding als rot, ein anderes als kalt, ein drittes als stumm zu bezeichnen, erwacht eine moralische auf Wahrheit sich beziehende Regung: aus dem Gegensatz des Lügners, dem Niemand traut, den alle ausschliessen, demonstriert sich der Mensch das Ehrwürdige, Zutrauliche und Nützliche der Wahrheit." (Ü III-2, 375)

Offenbar lautet die Behauptung hier, es bestehe ein genetischer Zusammenhang zwischen der Überzeugung vom Wert der Wahrheit und der Erfahrung von der Nützlichkeit der Wahrhaftigkeit im Zusammenleben der Menschen. Deshalb ist dieser Zusammenhang eigentlich selbst *moralisch* begründet – die Bedeutung von Wahrheit entstand danach aus der Überzeugung, man *solle* die *Wahrheit* hoch schätzen, weil die *Wahrhaftigkeit* sich als nützlich für das friedliche Zusammenleben von Menschen erwiesen habe. Das Entscheidende bei dieser Genesis der Bedeutung von Wahrheit ist aber gerade das *Vergessen* dieses Zusammenhangs zwischen *Wahrhaftigkeit* und der Hochschätzung der *Wahrheit.*

Offenbar nimmt diese Theorie der Genesis der Bedeutung von Wahrheit unter den Menschen Bezug darauf, dass der Begriff der Wahrhaftigkeit auf eine bestimmte Weise vom Begriff der Wahrheit abhängig ist. Wollen wir eine Differenz zwischen dem feststellen, was ein Mensch glaubt / meint, und dem, was er anderen sagt, so müssen wir voraussetzen, dass dieser Mensch zu der Leistung des Glaubens / Meinens in der Lage ist, das wir auch als *Fürwahrhalten* bezeichnen könnten. Ist ein Mensch nicht in der Lage, etwas für wahr zu halten, so können wir von ihm auch nicht sagen, er sei wahrhaftig *oder* unwahrhaftig, denn wir könnten keine Differenz zwischen seinem Reden und seinem Fürwahrhalten konstatieren. Nach unserem auch heute noch vorherrschendem Verständnis ist ein solches Fürwahrhalten nicht ausreichend, um von Wahrheit sprechen zu können – die subjektive Überzeugung von der Wahrheit der Beschreibung eines Sachverhaltes stellt kein Kriterium für die tatsächliche Wahrheit dieser Beschreibung dar.

Wir können Nietzsches Theorie vom Entstehen der Bedeutung von Wahrheit in menschlichen Gesellschaften also nun so auffassen: das im Fürwahrhalten vorausgesetzte bzw. implizierte Bewusstsein von Wahrheit wurde *deshalb* zur Hochschätzung für ‚die Wahrheit' weiterentwickelt, weil sich die durch eben dieses Bewusstsein ermöglichte Hochschätzung der ‚Wahrhaftigkeit' als nützlich für das menschliche Zusammenleben in der Form von Gesellschaften – in Nietzsches gerne gebrauchtem Ausdruck: in der Form von ‚Herden' – erwiesen hatte. ‚Eigentlich' ging es dabei also nicht um die Wahrheit, sondern um das subjektive Bewusstsein von Wahrheit, das jene Unterscheidung zwischen Wahrhaftigkeit und Lüge ermöglichte, welches sich in der Hochschätzung der Wahrhaftigkeit als nützlich erwies. Das Bewusstsein davon, dass etwas ‚wirklich' so ist, wie man es sich vorstellt, das es ermöglichte, etwas zu glauben bzw. zu meinen, ist nach dieser Theorie also die Grundlage dafür, dass wir auf der Entwicklungsstufe des über sprachlich formulierte Aussagen funktionierenden gesellschaftlichen Zusammenlebens schließlich zu der Auffassung kommen *mussten*, solche Aussagen stünden in einem Bezug zur ‚Welt an sich', in dem sie sich als ‚wahr' oder ‚falsch' erweisen.

Wenn Nietzsche also an der oben genannten Stelle schreibt, der Mensch ‚lüge unbewusst' und ‚nach einer festen Konvention', so bezieht sich dies auf den Vorgang, in dem der Mensch jenes Fürwahrhalten zu ‚der Wahrheit' macht, weil die durch jenes Fürwahrhalten ermöglichte Hochschätzung der Wahrhaftigkeit einen Vorteil für das Leben in Gemeinschaft darstellte. Jene ‚Lüge' besteht also eigentlich darin, eine Funktion für das Zusammenleben auszugeben als eine Beziehung zur ‚Welt an sich'. Es legt sich natürlich immer noch die Frage nahe, wer es denn sei, der hier von ‚Lüge' sprechen könne, und ob dieser Sprecher rechtmäßig ein solch überlegenes Wissen über die Ursprünge der Hochschätzung für die Wahrheit beanspruchen könne. Offenbar ist ihm gelungen, etwas *bewusst* zu machen, was seit den Ursprüngen der menschlichen Vergesellschaftung *unbewusst* war. Man könnte daraus den Anspruch heraushören, endlich die Wahrheit über die Wahrheit gefunden zu haben. Hier sollte man allerdings Nietzsches Reflexion auf seine eigene Philosophie berücksichtigen, in der er solche Ansprüche ebenso wieder zurücknimmt: „Und folglich! Folglich! Folglich! Oh versteht ihr mich, meine Brüder? Versteht ihr dieses neue Gesetz der Ebbe und Flut? Auch wir haben unsere Zeit!" (F V-2, 46)

Wenn wir diese Frage zunächst zurückstellen, so können wir uns auf Nietzsches Einsicht beschränken, dass das Bewusstsein von Wahrheit etwas sehr Menschliches ist – und dies gilt entsprechend auch für das, was Menschen als Wahrheiten ansehen:

„Was ist also Wahrheit? Ein bewegliches Heer von Metaphern, Metonymien, Anthropomorphismen kurz eine Summe von menschlichen Relationen, die, poetisch und rhetorisch gesteigert, übertragen, geschmückt wurden, und die nach langem Gebrauche einem Volke fest, kanonisch und verbindlich dünken: die Wahrheiten sind Illusionen, von denen man vergessen hat, dass sie welche sind, Metaphern, die abgenutzt und sinnlich kraftlos geworden sind, Münzen, die ihr Bild verloren haben und nun als Metall, nicht mehr als Münzen in Betracht kommen." (Ü III-2, 374–375)

An dieser Stelle werden einige Gedanken zum Bewusstsein von Wahrheit zusammengebracht, die möglicherweise besser unterschieden werden sollten. Zunächst ist aber deutlich und auf der Grundlage von Nietzsches bisher dargestellten Ausführungen sicher auch verständlich, dass ‚Wahrheit' stets etwas ist, das als ‚anthropomorph' bezeichnet werden kann und nicht nur durch ‚menschliche Relationen' entstanden ist, sondern auch als ‚Summe' solcher Relationen bezeichnet werden kann. Sie entsteht ‚usuell' (‚durch Gewohnheit') und durch das ‚Vergessen' ihres ‚illusionären' Charakters – sie besteht im Grunde in einer Hypostasierung des subjektiven Fürwahrhaltens im Zusammenhang der Nützlichkeit der Wahrhaftigkeit für das Zusammenleben der Menschen.

Darüber hinaus aber bezeichnet Nietzsche die Wahrheit an dieser Stelle auch als ein ‚Heer von Metaphern' und bemüht selbst eine Metapher aus der Ökonomie. Das Prinzip der Metaphernbildung besteht bekanntlich darin, dass ein sprachliches Bild, das aus einem Zusammenhang bekannt ist, in einen anderen Zusammenhang übertragen wird, für den der ursprüngliche Zusammenhang eine sinnaufschließende Funktion gewinnen soll. Etwa entstammt der Ausdruck ‚begreifen' ursprünglich der Welt des taktilen Sinnes und wird nun im übertragenen Sinne auch für das ‚Einleuchten' eines Gedankens verwendet (was schon wieder eine neue Metapher darstellt), bis dieser Metaphernursprung im Ausdruck ‚Begriff' schließlich vergessen ist. Die ‚Wahrheit' ist nun selbst eine Metapher, weil der Begriff aus dem ursprünglichen Zusammenhang eines subjektiven Fürwahrhaltens (also aus der Relation einer ‚Einstellung' zu einem Sachverhalt) übertragen wurde auf eine Beziehung zwischen Aussagen und Sachverhalten in der ‚Welt an sich'.

An dieser grundsätzlichen ‚Metaphorizität' der Wahrheit partizipieren aber auch alle einzelnen ‚Wahrheiten', die im übertragenen Sinne für das Bestehen einer Beziehung des Fürwahrhaltens zu einem Sachverhalt stehen. Diese Übertragung aber wird vergessen und es bleibt die ‚Illusion' einer Beziehung zur ‚Welt an sich'. ‚Ursprünglich' stand also dort, wo wir jetzt eine ‚Wahrheit' akzeptieren, eine subjektive Entschiedenheit des Fürwahrhaltens; erst in der Übertragung auf eine Beziehung zwischen Aussage und Sachverhalt ist verlorengegangen, dass ein sinnlich und physiologisch wirklicher Mensch in seinem Lebenswillen hinter dieser Entschiedenheit stand. Deshalb nennt Nietzsche diese Metaphern auch ‚abgenutzt und sinnlich kraftlos', und er kann sie als ‚Münzen' bezeichnen, welche die Garantie ihrer Einlösbarkeit bzw. ihrer Eintauschbarkeit in Waren verloren haben, die ihnen ursprünglich ihren Wert verschafft hatte (s. o.; Ü III-2, 375).

Das heißt aber natürlich nicht, dass ‚Wahrheiten' ihren Sinn verloren hätten; gerade im Gegenteil gewinnen sie dadurch die Fähigkeit, Sicherheit und Gewissheit zu garantieren:

„Nur durch das Vergessen jener primitiven Metapherwelt, nur durch das Hart- und Starr-Werden einer ursprünglich in hitziger Flüssigkeit aus dem Urvermögen menschlicher Phantasie hervorströmenden Bildermasse, nur durch den unbesiegbaren Glauben, diese Sonne, dieses Fenster, dieser Tisch sei eine Wahrheit an sich, kurz nur dadurch, dass der Mensch sich als Subjekt und zwar als künstlerisch schaffendes Subjekt vergisst, lebt er mit einiger Ruhe, Sicherheit und Konsequenz; wenn er einen Augenblick nur aus den Gefängniswänden dieses Glaubens heraus könnte, so wäre es sofort mit seinem ‚Selbstbewusstsein' vorbei." (Ü III-2, 377–378)

An dieser Stelle nennt Nietzsche gerade das ‚Künstlerische' – und dessen Vergessen – als den Ursprung jener Entschiedenheiten im Fürwahrhalten, die dann in Gestalt von ‚Metaphern' als ‚Wahrheiten' in Umlauf kamen. Es wird hier aber auch die Ambivalenz dieses Bewusstseins der Bedeutung von Wahrheit deutlich, wenn Nietzsche von den ‚Gefängniswänden' spricht, die jenes ‚Anthropomorphisieren' zur Folge hat. Wer nach solchen Wahrheiten sucht,

„sucht im Grunde nur die Metamorphose der Welt in den Menschen; er ringt nach einem Verstehen der Welt als eines menschenartigen Dinges und erkämpft sich besten Falls das Gefühl einer Assimilation … so betrachtet ein solcher Forscher die ganze Welt als geknüpft an den Menschen, als den unendlich gebrochenen Wiederklang eines Urklanges, des Menschen, als das vervielfältigte Abbild des einen Urbildes, des Menschen. Sein Verfahren ist: den Menschen als Maß an alle Dinge zu halten, wobei er aber von dem Irrtume ausgeht, zu glauben, er habe diese Dinge unmittelbar als reine Objekte vor sich. Er vergisst also die originalen Anschauungsmetaphern als Metaphern und nimmt sie als die Dinge selbst." (Ü III-2, 377)

Der Preis für jene ‚Ruhe' und ‚Sicherheit' ist also jene Identifizierung des menschlichen Denkens mit den Dingen an sich, die sich aber selbst nicht als solche Leistung versteht. Dies hatte Nietzsche schon gegen die Wissensform der Wissenschaft vorgebracht. Durch dieses Selbstmissverstehen wird ‚Wahrheit' zu der Illusion, als würden sich „die Dinge gleichsam durch ihre eigene Tätigkeit auf einem reinen Passivum abzeichnen, abkonterfeien, abphotographieren," was Nietzsche wiederum als eine „Mythologie" bezeichnet (UB III-1, 286).

Wenn die ‚Wahrheit über die Wahrheit' also darin besteht, sie in ihrem Ursprung und ihrer Funktion zu bestimmen als eine Einstellung, die durch einen bestimmten ‚Wert' für das menschliche Leben in der Gesellschaft ausgezeichnet ist, so lässt sich auch die Frage stellen, ob ihr dieser Wert tatsächlich zukommt oder ob diese ‚Selbst-Täuschung' vielleicht überhaupt nicht so wertvoll ist, wie die Gewohnheit die Menschen glauben lässt. So etwas wie ‚Leben' gibt es vermutlich nur „auf dem Grunde perspektivischer Schätzungen und Scheinbarkeiten" (J VI-2, 49). Wenn der Wille zur Wahrheit der Wille ist, sich nicht zu täuschen, so stellt sich also die Frage:

> „man will sich nicht täuschen lassen, unter der Annahme, dass es schädlich, gefährlich, verhängnisvoll ist, getäuscht zu werden, – in diesem Sinne wäre Wissenschaft eine lange Klugheit, eine Vorsicht, eine Nützlichkeit, gegen die man aber billigerweise einwenden dürfte: wie? ist wirklich das Sich-nicht-täuschen-lassen-wollen weniger schädlich, weniger gefährlich, weniger verhängnisvoll: Was wisst ihr von vornherein vom Charakter des Daseins, um entscheiden zu können, ob der grössere Vorteil auf Seiten des Unbedingt-Misstrauischen oder des Unbedingt-Zutraulichen ist?" (F V-2, 257–258)

Diese Überlegung führt Nietzsche schließlich zu einer Relativierung jener Ableitung des Bewusstseins der Wahrheit und des Willens zur Wahrheit von Nützlichkeitsabwägungen in Bezug auf das Zusammenleben in der Gesellschaft. Diese Relativierung beruht allerdings auf der Annahme, dass die Fähigkeit, sich täuschen zu können, ähnlich wichtig sein müsse wie der Wille zur Wahrheit:

> „Falls aber Beides nötig sein sollte, viel Zutrauen und viel Misstrauen: woher dürfte dann die Wissenschaft ihren unbedingten Glauben, ihre Ueberzeugung nehmen, auf dem sie ruht, dass Wahrheit wichtiger sei als irgend ein andres Ding, auch als jede andre Ueberzeugung? Eben diese Ueberzeugung könnte nicht entstanden sein, wenn Wahrheit und Unwahrheit sich beide fortwährend als nützlich bezeigten: wie es der Fall ist. Also – kann der Glaube an die Wissenschaft, der nun einmal unbestreitbar da ist, nicht aus einem solchen

Nützlichkeits-Kalkül seinen Ursprung genommen haben, sondern vielmehr trotzdem, dass ihm die Unnützlichkeit und Gefährlichkeit des ‚Willens zur Wahrheit', der ‚Wahrheit um jeden Preis' fortwährend bewiesen wird." (F V-2, 258)

Damit aber ist die Frage nach der Erkenntnis eigentlich schon verlassen und wir sind zurückverwiesen auf die Moral:

„Dergestalt führt die Frage: warum Wissenschaft? zurück auf das moralische Problem: wozu überhaupt Moral, wenn Leben, Natur, Geschichte ‚unmoralisch' sind? Es ist kein Zweifel, der Wahrhaftige, in jenem verwegenen und letzten Sinne, wie ihn der Glaube an die Wissenschaft voraussetzt, bejaht damit eine andre Welt als die des Lebens, der Natur und der Geschichte; und insofern er diese ‚andre Welt' bejaht, wie? muss er nicht ebendamit ihr Gegenstück, diese Welt, unsre Welt – verneinen?" (F V-2, 258–259)

Wenn mit dem Gedanken von dem Vorrang der Wahrheit und dem moralisch begründeten Willen zur Wahrheit die Vorstellung von einer ‚andren Welt' als der scheinbaren Welt verbunden ist, so weist dies bereits auf die Kritik des ‚Zarathustra' an einer ‚Hinterwelt', die charakteristisch sei für ‚Hinterweltler', denen die ‚wirkende' Welt nicht genügt, weshalb sie ‚dahinter' noch eine andere suchen, die mit einer gesicherten Erkennbarkeit aufwarten kann, m. a. W. jene Welt, deren Vorstellung Platon mit seiner Ideenlehre erfand. Dagegen hat Nietzsche allerdings eine sehr ‚moralische' Kritik vorzubringen:

„Von einer ‚andren' Welt als dieser zu fabeln hat gar keinen Sinn, vorausgesetzt, dass nicht ein Instinkt der Verleumdung, Verkleinerung, Verdächtigung des Lebens in uns mächtig ist: im letzteren Falle rächen wir uns am Leben mit der Phantasmagorie eines ‚anderen', eines ‚besseren' Lebens." (GD VI-3, 72)

Die Frage nach der Wahrheit führt Nietzsche also schließlich über die Frage nach dem Werte der Wahrheit noch weiter zurück nach den ursprünglichen ‚Bejahungen' oder ‚Verneinungen', in denen nicht nur die Vorgaben bestimmt werden, durch welche schließlich darüber entschieden wird, was ‚wahr' und ‚falsch' oder in einem moralischen Sinne ‚recht' und ‚unrecht' genannt werden kann. Der letzte ‚Fluchtpunkt' von Nietzsches Philosophie der Wahrheit verweist also letztlich darauf, dass der Wille zur Wahrheit auf der Grundlage einer ‚Bejahung' entstand, die nicht identisch ist mit der Bejahung des Lebens – man muss an dieser Stelle hinzufügen: so wie es ohne die

Interpretationen wäre, welche in der langen Geschichte des Denkens und des Willens zur Wahrheit darüber bestimmt haben, wie es aufgefasst werden soll. Wir sollten deshalb aus dem soeben angeführten Zitat nicht schließen, Nietzsches Philosophie ende schließlich in Bezug auf ‚Wahrheit' in der Kritik am Bewusstsein von Wahrheit und am Willen zur Wahrheit als etwas ‚Falschem'.

Sie endet vielmehr mit einem bestimmten Verdacht, der eigentlich nur eine Frage aufwirft:

> „Bei allem Werte, der dem Wahren, dem Wahrhaftigen, dem Selbstlosen zukommen mag: es wäre möglich, dass dem Scheine, dem Willen zur Täuschung, dem Eigennutz und der Begierde ein für alles Leben höherer und grundsätzlicherer Wert zugeschrieben werden müsste." (J VI-2, 10–11)

Das setzt aber natürlich voraus, dass die vorausgesetzte Unterscheidung zwischen ‚wahr' und ‚falsch' überhaupt nicht in der Weise gültig ist, wie dies eine lange Tradition angenommen hatte, in der solche Differenzierungen als ‚wesenhaft' und damit als in der ‚Welt an sich' gründend aufgefasst wurden. Das muss nicht heißen, dass jene Unterscheidung bedeutungslos wäre. Aber ihr Ursprung ist möglicherweise anders zu verstehen als in der Tradition, die ihn im ‚Sein', bei ‚Gott' oder vielleicht bei noch höheren Instanzen begründet wissen wollte. Nietzsches Frage nach der Wahrheit endet also eigentlich erst bei der Frage nach der Herkunft und dem Sinn solcher Fundamentalunterscheidungen, wie sie einer Perspektive zugrundeliegen, in der das menschliche Weltverhältnis maßgeblich durch die Unterscheidung zwischen Wahrheit und Falschheit bestimmt wurde:

> „was zwingt uns überhaupt zur Annahme, dass es einen wesenhaften Gegensatz von ‚wahr' und ‚falsch' gibt? … Warum dürfte die Welt, die uns etwas angeht –, nicht eine Fiktion sein? Und wer da fragt: ‚aber zur Fiktion gehört ein Urheber?' – dürfte dem nicht rund geantwortet werden: Warum? Gehört dieses ‚Gehört' nicht vielleicht mit zur Fiktion? Ist es denn nicht erlaubt, gegen Subjekt, wie gegen Prädikat und Objekt, nachgerade ein Wenig ironisch zu sein? Dürfte sich der Philosoph nicht über die Gläubigkeit an die Grammatik erheben?" (J VI-2, 49–50)

3.7 Die Sprache und die Wahrheit

Wir haben im Zusammenhang mit Nietzsches Theorie der Wahrheit gesehen, dass Metaphern darin eine besondere Rolle spielen. In ihnen entstehen durch eine grundsätzlich kreative Leistung von Menschen solche Bilder, die von einem Zusammenhang in einen anderen übertragen werden und auf diese Weise dabei helfen, auch das Verständnis des ersteren für das Verständnis des letzteren verwendbar zu machen. Grundsätzlich ist das Bilden von Metaphern also ein Vorgang, in dem etwas eigentlich Verschiedenes *gleich* gemacht wird, indem die Verständnisleistung für das eine auf etwas anderes übertragen wird, so dass das eine, das doch eigentlich etwas anderes ist, so verstanden wird, als wäre es *nicht* das andere. Wir haben oben das Beispiel des ‚Begreifens' herangezogen; hier wird ein haptischer Vorgang mit einem geistigen Vorgang ‚gleich' gemacht, um das Verständnis für den ersteren für den letzteren ausnutzen zu können. Offenbar hat ‚Wahrheit' nach Nietzsche demzufolge sehr viel mit der Sprache zu tun, deren Funktionieren in einem großen Ausmaß vom Bilden von Metaphern abhängt – in der Regel von solchen, die wir nicht mehr als solche auffassen, obwohl sie es ursprünglich waren, wie das Beispiel des ‚Begreifens' sehr deutlich zeigt.

Am Ende des letzten Kapitels war darüber hinaus die Rede davon, dass Nietzsche die Differenzierung zwischen ‚wahr' und ‚falsch' als eine ‚Fiktion' ansieht, die zwar bedeutende Konsequenzen für das Leben des Menschen und seinen Umgang mit der Welt nach sich zieht, für die wir aber nichtsdestoweniger doch nicht beanspruchen können, wir hätten sie aus der ‚Welt an sich' bzw. aus deren Selbstdarstellung in der Sprache bezogen. Diese Vorstellung hatte Nietzsche schließlich geradezu als die Folge einer „Gläubigkeit an die Grammatik" bezeichnet, weil mit ihr der Glaube von der ‚Natürlichkeit' des Zusammenhangs zwischen Geschehen und Urheber auf der Grundlage des grammatischen Zusammenhangs von Subjekt und Prädikat in die Welt gekommen sei (J VI-2, 49–50). Später wies Nietzsche übrigens noch darauf hin, er fürchte, „wir werden Gott nicht los, weil wir noch an die Grammatik glauben …" (GD VI-3, 72) Offenbar maß Nietzsche den sprachlichen Strukturen unseres Weltverständnisses eine nicht geringe Bedeutung für dieses Verstehen selbst zu. Wir sollten uns im Zusammenhang mit Nietzsches Auffassung von Wissenschaft und Wahrheit deshalb zumindest mit den Grundstrukturen von Nietzsches Theorie über das Funktionieren von Sprache vertraut machen.

Zunächst lehnt Nietzsche eine Theorie ab, die heute vor allem in der angelsächsischen Philosophie noch als Theorie der kausalen Referenz bekannt ist, d. h. als die Vorstellung, unsere Begriffe ließen sich als Wirkungen von Ursachen auffassen, die in der ‚Welt an sich' vorhanden sind und uns dazu bringen, Wörter für Dinge zu erzeugen. Danach wäre das Zeichen ‚Kaninchen' als physikalischer Gegenstand in der Welt, sei es als Druckerschwärze auf Papier, elektrochemisch induzierte Strukturen auf einem Bildschirm oder akustische Ereignisse in der gesprochenen Sprache, ganz einfach die Wirkung des ebenso physikalischen Gegenstandes in der Welt, den wir mit ‚Kaninchen' bezeichnen, unabhängig davon, dass wir diesen Gegenstand näher als organisches Lebewesen und sogar als Säugetier auffassen. Nietzsche wandte dagegen ein:

„Was ist ein Wort? Die Abbildung eines Nervenreizes in Lauten. Von dem Nervenreiz aber weiterzuschliessen auf eine Ursache ausser uns, ist bereits das Resultat einer falschen und unberechtigten Anwendung des Satzes vom Grunde." (Ü III-2, 372)

Offenbar will er an dieser Stelle den neuronalen Aspekt der Erzeugung von Sprache keineswegs ausschließen, aber der bereits von Kant als ‚reiner Verstandesbegriff' bezeichnete Begriff der Kausalität kann nicht für die als Teil der philosophischen Konzeption eines ‚Realismus' aufzufassende Vorstellung von der Erzeugung solcher neuronaler Vorgänge durch ihnen entsprechende Geschehnisse in der ‚Welt an sich' aufkommen. Das ist natürlich schon deshalb so, weil der Sachverhalt ‚das Kaninchen sitzt im Gras' mit dem sprachlichen Zeichen ‚das Kaninchen sitzt im Gras' weder einen strukturellen Zusammenhang noch eine kausale Abhängigkeit aufweist. Nietzsche drückt das so aus: „zwischen zwei absolut verschiedenen Sphären wie zwischen Subjekt und Objekt gibt es keine Kausalität, keine Richtigkeit, keinen Ausdruck" (Ü III-2, 378) Darüber hinaus hatten wir weiter oben schon darauf hingewiesen, dass Nietzsche Begriffe wie Kausalität bzw. Ursache und Wirkung als „konventionelle Fiktionen" auffasste, die „zum Zweck der Bezeichnung, der Verständigung, nicht der Erklärung" dienen, d. h. letztlich haben wir Menschen solche Gedanken „erdichtet", weshalb wir sie nicht der ‚Welt an sich' zuschreiben können (J VI-2, 30).

An dieser Stelle kommt wieder Nietzsches Gedanke der ‚Metapher' ins Spiel. In der Sprache geht es in ihrer Beziehung auf die Welt nicht um Kausalzusammenhänge, sondern um Metaphernbildungen:

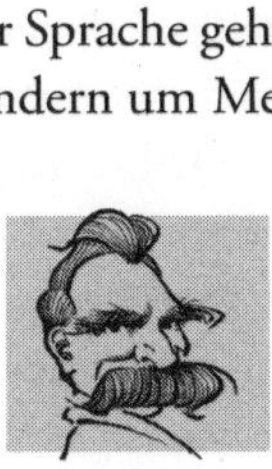

„Wir glauben etwas von den Dingen selbst zu wissen, wenn wir von Bäumen, Farben, Schnee und Blumen reden und besitzen doch nichts als Metaphern der Dinge, die den ursprünglichen Wesenheiten ganz und gar nicht entsprechen." (Ü III-2, 373)

Diese ‚Metaphern' der Dinge entsprechen der ‚Welt an sich' schon deshalb nicht, weil in der „Bildung der Begriffe" die Individualität der Dinge und Ereignisse in der Welt verlorengehen *muss* – also nicht durch Fehler oder Unzulänglichkeiten bei der sprachlichen Beschreibung, sondern schon durch die Gesetze des Entstehens von sprachlichen Bezeichnungen. Das Bilden von Begriffen ist also stets ein ‚Gleichmachen' dessen, was in Wahrheit eigentlich ‚ungleich' ist. Das Funktionieren der Sprache entspricht deshalb strukturell nicht der Welt, über die in ihr gesprochen wird:

> „jedes Wort wird sofort dadurch Begriff, dass es eben nicht für das einmalige ganz und gar individualisierte Urerlebnis, dem es sein Entstehen verdankt, etwa als Erinnerung dienen soll, sondern zugleich für zahllose, mehr oder weniger ähnliche, d. h. streng genommen niemals gleiche, also auf lauter ungleiche Fälle passen muss. Jeder Begriff entsteht durch Gleichsetzen des Nicht-Gleichen." (Ü III-2, 373–374)

Nietzsche gibt an dieser Stelle auch gleich selbst ein sehr passendes Beispiel:

> „So gewiss nie ein Blatt einem anderen ganz gleich ist, so gewiss ist der Begriff Blatt durch beliebiges Fallenlassen dieser individuellen Verschiedenheiten, durch ein Vergessen des Unterscheidenden gebildet und erweckt nun die Vorstellung, als ob es in der Natur ausser den Blättern etwas gäbe, das ‚Blatt' wäre, etwa eine Urform, nach der alle Blätter gewebt, gezeichnet, abgezirkelt, gefärbt, gekräuselt, bemalt wären, aber von ungeschickten Händen, so dass kein Exemplar korrekt und zuverlässig als treues Abbild der Urform ausgefallen wäre." (Ü III-2, 374)

Natürlich bezieht er sich an dieser Stelle wieder auf Platon und dessen Ideenlehre, wenn von der Vorstellung einer ‚Urform' die Rede ist. Man könnte deshalb auch sagen, die ‚anti-platonische' Wende in Nietzsches Philosophie lasse sich bis auf die Auffassung von den ursprünglichen Prozessen in der Bildung und im Gebrauch der Sprache zurückführen.

Begriffe entstehen also durch einen Vorgang, aufgrund dessen sie sich gerade nicht auf die ‚Welt an sich' beziehen können. Das Funktionsprinzip der Sprache ist deshalb das „Uebersehen des Individuellen und Wirklichen", während die Natur selbst „keine Formen und Begriffe, also auch keine Gattungen kennt" (Ü III-2, 374). Wenn das Funktionieren unserer Sprachen aber vor allem auf der Einteilung der Welt in Arten und Gattungen beruht, dann kann die Sprache gerade nicht so funktionieren, dass sie sich auf ein ‚Sich-Selbst-Einteilen' der Welt bezieht, das sie nur abbilden müsste. Sobald wir uns sprachlich über die Welt verständigen, halten wir uns also an ‚Abstraktionen'. Das ist keineswegs unanständig, sondern gerade die Bedingung unseres Lebens, die unsere menschliche Auszeichnung und unsere Erfolgsgrundlage darstellt. Der Mensch

„leidet es nicht mehr, durch die plötzlichen Eindrücke, durch die Anschauungen fortgerissen zu werden, er verallgemeinert alle diese Eindrücke erst zu entfärbteren, kühleren Begriffen, um an sie das Fahrzeug seines Lebens und Handelns anzuknüpfen. Alles, was den Menschen gegen das Tier abhebt, hängt von dieser Fähigkeit ab, die anschaulichen Metaphern zu einem Schema zu verflüchtigen, also ein Bild in einen Begriff aufzulösen." (Ü III-2, 375)

Bereits eine Metapher stellt einen Vorgang dar, in dem Dinge oder Sachverhalte, die nicht gleich sind, durch eine kreative und menschliche Leistung ‚gleichgemacht' werden. Erst dieser Vorgang ermöglicht uns etwas, was wir dann als ‚Ausdruck' des Objektiven im Subjekt bezeichnen können, wenn wir damit nicht meinen, eine ‚Welt an sich' stelle sich auf diese Weise beim Menschen vor und schreibe ihm aus ihr selbst genommene Begriffe vor. Einen solchen ‚Ausdruck' können wir vielmehr nur verstehen als eine „Uebersetzung in eine ganz fremde Sprache", und diese Übersetzung wird nicht von der objektiven Welt selbst vorgenommen, sondern in einer „frei dichtenden und frei erfindenden Mittel-Sphäre und Mittelkraft" (Ü III-2, 378), womit natürlich die menschliche Kreativität im ursprünglich metaphorischen Bilden von Begriffen zu Zwecken der Verständigung für ein Lebewesen gemeint ist, das zu seinem Überleben auf das Leben in Gesellschaft angewiesen ist.

Die menschliche Sprache wäre allerdings nicht so erfolgreich als Verständigungsleistung gewesen und dem Menschen wäre seine Unterscheidung von den Tieren und seine Herrschaft über die Erde nicht so gut gelungen, hätte sich das ‚Gleichmachen' auf das Bilden von Metaphern beschränkt. *Dieses* Gleichmachen geschieht selbst noch auf einer ‚anschaulichen' Grundlage, d. h. mithilfe von ‚Bildern' und ist damit in seiner Leistungsfähigkeit begrenzt. Solange uns noch bewusst ist, dass ‚Begreifen' eine eigentlich aus dem Bereich der haptischen Sinnlichkeit stammende Metapher ist, haben wir noch ein ‚Bild' vor uns, wenn wir über die eigentlich geistige Leistung sprechen, die wir mit jenem Ausdruck bezeichnen. Das ‚Gleichmachen' der entsprechenden Leistungen geschieht also immer noch unter dem Bewusstsein dieser Perspektive, d. h. ‚gleich' sind die entsprechenden Leistungen nur in der Hinsicht, dass sie ‚so sind, als würden wir damit etwas begreifen' in dem ganz konkreten Sinn von ‚etwas mit den Händen greifen'. Solange dieser metaphorische Sinn des Ausdrucks noch bewusst ist, solange kann also nur ein sehr beschränktes ‚Gleichmachen' gelingen, in dem ebenso bewusst bleibt, dass keine wirkliche Gleichheit hergestellt wird, d. h. dass jene Leistungen auch sehr verschieden sind, wenn wir den Blick nicht auf jene Hinsicht beschränken, in der wir ihnen eine Ähnlichkeit zuschreiben können, ‚als ob wir damit etwas mit Händen greifen' würden.

Dieses ‚als ob' können wir jedoch vermeiden und das ‚Gleichmachen' von Dingen und Sachverhalten wesentlich weiter treiben und damit erfolgreicher gestalten, wenn wir auch noch von der ‚Anschaulichkeit' und der ‚Bildlichkeit' der Metaphernbildung abstrahieren und zu einer begrifflichen Sprache übergehen, in der das Entstandensein der Begriffe aus Metaphern vergessen ist und Begriffe als ‚Schemata' die Funktion des ‚Gleichmachens' übernommen haben. Damit erst gelingt es uns, die Welt zu Verständigungszwecken in klare und mitteilbare Strukturen einzuteilen:

„Im Bereich jener Schemata nämlich ist etwas möglich, was niemals unter den anschaulichen ersten Eindrücken gelingen möchte: eine pyramidale Ordnung nach Kasten und Graden aufzubauen, eine neue Welt von Gesetzen, Privilegien, Unterordnungen, Grenzbestimmungen zu schaffen, die nun der anderen anschaulichen Welt der ersten Eindrücke gegenübertritt, als das Festere, Allgemeinere, Bekanntere, Menschlichere und daher als das Regulierende und Imperativische." (Ü III-2, 375–376)

Jene ‚pyramidale Ordnung' ist das, was wir als ‚Ordnung der Dinge' mithilfe von begrifflichen Einteilungen ‚schaffen' bzw. ‚geschaffen haben', insofern das Entstehen aus langen Gewohnheiten des Metaphernbildens gerade zu der Macht solcher Einteilungen gehört, die nur dadurch als Einteilungen der *Welt* gelten, weil wir uns nicht mehr bewusst sind, dass sie nicht aus der ‚Welt an sich' stammen, die sich in ihnen selbst darstellen würde. Sie sind Ergebnisse des Prozesses, in dem es gelungen ist, in Gemeinschaften – von Nietzsche gerne als ‚Herden' bezeichnet – gemeinsam zu handeln, weil wir uns über die Welt *verständigen* konnten, wobei die Funktion der Leistung von Verständigung primär ist. Wir unterscheiden damit die Welt der ‚ersten Eindrücke' von der Welt der begrifflichen Ordnungen, die wir nur in Ausnahmefällen aufgeben, weil wir sie aufgrund ihrer Sicherheit und Konstanz gebenden und damit Verständigung ermöglichenden Funktion als etwas ‚Regulierendes' und sogar ‚Imperativisches' auffassen. In diesem Sinne ist jedes Wort der Sprache „ein Vorurteil", d. h. ein ‚Vor-Urteil', in dem bestimmt wird, was es überhaupt geben kann (MA IV-3, 215).

Ein Teil dieser begrifflichen Ordnung ist z. B. die Einteilung der Tiere in Gattungen und Arten, womit wir von sehr allgemeinen Begriffen wie ‚Lebewesen' und ‚Säugetiere' bis hin zu sehr speziellen Begriffen wie ‚australischer Höckerschwan' kommen. Mithilfe solcher Einteilungen werden viele begriffliche Verbindungen zu Aussagen über die Welt ausgeschlossen, während andere möglich bleiben, so dass wir aufgrund der Erfahrung über ihre Wahrheit oder Falschheit entscheiden können. Wir können sofort sagen, dass ein Hund keine Katze ist, aber ein ‚vierbeiniges Tier mit Fell' kann in beide und noch in so manche andere Kategorie fallen. Nietzsche spricht an einer Stelle vom ‚Würfelspiel der Begriffe', in welchem viele Ergebnisse möglich sind, aber nicht mehr alle:

„Innerhalb dieses Würfelspiels der Begriffe heisst aber ‚Wahrheit' – jeden Würfel so zu gebrauchen, wie er bezeichnet ist; genau seine Augen zu zählen, richtige Rubriken zu bilden und nie gegen die Kastenordnung und gegen die Reihenfolge der Rangklassen zu verstossen." (Ü III-2, 376)

Durch die Regeln dieses Spiels, d. h. durch die begriffliche Ordnung der Dinge, wird also bestimmt, was als Wahrheit überhaupt möglich ist.

Natürlich ändern sich diese begrifflichen Einteilungen im Laufe der Geschichte und der Entwicklung der Wissenschaften. Die Arbeit der Wissenschaft besteht schließlich sogar darin, die begriffliche Ordnung der Dinge zu verbessern:

> „An dem Bau der Begriffe arbeitet ursprünglich, wie wir sahen, die Sprache, in späteren Zeiten die Wissenschaft. Wie die Biene zugleich an den Zellen baut und die Zellen mit Honig füllt, so arbeitet die Wissenschaft unaufhaltsam an jenem großen Kolumbarium der Begriffe, der Begräbnisstätte der Anschauung, … und ist vor allem bemüht, jenes in's Ungeheure aufgetürmte Fachwerk zu füllen und die ganze empirische Welt d. h. die anthropomorphische Welt hineinzuordnen." (Ü III-2, 380)

Nietzsche sieht also zwischen Sprache und Wissenschaft kein Verhältnis einer grundsätzlichen Differenz oder die Beziehung zwischen einer vorhandenen Struktur und dem Erarbeiten von Erkenntnissen, die dann innerhalb der Sprache die ‚Welt an sich' in objektiv beschreibenden Aussagen darstellen. Vielmehr „ist die Sprache die erste Stufe der Bemühung um die Wissenschaft." (MA IV-2, 27) Demnach ist Wissenschaft im Grunde die Ausarbeitung einer Sprache, die zur Konvention wird, mithilfe derer wir ‚über' die Welt sprechen und uns in menschlichen Gemeinschaften mit der Welt auseinandersetzen. Nietzsches Begriff der Sprache führt also nahtlos zu jenem Begriff von Wissenschaft, der weiter oben dargestellt wurde: die Wissenschaft ist nach Nietzsche ein Unternehmen, mit dem Menschen zu einer Sicherheit des Handelns kommen, weil sie sich auf diese Weise verlässlich miteinander über die Welt verständigen können. Damit setzen sie im Grunde das Werk fort, das sie mit der Sprache begonnen haben.

3.8 Philosophie, Logik und der Glaube an die Erkenntnis

Jeder große Philosoph dachte nicht nur über die alten und überlieferten Themen seines Faches nach, sondern ebenso über die Möglichkeiten und Grenzen seines Denkens selbst, d. h. jede solche Philosophie enthielt gleichzeitig eine Philosophie der Philosophie. Seit einigen Jahrhunderten ist das Ergebnis dieses Nachdenkens mehr und mehr selbstkritisch geworden. Das hat natürlich mit der zunehmenden Eigenständigkeit der Wissenschaften und ihres Erkenntnisanspruchs zu tun, die die Philosophie zu einem neuen Selbstverständnis jenseits der empirischen Aussagen über die natürliche und geistige Welt zwang, für die nun erst die Naturwissenschaften und später dann die sich ebenso von der Philosophie unterscheidenden Geisteswissenschaften zuständig wurden. Aber diese selbstkritische Reflexion auf das eigene Tun war nicht nur die Folge der Emanzipation der Wissenschaften, sondern auch das Ergebnis der internen gedanklichen Entwicklung der Philosophie selbst. Wenn wir Kants theoretische und praktische Philosophie als den ersten und den deutlichsten Beweis für die selbstkritische Wendung des philosophischen Denkens auffassen, so ist deutlich zu sehen, dass diese Kritik auch an der Philosophie in der Kritik des Denkens bzw. der reinen Vernunft schon enthalten war, die das spezifische Projekt Kants darstellte.

Die Vernunft kann vernünftig nur ihre eigenen Grenzen erkennen und durch bloßes Denken ist nur das Denken zu umgrenzen. Damit konnte der Anspruch auf eine philosophische Erkenntnis etwa des Kosmos, der Seele oder Gottes aus grundsätzlichen Erwägungen über das Denken und die Vernunft selbst nicht mehr länger aufrechterhalten werden. Eine rationale Kosmologie, eine rationale Psychologie oder eine rationale Theologie konnte es nun nicht mehr geben, wobei wir das Adjektiv ‚rational‘ hier im Sinne von ‚erkennend aus reiner Vernunft‘ auffassen müssen. Die Kosmologie und die Psychologie konnten nur noch als empirische Wissenschaften betrieben werden, und d. h. ihre Erkenntnisse ergeben sich nun aus der Geschichte der jeweiligen Wissenschaft in Kombination mit der Verarbeitung solcher empirischer Befunde, die auf der Grundlage jener Geschichte zugänglich bzw. durch Experimente gewonnen werden können. Theologie dagegen kann es nur noch als Auslegungswissenschaft geben, d. h. von Gott kann man noch ‚wissen‘, indem man Texte interpretiert, die innerhalb einer Religion als ‚heilig‘ deklariert werden, oder indem man Äußerungen und Schriften heranzieht, in denen man besonders verlässliche Einsichten über Gott vermutet.

Natürlich bezog sich diese Selbstbeschränkung des reinen – d. h. ohne empirische oder hermeneutische ‚Beimischungen‘ erfolgreichen – Denkens nicht nur auf diese drei Wissenschaften, die Kant deshalb genannt hatte, weil von Philosophen vor allem auf diesen Gebieten Aussagensysteme entwickelt worden waren, für die sie den Status von Erkenntnissen aus reiner Vernunft beansprucht hatten. Es kann selbstverständlich auf dieser Grundlage auch keine in dem genannten Sinne ‚rationale' Physik, Zoologie, Germanistik oder Politikwissenschaft geben. Diese Einsicht Kants wurde in der Folge keineswegs zurückgenommen, auch wenn es etwa bei Hegel, Fichte und Schelling manchmal so aussehen konnte. Dies liegt aber in der Regel daran, dass nicht ausreichend beachtet wird, wie sehr sich der Erkenntnisanspruch von Ableitungen aus ‚Grundprinzipien' von demjenigen von Aussagen über die ‚Sachen' in der Welt unterscheidet. Es geht bei den gerade genannten Autoren stets nur um Denkformen, apriorische Begriffe, Urteilsformen, kurz: um diejenigen reinen Verstandesbegriffe, welche sie aus ‚Grundprinzipien' ableiten zu können beanspruchten. Man könnte etwas vereinfacht auch sagen: es ging stets nur um Variationen der Kantischen Tafel der Urteilsformen bzw. der reinen Verstandesbegriffe, auch wenn diese Variationen bisweilen sehr ausführlich und detailliert entwickelt wurden.

Nietzsche schloss sich an dieses Unternehmen nicht an. Nichtsdestoweniger hat er das Projekt einer Selbstkritik der Philosophie doch auf seine Weise weitergetrieben, und d. h. heißt natürlich, indem er die historische und psychologische Seite des philosophischen Denkens betonte. Die Philosophie hat danach einen Ursprung, der keineswegs im reinen Denken selbst entstanden war, und sie erhielt sich als eine bestimmte Denk- und Wissensform, weil sie diesem Ursprung verpflichtet blieb, m. a. W.: sie nährte sich keineswegs ohne Unterlass aus der Quelle des reinen Denkens. An einer Stelle schreibt Nietzsche über den Ursprung der Philosophie in Griechenland:

> „Diese Philosophen hatten einen handfesten Glauben an sich und ihre ‚Wahrheit' und warfen mit ihr alle ihre Nachbarn und Vorgänger nieder; jeder von ihnen war ein streitbarer gewalttätiger Tyrann. Vielleicht war das Glück im Glauben an den Besitz der Wahrheit nie grösser in der Welt, aber auch nie die Härte, der Uebermut, das Tyrannische und Böse eines solchen Glaubens. Sie waren Tyrannen, also Das, was jeder Grieche sein wollte und was jeder war, wenn er es sein konnte." (MA IV-2, 219)

Man könnte das auch so zusammenfassen: am Anfang der Philosophie stand der ‚Glaube', nicht die reine Vernunft, und mit ihm der ‚Kampf' und der ‚Streit', nicht die ausschließlich durch das Denken geleitete Entwicklung von Erkenntnissen, und die handelnden Personen agierten nach Tyrannenart, d. h. nicht durch den Austausch von Argumenten auf der Grundlage der unbefleckten Vernunft und nicht durch den ‚zwanglosen Zwang des besseren Argumentes', von dem Habermas am Ende des 20. Jahrhunderts sprach.

Nichtsdestoweniger war die Entstehung der Philosophie doch geprägt von der Wendung gegen das Erzählen von ‚Mythen', d. h. von ‚Geschichten', die prinzipiell nach der Art von Geschichten aus dem familiären Leben verfasst waren und als Bezugspunkt für das eigene Verstehen von sozialen Zusammenhängen und darüber hinaus auch der Beziehungen zur Welt dienen konnten. Gegen dieses Sichverstehen aus dem ‚Mythos' war die Berufung auf das ‚dialektische' Einteilen der Welt durch Begriffe, die – wie etwa in platonischen Dialogen vorgeführt – in einer vernünftigen Auseinandersetzung zwischen Gesprächspartnern gefunden wurden, eine Art von Befreiung, jedenfalls dann, wenn wir das System des Wertens unterstellen, welches nun unter dem Namen des vernünftigen Bildens von Begriffen gefunden wurde und das unser Denken heute noch weitgehend bestimmt:

„Wer das fortwährende Jauchzen nicht hört, welches durch jede Rede und Gegenrede eines platonischen Dialogs geht, das Jauchzen über die neue Erfindung des vernünftigen Denkens, was versteht der von Plato, was von der alten Philosophie? Damals füllten sich die Seelen mit Trunkenheit, wenn das strenge und nüchterne Spiel des Begriffs, der Verallgemeinerung, Widerlegung, Engführung getrieben wurde, … Damals hatte man in Griechenland den anderen älteren und ehedem allmächtigen Geschmack noch auf der Zunge: und gegen ihn hob sich das Neue so zauberhaft ab, dass man von der Dialektik, der ‚göttlichen Kunst', wie im Liebeswahnsinn sang und stammelte." (M V-1, 318)

Die Erfindung des ‚Rationalen' war nach dieser Auffassung also nicht sehr rational motiviert.

Jene ‚Befreiung' war deshalb mehr eine ‚Befreiung-von', nämlich von jenem Erzählen von Geschichten, das wir auch als ‚Sittlichkeit' auffassen können, d. h. als Orientierung des Denkens und Handelns an dem, was in der Überlieferung über ein Thema festgestellt worden war und deshalb gelten musste. Das ‚rationale' Denken war also die Befreiung von dem Denken, „für das es lauter festgestellte Urteile, festgestellte Ursachen, keine andern Gründe als die der Autorität gab: sodass Denken ein Nachreden war." (M V-1, 319) Gegen diese vorgängige Bestimmtheit des Denkens musste es Sokrates und seinen Zeitgenossen als „Zauber" erscheinen, nämlich als Zauber „der Ursache und Wirkung, des Grundes und der Folge", als sie dagegen das rationale Denken setzen konnten (M V-1, 319).

Aber Nietzsche machte darauf aufmerksam, dass die Erfindung des philosophischen und die vernunftorientierte Auseinandersetzung in der Bestimmung der Begriffe und der Wahrheiten in den Vordergrund stellenden Denkens diese Wirkung nur haben konnte, weil es nicht *nur* eine Befreiung war: „Alle großen geistigen Mächte üben neben ihrer befreienden Wirkung auch eine unterdrückende aus," und alle „tyrannisieren", ob sie ihre Grundlage nun in heiligen Texten oder in der Wissenschaft haben (MA IV-2, 223). Diese Tyrannei wird in der Regel bald durch die ‚Gewöhnung' verdeckt, aufgrund derer uns das Neue als selbstverständlich gilt, so dass es uns als „Notdurft" erscheint oder, in einem anderen Bilde, als der „normale Geschmack". Nietzsche schrieb dies über die Logik selbst, also über die Grundlage desjenigen Denkens, das an einem historischen Ort und zu einer historischen Zeit gegen die zuvor bestimmende ‚Sittlichkeit' aufgetreten war: „wir modernen Menschen sind so sehr an die Notdurft der Logik gewöhnt und zu ihr erzogen, dass sie uns als der normale Geschmack auf der Zunge liegt." (M V-1, 319)

Entsprechendes gilt natürlich für die auf der Grundlage dieser Logik entstandene Mathematik:

> „Die Erfindung der Gesetze der Zahlen ist auf Grund des ursprünglich schon herrschenden Irrtums gemacht, dass es mehrere gleiche Dinge gebe (aber tatsächlich gibt es nichts Gleiches), mindestens dass es Dinge gebe (aber es gibt kein ‚Ding'). Die Annahme der Vielheit setzt immer schon voraus, dass es etwas gebe, was vielfach vorkommt: aber gerade hier schon waltet der Irrtum, schon da fingieren wir Wesen, Einheiten, die es nicht gibt." (MA IV-2, 40)

Logik und Mathematik sind uns also deshalb so selbstverständlich, weil sie inzwischen so etwas wie der ‚Normalgeschmack' der Welt – bzw. unserer Weltauffassung – geworden sind. Ihre Grundlagen sind uns gewissermaßen als Teil unserer Sinnlichkeit im Sinne einer ‚zweiten' und eigentlich geschichtlich gewordenen ‚Natur' selbstverständlich, und wir vertrauen dem, was wir auf dieser Grundlage zu wissen glauben, in ähnlicher Weise, wie wir allem glauben, was uns durch das Zeugnis von Sinneswahrnehmungen garantiert wird.

Wenn die ‚Logik' grundsätzlich so etwas wie ein ‚Geschmack' ist, dann kann sie keine Grundlage in der ‚Welt an sich' haben, und in der Tat war dies Nietzsches Gedanke:

> „Auch die Logik beruht auf Voraussetzungen, denen Nichts in der wirklichen Welt entspricht, z. B. auf der Voraussetzung der Gleichheit von Dingen, der Identität des selben Dings in verschiedenen Punkten der Zeit: aber jene Wissenschaft entstand durch den entgegengesetzten Glauben (dass es dergleichen in der wirklichen Welt allerdings gebe)." (MA IV-2, 27)

Die „Grundlage der Logik" wurde also vor allem durch den sehr „unlogischen Hang" geschaffen, „das Ähnliche als gleich zu behandeln", der selbst eine Art von Tyrannei war, „denn es gibt an sich nichts Gleiches“ (F V-2, 149). Das alleine genügte aber noch nicht, sondern diese Tyrannei ging noch weiter:

> „Ebenso musste, damit der Begriff der Substanz entstehe, der unentbehrlich für die Logik ist, ob ihm gleich im strengsten Sinne nichts Wirkliches entspricht, – lange Zeit das Wechselnde an den Dingen nicht gesehen, nicht empfunden worden sein; die nicht genau sehenden Wesen hatten einen Vorsprung vor denen, welche alles ‚im Flusse‘ sahen.“ (F V-2, 150)

Diesem Gedanken zufolge ist es einfach ein ‚Vorteil‘, wenn es gelingt, etwa einen Baum im Wechsel der Farben seiner Blätter als identisch zu erkennen – d. h. als eine Substanz, die im Wechsel der Akzidentien (etwa der Farben bzw. mit und ohne Blätter) ‚gleich‘ bleibt. Die ‚Gleichheit‘ und damit der Gedanke der ‚Substanz‘ als des im Wechsel Gleichbleibenden an den Dingen, von dem sich die Akzidentien als das abheben, was sich ändern kann, ohne dass die Substanz wechselt, ist also zunächst „geworden“ (MA IV-2, 35) – d. h. die Welt so aufzufassen, stammt nicht aus der ‚Welt an sich‘ als Forderung, sie gemäß den Funktionsbedingungen der Logik und dann des rationalen Denkens zu verstehen

Eine solche ‚Forderung‘ stammt nach Nietzsche vielmehr aus der Beziehung des Menschen als eines organischen Wesens zu seiner Welt, in der er seine Interessen durchsetzen will, und d. h. die Logik und alles rationale Erkennen ist eine Folge davon: „Uns organische Wesen interessiert ursprünglich Nichts an jedem Dinge, als sein Verhältnis zu uns in Bezug auf Lust und Schmerz.“ (MA IV-2, 35) Schon aus dieser „Periode der niederen Organismen her ist dem Menschen der Glaube vererbt, dass es gleiche Dinge gibt.“ (MA IV-2, 35)

Von hier aus stellte Nietzsche eine kühne Verbindung zwischen der Vorteilhaftigkeit eines solchen Glaubens an die ‚Gleichheit‘ und dem Entstehen der ‚Metaphysik‘ in der geschichtlichen Epoche des Menschen her, und wir können ‚Metaphysik‘ hier weitgehend mit dem Denken gleichsetzen, das mit Platon begann und das Nietzsche in seiner Zeit noch herrschend ansah:

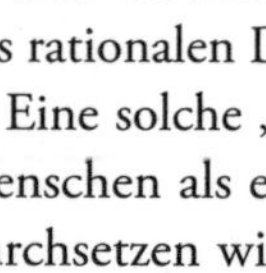

> „der Glaube an unbedingte Substanzen und an gleiche Dinge ist ebenfalls ein ursprünglicher, ebenso alter Irrtum alles Organischen. Insofern aber alle Metaphysik sich vornehmlich mit Substanz und Freiheit des Willens abgegeben hat, so darf man sie als die Wissenschaft bezeichnen, welche von den Grundirrtümern des Menschen handelt – doch so, als wären es Grundwahrheiten.“ (MA IV-2, 36)

Hier steht zwar, dass die Grundlage des Logischen ein „alter Irrtum“ sei und dies betrifft demgemäß auch das Denken selbst, das dann als rationales Denken bzw. Metaphysik herrschend wurde, aber wir sollten daraus nicht ableiten, dass Nietzsche es nicht gleichwohl in dem Sinn als etwas Wahres ansehen konnte, als es sich als ‚nützlich‘ für jenes ‚gleichmachende‘ Wesen Mensch gezeigt hat. Der Irrtum besteht hier im Grunde in jener Verwechslung zwischen einem ‚nützlichen Glauben‘ und Eigenschaften der ‚Welt an sich‘, die als ‚Grundwahrheiten‘ aufgefasst werden – wobei ihr Charakter als nützliche Perspektiven in der Tyrannei durch einen ‚Normalgeschmack‘ vergessen wird.

Was bisher ‚Philosophie‘ hieß – also von Platon bis zu Nietzsches Gegenwart – war nach Nietzsche deshalb eine Lehre von der Erkenntnis auf der Grundlage jenes ‚Normalgeschmacks‘ und der mit ihm verbundenen Verwechslung:

> „Es hat bis jetzt noch keinen Philosophen gegeben, unter dessen Händen die Philosophie nicht zu einer Apologie der Erkenntnis geworden wäre; in diesem Punkte wenigstens ist ein jeder Optimist, dass dieser die höchste Nützlichkeit zugesprochen werden müsse. Sie alle werden von der Logik tyrannisiert: und diese ist ihrem Wesen nach Optimismus.“ (MA IV-2, 24)

Als ‚Optimismus‘ können wir in diesem Zusammenhang die Auffassung verstehen, dass sich die ‚Welt an sich‘ nach dieser interessenbedingten Perspektive des Erkennens richten müsse, d. h. dass sie ‚an sich‘ logisch und sich gemäß unseren Gleichheitsforderungen selbst ‚gleichzumachen‘ bereit sei.

Wenn jene ‚Tyrannei‘ und der Irrtum der Verwechslung des Logischen mit dem ‚An-sich‘ der Welt aber letztlich auf die leibliche Beziehung des Menschen zu seiner Welt zurückgeht, aus welcher die Vorteilhaftigkeit jener logischen Auffassung entstehen konnte, so zeigt sich die Philosophie letztlich als „nur eine Auslegung des Leibes“, und, wenn sie ihre Ansprüche auf die ‚Welt an sich‘ erstreckt, als „ein Missverständnis des Leibes“ (F V-2, 16). Dies ist über die bisweilen durchbrechende Vulgärpsychologie hinaus der eigentliche Grund für Nietzsches Generalverdacht in Bezug auf die Philosophie:

> „bei allem Philosophieren handelte es sich bisher gar nicht um ‚Wahrheit‘, sondern um etwas Anderes, sagen wir um Gesundheit, Zukunft, Wachstum, Macht, Leben …“ (F V-2, 17)

Philosophie ist demnach in der Gestalt, wie sie in der Antike entstanden ist, ein Versuch, einen ‚Normalgeschmack‘ zu einer Art ‚Dogma‘ zu machen. Das ‚Paradigma‘ einer solchen ‚dogmatischen Philosophie‘ war für Nietzsche natürlich der Platonismus, der deshalb „der schlimmste, langwierigste und gefährlichste aller

Irrtümer" war, weil er „das Perspektivische, die Grundbedingung alles Lebens" verleugnete (J VI-2, 4). Philosophie in diesem Sinne ist also nicht reines Denken, sondern ‚reines Schaffen':

> „Sie schafft immer die Welt nach ihrem Bilde, sie kann nicht anders; Philosophie ist dieser tyrannische Trieb selbst, der geistigste Wille zur Macht, zur ‚Schaffung der Welt', zur causa prima." (J VI-2, 16)

3.9 Philosophie jenseits der Kritik?

Damit sind wir notwendig bei der Frage, welchen Status Nietzsche seinem eigenen Denken zumessen wollte. Wir können bisher nur sagen, dass er es mit Sicherheit nicht als Philosophie in dem Sinn aufgefasst sehen wollte, wie er ihn der platonischen und damit aller ‚dogmatischen' Philosophie zuschrieb, also einer solchen, die ihre ‚Erfindungen' mit den Eigenschaften einer ‚Welt an sich' verwechselte und sich deshalb als Sachwalterin einer ewigen und menschenunabhängigen Erkenntnis auffasste – also dem, was Nietzsche als Philosophie „denkender Frösche" bezeichnete, d. h. von „Objektivier- und Registrier-Apparate[n] mit kalt gestellten Eingeweiden" (F V-2, 17). Die Frage lässt sich womöglich leichter behandeln, wenn wir nach der Aufgabe suchen, die Nietzsche der Philosophie jenseits ihrer ‚dogmatischen' Epoche stellen möchte. Es muss sich offenbar um eine solche handeln, in deren Erfüllung die Philosophie keinen Anspruch auf eine Erkenntnis der ‚Welt an sich' mehr stellen kann.

Das allerdings war bereits der mit Kants kritischer Philosophie erreichte Reflexionsstand des philosophischen Denkens, und Fichte, Schelling und Hegel waren grundsätzlich nicht dahinter zurückgegangen in ihren Versuchen, jene Begriffe zu entwickeln, mit denen die menschliche Erkenntnisfähigkeit ihre Leistung vollbringen kann, d. h. sie hatten nicht versucht, eine ‚Welt an sich' zu beschreiben, sondern das begriffliche System, in dem wir denken bzw. denken müssen. Auf jeden Fall war Philosophie als ‚Kritik' bereits im zentralen Bereich des Denkens akzeptiert, auch wenn das 19. Jahrhundert schon zu Nietzsches Zeit Versuche gesehen hatte, aus der Kritik wieder Dogmen zu entwickeln.

Aber nach Nietzsche sollte es für die „Philosophen der Zukunft" auch keineswegs ausreichen, nur „Kritiker" und „Skeptiker" zu sein, obwohl sie dies durchaus sein müssen, ebenso wie „Menschen der Experimente" mit der „Lust am Versuchen". An der gleichen Stelle weist Nietzsche jedoch darauf hin, dass sie auch damit noch nicht vollständig bezeichnet wären (J VI-2, 146). Eigentlich soll es sich dabei nur um

‚Durchgangsstadien' handeln, die neben anderen stehen, zu denen auch die Eigenschaft gehört, ‚freier Geist' zu sein, die Nietzsche immer wieder für sich selbst in Anspruch nahm:

> „Es mag zur Erziehung des wirklichen Philosophen nötig sein, dass er selbst auch auf allen diesen Stufen einmal gestanden hat, auf welchen seine Diener, die wissenschaftlichen Arbeiter der Philosophie, stehen bleiben, – stehen bleiben müssen; er muss selbst vielleicht Kritiker und Skeptiker und Dogmatiker und Historiker und überdies Dichter und Sammler und Reisender und Rätselrater und Moralist und Seher und ‚freier Geist' und beinahe Alles gewesen sein." (J VI-2, 148)

Bei den Menschen, die Nietzsche an dieser Stelle als ‚wissenschaftliche Arbeiter der Philosophie' und an anderer Stelle als ‚philosophische Arbeiter' bezeichnet, handelt es sich – z. B. – um Kant und Hegel (J VI-2, 148).

Die ‚Aufgabe' der ‚wirklichen Philosophen' dagegen soll etwas anderes verlangen: „sie verlangt, dass er Werte schaffe" (J VI-2, 148). An anderer Stelle nennt Nietzsche jene ‚wirklichen Philosophen' auch die ‚eigentlichen Philosophen' und stellt ihnen die folgende Aufgabe:

> „Die eigentlichen Philosophen aber sind Befehlende und Gesetzgeber: sie sagen ‚so soll es sein!', sie bestimmen erst das Wohin? und Wozu? des Menschen und verfügen dabei über die Vorarbeit aller philosophischen Arbeiter, aller Überwältiger der Vergangenheit – sie greifen mit schöpferischer Hand nach der Zukunft, und Alles, was ist und war, wird ihnen dabei zum Mittel, zum Werkzeug, zum Hammer. Ihr ‚Erkennen' ist Schaffen, ihr Schaffen ist eine Gesetzgebung, ihr Wille zur Wahrheit ist – Wille zur Macht." (J VI-2, 149)

Damit müssen wir aber verbinden können, dass Nietzsche den ‚bisherigen' Philosophen vor allem eine andere Aufgabe zuschreibt, die durchaus mit ‚Kritik' angegeben werden könnte, auch wenn dieser Begriff von ‚Kritik' nicht mit dem Kants identisch ist, nämlich die Aufgabe, „das böse Gewissen ihrer Zeit zu sein" und dies, indem sie „gerade den Tugenden der Zeit das Messer vivisektorisch auf die Brust setzten." (J VI-2, 149) Nietzsche schreibt hier nicht, es handle sich um die Aufgabe der Kritik der Moralphilosophie oder der moralischen Wertsysteme selbst, sondern er verwendet den Ausdruck ‚Tugenden' und darunter *können* wir zwar moralische Prinzipien verstehen, aber im Zusammenhang von Nietzsches Denken sollten wir den Begriff etwas weiter auffassen. Dies hängt schon damit zusammen, dass Nietzsche üblicherweise als ‚moralisch' aufgefasste Regeln ebenso im Bereich der Erkenntnis am Werke sah. Wir haben weiter oben schon gesehen, dass auch Grundsätze der Wissenschaftlichkeit und der Gewinnung von Erkenntnis in diesem Sinne als ‚Tugenden' aufgefasst werden können. Die Kritik und die ‚Vivisektion' von Tugenden im Sinne von Regeln mit dem Status der ‚Sittlichkeit' soll also die erste – wenn auch nicht einzige und höchste – Aufgabe der Philosophie sein, also dessen, was gilt, weil es immer gegolten hat, d. h. was sich nur durch die Geschichte ausweisen kann, obwohl es doch weit darüber hinausgehende Ansprüche auf Geltung erhebt.

An der gleichen Stelle schrieb Nietzsche jedoch, jene Philosophen verrieten durch diese Kritik an den ‚Tugenden' und damit an den Spezifikationen der Sittlichkeit, „was ihr eignes Geheimnis war" und das ist: „um eine neue Grösse des Menschen zu wissen, um einen neuen ungegangenen Weg zu seiner Vergrößerung." (J VI-2, 149–150) An der oben zitierten Stelle hatte Nietzsche die ‚eigentlichen Philosophen' als ‚Befehlende' und ‚Gesetzgeber' bezeichnet. Wenn wir beide Stellen zusammennehmen, so könnte sich die Vermutung nahelegen, Nietzsche zufolge stelle jenes Wissen um eine ‚neue Größe des Menschen', das mit der Kritik an den ‚Tugenden' verbunden war, den ersten Schritt dar auf dem Weg zu dieser neuen philosophischen ‚Gesetzgebung'. Aber es stellt sich in diesem Zusammenhang auch die Frage, wieso die Kritiker (also jene Philosophen minderer Qualität und mit Aufgaben, die nicht mit jenen der ‚eigentlichen Philosophen' identisch sind, auch wenn sie eine Vorstufe dazu darstellen) in ihrer ‚höheren' Gestalt zur ‚Gesetzgebung' auf den Gebieten der ‚Tugenden' betreffend Moral und Erkenntnis befähigt sein sollen – etwa sind Kunstkritiker nicht deshalb die besseren Künstler, weil sie beanspruchen, die Kunst beurteilen zu können.

Hier muss jedoch berücksichtigt werden, wie fundamental die Ansprüche sind, welche Nietzsches Kritik an aller Erkenntnis auf theoretischem und praktischem Gebiet erhebt. Wir haben gesehen, dass diese Kritik historisch und psychologisch vor sich geht, d. h. sie kritisiert durch die Aufweisung des Entstehens von Werten zu einer bestimmten Zeit und aufgrund einer bestimmten Motivlage, was Nietzsche als ‚psychologisch' bezeichnet. Werte werden dabei keineswegs als eine Besonderheit für das Gebiet der Moralphilosophie aufgefasst, sondern sind ebenso die Grundlage für das Erkennen. Wir haben gesehen, dass Nietzsches Kritik die Fundamente des Erkennens betrifft, wie wir es im Abendland seit mehr als zwei Jahrtausenden kennen. Dazu gehören etwa auch die Grundlagen der Logik mit ihrem ‚Gleichmachen', dem nichts in der ‚Welt an sich' entspricht, und dazu gehört die Erkenntnisbedeutung bzw. -funktion der Sprache, die sich für Nietzsche ebenso als ein an dem Überleben von Gemeinschaften orientiertes ‚Gleichmachen' zeigte. Vor allem gehört dazu auch das Begründen bzw. das Gründegeben und damit die

Verbindlichkeit von Erkenntnissen sowohl auf theoretischem als auch auf praktischem Gebiet. Auf dieser Grundlage kann man Nietzsches Philosophie offenbar als eine fundamentale Kritik an der Vorstellung von *Wahrheit* zusammenfassen, die er als Grundlage für das abendländische Verständnis von Erkenntnis so *erklärte*, indem er sie als eine bestimmte Funktion für das menschliche Leben in Gemeinschaften erbringend darstellte.

Damit eröffnen sich für Nietzsches eigene Philosophie also prinzipiell drei Möglichkeiten, wenn er uns von der Wahrheit seiner eigenen Kritik an allem Erkennen überzeugen will.

1. Er kann darauf verzichten, dafür Gründe zu geben und für diese Kritik den Status einer Erkenntnis zu beanspruchen. Seine Kritik an den Fundamenten aller abendländischen Erkenntnisansprüche erhebt damit selbst nicht den Anspruch, wahr zu sein. Damit muss sie sich offenbar außerhalb des Denkzusammenhangs stellen, den Nietzsche als abendländische Wissens- und Erkenntnisform auffasste und in seiner historischen und psychologischen Herkunft erklärte. Es stellt sich dann die Frage, ob ein solches Unternehmen noch als Philosophie mit einem Anspruch auf Geltung und Wahrheit aufgefasst werden kann, oder ob wir Nietzsches Werk in diesem Fall nicht gänzlich als literarisch und damit als in den Bereich der Kunst gehörig auffassen *müssen* – und zwar nicht nur aufgrund der Einschätzung externer Beobachter auf dem Standpunkt der abendländischen Wissensform, sondern gerade unter Berufung auf Nietzsches eigenen Anspruch.

Wer die Grundlagen der abendländischen Erkenntnis- und Wissensform insofern kritisiert, als er sie *gegen* ihre eigenen Ansprüche aus historischen und psychologischen Zusammenhängen ableitet, kann sie nicht selbst *mit* ihren eigenen Ansprüchen verwenden. Wer ‚Wahrheit' als gemeinschaftsbildendes ‚Gleichmachen' ohne Bezug auf die ‚Welt an sich' erklärt, kann für eben *diese* Behauptung dann nicht Wahrheit beanspruchen. Das gilt natürlich auch dann, wenn er selbst für *seine* Wahrheit nur den Status eines gemeinschaftsbildenden ‚Gleichmachens' beansprucht, denn wenigstens dies soll schließlich wahr sein … Wer diese Möglichkeit wählt, wird insgesamt also zu der Einschätzung kommen müssen, Nietzsches Werk sei ‚nur' Literatur und keine Philosophie.

2. Er kann versuchen, seine eigenen Einsichten in die Grundlagen der abendländischen Wissensform in der gleichen Weise zu begründen, wie es diese Wissens- und Erkenntnisform fordert. Es ist schon deutlich geworden, dass Nietzsche zumindest bis zu einem gewissen Grad durchaus so vorgeht. Er versucht uns historisch und psychologisch die fundamentalen Voraussetzungen dieser Wissensform zu erklären, d. h. sie abzuleiten aus Notwendigkeiten bzw. Vorteilen für ein Leben in der arbeitsteiligen

Gemeinschaft und in Verständigung mit anderen Menschen. Er versucht uns also Gründe zu geben, die seine Erklärungen als wahr nachweisen sollen. Unter diesem Aspekt kritisiert er mit den Mitteln der abendländischen Wissensform die Fundamente eben dieser abendländischen Wissensform.

Offenbar gerät Nietzsches Unternehmen auch mit dieser Möglichkeit in eine grundsätzliche Schwierigkeit. Wir können dies am zentralen Begriff jener Wissensform sehen. Will er für seine Erklärungen Wahrheit in Anspruch nehmen, so kann er nicht auf eine so radikale Weise den Anspruch auf Wahrheit als einen nur für die ‚Herdenbildung' nützlichen Glauben mit überlebensförderlicher Funktion auffassen, ohne seinen eigenen Anspruch auf Wahrheit für eben diese Auffassung zurückzunehmen. Wer diese Möglichkeit wählt, muss Nietzsche im Grunde als einen ‚Überredungskünstler' auffassen, der seine Zuhörerschaft mithilfe solcher Argumente für seine Behauptungen zu gewinnen sucht, die sein Publikum voraussichtlich akzeptieren wird, obwohl er mit seinen Behauptungen gerade nachweisen will, dass diese Argumente nicht sachgegründet gelten können, sondern nur als Motive, um jenen Behauptungen zuzustimmen. Das kleine Problem dabei ist nur dies: glaubt ihm sein Publikum, so kann es seine Behauptungen nicht als wahr auffassen; hält es sie für wahr, so hat es sie nicht ganz verstanden.

3. Schließlich könnte man noch an eine Möglichkeit denken, wonach Nietzsche seine Kritik an den Fundamenten der abendländischen Wissens- und Erkenntnisform auf eine *andere* Weise als wahr nachweisen bzw. begründen könnte als innerhalb eben dieser Wissensform (Möglichkeit 2) *oder* überhaupt nicht (Möglichkeit 1). Hier muss man allerdings berücksichtigen, dass Nietzsche seinen Anspruch durchaus radikal verstanden zu wissen forderte. Seine Kritik richtete sich nicht gegen eine *bestimmte* Auffassung von Wahrheit, die er durch eine bessere ersetzen wollte, sondern gegen die abendländische Auffassung als solche, es gebe so etwas wie Wahrheit, unabhängig davon, wie man sie definieren und mithilfe welcher Kriterien man sie feststellen kann. Von gleicher Radikalität ist seine Kritik am Gründegeben. Sie wendet sich nicht gegen *bestimmte* Gründe, die für das Begründen nicht ausreichend sein sollten, während andere und bessere Gründe diese Aufgabe doch erfüllen könnten, und er versucht auch nicht schwache Gründe von stärkeren zu unterscheiden. Seine Kritik richtet sich vielmehr gegen die Vorstellung, es gebe so etwas wie Gründe, die in der Sache selbst liegen und uns zwingen könnten, eine Wahrheit anzuerkennen bzw. einem Argument zuzustimmen, und nicht nur psychologische Motive für das Zustimmen, die aus der ‚Sittlichkeit' stammen, die gilt, weil sie immer gegolten hat, obwohl sie ursprünglich durchaus aus der Erfüllung einer lebensdienlichen Funktion entstanden ist. *Diese* (3.) Möglichkeit können wir also deshalb ausschließen, weil sie

darauf beruhen würde, dass wir Nietzsches Kritik nicht in der Radikalität auffassen, wie sie ganz offenbar gemeint war.

Wenn Nietzsche also darauf hinwies, dass seine ‚neuen' und ‚eigentlichen' Philosophen als ‚Befehlende' und ‚Gesetzgeber' neue ‚Werte' schaffen, so bezieht er sich dabei im Grunde auf die Situation, in die er sein Denken durch die Radikalität der Kritik an der abendländischen Wissens- und Erkenntnisform gebracht hat. Er zeigt dabei also nicht seinen persönlichen Größenwahn, sondern entwickelt nur radikal die Konsequenzen seines eigenen Denkens und d. h. die einer wirklich *fundamentalen* Kritik an jener Wissens- und Erkenntnisform, die eine Kritik an deren Fundamenten in Konzepten wie Wahrheit und Begründen ist. Insofern ist die Lage in Nietzsches Philosophie also tatsächlich anders als in der Kunstkritik. Der Nietzscheanische Kritiker *muss* sich in der Tat als Begründer einer neuen Wissensform auffassen, die er für die kritisierte Gestalt nicht mehr ausweisen kann, weil er keine anschließbaren Begriffe mehr verwenden könnte, so dass er genau gesprochen schon nicht einmal mehr für eine ‚andere' oder ‚bessere' Wissensform *argumentieren* könnte. Im Grunde könnte er seine Position nur ‚schaffen', d. h. durch ‚Gesetzgeben' und ‚Werteschaffen'. In diesem Sinne *muss* der Kritiker in Nietzsches Sinn in der Tat sogar Künstler sein – d. h. kreativ und originell Werte, Begriffe und Gedanken schaffen.

3.10 Eine ‚positive' Philosophie bei Nietzsche?

Aber wir sollten die Frage noch nicht ganz aufgeben, ob der ‚eigentliche' Philosoph mit diesem Werteschaffen schon alles erreicht hat, was er zu sagen hat, oder ob Nietzsche sich – und seinesgleichen, falls es diese in seinem Denkzusammenhang überhaupt geben kann – nicht vielleicht noch eine weitere und möglicherweise höhere Aufgabe zuschreiben wollte, die mit jenem Werteschaffen zwar möglicherweise eng verbunden ist, sich aber doch nicht in ihm erschöpft. Es ist aus den vorangegangenen Erläuterungen ja schon deutlich geworden, dass Nietzsches ‚neue' Philosophen nicht *ganz* im gleichen Sinne Werte schaffen sollen wie dies Kennzeichen für diejenigen war, die seit der griechischen Antike die fundamentalen Begriffe des abendländischen Verständnisses von Wissen und Erkennen geschaffen haben, die also jenes „Vernunft-Vorurteil" verbindlich gemacht haben, das uns bis heute „zwingt, Einheit, Identität, Dauer, Substanz, Ursache, Dinglichkeit, Sein anzusetzen," und uns damit „gewissermassen verstrickt in den Irrtum, nezessitiert zum Irrtum" haben (GD VI-3, 71). Auf dieser Grundlage sieht die Vernunft bis heute als „Sprach-Metaphysik" in der Welt „überall Täter und Tun: das glaubt an Willen als Ursache überhaupt; das glaubt an's ‚Ich', an's

Ich als Sein, an's Ich als Substanz und projiziert den Glauben an die Ich-Substanz auf alle Dinge – es schafft erst damit den Begriff ‚Ding'." (GD VI-3, 71)

Daraus ergibt sich nicht nur, dass jene ‚neue' Philosophen nicht nur nicht in dem Gedankenzusammenhang bzw. gedanklichen ‚Raum' denken können / dürfen, welcher durch eben jene Begriffe aufgespannt wird. Sie können auch nicht einfach ‚neue' Begriffe schaffen, die ebenso ein ‚Vernunft-Vorurteil' und eine ‚Sprach-Metaphysik' konstruieren würden, auch wenn sich diese Metaphysik und jenes Vorurteil grundlegend von den für das abendländische Denken prägenden Entsprechungen unterscheiden könnten. Nun liegt der fundamentale Irrtum der ‚alten' Philosophen nach Nietzsche aber darin, jenes begriffliche Konstrukt, das die abendländische Wissensform begründet hat, nicht in seinem Status als eine menschliche ‚Erfindung' verstanden zu haben, die nützlich für die Verständigung zwischen Menschen und deren erfolgreichen Umgang mit der Natur war. Man hatte sie statt dessen als eine Eigenschaft der ‚Welt an sich' aufgefasst, d. h. als etwas, das primär nicht aus der Verständigungsabsicht von Menschen hervorgegangen war, sondern aus dem Versuch der Natur, sich ‚selbst' den Menschen verständlich zu machen. Der Irrtum ging also auch auf die ‚Vermenschlichung' der Natur zurück – man hatte sie aufgefasst, als wäre sie ein sprachbegabtes und ausdruckswilliges Lebewesen.

Sollen die ‚neuen' Philosophen also ‚neue Werte' schaffen, so wären diese eigentlich nur dann ‚neu', wenn mit ihnen das Wissen von ihrem Status verbunden ist, d. h. sie müssten bewusst bleiben können als menschliche Verständigungs- und Verständnisformen, Man könnte das auch so ausdrücken: ganz ernst gemeint dürfen solche Werte nicht sein. Genau so beschreibt Nietzsche die Zukunft nach dem Ende der ‚metaphysischen' bzw. ‚dogmatischen' Philosophie:

„Ueber sich selber lachen, wie man lachen müsste, um aus der ganzen Wahrheit heraus zu lachen, – dazu hatten bisher die Besten nicht genug Wahrheitssinn und die Begabtesten viel zu wenig Genie! Es gibt vielleicht auch für das Lachen noch eine Zukunft!" (F V-2, 44)

Die Chance für dieses Lachen sieht Nietzsche nach dem Ende des Irrtums, die menschlichen Wahrheiten seien nicht menschlich und für die menschliche Verständigung bestimmt, sondern stammten direkt aus der ‚Welt an sich':

„Vielleicht wird sich dann das Lachen mit der Weisheit verbündet haben, vielleicht gibt es dann nur noch ‚fröhliche Wissenschaft'. Einstweilen ist es noch ganz anders, einstweilen ist die Komödie des Daseins sich selber noch nicht ‚bewusst geworden', einstweilen ist es immer noch die Zeit der Tragödie, die Zeit der Moralen und Religionen." (F V-2, 44)

Die Zeit der ‚neuen' Philosophen ist also nicht eine Zeit neuer Moralen und Religionen. Das Problem der abendländischen Wissensform war nach Nietzsche nicht das einer *bestimmten* Moral oder Religion, sondern der Absolutheitsanspruch von Moral und / oder Religion überhaupt, und dieser moralische Anspruch war zur Grundlage der Vorstellungen von Wissen und Erkenntnis geworden. Deshalb umfasst der Begriff der ‚fröhlichen Wissenschaft' nicht nur das praktische Weltverhältnis, sondern ebenso alle Theorie. Der Begriff meint also nicht in dem Sinn eine andere Wissenschaft, als es sich um andere Inhalte des Wissens handeln müsste, sondern bezeichnet die Integration einer Reflexion auf die Herkunft und auf den Status alles Wissens in die Wissenschaft selbst.

Aber damit erschöpft sich Nietzsches Auskunft über seine Vorstellung von ‚neuen' Philosophen nicht. Es gibt auch viele Stellen, an denen er Überlegungen über das Verhältnis des Menschen zur äußeren Natur und zu sich selbst und seiner inneren Natur anstellt, welches nach dem Ende des letztlich moralisch bestimmten, aber in moralischer und theoretischer Gestalt auftretenden ‚metaphysischen' Zugangs zur Welt als einer gemäß den menschlichen Begriffen ‚an sich' erkennbaren Wirklichkeit möglich wäre. Etwa bezeichnet er bereits in der ‚Fröhlichen Wissenschaft' die „Verleumder der Natur" als Verführer zu der Meinung,

> „die Hänge und Triebe des Menschen seien böse; sie sind die Ursache unserer grossen Ungerechtigkeit gegen unsere Natur, gegen alle Natur! Es gibt genug Menschen, die sich ihren Trieben mit Anmut und Sorglosigkeit überlassen dürfen: aber sie tun es nicht, aus Angst vor jenem eingebildeten ‚bösen Wesen' der Natur! Daher ist es gekommen, dass so wenig Vornehmheit unter den Menschen zu finden ist: deren Kennzeichen es immer sein wird, vor sich keine Furcht zu haben, von sich nichts Schmähliches zu erwarten, … ." (F V-2, 214–215)

An anderer Stelle wird die Erwartung geäußert, dass jenseits der moralischen Wissensform „ein viel einfacheres, von Affekten reineres Leben entstünde," (MA IV-2, 50) und dies verbindet sich mit einer Utopie eines Lebens jenseits des Bewertens:

> „Man lebte zuletzt unter den Menschen und mit sich wie in der Natur, ohne Lob, Vorwürfe, Ereiferung, an Vielem sich wie an einem Schauspiel weidend, vor dem man sich bisher nur zu fürchten hatte. Man wäre die Emphasis los und würde die Anstachelung des Gedankens, dass man nicht nur Natur oder mehr als Natur sei, nicht weiter empfinden." (MA IV-2, 50)

Was jene ‚neuen' Philosophen erreichen könnten, nennt Nietzsche an einer Stelle das „Reich der Freiheit", wo „die Menschheit aus einer moralischen sich in eine weise Menschheit umwandeln könne." (MA IV-2, 103) Dieses ‚Reich der Freiheit' wäre dann auch das ‚Reich der Unschuld': „Alles ist Unschuld: und die Erkenntnis ist der Weg zur Einsicht in diese Unschuld." (MA IV-2, 103) Wir sollten nicht den Fehler machen, diese Stellen nur auf die angestrebte ‚Überwindung' der christlichen Moral zu beziehen. Das Christentum war für Nietzsche grundsätzlich „Platonismus für's ‚Volk'" (J VI-2, 4) und damit auch die Fortführung jener Wissensform, in der beansprucht wird, es gebe so etwas wie ein ‚Wissen an sich', d. h. das Wissen existiere ‚irgendwo' und ‚irgendwie' jenseits der sprachlichen Verständigung unter Menschen und jenseits des Akzeptierens von Wissensansprüchen als gelungener ‚Erklärungen' für andere Menschen.

Ein solcher Platonismus im Sinne Nietzsches muss also nicht auf der Vorstellung von einem ‚Ideenhimmel' bestehen, in dem die wahren Urbilder der Dinge versammelt sind. Er liegt etwa auch dann vor, wenn Erkenntnisse der Naturwissenschaften als Wissensbestände aufgefasst werden, in denen sich die ‚Welt an sich' selbst darstellt, und nicht als Erklärungen, die auf der Grundlage bestimmter Konventionen über das, was in einem Gedankenzusammenhang, der zugleich ein sozialer Zusammenhang ist, von jedem als ausreichend ‚erklärend' akzeptiert werden müssen, wenn er/sie als Teilnehmer an diesem Gedankenzusammenhang und als Mitglied in diesem sozialen Zusammenhang anerkannt werden will.

Jenes ‚Reich der Unschuld' war für Nietzsche also auch ein Reich jenseits der abendländischen Wissensform, die bei Platon entstanden und im Christentum bewahrt worden war. Den „Weg zur Einsicht in diese Unschuld" bezeichnete Nietzsche nun auch als ‚Erkenntnis' (MA IV-2, 103). Hier ist natürlich nicht mehr eine Erkenntnis gemäß jener Wissensform gemeint, sondern diejenige Erkenntnis, welche Nietzsche den ‚neuen' bzw. ‚wahren' oder auch ‚eigentlichen' Philosophen zuschreibt. Und von eben dieser Erkenntnis hoffte er, sie möge

> „in Tausenden von Jahren vielleicht mächtig genug sein, um der Menschheit die Kraft zu geben, den weisen, unschuldigen (unschuld-bewussten) Menschen ebenso regelmässig hervorzubringen, wie sie jetzt den unweisen, unbilligen, schuldbewussten Menschen – das heißt die notwendige Vorstufe, nicht den Gegensatz von jenem – hervorbringt." (MA IV-2, 103–104)

In diesem Zitat ist bemerkenswert, dass Nietzsche den Menschen der traditionellen Wissensform als ‚unbillig' bezeichnet, was man im moderneren Deutsch auch als ‚ungerecht' ausdrücken könnte, und was den Gedanken nahelegt, der ‚neue' Philosoph müsse ‚gerechter' sein. Wenn wir Nietzsches Gedanken von der Abhängigkeit des

Wissens von moralischen Schätzungen berücksichtigen, so lässt sich dies auch von der Beziehung des Menschen zur Welt der Dinge und Sachverhalte sagen.

Was Nietzsche hier als Utopie eines Denkens jenseits der abendländischen Wissensform skizziert, umfasst also eine Beziehung des Menschen zur Welt, die der Welt ‚gerecht' werden könnte, ohne dass eine Beziehung von wahren Aussagen zu ‚gleichgemachten' Dingen stattfinden müsste. Offenbar handelt es sich nicht um das Wissen, das uns bekannt ist, aber dennoch um etwas, das Nietzsche als ‚Erkenntnis' bezeichnet und sie gerade dem utopischen Zustand der ‚Unschuld' und der ‚Weisheit' zuschreibt.

Wir werden weiter unten noch die Passage aus ‚Menschliches-Allzumenschliches' interpretieren, wo Nietzsche einen Dialog zwischen dem ‚Wanderer' und seinem ‚Schatten' darstellt, und dort wird der ‚Schatten' von der „Verheißung" sprechen, „ihr wollt wieder gute Nachbarn der nächsten Dinge werden". (MA IV-3, 341) Die ‚Metaphysik' wird hier dadurch gekennzeichnet, dass sie den Menschen dazu gebracht habe, „verächtlich" über diese ‚nächsten Dinge' hinweg nach „Wolken und Nachtunholden" hinzublicken – wie Nietzsche hier die Erkenntnisse nennt, die den platonischen ‚Ideen' ebenso entsprechen könnten wie der Selbstdarstellung der ‚Welt an sich' in wissenschaftlichen Aussagen, deren Status als in einer bestimmten ‚Akzeptanzgemeinschaft' regelmäßig als ‚Erklärungen' geltengelassener sprachlicher Beschreibungen dabei systematisch vergessen wird. In dieser Blickrichtung habe der Mensch, so Nietzsche an der gleichen Stelle, Jahrtausende lang gelebt:

„Dort hat er die Gegenwart und die Nachbarschaft und das Leben und sich selbst verachten gelernt – und wir, wir Bewohner der lichteren Gefilde der Natur und des Geistes, bekommen jetzt noch, durch Erbschaft, Etwas von diesem Gift der Verachtung gegen das Nächste in unser Blut mit." (MA IV-3, 189)

In dem Ausdruck einer Beziehung von ‚guten Nachbarn der nächsten Dinge' könnten wir deshalb eine andere Formulierung für jenen ‚nicht-mehr-metaphysischen' Zustand einer Beziehung zu den Dingen und Sachverhalten sehen, den Nietzsche mit jener Utopie der ‚Gerechtigkeit' gegenüber der Welt skizziert.

Nietzsche schließt darin auch einen Zusammenhang zwischen der ‚gerechten' Haltung zu den Dingen und der persönlichen Lebensführung ein. Zu jener ‚nicht-mehr-metaphysischen' Einstellung soll auch gehören

„jene wundervolle Einsicht, die heutzutage immer noch so selten zu finden ist, dass zur Beruhigung des Gemüts die Lösung der letzten und äussersten theoretischen Fragen gar nicht nötig sei." (MA IV-3, 181)

Die Einsicht betrifft hier also nicht in erster Linie die Erkennbarkeit solcher Fragen. Die Problematik wird vielmehr auf der Ebene aufgenommen, auf der solche Fragen überhaupt zu Schwierigkeiten führen, also auf der ‚Wertung' und ‚Schätzung', hier müsse / solle ein Problem liegen, im Grunde also auf der Ebene der moralischen Bestimmung, was wir als fundamentale Probleme für unser Leben ansehen sollen. Zu jener ‚Gerechtigkeit' zählt Nietzsche also auch eine gewisse ‚Lässigkeit', wie dies etwa an der folgenden Stelle zum Ausdruck kommt: „Alle guten Dinge haben etwas Lässiges und liegen wie Kühe auf der Wiese." (MA IV-3, 58) Unter diesem Aspekt verschwinden sehr viele Probleme durch jene „Wendungen Epikurs",

„welche auf sehr viele Fragen sich anwenden lassen. In der einfachsten Form würden sie etwa lauten: erstens, gesetzt es verhält sich so, so geht es uns Nichts an; zweitens: es kann so sein, es kann aber auch anders sein." (MA IV-3, 182)

Aber auch in Bezug auf das, was einst als ‚letzte Fragen' des Menschen angesehen wurde, schließt sich Nietzsche auf charakteristische Weise an Kant an. Für den letzteren waren Fragen einer rationalen Kosmologie, Psychologie oder Theologie keine sinnvollen Erkenntnisprobleme mehr, weil weder durch Vernunft noch durch empirisches Wissen beantwortbar. Nietzsche dagegen wendet sich gegen die Suche nach ‚Sicherheit' auf solchen Gebieten und gegen die ‚fatale Wichtigkeit', die wir solchen Fragen zumessen:

„Wir haben diese Sicherheiten um die alleräussersten Horizonte gar nicht nötig, um ein volles und tüchtiges Menschentum zu leben: ebenso wenig als die Ameise sie nötig hat, um eine gute Ameise zu sein. Vielmehr müssen wir uns darüber ins Klare bringen, woher eigentlich jene fatale Wichtigkeit kommt, die wir jenen Dingen so lange beigelegt haben, und dazu brauchen wir die Historie der ethischen und religiösen Empfindungen." (MA IV-3, 188)

Gegen solche „Kuriosa" wie „die ersten und letzten Dinge" ist keine Widerlegung notwendig, sondern ganz einfach „Gleichgültigkeit" (MA IV-3, 188).

Auch hier kann es für einen unbefangenen Leser so aussehen, als ginge es an diesen Stellen nur um moralische Fragen. Man sollte sich jedoch dadurch nicht täuschen lassen und bedenken, dass nach Nietzsche die abendländische Wissensform in ihrem Zentrum eine grundsätzlich moralisch motivierte und begründete Weise des Umgangs mit der Welt war. Deshalb gilt für moralische bzw. religiöse Fragen ebenso wie für die Fragen, mit denen sich philosophische Dogmatiker beschäftigten, dass sie uns schlicht nichts angehen – es geht also letztlich nicht darum, dass wir hier nichts wissen können, sondern dass solche Fragen uns schlicht gleichgültig sein können bzw. nicht ‚not tun': „Sie allesamt sind darauf aus, uns zu einer Entscheidung auf Gebieten zu drängen, wo weder Glauben noch Wissen not tut." (MA IV-3, 189) Als „metaphysische Vorstellungen" gehören solche Fragen zu dem, was Nietzsche die „Ketten-Krankheit" des Menschen nennt, d. h. die Krankheit, die ihn in Ketten gelegt hat (MA IV-3, 340). Gegen diese platonische bzw. metaphysische bzw. christliche Krankheit empfiehlt Nietzsche vor allem:

> „Wir müssen die viele falsche Grossartigkeit wieder aus der Welt schaffen, weil sie gegen die Gerechtigkeit ist, auf die alle Dinge vor uns Anspruch haben!" (M V-1, 16)

Es könnte an dieser Stelle nützlich sein, das mögliche Missverständnis auszuräumen, Nietzsche habe die Erlösung der Welt von der moralischen Beurteilung vor allem in der naturwissenschaftlichen Auffassung eines durchgehenden Kausalzusammenhangs in der Welt der Menschen und ihrer Handlungen sehen wollen, die dann natürlich nicht als Handlungen aufgefasst werden könnten, sondern als Vorkommnisse in der Welt. An einer Stelle scheint Nietzsche etwa den Anspruch zu erheben, sein Denken so zusammenfassen zu wollen:

> „Gewissensfrage. – ‚Und in summa: was wollt ihr eigentlich Neues?' – Wir wollen nicht mehr die Ursachen zu Sündern und die Folgen zu Henkern machen." (M V-1, 191)

Das könnte man so verstehen, dass Nietzsche an die Stelle eines Denkens, das in der Welt – auch – Schuld für Handlungsfolgen gegeben sieht, ein Denken ausschließlich in Begriffen von Ursachen und Wirkungen setzen möchte. In der Tat ist hier auch die Rede „von der Unschuld aller Meinungen" und „von der Unschuld aller Handlungen" (M V-1, 54), durch welche den Menschen „das böse Gewissen" geraubt werden könne, womit wir „dem ganzen Bilde der Handlungen und des Lebens seinen bösen Anschein" nehmen (M V-1, 138). Aber dennoch kann es nicht darum gehen, eine naturwissenschaftliche Kausalität an die Stelle der moralisch beurteilten Freiheit von Handlungen zu setzen.

Weiter oben hatten wir darauf hingewiesen, dass Kausalität auch für Nietzsche eine jener ‚Illusionen' darstellt, die Menschen sich in der Verständigung mit anderen Menschen machen, um die Vorstellung einer konstanten und damit beherrschbaren Welt erzeugen zu können, die auch für das Zusammenleben zwischen Menschen in ‚Herden' – wie Nietzsche menschliche Gemeinschaften zusammenfassend zu bezeichnen beliebte – wichtig sind. Dann können wir Nietzsche aber nicht unterstellen, er habe jene zur metaphysischen Form des Wissens gehörige ‚Metapher' (oder mit Kant: den reinen Verstandesbegriff) der Kausalität an die Stelle eines Denkens in Begriffen von Schuld und Sühne setzen wollen. Wenn Nietzsche also von ‚Gerechtigkeit' und von ‚Unschuld' und von der ‚guten Nachbarschaft' zu den nächsten Dingen' spricht, so ist die Befreiung von *beiden* ‚Ketten' gemeint: denjenigen des moralischen Urteilens *und* denjenigen des theoretischen Urteilens, wenn dieses seine Erkenntnisse mit der Selbstdarstellung der ‚Welt an sich' verwechselt.

3.11 ‚Idealität' und neues ‚Ideal'

Auf der einen Seite stellt Nietzsche seine Philosophie also gegen das ‚Ideal', das seit der griechischen Antike das Verhältnis des Menschen zu sich selbst und zur Welt bestimmte. Aus den obigen Zitaten hat sich schon ergeben, dass damit nicht nur ein bestimmtes Ideal gemeint ist, das prinzipiell auch durch andere Ideale ersetzt werden könnte. Der Gegenstand der Kritik ist im Grunde die ‚Idealität' im Denken selbst, d. h. die Denkweise, in der ‚über' die Dinge und Sachverhalte in der Welt hinaus eine Welt des Wissens und der Erkenntnis gestellt wird, in welcher Welt die individuellen Dinge ‚gleichgemacht' werden, um sie unter die Begriffe einer Sprache bringen zu können, die als Mittel der Verständigung in der ‚Herde' bzw. in den Gemeinschaften der Menschen und als Mittel zur Beherrschung der Natur eine neue Perspektive zur Geltung bringt.

Diese Perspektive ist insofern ‚ideal', als man mit ihr nicht bei den individuellen Dingen bleiben kann, ebensowenig wie man damit bei den einzelnen Menschen als nicht ‚gleichen' Individuen bleiben kann. Die Perspektive der ‚Idealität' ist also eine Denkweise, in der von Menschen eine Welt des ‚Idealen' geschaffen wird, was sowohl im Sinne des moralisch Richtigen als auch im Sinne der Ersetzung der Wirklichkeit der individuellen und ‚nicht gleichen' Dinge durch die identifizierenden und deshalb ‚gleichmachenden' allgemeinen Begriffe bis hin zu theoretischen bzw. philosophischen Konzepten wie Substanz, Kausalität oder Sein reichen kann. Nach dieser Seite seiner Philosophie ist Nietzsche also unterwegs nach einem „Jenseits aller bisherigen Länder und Winkel des Ideals." (F V-2, 318)

Auf der anderen Seite war sich Nietzsche durchaus bewusst, dass er dann, wenn er seine Philosophie als eine Gestalt des Wissens und der Erkenntnis durchführen will, d. h. wenn sein Denken nicht konsequent innerhalb rein literarischer bzw. künstlerischer Ansprüche verbleiben soll, den Weg zu neuen Idealen zumindest nicht vollständig vermeiden kann, auch wenn sich solche Ideale radikal gegen die kritisierten stellen:

„Ein andres Ideal läuft vor uns her, ein wunderliches, versucherisches, gefahrenreiches Ideal, ... das Ideal eines Geistes, der naiv, das heisst ungewollt und aus überströmender Fülle und Mächtigkeit mit Allem spielt, was bisher heilig, gut, unberührbar, göttlich hiess;... das Ideal eines menschlich-übermenschlichen Wohlseins und Wohlwollens, das oft genug unmenschlich erscheinen wird, zum Beispiel, wenn es sich neben den ganzen bisherigen Erden-Ernst, neben alle Art Feierlichkeit in Gebärde, Wort, Klang, Blick, Moral und Aufgabe wie deren leibhafteste unfreiwillige Parodie hinstellt." (F V-2, 318–319)

Man sollte sich ganz verdeutlichen, was hier gesagt wird: auf der einen Seite ist sich Nietzsche bewusst, dass es in seinem Denken um ein neues Ideal geht, auf der anderen Seite soll dieses Ideal aber gerade jenen Gedankenzusammenhang der ‚Idealität' *kritisieren*, den Nietzsche als charakteristisch für das Denken der ‚Metaphysik' und damit für die abendländische Wissensform ansieht.

Es deutet sich hier aber auch schon an, wie Nietzsche diese – vorsichtig gesagt – ‚Spannung' zwischen seiner Kritik an der ‚Idealität' und der Durchführung der Kritik durch die Aufstellung eines neuen Ideals aufzulösen oder zumindest zu beherrschen versucht. Das neue Ideal ‚spielt' mit allem, was bisher in den Bereich der Idealität gehörte. Es wendet sich darüber hinaus gegen die ‚negative' Haltung, die charakteristisch für die Stellung der ‚Idealität' gegen die wirkliche Welt war, und enthält ein universales ‚Wohlwollen'. Schließlich steht es zu dem ‚bisherigen Erden-Ernst', also zu der oben erwähnten ‚falschen Großartigkeit', welche die ‚Gerechtigkeit' gegenüber den Dingen verhinderte, in einem ‚parodierenden' Verhältnis; es soll sogar die ‚leibhafteste' Parodie sein, also eigentlich ununterscheidbar vom Original. Aber die Parodie ist auch ‚unfreiwillig', d. h. es handelt sich nicht darum, die Parodie als bewusstes literarisches Stilmittel einzusetzen, denn damit wäre das Ideal als solches gerade zurückgenommen.

An anderer Stelle beschreibt Nietzsche das neue Ideal auf eine Weise, die sich vor allem gegen die moralische ‚Verneinung' des Daseins richtet. Eine solche ‚Verneinung' ist in jenem Denken der ‚Idealität' enthalten, wenn unter dem Vorzeichen von dem, was sein soll, andere Teile des Lebens und des Daseins des Menschen abgewertet werden. Gegen dieses Ideal stellt Nietzsche aber nun nicht ein anderes Ideal, das in Konkurrenz zu jenem treten soll, sondern ein solches, das sich gerade gegen den Gedanken richtet, eine solche Vorstellung von ‚Idealität' wäre notwendig oder natürlich. Es gelte die Augen zu öffnen

> „für das Ideal des übermütigsten, lebendigsten und weltbejahendsten Menschen, der sich nicht nur mit dem, was war und ist, abgefunden und vertragen gelernt hat, sondern es, so wie es war und ist, wieder haben will, in alle Ewigkeit hinaus, unersättlich da capo rufend, nicht nur zu sich, sondern zum ganzen Stücke und Schauspiele, und nicht nur zu einem Schauspiele, sondern im Grunde zu Dem, der gerade dies Schauspiel nötig hat – und nötig macht: weil er immer wieder sich nötig hat – und nötig macht." (J VI-2, 73)

An dieser Stelle ist natürlich die Rede von der ‚ewigen Wiederkehr des Gleichen' und vom ‚amor fati', also von Themen, die im Zusammenhang des ‚Zarathustra' in einem mehr oder weniger literarischen Denken näher ausgeführt werden. Hier ist zunächst wichtig, dass damit die Auszeichnungen der ‚wahren' oder auch ‚eigentlichen' Philosophen in ihrem Status weiter charakterisiert werden, die wir weiter oben mit Nietzsche etwa beschrieben hatten als fähig, ‚gerecht' zu sein zu den Dingen, indem auf deren ‚Gleichmachen' in einer Welt von über sie hinausgehenden Begriffen verzichtet wird, so dass die bessere ‚Nachbarschaft' zu den Dingen gewonnen werden kann. Offenbar könnten wir jene Philosophen ebenso als ‚weltbejahend' beschreiben. Genau dies wird an der soeben zitierten Stelle aber nun als ein ‚Ideal' bezeichnet – obwohl ‚Ideale' bzw. die ‚Idealität' doch als dem letztlich immer noch platonistischen abendländischen Denken und seiner speziellen Wissens- und Erkenntnisform zugehörig erklärt worden waren, und Nietzsche unterwegs sein wollte zu einem „Jenseits aller bisherigen Länder und Winkel des Ideals." (F V-2, 318)

Nunmehr aber wird auch die Vorstellung eines Menschen, der sich die Welt ohne ‚Idealisierungen' und d. h. ohne ihre Subsumtion unter die Erkenntnisweisen der abendländischen Form des Wissens vergegenwärtigen will, als ein ‚Ideal' bezeichnet. Das bedeutet natürlich, dass Nietzsche diese Vorstellung als etwas auffasst, das zumindest noch *Anteil* hat an den Grundstrukturen eben jener Form des Wissens, die im Zentrum von Nietzsches Kritik steht. Es scheint sich um ein ‚Ideal' zu handeln, das sich zwar deutlich gegen jene ‚Idealität' wendet, welche Nietzsche im Zentrum der abendländischen Wissensform sieht, das aber dennoch insofern zu eben dieser Gedankenwelt der ‚Idealität' gehört, als es sich um ein ‚Ideal' handelt. Als ein ‚Ideal' stimmt es aber gerade nicht mit dem überein, was es beinhaltet: es enthält die Beschreibung eines Zustands der vollendeten Bejahung alles dessen, was ist und was war, aber es stellt diesen Zustand als ‚Ideal' doch gerade als etwas dar, was sein soll, aber nicht ist;

m. a. W.: es sagt als ‚Ideal' gerade, dass etwas *nicht* bejaht werden und sein soll, was ist. Wir haben also wiederum den seltsamen Zusammenhang, dass etwas kritisiert wird durch einen Gedanken, der gerade in das Kritisierte gehört – m. a. W.: indem ein ‚Ideal' als Kritik gegen eine Wissensform gestellt wird, die gerade in ihrem Zentrum durch ‚Idealität' in einem weiten Sinne gekennzeichnet ist.

Offenbar gewinnt das Denken, das Nietzsche der kritisierten Denk- und Wissensform entgegensetzt, einen merkwürdigen Status, der natürlich auch die Kritik als solche charakterisiert. Wir können diesen Status sofort noch etwas merkwürdiger erscheinen lassen, wenn wir auf die Individualität hinweisen, die Nietzsche seinen eigenen Kritik- und Erkenntnisansprüchen zuschreibt. Er schreibt hier von den „kommenden Philosophen", dass sie wahrscheinlich wieder ‚Freunde der Wahrheit' sein werden, und wir sollten uns daran erinnern, dass Nietzsche ‚Wahrheit' als einen von Menschen gemachten Begriff erklärte, der eine bestimmte Funktion für die Herstellung nützlicher, weil überlebensdienlicher gemeinsamer Überzeugungen in den Gemeinschaften der Menschen erfüllen konnte.

Er fügt aber hinzu: „Sicherlich aber werden es keine Dogmatiker sein." Diese Charakterisierung lässt sich offenbar nur schwer damit in Übereinstimmung bringen, dass sie doch ‚Freunde der Wahrheit' sein sollen, die doch gerade in der Festlegung auf feste Erkenntnisse – also auf ‚Dogmen' bzw. ‚Lehren' – gerichtet sein muss. Und nun schließt Nietzsche eine Beschreibung jener ‚kommenden Philosophen' an, die deren Denken einen zumindest ungewöhnlichen Status verschafft:

„Es muss ihnen wider den Stolz gehn, auch wider den Geschmack, wenn ihre Wahrheit gar noch eine Wahrheit für Jedermann sein soll: was bisher der geheime Wunsch und Hintersinn aller dogmatischen Bestrebungen war. ‚Mein Urteil ist mein Urteil: dazu hat nicht leicht auch ein Anderer das Recht' – sagt vielleicht solch ein Philosoph der Zukunft. Man muss den schlechten Geschmack von sich abtun, mit Vielen übereinstimmen zu wollen." (J VI-2, 56)

Offenbar schreibt Nietzsche seinen ‚kommenden Philosophen' – und wir könnten sie natürlich auch wie weiter oben als die ‚wahren' oder ‚eigentlichen' Philosophen bezeichnen – die Fähigkeit zu, sich an so etwas wie ‚individuellen Wahrheiten' zu orientieren und sich gerade dadurch auszeichnen zu können, d. h. sich von den ‚vergangenen' und ‚dogmatischen' Philosophen ebenso unterscheiden zu können wie von den Menschen, die mit ihren Urteilen keine Wahrheitsansprüche stellen.

Auf der anderen Seite sollen ihre Gedanken doch auf keinen Fall zu ‚Wahrheiten' werden können. Das ist in Nietzsches Denkzusammenhang durchaus verständlich, wenn wir uns an seine Ausführungen über den Begriff der Wahrheit erinnern, der zu den zentralen Gedanken dessen gehört, was Nietzsche als die abendländische Form des Wissens und damit als Gegenstand seiner Kritik auffasste. An einer Stelle schreibt Nietzsche von seinen eigenen Gedanken in einer seiner mehr oder weniger poetischen Formulierungen:

> „Es ist nicht lange her, da wart ihr noch so bunt, jung und boshaft, voller Stacheln und geheimer Würzen, dass ihr mich niesen und lachen machtet – und jetzt? Schon habt ihr eure Neuheit ausgezogen, und einige von euch sind, ich fürchte es, bereit, zu Wahrheiten zu werden: so unsterblich sehn sie bereits aus, so herzbrechend rechtschaffen, so langweilig! Und war es jemals anders? Welche Sachen schreiben und malen wir denn ab, wir Mandarinen mit chinesischem Pinsel, wir Verewiger der Dinge, welche sich schreiben lassen, was vermögen wir denn allein abzumalen? Ach, immer nur Das, was eben welk werden will und anfängt, sich zu verriechen! Ach, immer nur abziehende und erschöpfte Gewitter und gelbe späte Gefühle!" (J VI-2, 249)

Dieser Poesie zufolge scheint Nietzsche den Weg von Gedanken in ‚unsterbliche' – und damit schrecklich ‚langweilige' – Wahrheiten' als kaum vermeidbar anzusehen, also auch nicht für ‚freie Geister' wie seinesgleichen. Er schreibt hier in der ‚Wir'-Form vom Schicksal alles Denkens, und man fühlt sich an Hegels Diktum von der ‚Eule der Minerva' erinnert, die erst bei einbrechender Dämmerung ihren Flug beginnt, d. h. dann, wenn eine ‚Gestalt des Lebens' alt geworden ist, so dass es die Philosophie stets mit dem zu tun hat, was vergangen ist, während eben dieses Tun selbst sich seiner Erkenntnis entzieht, weil es noch geschieht und nicht schon geschehen ist, weshalb die Philosophie sich nicht selbst erkennen kann.

Bei Nietzsche hat die ähnlich klingende Formulierung jedoch eine etwas andere Bedeutung. Im Grunde wird hier gesagt, dass ein philosophischer Gedanke – jedenfalls ein solcher von den ‚neuen', ‚kommenden', ‚eigentlichen' und ‚wahren' Philosophen – dann nicht mehr ganz wahr sein kann, wenn er zu einer ‚Wahrheit' geworden ist. Man könnte sicher auch dafür einsetzen: er ist dann nicht mehr ganz wahr, wenn er zu einer ‚Lehre' geworden ist, d. h. zu einer Aussage in einem Satz, mit dem der Anspruch auf überindividuelle Geltung erhoben wird, und der nicht nur für den Augenblick, sondern für ‚ewig' gelten soll. Wenn Nietzsche hier das so Beschriebene als etwas alt Gewordenes bezeichnet, das nicht mehr wirklich bedeutungsvoll ist (‚welk', ‚abziehend und erschöpft', ‚spät'), so ist in erster Linie gemeint, dass diese Erkenntnis schon durch ihre Feststellung in der Gestalt, in welcher die abendländische Form des Wissens ihre ‚Wahrheiten' zum Ausdruck bringt, jenen Irrtum enthält, den diese Form durch ihre ‚Ungerechtigkeit‘ gegenüber den Dingen und Sachverhalten darstellt. Als ‚Wahrheiten‘ haben also *alle* Sätze teil an der ‚Unwahrheit‘ eben dieser Wissensform. Dieser Zusammenhang macht es verständlich, dass Nietzsche es an der oben zitierten Stelle durchaus nicht als einen Gewinn ansehen kann, wenn seine Gedanken zu ‚Wahrheiten‘ werden.

3.12 ‚Der Wanderer und sein Schatten‘

Das Gleichnis

Das Buch ‚Menschliches-Allzumenschliches‘ hat Nietzsche in zwei ‚Bände‘ gegliedert. Der ‚Zweite Band‘ (KGW IV, 3) umfasst nach der ‚Vorrede‘ zwei ‚Abteilungen‘: deren erste überschrieben ist mit ‚Vermischte Meinungen und Sprüche‘, und deren zweite heißt ‚Der Wanderer und sein Schatten‘. Dieser Titel leitet sich aus zwei kurzen Dialogpassagen ab, die am Anfang drei Seiten und am Schluss zwei Seiten (in der KGW-Ausgabe) umfassen. Dazwischen stehen wie im 1. Band kurze durchnummerierte Textstücke (hier 350) – man könnte sich also fragen, was der Titel dieser Zweiten Abteilung mit diesen Textstücken zu tun hat.

Aber im Anschluss an unsere bisherige Diskussion des Status von Nietzsches eigenem Denken, wenn wir seine Kritik des abendländischen Denkens darauf anwenden, gewinnt das ‚Gleichnis‘ vom ‚Wanderer und seinem Schatten‘ eine eigenständige Bedeutung. Wir können uns mithilfe dieses Textes zunächst weiter mit dem für das Denken eines Philosophen sicherlich zentralen Thema der Selbstanwendung seines Denkens beschäftigen. Dieses Thema hat sich bereits folgerichtig aus der bisherigen Darstellung von Nietzsches Philosophie ergeben. Es musste sich eigentlich schon aus der Radikalität ergeben, in der es in seinem Denken um die zentralen Begriffe des traditionellen philosophischen Denkens ging. Wer ‚Wahrheit‘, ‚Erkenntnis‘, ‚Wissen‘ und ähnliche Konzepte ‚psychologisch‘ und ‚historisch‘ erklären zu können beansprucht, der wird für sein eigenes Denken nicht ohne weitere Umstände den Status in Anspruch nehmen können, der von der fraglosen Geltung eben solcher Begriffe abhängig war.

Wir können uns mithilfe dieses ‚Gleichnisses‘ aber auch schon näher mit der literarischen Form beschäftigen, die Nietzsche in manchen seiner Schriften verwendet, und die Aufmerksamkeit auf die Bedeutung eben dieser Form lenken. Daraus soll für den Nietzsche-Leser der Zugang zu dem literarischen Nietzsche erleichtert werden, allerdings weiter unter der Perspektive auf Nietzsches Philosophie, d. h. Nietzsches Bedeutung als Sprachkünstler und / oder Schriftsteller steht hier nicht zur Debatte. Es soll aber auch deutlich werden, dass der im weiteren Sinne literarische Stil Nietzsches, mit der seine Philosophie ‚zur Sprache kommt', etwas mit dem so ausgedrückten Denken zu tun hat, also etwa das weitgehende Fehlen der sonst für Philosophen charakteristischen Abhandlungen über ein durchgehendes Thema, das Vorherrschen von Aphorismen-Sammlungen über bisweilen sehr disparate Themen, das Verwenden von im engeren Sinne literarischen Darstellungsformen wie Dialogen, Lyrik oder auch Quasi-Erzählungen (wie etwa im ‚Zarathustra'). Die Passage über den ‚Wanderer und seinen Schatten' ist also nach mehreren Hinsichten aufschlussreich und soll deshalb am Schluss der Erörterung über Nietzsches Philosophie des Erkennens stehen.

Mit dem ‚Wanderer' müssen wir uns keine langen Probleme machen – natürlich meint der schreibende Philosoph damit sich selbst, was ziemlich gut zu der Form des Textes zwischen den beiden hier thematischen Dialogen passt: der Denker wandert von Gedanken zu Gedanken und von Thema zu Thema, so dass kein geplantes diskursives Voranschreiten dokumentiert wird, sondern das Aufnehmen von sehr disparaten Fundstücken, die nicht ‚innerlich' durch die vernünftige Erörterung einer Fragestellung zusammengehören, sondern zusammengehalten werden nur zum einen durch die gewählte Landschaft der Wanderung und die in ihr vorgegebenen Wege bzw. durch die für Menschen (und nicht etwa für Wildkatzen) möglichen Fortbewegungsweisen jenseits der Pfade, und zum anderen durch die Person des Wanderers, aus der heraus er seinen Weg gestaltet. Es gibt also eigentlich keine ‚Sache', die diese gedanklichen Wanderungen zusammenhält, sondern nur die Umstände in Verbindung mit der Person des Wandernden. Die Verbindung mit einer Philosophie, in der gerade die Vorstellung von der Erkenntnis als einer Selbstdarstellung der ‚Welt an sich' kritisiert wird, ist bereits an dieser Stelle deutlich.

Schatten und Licht

Die Rede von einem ‚Schatten' ist zunächst (1) am leichtesten zu verstehen, wenn an die Ursache des Schattens gedacht wird: das Licht, und an die in der Regel wichtigste natürliche Lichtquelle: die Sonne. Offensichtlich geht es in irgendeiner Weise um ein Licht, das den ‚Wanderer' auf eine spezifische Weise ‚verdoppelt', indem er durch es einen Schatten wirft. Der ‚Wanderer' macht sich also seinen Schatten nicht selbst, obwohl dieser doch nicht ohne ihn wäre. Diese ‚Verdoppelung' ist das zweite Element, das in diesem Bild wichtig wird (2). Der ‚Wanderer' ist durch dieses Licht auf eine bestimmte Weise nicht ‚alleine', aber bei dem Schatten handelt es sich keineswegs um sein zweites Ich, obwohl er auch kein *anderer* Mensch ist, auch wenn es sich in Nietzsches Darstellung um einen sprachbegabten Schatten handelt. Er kann sich in seinem Sprechen also einerseits nicht sehr von dem schattenwerfenden Wanderer unterscheiden, obwohl er andererseits seine Existenz doch auch jenem Licht verdankt, das deshalb nicht unbeeinflusst lassen wird, was er zu sagen hat.

Diese besondere Charakteristik dieser Verdoppelung wird dann als das dritte Element (3) gelten können. Man muss sich hier daran erinnern, was ein Schatten von einem Gegenstand wiedergibt: eine schwarze Fläche mit einem verzerrten Umriss, so dass er kaum erkannt werden kann. Bei einem Menschen ist dieser Effekt noch stärker als bei einfachen Gegenständen, da man eine Individualität nur rudimentär in der Andeutung eines Profils im Schatten erkennen kann. Steht das Licht – die Sonne – ungünstig und jene Andeutung der Persönlichkeit, die wir etwa aus dem Schattenbild des Profils erkennen zu können glauben, verschwindet, so ist keinerlei Individualität mehr erkennbar, d. h. die Differenzierung, in der wir sonst einen Menschen wahrnehmen, ist in seinem Schattenbild vertilgt. Damit ist das Bild, das durch jenes Licht (und jene Sonne) geworfen wird, weder aus der Perspektive der ersten Person (des ,Wanderers') noch aus derjenigen der dritten Person (der anderen Menschen, die ihn sehen) ein angemessenes Abbild, obwohl es doch als ,sein' Schatten bezeichnet wird, der ihm stets folgt, so lange diese Sonne scheint oder eine andere Lichtquelle vorhanden ist.

Wenn ein Philosoph ein Bild verwendet, das mit Sonne, Licht und dem Werfen von Schatten operiert, so denkt man naheliegenderweise an Platons Höhlengleichnis aus der Schrift ,Politeia' (Kap. VII, 514a-517a), mithilfe dessen Platon den Weg zur philosophischen Erkenntnis darstellte. Zur Erinnerung: in einer Höhle projiziert eine Lichtquelle die Schatten der Darstellungen (Nachbildungen) von Gegenständen auf eine Wand, und diese Schatten werden von bewegungsunfähigen Menschen wahrgenommen, die die Darstellungen der Gegenstände und auch die Gegenstände selbst und die Erzeugung jener Schattenbilder nicht erkennen. Deshalb halten sie die Schatten für das Wirkliche. Erst wenn sie von ihren Fesseln befreit werden, können sie erkennen, dass und wie die Schatten von jenen Nachbildungen von Gegenständen erzeugt werden. Aber erst wenn sie die Höhle verlassen können und im Licht der Sonne (die für die Idee des Guten steht) sind, sehen sie darüber hinaus ein, dass auch die Gegenstände in der Höhle immer noch *Darstellungen* (Nachbildungen) von wirklichen Gegenständen waren, die sie selbst erst im Licht jener Sonne wahrnehmen können.

Dass hier eine Assoziation an Platons Höhlengleichnis beabsichtigt ist, zeigt sich schon an der Erwähnung von Platon. Aber bei Nietzsche geht es nun geradezu um den Schatten, den Platons Gleichnis von den Schatten und seine sich darin kristallisierende Philosophie auf die Geschichte des Denkens geworfen hat. In diesem Zusammenhang sollten wir uns daran erinnern, dass schon in der ‚Geburt der Tragödie' Sokrates / Platon als der Beginn des auch heute noch herrschenden wissenschaftlichen Denkens aufgefasst wurden, d. h. als Begründer der Wissensform der Wissenschaft.

In dem Dialog, der der ‚Zweiten Abteilung' des Zweiten Bandes von ‚Menschliches-Allzumenschliches' vorangestellt ist, werden die in dieser ‚Gedankensammlung' zusammengestellten Textstücke von jenen merkwürdigen Gesprächspartnern nun als solche bezeichnet, in denen mitgeteilt werden soll, „worüber wir übereingekommen sind" – also der Wanderer und sein Schatten, und sein Schatten fügt hinzu: „Damit bin ich zufrieden; denn alle werden darin nur deine Ansichten wiedererkennen: des Schattens wird Niemand gedenken." (MA IV-3, 177) In dichterischer Einkleidung wird damit gesagt, diese Textstücke sollen nicht als reine Produkte des Denkers Friedrich Nietzsche verstanden werden, sondern als Ergebnis einer Auseinandersetzung mit seinem ‚Schatten' – also nicht mit einem anderen Menschen, sondern mit einer spezifischen Gestalt von ‚ihm selbst', nämlich jener, die durch ein fremdes Licht von ihm in einer sehr abstrakten Form auf den Boden geworfen wird, wobei – fast – alle Individualität vergeht, obwohl diese Form ihn doch begleitet, wo er geht und steht, solange jenes Licht scheint.

Nietzsche will damit offenbar eine besondere geistige Herkunft der folgenden Textstücke bezeichnen. Es ist gerade für sein Werk bezeichnend, dass es zusammen mit einer Reflexion auf die Herkunft und die Entstehungsbedingungen der Gedanken auftritt. Dies erscheint nur konsequent, wenn man berücksichtigt, dass seine Kritik gerade auf psychologischer und historischer Grundlage durchgeführt werden soll. Eigentlich ist Nietzsches philosophischer Anspruch nur angemessen zu verstehen, indem das Gesagte und das über die Herkunft des Gesagten ‚Mit-gesagte' bzw. bisweilen nur in der literarischen Form ‚An-gedeutete' auch als Reflexion auf den Status des zunächst Behaupteten mit-berücksichtigt wird. Allerdings antwortet Nietzsche als der ‚Wanderer' seinem Schatten an dieser Stelle, dass man in seinen Ansichten „bis jetzt" mehr den Schatten wahrgenommen habe als ihn, den ‚Wanderer' selbst – also mehr das, was die Lichtquelle bzw. Sonne von ihm als abstrakten Umriss auf den Boden warf, so dass er darin kaum in seiner Individualität zur Geltung kommen konnte. Wenn wir bei einem ‚Wanderer' von einer natürlichen Lichtquelle ausgehen, so könnte man also sagen: was bisher wahrgenommen wurde von ihm als ‚Wanderer' war stärker durch die Lichtquelle als durch ihn selbst bestimmt, also durch die Sonne. Der ‚Wanderer' wurde also nur ‚im Lichte' jener Sonne verstanden, was man auch so verstehen könnte: was er zu sagen hatte, wurde aus der Perspektive jener Sonne aufgefasst, und d. h. was aus dieser Perspektive nicht wahrgenommen werden konnte, das wurde überhaupt nicht gesehen.

Der ‚Schatten‘ antwortet darauf jedoch durchaus mit jenem fehlenden Ernst, den Nietzsche keineswegs als einen Mangel ansehen konnte: „Mehr den Schatten als das Licht? Ist es möglich?“ (MA IV-3, 177) Man erkennt die Ironie darin: während der Wanderer auf *sich* verwiesen hatte, den man weniger wahrgenommen habe als den Schatten (und auf diese Weise einen Mangel konstatiert, der aus der Entgegenstellung von ‚sich‘ und seinem ‚Schatten‘ resultiert), weist der ‚Schatten‘ dagegen auf das *Licht*, das man erstaunlicherweise weniger wahrgenommen habe als den Schatten, und stellt deshalb dort eine beeindruckende Leistung fest, wo der Wanderer selbst nur einen Mangel gesehen hatte. Ihm erscheint es erstaunlich, dass man in der Tat den Wanderer, wenn auch nur in seinem Schatten, wahrgenommen habe, wo es ihm viel selbstverständlicher erschiene, wenn man das Licht (die Sonne) selbst in den Vordergrund gestellt und den Schatten ignoriert hätte. Offensichtlich stimmen *beide* aber darin überein, dass man am wenigsten den Menschen wahrgenommen habe, dessen Schatten geworfen wurde, obwohl ohne ihn jene Sonne doch überhaupt keinen Schatten werfen hätte können.

Möglicherweise können die beiden *Defizite* in der Wahrnehmung des ‚Wanderers‘, die hier angesprochen werden, aber verbunden werden. Wenn in erster Linie der ‚Schatten‘ wahrgenommen wurde, so wurde der ‚Wanderer‘ selbst *und* das Licht, das seinen Schatten wirft, weniger wahrgenommen als der Schatten selbst. Das könnte als erstaunlich betrachtet werden insofern, als der Schatten weder ohne das Licht noch ohne den schattenwerfenden Gegenstand / Menschen entstehen kann. Vielleicht konnte der ‚Wanderer‘ – und wir könnten an dessen Stelle schon hier Nietzsche als den denkenden Menschen in seiner Individualität setzen – gerade *deshalb* weniger wahrgenommen werden, weil die Sonne, die seinen Schatten wirft, nicht ausreichend beachtet wurde, und, wenn die Sonne für die Perspektive steht, aus welcher der Schatten erst seine Sichtbarkeit erhält, weil eben die Perspektive keine angemessene Beachtung fand, aus der dieser Schatten gerade *so* sichtbar gemacht werden konnte, wie er sich vor den Wanderer drängte? Und vielleicht wurden diese Sonne und die in ihrem Licht mögliche Perspektive *deshalb* nicht angemessen in ihrer Bedeutung – und ihrer nicht-selbstverständlichen Besonderheit – wahrgenommen, *weil* jener denkende Mensch nicht angemessen in seiner Individualität wahrgenommen wurde?

Platon und sein Schatten

Wir können natürlich versuchen, das Gleichnis vom Wanderer und seinem Schatten weiter in eine Sprache ohne Gleichnis zu übersetzen. Dann könnte die Sonne, die den Schatten des Denkers Friedrich Nietzsche wirft, der sich hier als ‚Wanderer‘ bezeichnet, für die sokratisch-platonische Philosophie stehen, und der ‚Schatten' für das, was diese Sonne aus jenem individuellen Denker gemacht hat und machen musste, nämlich eine Erscheinung in einer bestimmten Verdoppelung, in der weniger er selbst als sein Schatten wahrnehmbar ist, nämlich sein abstraktes, umrisshaftes und fast überhaupt nicht individuelles Bild, das jene Sonne auf den Boden wirft. Wenn man dies weiter verfolgt, so stellen sich die folgenden Textstücke als Ergebnisse einer Auseinandersetzung des Wanderers mit seinem Schatten dar – also jener Auseinandersetzung, die er mit dem führt, was im Lichte und durch die Perspektive der sokratisch-platonischen Philosophie und Wissensform von ihm sichtbar ist.

Man könnte daraus entnehmen, Nietzsche wolle verdeutlichen, dass alles Philosophieren (weder der Zeit noch der Sache nach) *nicht* aus einem Anfang im tiefen Innern des eigenen Selbst beginne, sondern dass es stets schon von jenem Licht bestimmt ist, das den Philosophen / Denker für sich selbst erst sichtbar macht – also hier durch die Sonne der sokratisch-platonischen Wissensform und ihrer Fortsetzung in dem, was schließlich ‚Wissenschaft' genannt wurde. Ebenso sind die Ergebnisse eines solchen Denkens nicht Gewächse aus dem tiefen Innern des Denkers, sondern entstanden aus der Auseinandersetzung mit seinem Schatten – also zwischen ihm und demjenigen ‚ihm', das von ihm durch das Licht des sokratisch-platonischen Denkens entstanden ist. Und hier sollte man daran denken, dass alles Denken – nach Platon – ein Gespräch der Seele mit sich selbst ist; also nach Nietzsche: ein Gespräch der Seele mit dem ‚sich', das durch die Sonne der sokratisch-platonischen Wissensform erst entsteht. Jene Doppelheit, die das Denken ermöglicht, setzt also nicht einfach nur den Denker voraus, sondern auch jene Sonne.

Damit nimmt Nietzsche den Anspruch auf Originalität bis zu einem gewissen Grade zurück, den er doch an einigen Stellen mit Emphase erhebt – die Ergebnisse, die er hier präsentiert, sind nur das, worüber er mit seinem Schatten ‚übereingekommen' ist, also woran ebenso das seinen Anteil hat, wofür das Licht der sokratisch-platonischen Philosophie verantwortlich ist. Aber es wird doch beansprucht, dass diese Ergebnisse in einem Gespräch zustande gekommen sind, und daran hat auch der Wanderer seinen Anteil – allein für sich spricht also auch jene Sonne nicht. Aber auch ohne jene Sonne, die den Menschen ‚verdoppelt', insofern sie seinen Schatten wirft, kommt es nicht zu einem Gespräch mit eben diesem ‚Schatten' – es kommt eigentlich überhaupt nicht zu einem Gespräch. Deshalb lässt Nietzsche den Wanderer sagen:

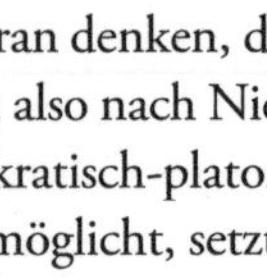

„Du wirst es wissen, ich liebe den Schatten, wie ich das Licht liebe. Damit es Schönheit des Gesichts, Deutlichkeit der Rede, Güte und Festigkeit des Charakters gebe, ist der Schatten so nötig wie das Licht." (MA IV-3, 176)

Man könnte also auch sagen: ohne das Licht eines Horizontes des Denkens wird überhaupt nicht gedacht – nur dann wird etwas gehört, was ein Antworten möglich macht, und alles Antworten bleibt bis zu einem gewissen Grad von diesem Sprechen und seinem Horizont abhängig.

Wenn Nietzsches Philosophie ihre Eigenheit gerade daraus gewinnt, dass sie auf den ursprünglichen Horizont jener Wissensform reflektiert, von der das Wissen aller Wissenschaft bestimmt ist, wie dies schon in der ‚Geburt der Tragödie‘ angedeutet wurde, dann führt sie diese Reflexion nur konsequent durch, indem sie auch darauf reflektiert, dass und wie sich jene Wissensform und jener Horizont in ihrem eigenen Reflektieren verwirklichen und sich auswirken. Sie muss also in jener Reflexion stets auch auf sich selbst reflektieren, d. h. sie muss ein Gespräch mit sich selbst führen, wie sie von jenem Licht her bestimmt ist, d. h. mit ihrem Schatten. In ihrem eigenen Schatten findet sie also ihr Abbild, mit dem sie sich auseinandersetzen muss. In diesem Schatten findet sie gerade das, was ihr überhaupt zu denken erlaubt, also jene Denkformen, Muster, Gewohnheiten und Argumentationsschemata, mit denen sie *einerseits* umgehen muss, um überhaupt zu einer *Artikulation* zu kommen (und die Bedeutung der Artikulation, der Gliederung und damit Bestimmung des sprachlichen Ausdrucks sprach Nietzsche bereits in der ‚Geburt der Tragödie‘ an), und von denen sie sich *andererseits* distanzieren muss, wenn sie ihr Programm einer Reflexion auf jene Wissensform durchführen will.

Das Ende der Schatten

Die ‚Zweite Abteilung‘ des Zweiten Bandes von ‚Menschliches, Allzumenschliches‘ wird abgeschlossen durch einen neuen Dialog zwischen dem Wanderer und seinem Schatten (MA IV-3, 341–342). Wir haben bereits gesehen, dass der Dialog am Anfang dieses Textes, welcher der ‚Zweiten Abteilung‘ ihren Titel gibt, für den Status der folgenden Textstücke und darüber hinaus für Nietzsches ganze Philosophie eine große Bedeutung hat – vor allem deshalb, weil durch die in diesem Gleichnis beschriebene Situation Nietzsches Texte sich selbst positionieren bzw. situieren, d. h. es werden hier wichtige Hinweise darauf gegeben, wie diese Texte zu verstehen sind. Es ist nun zu fragen, wie der Schlussdialog sich an den ersten Dialog anschließt und damit die Situierung von Nietzsches Textstücken weiter vorantreibt, d. h. wie damit weiter angegeben wird, auf welche Weise Nietzsche seine Texte – bzw. zumindest diejenigen, welche in diesem Buch versammelt sind – verstanden wissen will.

Zunächst lässt Nietzsche den ‚Schatten‘ sprechen:

„Von Allem, was du vorgebracht hast, hat mir nichts mehr gefallen als eine Verheissung: ihr wollt wieder gute Nachbarn der nächsten Dinge werden. Dies wird auch uns armen Schatten zugute kommen. Denn, gesteht es nur ein, ihr habt bisher uns allzugern verleumdet." (MA IV-3, 341)

Man muss hier den Sprecher beachten – es ist der Schatten, den der Wanderer durch jenes Licht wirft, das wir schon als die sokratisch-platonische Horizonterhellung und damit als ein spezifisches – und nicht-selbstverständliches – Licht herausgestellt hatten. Gerade dieser Schatten freut sich nun über eine der wenigen ‚positiven' Positionen in einem Buch, das eigentlich nur aus ‚psychologischer' Kritik besteht in jenem besonderen Sinn, wie er bereits herausgestellt wurde, und der sich nicht auf die Psychologie als Wissenschaft bezieht, welche gerade in den Bereich der Wissensform der sokratisch-platonischen Wissenschaft gehören würde. Man könnte daraus Nietzsches Meinung entnehmen, dass diese Position nicht ganz so fern von jener ‚Verdoppelung' des Menschen bzw. des Wanderers ist, die durch jenes Licht geschaffen wurde und wird – es handelt sich also um eine Möglichkeit, die gerade durch jenes Licht eröffnet wird, und insofern ist die Kritik nicht so vollständig vom Kritisierten unabhängig.

Der ‚Wanderer' antwortet darauf: „Verleumdet? Aber warum habt ihr euch nie verteidigt? Ihr hattet ja unsere Ohren in der Nähe." Und der Schatten repliziert: „Es schien uns, als ob wir euch eben zu nahe wären, um von uns selber reden zu dürfen." (MA IV-3, 341) Vielleicht sind wir hier bei einem der subtileren Ziele dieses Buches und möglicherweise von Nietzsches ganzer Philosophie: diese übergroße Nähe zwischen den Menschen und ihren Schatten, also ihrer Verdoppelung ins Allgemeine durch das sokratisch-platonische Licht, etwas zu relativieren, um aus der größeren Entfernung besser zu sehen, d. h. zumindest das Ergebnis der ‚Verplatonisierung' des Menschen unter der spezifischen Wissensform der sokratisch-platonisch begründeten Wissenschaft deutlicher als solches zu erkennen.

Nun wird das Verhältnis zwischen jener Wissensform und dem Menschen in seinem Anspruch auf ein individuelles und originelles Denken weiter ausgeführt. Der ‚Schatten' macht eine gewisse Freiheit in diesem Verhältnis geltend:

„Es ist wahr, man findet uns sehr, sehr oft in dem Gefolge des Menschen, aber doch nicht in seiner Knechtschaft. Wenn der Mensch das Licht scheut, scheuen wir den Menschen: so weit geht doch unsere Freiheit." (MA IV-3, 341)

Das bringt zunächst die Trivialität zum Ausdruck, dass es ohne Licht auch keine Schatten gibt. Aber es behauptet doch auch eine gewisse Freiheit von den Schatten, also eine Befreiungsmöglichkeit vom absoluten Anspruch der sokratisch-platonischen Wissensform. Und der ‚Wanderer' geht noch einen Schritt weiter: „Ach, das Licht scheut noch viel öfter den Menschen, und dann verlasst ihr ihn auch." (MA IV-3, 341) Wenn das Licht den Menschen scheut, dann scheint es eine gewisse Distanz zwischen den Grundlinien jener Wissensform und dem Menschen zu geben – d. h. der Mensch ist nicht identisch mit dem, was jene Wissensform aus ihm gemacht hat, d. h. er geht nicht ganz auf in dem Licht, das den Schatten wirft.

Der Schatten bringt dieses Verhältnis so zum Ausdruck: „es ist mir, der ich wissbegierig bin, an dem Menschen Vieles dunkel geblieben, weil ich nicht immer um ihn sein kann." (MA IV-3, 341) Der Mensch ist also in diesem Licht nicht vollständig durchsichtig geworden und das sokratisch-platonische Licht ist nicht omnipräsent. Im Menschen ist vieles, was nicht jenem Licht ausgesetzt ist, und eben dieses nicht durch jene Wissensform und ihre Tradition Erhellte wird von diesem Licht aus gesehen als ‚dunkel' bezeichnet – man sollte beachten, dass dieses ‚dunkel' eben nur aus der Perspektive *dieses* Lichts so erscheint. Erst in der vollen Identität von ‚Wanderer' und ‚Schatten' dagegen würde der Schatten zum Herrn, d. h. die Verdoppelung würde den ‚Wanderer' beherrschen, weil dieser den Schatten und damit indirekt jene Sonne als ein spezielles Licht nicht mehr in die Distanz des Sichtbaren rücken könnte.

Möglicherweise ist jenes spezielle Licht aber an seinem Ende angelangt. Jedenfalls lässt Nietzsche dies den ‚Schatten' vermuten: „Es war der längste Tag, aber wir sind an seinem Ende, habe eine kleine Weile noch Geduld!" (MA IV-3, 342) Der ‚längste Tag' ist hier natürlich nicht der Tag der alliierten Invasion in der Normandie, sondern der Sommeranfang, also der Tag, an dem die Sonne am längsten scheint und an dem entsprechend die Schatten am längsten bleiben. Möglicherweise – vermutlich – will Nietzsche damit andeuten, dass die Zeit der Schatten sich ihrem Ende zuneigt, wenn und weil jenes Licht der sokratisch-platonischen Wissensform zu schwinden beginnt.

Aber wenn am Ende dieses Dialogs die wiederholte Frage des ‚Wanderers' in Richtung zum ‚Schatten' steht „Wo bist du?", so könnte man daraus eine gewisse Unsicherheit über das herauslesen, was nach dem Ende jenes Lichtes und damit nach dem Verschwinden dieses Schattens geschehen wird. Nietzsche deutet hier also eine gewisse Bedenklichkeit an, die sich auf die Lage bezieht, die nach dem Ende der Macht des sokratisch-platonischen Horizontes entstehen könnte. Jeder Horizont ist nicht nur *abschließend*, indem er nur bestimmte Gedanken und Verständnisformen erlaubt, sondern auch *eröffnend*, indem er überhaupt Gedanken und damit Sinn und Erhellung durch vorstrukturierte Formen des Verstehens eröffnet. Von da aus ist die gewisse Bedenklichkeit verständlich, die Nietzsche an den Schluss dieses Buches setzt.

Die Fliege vor dem Fenster

Für das Verständnis von Nietzsches Philosophie ergibt sich aus dieser Reflexion auf sein eigenes Denken eine merkwürdige Lage und eine grundsätzliche Schwierigkeit, die für viele Probleme mit der Lektüre seiner Werke verantwortlich ist. Im Grunde sind viele – oder vielleicht die meisten – der mehr oder weniger provozierenden Textpassagen ‚angemessen' nur dadurch zu verstehen, dass man sie als ‚Ergebnis' jenes Gesprächs des ‚Wanderers' mit seinem ‚Schatten' auffasst, als das man Nietzsches gesamte Philosophie verstehen könnte. Viele Sätze in Nietzsches Philosophie sind tatsächlich am besten dadurch zu verstehen, dass sie aus dem Zusammenhang der Auseinandersetzung des Philosophen als eines ‚Wanderers' (der sich dadurch schon von dem diskursiv, begründend und an der ‚Wahrheit' orientierten traditionellen Philosophen unterscheidet) mit seinem abstrakten Bild, das die Sonne (der sokratisch-platonische Horizont) als Umriss auf den Boden geworfen hat, aufgefasst werden. In vielen Fällen stellen solche Sätze also das Ergebnis einer kritischen Betrachtung von etwas dar, das sich *nur* aus der Perspektive des Schattenwurfes durch die platonische Sonne so darstellt, wie es von Nietzsche kritisiert wird. Man sollte also beachten, dass in Nietzsches Philosophie an vielen Stellen die Einsicht von der Abhängigkeit der Kritik von gerade jener Sonne durchscheint.

Deshalb gehört zu einem angemessenen Verständnis dieser Kritik das Bewusstsein, dass dabei nicht neue Behauptungen über das aufgestellt werden, was ‚es gibt' und ‚was ist', wenn wir es ‚in Wahrheit' auffassen. Dies hat sich in den vorangegangenen Überlegungen schon daran gezeigt, dass Begriffe wie ‚Wahrheit' und ‚Sein' gerade von Nietzsche in ihrer Herkunft innerhalb einer bestimmten Tradition und aus ihrer Funktion für das Zusammenleben von Menschen in Gemeinschaften untersucht wurden. Alle Kritik bleibt also von jener platonischen Sonne abhängig, welche auch die Perspektive für die Erhellung alles dessen ‚geschaffen' hat, was kritisiert werden kann *und* womit es kritisiert werden kann. Im Prinzip gilt diese doppelte Bedingtheit von Kritisiertem und Kritik für alle Texte Nietzsches, in denen er vermeintlich sagt, ‚wie es wirklich ist'.

Wir sollten also grundsätzlich alle kritischen Aussagen Nietzsches stets mit diesem Vorbehalt einer Reflexion auf die Zweifelhaftigkeit auch der Fundamente der Kritik verstehen, und zu diesem Vorbehalt gehört auch der Verdacht, die Kritik könnte sich letztlich als abhängig von den gleichen geschichtlichen Grundlagen abhängig erweisen wie das Kritisierte – nur dass diese sich im ersteren Fall noch nicht genügend deutlich gezeigt haben. Nietzsches ‚Psychologie' stellt deshalb gerade jene Ironie dar, die ein Phänomen analysiert, indem es das Gespräch mit dem eigenen Schatten führt, den jene Sonne des platonischen Horizontes wirft. Auch deshalb unterscheidet sich diese ‚Psychologie' radikal von aller psychologistischen Ursachenforschung im Sinne des Aufdeckens von verborgenen Motivationen mit wissenschaftlichem Anspruch.

Das Erstaunen über eine solch merkwürdige Form von Philosophie mit einem so komplizierten Status des eigenen Erkenntnisanspruchs hat Nietzsche an einer Stelle mit dem einer Fliege vor dem Glasfenster verglichen:

„Weil Etwas für uns durchsichtig geworden ist, meinen wir, es könne uns nunmehr keinen Widerstand leisten – und sind dann erstaunt, dass wir hindurchsehen und doch nicht hindurch können! Es ist dies die selbe Torheit und das selbe Erstaunen, in welches die Fliege vor jedem Glasfenster gerät." (M V-1, 274)

Man könnte darin eine Erläuterung zum Dialog des ‚Wanderers' mit seinem ‚Schatten' sehen. Der ‚Wanderer' kann sich nur mit seinem ‚Schatten' auseinandersetzen, nicht mit der Selbstdarstellung einer ‚Welt an sich', und in dieser Auseinandersetzung muss er wichtige gedankliche Elemente aus eben der kritisierten sokratisch-platonischen Wissensform verwenden. Mit diesen Elementen bleibt er aber notwendig *hinter* dem erwähnten Glasfenster.

Insofern war Nietzsche sicher nicht so optimistisch wie ein anderer späterer Philosoph, der der Philosophie vor allem eine ‚therapeutische' Aufgabe zuschrieb, die darin bestehen sollte, der Fliege den Ausweg aus dem Fliegenglas zu zeigen, wie Wittgenstein dies nannte. Ein ‚Fliegenglas' ist dabei als ein Glasbehälter mit einer röhrenförmigen Öffnung zu verstehen, die sich nach innen immer mehr verengt, so dass die Fliege, die von einem Geruchsstoff in diesem Glas angezogen wird, zwar hineinfindet, aber nicht mehr hinaus. Gemeint ist natürlich hier, dass der Philosoph den von philosophischen Problemen geplagten Menschen den Ausweg daraus zeigen könne, indem er ihnen die Geschichte jener Gefangenschaft vor allem im Entstehen eines bestimmten Missverstehens der Sprache erläutert – kennen sie erst den Weg, auf dem sie in diese missliche Lage geraten sind, so werden sie auch wieder hinausfinden. Nietzsche zeigt sich an der soeben zitierten Stelle keineswegs so optimistisch, was in erster Linie auf seine Reflexion auf die Bedingungen des eigenen kritischen Denkens zurückgeht.

Auch in diesem Denkzusammenhang kann man zwar der ‚Fliege' die Geschichte ihres Gefangenwerdens zeigen – was Nietzsche gegen die sokratisch-platonische Wissensform tut, indem er (a) historische und (b) psychologische Kritik betreibt und auf diese Weise die Motive aufdeckt, die ‚hinter' den vermeintlichen Erkenntnissen stehen. Aber wenn hier die Geschichte (und d. h. die historische *und* die psychologische Erklärung) an die Stelle der rational begründenden Kritik tritt, so kann Nietzsche zwar bis zu einem gewissen Grad vermeiden, sich durch das Geben von ‚Gründen' *direkt* an die platonische Wissensform anzuschließen. Auch die geschichtliche und psychologische Erklärung reproduziert jedoch Grundkonzepte jener Wissensform, die gerade Gegenstand von Nietzsches Kritik war. ‚Psychologie' und ‚Geschichte' stellen deshalb Versuche dar, sich von dem platonischen Gründegeben zumindest so weit abzusetzen, dass es als eine bestimmte Wissensform erfasst werden kann, obwohl damit diese Wissensform nicht als solche aufgegeben wird.

Zwar versucht Nietzsche mithilfe seines ‚Stiles' – im Sinne eines ‚Denkstils' und nicht eines rein literarischen Stils – die Grundlagen der sokratisch-platonischen Wissensform zu ‚unterlaufen'. Aber auch damit wird die Situation des ‚Wanderers' mit seinem ‚Schatten' nicht aufgehoben, denn eine ‚Erklärung' wird doch gegeben, auch wenn es nun eine aus der Geschichte und der Motivation sein soll, und nicht eine aus der Ratio, d. h. aus Gründen, die für die Geltung einstehen. Man könnte also sagen: es wird die Erklärungsstrategie verändert, was natürlich einschließt, dass Nietzsches ‚Psychologie' keine wissenschaftlichen Geltungsansprüche stellen kann. Nietzsche *kann* also damit nicht beanspruchen, er sage, ‚wie es ist', wenn die Wahrheit gesagt wird, denn eben das hieße im Zusammenhang seines Denkens, dass der ‚Wanderer' sich an den ‚Schatten' aufgeben würde.

Die historische und die psychologische Erklärung können also nur als Alternativen die Kritik an der begründenden (rationalen) Wissensform der sokratisch-platonischen Wissenschaft darstellen. Ihre Aufgabe ist es, die alleinige Erklärungskraft des rationalen Begründens in Frage zu stellen – dies tun sie, indem sie Akzeptanz erlangen. Man könnte also auch sagen, dass Nietzsche zwei wichtige Strömungen seiner Zeit einsetzt (nämlich die historische und die psychologische Erklärungsstrategie), um mit ihrer Hilfe die rationale Erklärungsstrategie zu erschüttern. Daraus ergibt sich aber, dass Nietzsche selbst *nicht* einer historischen bzw. einer psychologischen Erklärungsstrategie zugerechnet werden kann. Er führt vielmehr mit ihrer Hilfe nur die Möglichkeiten einer Kritik vor.

Man könnte den Stil der psychologischen und historischen Motivsuche bei Nietzsche also geradezu als Mittel auffassen, das gegen die Verabsolutierung der Geschichte und der Psychologie eingesetzt wird. Literarisch lässt sich dies daraus erkennen, dass durch die kurzen und unzusammenhängenden Textstücke in ‚Menschliches-Allzumenschliches' bzw. in ‚Morgenröte' die ‚historische' bzw. ‚psychologische' Erklärung als durchgehende Methode der Entwicklung von Wissen dementiert wird. Dies soll ausreichen, um die rationale Wissensform zu demontieren, aber es soll nicht so weit gehen, dass damit eine neue Wissensform verabsolutiert wird.

4

4 Die Vermittlung des Erkennens: ‚Also sprach Zarathustra'

4.1 Einleitung

Der ‚Zarathustra' ist sicherlich dasjenige Werk Nietzsches, das man am leichtesten auf die Seite der Literatur und damit jenseits des Bereichs philosophischer Abhandlungen stellen kann. Damit muss allerdings noch nicht darüber entschieden sein, ob es sich um gute oder schlechte Literatur – oder irgendetwas dazwischen – handelt. Von Nietzsche war es jedoch keineswegs so gemeint. Das soll nicht heißen, dass ihm der nach traditionellen Vorstellungen nicht zu einer philosophischen Schrift passende Erzählstil mit lyrischen Elementen nicht als solcher bewusst gewesen wäre – im Gegenteil handelt es sich dabei gerade um ein gezielt eingesetztes Mittel, mit dem Nietzsche glaubte etwas sagen zu können, was er mit dem zuvor gepflegten und in erster Linie aphoristisch ausgerichteten Stil nicht glaubte vermitteln zu können. Er nannte dies selbst „diese Rückkehr der Sprache zur Natur der Bildlichkeit." (EH VI-3, 342) Wir hatten weiter oben schon auf Nietzsches Sprachauffassung und die besondere Bedeutung der Metaphernbildung darin hingewiesen. Nietzsche versuchte im ‚Zarathustra' offenbar, auf dem Weg von der Metapher zur begrifflich-diskursiven Sprache einen Schritt zurückzugehen. Das macht ein Verständnis an vielen Stellen schwierig.

Man sollte aber berücksichtigen, dass Nietzsche genau dies beabsichtigt haben könnte. Wir haben am Schluss des letzten Kapitels auf die merkwürdige Struktur eines Denkens hingewiesen, das zum Gegenstand seiner Kritik gerade die Grundlagen eben des traditionellen Denkens machen will, und von dem es sich deshalb eigentlich nur dadurch distanzieren kann, dass es sich von sich selbst distanziert. Offenbar schien Nietzsche der literarische Stil des ‚Zarathustra' geeignet, um dem Leser seine Gedanken so zu vermitteln, dass sie ihm darin gerade nicht zu ‚Lehren' (‚Dogmen') mit dem Anspruch auf Geltung im Sinne einer Selbstdarstellung der ‚Welt an sich' werden.

In der Tat ist das Thema des ‚Zarathustra' aber sogar insgesamt und gemäß der ganzen Konzeption des Werks das Problem der Vermittlung bzw. der Mitteilung seiner Lehre, ohne dass dieses Denken darin sein eigentliches Thema und seinen Status verliert. Wir hatten anhand des kurzen Textes zu ‚Der Wanderer und sein Schatten' bereits auf einen Versuch Nietzsches hingewiesen, dieses Problem eines Denkens, das zum kritisierten Gegenstand die Grundlagen des eigenen Tuns nimmt, durch eine ‚bildliche' Ausdrucksweise zu verdeutlichen. Im ‚Zarathustra' wird dieses Thema nun in einem weit größeren Umfang und ausführlich behandelt.

Natürlich kann man sich zunächst fragen, was es bedeutet, dass Nietzsche in diesem Werk gerade einen Religionsstifter wie Zarathustra als eine Art ‚alter ego' darstellt, dem er in einer langen Folge von Reden sein eigenes Denken zuschreibt. Allerdings erschöpft sich das Buch nicht in diesen Reden, sondern sie werden in den Zusammenhang einer ‚Erzählung' gestellt, in der die Vermittlung des Gehalts dieser Reden wiederum selbst zum Thema wird. Aber warum gerade Zarathustra (in der Literatur auch als Zoroaster bekannt)? Über die historische Gestalt dieses Namens gibt es nicht viel zu berichten – jedenfalls nicht viel, was für Nietzsches Buch auf irgendeine Weise erhellend sein könnte. Zarathustra begründete im 6. Jahrhundert vor unserer Zeitrechnung – möglicherweise aber auch bereits im 9. oder 10. Jahrhundert – eine Glaubenslehre im alten Persien, die über ein Jahrtausend lang die dominante Religion in Persien war. Im Zentrum stand der ewige Kampf zwischen Gut und Böse in der Welt.

Nietzsche hat sich nur vage darüber geäußert, warum er gerade diese Gestalt verwendete, um seine Philosophie mitsamt ihren inhärenten Schwierigkeiten in einem sehr literarisch erscheinenden Werk so darzustellen, dass darin die spezifischen Probleme ihrer Darstellung mit verdeutlicht werden können. An einer Stelle schreibt er:

> „was die ungeheure Einzigkeit jenes Persers in der Geschichte ausmacht, ist … Zarathustra hat zuerst im Kampf des Guten und des Bösen das eigentliche Rad im Getriebe der Dinge gesehn – die Übersetzung der Moral ins Metaphysische, als Kraft, Ursache, Zweck an sich, ist sein Werk."

Dann aber fährt er an der gleichen Stelle fort:

> „Zarathustra schuf diesen verhängnisvollsten Irrtum, die Moral: folglich muss er auch der Erste sein, der ihn erkennt. Nicht nur, dass er hier länger und mehr Erfahrung hat als sonst ein Denker – die ganze Geschichte ist ja die Experimental-Widerlegung vom Satz der sogenannten ‚sittlichen Weltordnung' –: das Wichtigere ist, Zarathustra ist wahrhaftiger als sonst ein Denker. Seine Lehre, und sie allein, hat die Wahrhaftigkeit als oberste Tugend – das heisst den Gegensatz zur Feigheit des ‚Idealisten', der vor der Realität die Flucht ergreift, Zarathustra hat mehr Tapferkeit im Leibe als alle Denker zusammengenommen. Wahrheit reden und gut mit Pfeilen schiessen, das ist die persische Tugend. – Versteht man mich? … Die Selbstüberwindung der Moral aus Wahrhaftigkeit, die Selbstüberwindung des

> Moralisten in seinen Gegensatz – in mich – das bedeutet in meinem Munde der Name Zarathustra.“ (EH VI-3, 365)

Diese Passage erscheint vor dem Hintergrund des bisher dargestellten Denkens von Nietzsche zumindest nur schwer als Motivation für die Wahl Zarathustras zum Protagonisten des gleichnamigen Buches verständlich. Über die Ursprünge der Moral hat Nietzsche an anderen Stellen ausführlich gehandelt und über die besondere Bedeutung der ‚Wahrhaftigkeit‘ bei dem historischen Zarathustra findet man in den einschlägigen Darstellungen nicht viel.

Möglicherweise ist es für das Verständnis von Nietzsches Denken sinnvoller, sich darauf zu beschränken, dass Nietzsche gerade in einem für das abendländische Denken kaum bekannten Stifter einer für dieses Denken ebenso fast unbekannten Religion eine Art „Gegen-Ideal“ sehen *wollte* (EH VI-3, 351); d. h. er schien ihm geeignet, ein solches Gegen-Ideal zu konstruieren. Das ‚gegen‘ bezieht sich darin natürlich zum einen auf die abendländische und nach Nietzsche stets platonische Philosophie mit ihrem Anspruch auf ein Wissen in einer feststellenden Sprache, in der sich die ‚Welt an sich‘ selbst repräsentieren kann. Jene Philosophie und dieses Wissen hatte Nietzsche bereits als grundsätzlich moralisch strukturiert gefunden und d. h. es handelt sich um ein Wissen, das auf der Sollensforderung einer ‚Verneinung‘ des Wirklichen auf dem Weg zu seiner ‚Idealität‘ beruht. Dem setzt Nietzsche nun seinen Protagonisten Zarathustra als „jasagend bis zur Rechtfertigung, bis zur Erlösung auch alles Vergangenen“ entgegen (EH VI-3, 346). Zarathustra ist für ihn derjenige,

> „welcher in einem unerhörten Grade Nein sagt, Nein tut, zu Allem, wozu man bisher Ja sagte“, und der dabei das Problem aufwirft, wie er „trotzdem der Gegensatz eines neinsagenden Geistes sein kann; wie der das Schwerste von Schicksal, ein Verhängnis von Aufgabe tragende Geist trotzdem der leichteste und jenseitigste sein kann – Zarathustra ist ein Tänzer –: wie der, welcher die härteste, die furchtbarste Einsicht in die Realität hat, welcher den ‚abgründlichsten Gedanken‘ gedacht hat, trotzdem darin keinen Einwand gegen das Dasein, selbst nicht gegen dessen ewige Wiederkunft findet, – vielmehr einen Grund noch hinzu, das ewige Ja zu allen Dingen selbst zu sein, ‚das ungeheure unbegrenzte Ja- und Amen-sagen‘ … ‚In alle Abgründe trage ich noch mein segnendes Jasagen‘.“ (EH VI-3, 343)

Vor diesem Hintergrund ist es nicht verwunderlich, dass Nietzsche auch davon sprach, die „Grundkonzeption des Werks“ sei „der Ewige-Wiederkunfts-Gedanke, die höchste Formel der Bejahung, die überhaupt erreicht werden kann“ (EH VI-3, 333). Aus den vorangegangenen Erörterungen ist deutlich geworden, dass Nietzsche diesen Gedanken ‚jenseits von Gut und Böse' und damit ‚jenseits' des abendländisch-platonischen Denkens' angesiedelt ansah. Wir könnten dies jetzt auch in den Zusammenhang des Gleichnisses vom ‚Wanderer' und seinem ‚Schatten' stellen und auf dieser Grundlage die folgende Formulierung verstehen: „Mittag; Augenblick des kürzesten Schattens; Ende des längsten Irrtums; Höhepunkt der Menschheit; INCIPIT ZARATHUSTRA." (GD VI-3, 75) Offenbar sah Nietzsche sein Werk ‚Also sprach Zarathustra' an einer Stelle in der langen Geschichte vom ‚Wanderer' und seinem ‚Schatten', die man in seinem Denkzusammenhang als die Geschichte der abendländischen Philosophie auffassen könnte, an der jenes Licht zwar einerseits am hellsten scheint, aber andererseits doch die kürzesten Schatten wirft, was er im Bild des ‚Mittags' zusammenfasste.

4.2 Zarathustra: Erster Teil

4.2.1 Zarathustras Vorrede

Der Untergang

Wir sollten zunächst beachten, dass es im ‚Zarathustra' zentral um das Problem der Mitteilung jener besonderen Einsicht geht, die Nietzsche gegen die gesamte platonisch-abendländische Wissensform gewonnen zu haben beansprucht. Das wird nicht an allen Stellen dieses Buches deutlich, aber es wird jedem einleuchten, der auf den Zusammenhang des Werkes und seine fortlaufende ‚Erzählung' achtet. Diese Thematik beginnt schon am Anfang, wenn der von Nietzsche als ‚Zarathustra' bezeichnete Protagonist nach einer langen Zeit des Denkens beschließt, „meiner Weisheit überdrüssig" zu sein und sie „verschenken" und „austeilen" zu wollen (Z VI-1, 5). Schon an dieser Stelle aber müssen zwei Besonderheiten einer solchen Mitteilung beachtet werden.

(1) Die Botschaft soll offensichtlich nicht in einer Lehre bestehen, die eine neue Weisheit für die Menschen liefert, sondern das Ziel ist eine Unterrichtung „bis die Weisen unter den Menschen wieder einmal ihrer Torheit und die Armen wieder einmal ihres Reichtums froh geworden sind." (Z VI-1, 5) Es soll demnach in erster Linie um eine Einsicht in das Unwissen gehen und um eine Versöhnung mit dem Nicht-Wissen.

(2) Eine solche Mitteilung scheint dem Autor aber nur möglich, wenn er „in die Tiefe" steigt, also zum „Untergehen" bereit ist – das erste Textstück endet mit dem doppeldeutigen Satz: „Also begann Zarathustra's Untergang." (Z VI-1, 6) Darin liegt natürlich nicht nur, dass Zarathustra nun ‚hinunter geht' von seiner Höhe im Gebirge

hinab zu den Menschen, denen er seine Weisheit anbieten will, sondern auch, dass es sein Untergang ist im Sinne einer ‚Vernichtung', eines Verlassens seiner selbst, eines Verzichtes auf sich selbst.

(3) Es gibt aber noch eine dritte Besonderheit: Zarathustra zieht eine Parallele zwischen sich bzw. seinem Vorhaben des Verkündens seiner Weisheit und dem Lauf der Sonne. Die Metapher von der Sonne und ihrem Licht hatten wir bereits im Zusammenhang mit den kurzen Textstücken erwähnt, die unter dem Titel ‚Der Wanderer und sein Schatten' die so benannte ‚Zweite Abteilung' des ‚Zweiten Buches' von ‚Menschliches, Allzumenschliches' einleiten und beschließen. Wir konnten die Sonne dort als Metapher für den erhellenden Horizont sehen, der zwar eine ‚Sicht' erlaubt, aber auf der anderen Seite den Nachteil aufweist, dass der Mensch – hier der sich als ‚Wanderer' bezeichnende Philosoph – sich nur noch als ‚Schatten' erkennen kann, d. h. als das, was das Licht jenes Horizontes im groben Umriss auf den Boden wirft, auf dem die vielen Schatten sich fast bis zum Verwechseln ähnlich sind.

Nun aber will sich Zarathustra nicht damit begnügen, sich mit seinem ‚Schatten' auseinanderzusetzen. Er stellt vielmehr eine sehr komplizierte metaphorische Beziehung zwischen sich als dem ‚Mitteilenden' oder ‚Lehrer' und dem Licht der Sonne her, und in diesem Werk geht es auch darum, dies immer komplizierter werden zu lassen bzw. diese Kompliziertheit auszuloten. Zunächst benötigt die Sonne diejenigen, denen sie leuchtet: „Du grosses Gestirn! Was wäre dein Glück, wenn du nicht Die hättest, welchen du leuchtest!" (Z VI-1, 5) Dies lässt sich noch leicht in die Licht / Horizont-Metapher einfügen: ein Horizont ist kein Horizont, wenn nicht von ihm her Interpretationen entstehen, durch die Sinn aufgeschlossen wird, d. h. dadurch, dass mit seiner Hilfe ein sprachliches Verständnis der Welt und des Menschen möglich wird.

Merkwürdigerweise sieht sich Zarathustra aber nicht in der Position der am Horizont leuchtenden Sonne, sondern sein Licht glaubt er in seinem ‚Untergang' nur verschenken zu können, wenn er auch in diesem Sinne „in die Tiefe" steigt: „wie du des Abends tust, wenn du hinter das Meer gehst und noch der Unterwelt Licht bringst", womit natürlich wiederum die Sonne angesprochen ist (Z VI-1, 5). Offensichtlich ist das Licht, das nun die „Unterwelt" erhellen soll, nur um den Preis eines Verzichts auf dieses Licht auf den Bergeshöhen zu erreichen, von denen aus Zarathustra seinen „Untergang" beginnen will.

Wir könnten dieses einleitende Textstück also etwa so interpretieren. Zarathustra sieht seinen Plan der Mitteilung seiner Weisheit als einen „Untergang", in dem er zumindest bis zu einem gewissen Grad die Rolle des Lichtes / der Sonne – also eines Horizontes – übernehmen wird müssen, wodurch er zwar Licht in die menschlichen Gefilde bringen kann, aber dafür das Licht auf jenen Bergeshöhen seines Geistes ausknipsen muss, auf denen er sich zehn Jahre lang vergnügt hatte. Vermutlich hängt es gerade mit dem Vorhaben des Lehrens zusammen, dass er auf sich Verzicht leisten muss und auf seine höchste Weisheit – und vermutlich hängen diese Misslichkeiten gerade mit der Besonderheit jener Einsicht zusammen, welche er den Menschen mitteilen will.

Wir sollten hier noch berücksichtigen, dass es sich bei diesem Weg in die Mitteilung auch um einen Weg handeln soll, auf dem Zarathustra „wieder Mensch werden" möchte. Darin liegen drei Behauptungen: (1) Zarathustra sieht sich im Zustand des Denkens und auf der Höhe seines Lebens im Gebirge nicht als ‚Mensch', und (2) zum Dasein als Mensch gehört ein gewisser ‚Untergang' und es gehört dazu, dass das Licht / der Horizont nicht gleichzeitig auf jenen Gebirgeshöhen (des Geistes) und in der „Unterwelt" scheinen kann, wohin Zarathustra nun unterwegs ist. (3) Dieses ‚Mensch-Werden' scheint auch mit dem Mitteilen zusammenzuhängen. Wir haben also eine seltsame Ausgangslage für das Mitteilen der Weisheit Zarathustras, wie sie Nietzsche einleitend skizziert – das Mitteilen scheint notwendig zu einem schweren Verlust in dem zu führen, was hier mitgeteilt werden soll.

Zarathustra wird in diesen einleitenden Passagen noch durch einige weitere Kennzeichnungen beschrieben. Er begegnet während des „Untergangs" einem frommen Einsiedler. Hier wird das schon bekannte Gott-ist-tot-Motiv ausgeführt, und von diesem Tod hat der Einsiedler zu Zarathustras Erstaunen noch nichts gehört. Nichtsdestoweniger versucht Zarathustra diesen Einsiedler nichts zu lehren, sondern erkennt in ihm so etwas Ähnliches wie sich selbst. Jener Einsiedler bezeichnet ihn schließlich als „Kind", als „Erwachter" und als „Tänzer" (Z VI-1, 6). Man könnte die Metapher des ‚Kindes' so deuten: als Kind ist Zarathustra frei von Urteilen, von Interpretationen, d. h. jener Horizont der abendländischen Wissensform hat es noch nicht geprägt. Eben diesen Zustand bezeichnet der Einsiedler auch als den eines ‚Erwachten' – man könnte natürlich an die Bibelstelle denken: wenn ihr nicht werdet wie die Kinder, so werdet ihr nicht hineinkommen (in das Himmelreich). Auf der anderen Seite ist diese Charakterisierung auch zweideutig: Man könnte auch sagen, das Kind hat nur solange keinen Horizont, als es noch nicht spricht, vielleicht nur solange, bis es zu bewussten Wahrnehmungen oder Empfindungen fähig ist – dann aber ist es stärker in seinem Horizont gefangen als jeder Erwachsene, weil es ihn nicht relativieren oder in Frage stellen kann – möglicherweise liegt hier der ‚blinde Fleck' in der Auffassung des Einsiedlers, weshalb diese Meinung auch von einem anderen geäußert wird, nicht von Zarathustra selbst.

Die Metapher des Tänzers wird noch weiter ausgeführt werden: es handelt sich auf jeden Fall um jemanden, der keinen geraden Weg geht, d. h. der nicht geht, um vom Punkt A nach Punkt B zu gelangen. Darüber hinaus ist die Art und Weise seiner Fortbewegung wichtiger als die Fortbewegung selber, die Form ist also wichtiger als die

Erreichung des Zwecks, in diesem Sinne hat seine Bewegung ein gewisses Selbstgenügen. Außerdem ist seine Bewegung ästhetisch bestimmt, es geht also um die sinnliche, wahrnehmbare Gestalt, und nicht um die Technik, die ihn von Punkt A nach Punkt B bringt. Schließlich pflegen Tänzer auch nicht schwer auf dem Boden zu lasten, sondern ihn nur zu berühren, um sich davon abzustoßen, d. h. das Ziel ist eigentlich ein Schweben über den Dingen, obwohl es kein Fliegen ist und der Tanz nur geschieht, indem der Boden immer wieder berührt *und* verlassen wird. Zarathustra als Denker wird also von einem frommen Einsiedler beschrieben als jemand, der wie ein Kind frei ist von Horizonten (oder vielleicht auch nicht), der deshalb erwacht ist (also zuvor geschlafen hatte), und der sich auf eine ‚ästhetische' Weise bewegt bzw. fort-bewegt.

Der Übermensch

Zarathustras Vorhaben der Mitteilung seiner Weisheit scheitert zunächst vollständig. Es handelt sich geradezu um ein Lehrstück, wie man es nicht machen sollte, wenn man eine Botschaft an den Mann und an die Frau bringen möchte. Ein Publikum ist versammelt, um einen Seiltänzer zu sehen – in diese Erwartungshaltung platzt Zarathustra und verkündet ohne Rücksicht auf die Situation, die Horizonte und Erwartungen des Publikums *seine* Weisheiten und beachtet nicht, dass es deshalb noch nicht *deren* Weisheiten sind; er scheint nicht verstanden zu haben, dass er nicht mehr zu seinen Haustieren Adler und Schlange spricht, bei denen eine hohe Akzeptanzbereitschaft für die Erklärungen ihres Herrn und Meisters vorausgesetzt werden könnte.

Was ergibt sich daraus für uns, die Leser dieses Buches, als Einsicht über jene Weisheiten, die Zarathustra nun verkündet? Diese Frage ist besonders deshalb interessant, weil nun einige derjenigen Sätze folgen, für die Nietzsches Philosophie über dieses Fach hinaus bis in die Feuilletons bekannt geworden ist:

> „Ich lehre euch den Übermenschen. Der Mensch ist Etwas, das überwunden werden soll. Was habt ihr getan, ihn zu überwinden? … Der Übermensch ist der Sinn der Erde. Euer Wille sage: der Übermensch sei der Sinn der Erde!" (Z VI-1, 8)

Man sollte beachten, dass Zarathustra sich hier auf den Begriff der ‚Erde' beruft, um jenen Begriff des anzustrebenden ‚Übermenschen' zu rechtfertigen. Der Begriff der ‚Erde' wiederum ist verbunden mit dem des ‚Leibes'. Die Entgegensetzungen sind hier also: Erde vs. das Überirdische, und: der Leib vs. die Seele. Zarathustra verkündet dem in der Erwartung eines Seiltänzers versammelten Publikum also nun:

„Ich beschwöre euch, meine Brüder, bleibt der Erde treu und glaubt Denen nicht, welche euch von überirdischen Hoffnungen reden!" (Z VI-1, 9)

Es dürfte sich von selbst verstehen, dass damit nicht konkrete Gegenstände in der Welt gemeint sind. Wenn wir wieder an jenen Wanderer und seinen Schatten denken, so könnte man sagen: Zarathustra wendet sich gegen das Modell, dass das ‚Ästhetische' (Erde, Leib) einen Schatten wirft, den wir als ‚das Überirdische' (in welcher näheren Form auch immer) oder als ‚die Seele' bezeichnen. Der ‚Übermensch' wird nun darüber hinaus bezeichnet als der Gedanke, in dem die ‚große Verachtung' untergehen kann, welche mit jener Unterscheidung verbunden ist, in der die Seele sich gegen den Leib wendet und vom Überirdischen her das Irdische abgewertet wird. Was damit auch untergehen soll, sind die inneren Widersprüche jenes Horizontes, aus dem sich solche ‚Entzweiungen' gebildet hatten, und den sie immer wieder neu bilden: etwa die Widersprüche in zentralen Begriffen des platonisch-christlichen Selbstverständnisses wie Glück, Vernunft, Tugend, Gerechtigkeit, Mitleiden (Z VI-1, 9–10).

Wie kann man einen Sinn aus einem solchen Begriff wie dem ‚Übermenschen' machen? Am einfachsten gelingt dies, wenn man daran denkt, dass auch in einem Begriff wie ‚Metaphysik' ein ‚Über' steckt – gemeint ist damit ja nicht nur eine Wissensform ‚nach' der Physik, sondern ‚über' die Physik bzw. das Physische und damit ‚über' dieses hinaus. Nietzsche verwendet diesen Sinn von ‚meta' nun in einem radikalen Sinn: wenn Zarathustra den ‚Übermenschen' lehren will, so eben gerade nicht eine höhere Art von Mensch, sondern eine ‚Reflexion' auf den Menschen, d. h. ein Zurückkommen auf das, was wir unter ‚Mensch' verstehen, gerade in seiner Fraglichkeit und damit Nicht-Selbstverständlichkeit. Eine Lehre vom ‚Übermenschen' beginnt also eigentlich schon dort, wo der Gedanke lebendig ist, dass keineswegs irgendwann ein Wesen in der Welt aufgetaucht ist, dem irgendjemand ein Schild um den Hals gehängt hatte mit dem Wort ‚Mensch' und vielleicht noch mit der dazugehörigen Bedienungsanleitung, sondern dass mit diesem Begriff eine Bedeutung oder vielmehr Bedeutungen verbunden ist bzw. sind, die sich in Gedankenprozessen und in einer geschichtlichen Entwicklung herausgebildet hat bzw. haben.

Wenn wir dies berücksichtigen, dann wird eine Frage wie ‚Was ist der Mensch?' grundsätzlich sinnlos (weil es keinen Gegenstand an sich gibt, der von sich aus diese Bedeutung offenbaren könnte) – oder sie ist sehr einfach zu beantworten: die Bedeutung auch eines solchen Ausdrucks ist eben diejenige, welche in einer bestimmten Zeit und unter den Teilnehmern einer bestimmten Kommunikationsgemeinschaft üblich ist; man könnte auch sagen: der Mensch ist die Art und Weise, wie der Ausdruck ‚Mensch' in dieser Situation erklärt wird, oder mit Wittgenstein: der Mensch ist die Art und Weise, wie der Ausdruck ‚Mensch' in einer bestimmten Zeit und in einem bestimmten Sprachspiel *verwendet* wird.

Im Grunde haben wir *uns* nun soeben auf den Standpunkt des ‚Übermenschen' gestellt, also den Standpunkt einer Reflexion auf – oder ‚über' – den Begriff ‚Mensch'. Ganz offensichtlich sind wir damit nicht zu stärkeren, schöneren oder besseren Menschen geworden, und niemand wird sich nun als ‚Superman' bzw. ‚Superwoman' oder als blond-blauäugig-germanische Bestie fühlen. Nötig war dazu nur ein gewisser Verlust an „Genügsamkeit" (Z VI-1, 10), wie Zarathustra dies nennt, und gemeint ist natürlich das ‚Genügen' an den Begriffen, die uns aus der Geschichte des Denkens überkommen sind und die wir in diesem ‚Genügen' als identisch mit den Gegenständen an sich selbst auffassen. Sobald wir es damit nicht sein ‚Genügen' haben lassen wollen, beginnen wir bereits den Standpunkt ‚Übermensch' einzunehmen, auch wenn es sich nur um sehr bescheidene erste Schritte handelt.

Auf diese Weise können zwar *wir* heute Nietzsche verstehen, aber dies gelingt dem Publikum Zarathustras keineswegs, das eher unwirsch reagiert und nach dem angekündigten Seiltänzer verlangt, während es über Zarathustras wunderliche Rede lacht. Zarathustra aber unternimmt noch zwei weitere Versuche, seine Weisheiten diesem schlecht gewählten Publikum mitzuteilen, und beide Male wählt er seine Mittel wiederum sehr schlecht.

Der erste Versuch enthält wieder ein sehr berühmtes Nietzsche-Zitat: „Der Mensch ist ein Seil, geknüpft zwischen Tier und Übermensch – ein Seil über einem Abgrunde." (Z VI-1, 10) Zarathustra erläutert diese Bestimmung des Menschen an der gleichen Stelle noch durch den Menschen als „eine Brücke" und als „ein Übergang und ein Untergang". *Jetzt* aber sieht es so aus, dass Zarathustra uns eine neue Bestimmung dessen geben will, was der Mensch ist, während die Philosophie des ‚über den Menschen' oder auch des ‚Übermenschen' doch zunächst die Reflexion auf solche Bestimmungen empfahl und nicht den Entwurf neuer Bestimmungen darüber, was der Mensch ist.

Aber es handelt sich doch um eine Charakterisierung von der Art, dass mit ihr gerade die Annahme fester Bedeutungen für diesen Begriff ausgeschlossen wird – gerade deshalb wird diese Metapher des ‚Übergangs' bzw. der ‚Brücke' gewählt; d. h. jenes ‚über den Menschen' wäre nicht möglich, könnten wir nicht zunächst diesen Begriff gebrauchen, auf den wir dann und unter dieser Voraussetzung reflektieren – d. h. uns auf ihn ‚zurückbeugen' und aus der Distanz betrachten – können. Es ist diese Distanz, die Zarathustra in seinen ‚Lobpreisungen' ausführt, die alle mit „Ich liebe …" beginnen und in denen er das Denken beschreibt, das seiner Ansicht nach am besten zu einer solchen Reflexion führt. Es handelt sich wiederum um Themen, die Nietzsche bereits in früheren Werken angesprochen hatte, wobei es vor allem um die Konsequenzen aus der Art des Denkens geht, welches er als platonisch-christlich beschrieben und kritisiert hatte. Gerade die konsequente *Durchführung* dieser Denkfiguren scheint ihm also der beste Weg zum Gedanken des ‚Übermenschen' zu sein.

Der verächtlichste (letzte) Mensch

Natürlich findet auch diese Rede kein Verständnis auf dem Marktplatz. Zarathustras nächster Versuch setzt das Mittel der Provokation ein: „So will ich ihnen vom Verächtlichsten sprechen: das aber ist der letzte Mensch." (Z VI-1, 13) Und hier haben wir schon wieder ein sehr beliebtes Nietzsche-Zitat, dessen Bedeutung bei genauerer Hinsicht allerdings schon in der Philosophie des ‚über den Menschen' bzw. des ‚Übermenschen' enthalten ist. Natürlich ist damit nicht der letzte Mensch nach der Vernichtung aller Lebensgrundlagen gemeint, es geht auch nicht um die verächtliche Bedeutung, in der wir umgangssprachlich etwa sagen können ‚Der oder die ist das Letzte!' Gemeint ist vielmehr diejenige Bedeutung des Begriffs Mensch, mit der beansprucht wird, endgültig und für alle Zeiten und Orte das festgelegt zu haben, was der Mensch ist, also die Bedeutung, die das ‚Wesen' des Menschen so angibt, dass es der Diskussion entzogen sein soll und künftig als Ausgangspunkt aller Versuche aufgefasst wird, etwas über den Menschen herauszufinden.

Sofern ein neues Wissen über den Menschen nicht das ‚Wesen' berührt, ist die weitere Erforschung des Menschlichen damit nicht ausgeschlossen. Aber es kann nichts mehr herausgefunden werden, was dem ‚Wesen' widersprechen würde – anders gesagt: es gibt apriorische Wahrheiten über den Menschen, die gegen alle Erkenntnisse aus den Erfahrungswissenschaften immun sind. Ist das ‚Wesen' des Menschen einmal auf diese Weise festgestellt, so können wir vor aller Erfahrung alle *möglichen* Erkenntnisse über den Menschen in zwei Klassen einteilen: in solche, die ausscheiden, weil sie diesem Wesen widersprechen würden, und solche, welche die Wesensfeststellung unberührt lassen und deshalb möglich bleiben, obwohl wir allein auf dieser Grundlage noch nicht wissen, ob sie jemals wirklich werden können (was etwa vom Fortschritt der wissenschaftlichen Methoden abhängig sein kann). Zarathustras Begriff des ‚letzten Menschen' bezeichnet also den Status eines Wissens vom Menschen, das eine folgenschwere Entscheidung für jede künftige Wissenssuche in Bezug auf den Menschen trifft. Der ‚letzte Mensch' ist gewissermaßen der Status eines Wissens, in das so etwas wie eine ‚Brandmauer' eingezogen ist: kein Wissen gleich welcher Herkunft darf jene Grenze zu einer Veränderung des Wissens um das ‚Wesen' des Menschen überschreiten.

Dass dies der Zustand ist „des verächtlichsten Menschen, der sich selber nicht mehr verachten kann," (Z VI-1, 13) ist einleuchtend, was die letztere Eigenschaft betrifft: sich ‚verachten' zu können setzt jene Distanz zu einer Bestimmung über den Menschen voraus, die im Status des Wissens, den der ‚letzte Mensch' bezeichnet, gerade nicht mehr möglich ist (und wir müssen hier nicht unbedingt an die ganz und gar negative Bedeutung von ‚verachten' denken, sondern könnten hier auch ‚kritisieren' oder ‚in Frage stellen' einsetzen). Aber warum ist dies der Zustand des ‚verächtlichsten' Menschen? Wenn wir hier den Text lesen, in dem Nietzsche im ‚Zarathustra' diesen ‚letzten Menschen' beschreibt, dann wird vermutlich den meisten Lesern etwas Merkwürdiges auffallen: Nietzsche bzw. Zarathustra skizziert diese Gedankenfigur auf eine Weise, die stark an das erinnert, was Nietzsche in anderen Werken gerade an dem Horizont kritisiert hatte, den er platonisch-christlich auffasst – also an jenem Horizont, der den Schatten wirft, in dem der Mensch sich nur in einer sehr allgemeinen und umrisshaften Schattengestalt begegnen kann.

Das Verächtliche daran ist nun gerade das *Fehlen* jener Charakteristika aus der platonisch-christlichen Tradition, die Nietzsche zuvor auf seine spezifisch ‚psychologische' und ebenso spezifisch ‚historische' Weise *angegriffen* hatte:

„Wehe! Es kommt die Zeit, wo der Mensch nicht sehr den Pfeil seiner Sehnsucht über den Menschen hinaus wirft, und die Sehne seines Bogens verlernt hat, zu schwirren! Ich sage euch: man muss noch Chaos in sich haben, um einen tanzenden Stern gebären zu können. Ich sage euch: ihr habt noch Chaos in euch." (Z VI-1, 13)

Es scheint gerade das zu sein, was in der platonisch-christlichen Tradition schließlich ‚Transzendenz' genannt worden war, was Nietzsche bzw. Zarathustra nun so sehr fehlt, dass er den ‚letzten Menschen' als den ‚verächtlichsten' bezeichnet. Daran lässt sich ein wichtiger Grundzug in Nietzsches Denken erkennen. Es geht diesem Denken nicht um die Aufstellung bzw. Feststellung einer Gegenposition gegen das platonisch-christliche Denken, das Nietzsche zufolge die Geschichte des Abendlandes beherrscht hat bis in die unscheinbarsten Züge hinein. Das wäre im Grunde auch eine widersinnige Position – eben gerade weil eine ‚Position' eingenommen wird. Es würde auch nicht dem ‚psychologischen' und ‚historischen' Denken Nietzsches entsprechen. Eine *Kritik* kann auf dieser Grundlage nur die *Entwicklung* dessen sein, was kritisiert wurde.

Dies gilt natürlich umso mehr, als jenes Denken nur dann die ihm von Nietzsche zugesprochene Bedeutung besitzen kann, wenn es auch seine eigene Kritik formt und gestaltet. Wäre eine ‚willkürliche' Kritik ‚von außen' möglich, dann käme ihm gerade nicht die behauptete Bedeutung zu, weshalb sich eine Kritik daran eigentlich nicht lohnen würde. Wir sind hier offensichtlich wieder an jener zentralen Stelle von Nietzsches Denken, die gleichzeitig ein zentrales Problem darstellt. Dieses Denken kann nur *mit* dem, was es kritisiert, *gegen* eben diesen Kritikgegenstand argumentieren. Man könnte auch sagen: es kann nur *mit* dem Kritisierten *gegen* das Kritisierte denken.

Aber – so ließe sich nun die Philosophie von der Verächtlichkeit des gedanklichen Zustands des ‚letzten Menschen' auffassen – ein solches Denken muss zumindest für das Offenhalten der Kritikmöglichkeit innerhalb dieses ‚mit *und* gegen' argumentieren. Dieser gedankliche Zustand einer letztgültigen Festlegung dessen, was der Mensch ist und was demnach der Begriff ‚Mensch' bedeuten kann, wäre aber genau dieser Ausschluss aller Kritik, auch wenn sie mit der Tradition gegen die Tradition argumentieren will. Die Kritik würde durch die erwähnte Brandmauer verhindert, mit der ein jedes Denken von vornherein ausgeschlossen werden müsste, das gegen die einmal getroffene Festschreibung dessen verstößt, was der Mensch in seinem ‚Wesen' ist. Das ‚Verächtlichste' am ‚letzten Menschen' ist demnach also, dass er den Zustand eines strikten Kritik- und Argumentationsverbotes bezeichnet, und, wenn Denken denn notwendig Kritik und Argumentation einschließt, auch den Zustand des endgültigen Denkverbotes.

An dieser Stelle weist Zarathustra jedoch selbst darauf hin, dass ein solcher Zustand nicht unbedingt für alle Menschen gegen das Wünschenswerte verstoßen muss. Zarathustra lässt den ‚letzten Menschen' auch sagen: „‚Wir haben das Glück erfunden' – sagen die letzten Menschen und blinzeln." (Z VI-1, 13) Zarathustra will mit dem ‚Blinzeln' vermutlich andeuten, dass es den ‚letzten Menschen' durchaus nicht so ganz ernst mit diesem Glück sein kann. Nichtsdestoweniger könnte die als endgültig aufgefasste Sicherheit über das ‚Wesen' des Menschen doch für manche Menschen ein Ziel darstellen, das sie keineswegs verachten würden. Zarathustra weist auch darauf hin, dass damit ein wichtiges Motiv der Auseinandersetzung zwischen Menschen außer Kraft gesetzt wäre: das Denken als argumentatives Verhältnis zwischen Menschen, in denen um die bessere Auffassung gerungen wird, wäre dann am Ende, wenn das endgültige Wissen festgestellt wäre. Es ist deshalb nicht verwunderlich, dass an dieser Stelle Zarathustras erste Rede an die Menschen – und damit der erste Versuch einer Mitteilung im ‚Untergang' – von dem gerade vorhandenen Publikum unterbrochen wird, das lautstark nach eben diesem Zustand des ‚letzten Menschen' verlangt und dem ‚Übermenschen' keineswegs eine gute Seite abgewinnen kann.

Tote und lebendige Gefährten

Was bleibt Zarathustra danach? Nietzsche beschreibt die Situation des Nichtverstandenwerdens nun mithilfe eines Gleichnisses, in dem Zarathustra statt mit Menschen, die seine Botschaft verstehen, mit einem toten Seiltänzer zurückbleibt, dem er nur noch durch das Begraben eine rudimentäre Mitteilung zukommen lassen kann in dem Sinne, dass wir durch die Totenehrung den Menschen vom Tier unterscheiden und auch im Zustand der toten Materie noch seine Vergangenheit als Mensch ehren und anerkennen. Nietzsche lässt Zarathustra das Ergebnis seiner ersten Mitteilungsversuche so beschreiben: „Eine Mitte bin ich noch den Menschen zwischen einem Narren und einem Leichnam." (Z VI-1, 17) Die Lösung dieser Schwierigkeit kommt ihm aber alsbald nach einem erquickenden Schlaf:

> „Ein Licht ging mir auf: Gefährten brauche ich und lebendige – nicht tote Gefährten und Leichname, die ich mit mir trage, wohin ich will. Sondern lebendige Gefährten brauche ich, die mir folgen, weil sie sich selber folgen wollen – und dorthin, wohin ich will. Ein Licht ging mir auf: nicht zum Volke rede Zarathustra, sondern zu Gefährten! Nicht soll Zarathustra einer Herde Hirt und Hund werden! Viele wegzulocken von der Herde – dazu kam ich. Zürnen soll mir Volk und Herde: Räuber will Zarathustra den Hirten heissen." (Z VI-1, 19–20)

Man könnte das nun Gelernte auch so zusammenfassen: sprich nur mit denen, die die entsprechenden Voraussetzungen mitbringen, und sprich so mit ihnen, dass sie dich verstehen. Aber Zarathustra muss auch noch einsehen, dass seine Botschaft nicht mit den „Tafeln der Werte" übereinstimmt, die das ‚Volk' schätzt – weshalb er sein Dasein als ein ‚Ver-Brecher', d. h. als ‚Brecher' der alten Wertetafeln, akzeptieren wird müssen: „Wen hassen sie am meisten? Den, der zerbricht ihre Tafeln der Werte, den Brecher, den Verbrecher: – das aber ist der Schaffende." (Z VI-1, 20) Das neue Publikum soll also nicht mehr aus dem Volk bestehen, sondern aus „Gefährten", und Nietzsche war sich hier der Konnotation mit ‚Gefahr' sicherlich bewusst: gesucht sind Weggenossen, die auf einem gemeinsamen Weg und damit in gemeinsamen Gefahren sind.

Die ‚Gefährten', die sich tatsächlich einstellen, sind jedoch nun von ganz besonderer Art: „Und siehe! Ein Adler zog in weiten Kreisen durch die Luft, und an ihm hing eine Schlange, nicht einer Beute gleich, sondern einer Freundin: denn sie hielt sich um seinen Hals geringelt." (Z VI-1, 21) Die Ironie der Situation besteht allerdings darin, dass dies bereit seine Gefährten waren, bevor er sich aufgemacht hatte, um den Menschen seine Botschaft zu bringen. Am Anfang des ‚Zarathustra' wurden

Adler und Schlange bereits erwähnt als die Begleiter seiner Einsamkeit im Gebirge und im reinen und nicht an der Mitteilung einer Botschaft interessierten Denken. Warum es gerade Adler und Schlange sein müssen, erklärt Zarathustra nun am Ende dieser Vorrede selbst so: das „stolzeste Tier unter der Sonne" und das „klügste Tier unter der Sonne" (Z VI-1, 21).

Damit endet die *Vorrede* speziell des Ersten Teils (von vieren) des Buches „Zarathustra" – und sie endet offenbar mit einem fundamentalen Scheitern und dem Verzicht Zarathustras, seine Botschaft dem Volke mitteilen zu wollen. Seinen Mitteilungswillen reduziert Zarathustra also nun auf ‚Gefährten', die bisher nicht zu sehen sind – außer den mehr oder weniger symbolischen Gefährten der Klugheit (Schlange) und des Stolzes (Adler). Nietzsches Text setzt sich aber nichtsdestoweniger im Ersten Teil des Buches ‚Zarathustra' fort mit einer Folge von insgesamt 22 „Reden Zarathustra's", bevor die ‚Geschichte', wenn wir sie so nennen wollen, im Zweiten Teil fortgesetzt wird. Das ist insofern nach dieser Vorrede ein wenig unerwartet, als Zarathustra nun in Gleichnissen einige Theoreme aus Nietzsches Philosophie entwickelt, wobei der Zusammenhang mit dem zunächst entwickelten Problem nicht immer vollständig deutlich wird.

4.2.2 Die Reden Zarathustras

Die Reden sind unter philosophischen Aspekten von sehr unterschiedlichem Gewicht. Wir werden im Folgenden einige wichtige Reden ausführlich behandeln, bei anderen hingegen nur einzelne für den Zusammenhang von Nietzsches Denken bedeutsame Stellen herausgreifen und interpretieren, wieder andere werden wir gänzlich auf sich beruhen lassen – sie seien dem Leser zu Übungszwecken empfohlen.

Erste Rede

Zunächst wird in der ersten Rede der Weg zur Befreiung des Geistes von jener schattenwerfenden platonisch-christlichen Erbschaft als ein Weg vom „tragsamen Geist" (in der Metapher des Kamels) über den Geist des ‚ich will' an der Stelle des ‚ich soll' (in der Metapher des Löwen) zum Geist der ‚Unschuld' in der Metapher des Kindes beschrieben. Man könnte sagen, dass hier die Situation eines Neuanfangs in der Geschichte des Geistes beschrieben wird: „Unschuld ist das Kind und Vergessen, ein Neubeginnen, ein Spiel, ein aus sich rollendes Rad, eine erste Bewegung, ein heiliges Ja-sagen." (Z VI-1, 27) Nach diesem Gedanken kann das Ende jenes Denkens also nicht *nur* aus den Inkonsequenzen der alten Denkweise entstehen, d. h. durch das konsequente Durchführen der Widersprüche, die darin angelegt sind.

In der Vorrede hatte Zarathustra einen solchen Versuch gemacht, als er versucht hatte, zum Volk zu sprechen, das keineswegs auf *ihn* gewartet hatte, sondern auf einen Seiltänzer. Am Schluss dieser Vorrede hatte er beschlossen, auf ein solches Publikum zu verzichten und explizit die Strategie gewählt, nur zu ‚Gefährten' zu sprechen, von denen er allerdings nur die altbekannten Tiere zu finden wusste: Adler und Schlange. Wir könnten also nun vermuten, dass solchen Gefährten (der Klugheit und dem Stolz) die Vorstellung eines reinen ‚Neubeginnens' des Denkens in einem ‚Vergessen' der traditionellen Wissensform einleuchten könnte – jedenfalls besser als dem ‚Volk' der Versuch verständlich geworden war, ein neues Denken aus der Entwicklung der Konsequenzen der alten Wissensform nahezulegen.

Zweite Rede

Die zweite Rede Zarathustras handelt vom Zweck der ‚Tugenden', man könnte auch sagen: der moralischen Unterscheidung. Aristotelisch war diese Frage durchaus zulässig, da die Moral in diesem Denken ihren Sinn im ‚guten Leben' und d. h. im langfristigen Eigeninteresse hatte – auf die Dauer führt also derjenige ein ‚gutes Leben' in der Gemeinschaft der Menschen (und ein anderes Leben konnte sich Aristoteles überhaupt nicht als ein menschliches vorstellen), der grundsätzlich den Forderungen der Moral genüge tut. Kantisch dagegen wäre diese Frage widersinnig, da nach dessen Gedanken eine Moral mit einem Zweck prinzipiell einer ‚Technik' oder ‚Strategie' entspricht, d. h. es würde sich um ‚hypothetische' (also bedingte) Forderungen handeln. Von Ethik kann aber nur die Rede sein, wenn es um ‚kategorische' Forderungen geht, also um solche, die in dem Sinne ‚unbedingt' gelten, als sie nicht einem bestimmten Zweck gelten sollen, sondern insofern ‚vernünftig' sind, als sie verallgemeinert werden können und für alle Menschen in vergleichbaren Situationen gelten. Wir hatten schon gesehen, dass Nietzsche eine solche Moral schon deshalb nicht gutheißen kann, weil es genau genommen eine solche Gleichheit nie gibt – die Menschen sind verschieden und entsprechend sind ihre Handlungen situationsbedingt verschieden.

In seiner zweiten Rede unterstellt Zarathustra den ‚Lehrern der Tugend' jedoch, ihre Lehren durch einen bestimmten Zweck zu rechtfertigen, der weder mit Kant noch mit Aristoteles vereinbar wäre: „Jetzo verstehe ich klar, was einst man vor Allem suchte, wenn man Lehrer der Tugend suchte. Guten Schlaf suchte man sich und mohnblumige Tugenden dazu!" (Z VI-1, 30) Die Behauptung lautet also hier, die Moral habe in ihrem zentralen Begründungszusammenhang stets ein Ziel gehabt, das nicht aristotelisch in einem ‚guten Leben' in der Gemeinschaft der Menschheit bestand, sondern in erster Linie in der ‚Ruhe des Schlafes' – man könnte auch sagen: sie hatte nie allein eine moralische Aufgabe, sondern diente vor allem dazu, die Unsicherheit und Ungewissheit über die Wahrheit des begrifflichen Denkens zu verdecken und an deren Stelle eine ‚Bewegungslosigkeit' des Schlafes zu setzen, in der die Begriffe so festgestellt sind, wie Zarathustra dies in der Vorrede im Gedanken des ‚letzten Menschen' zusammengefasst hatte: d. h. die Moral war Teil jener ‚Brandmauer', welche das endgültig festgestellte ‚Wesen' des Menschen und der dem Menschen zugänglichen Welt von der möglichen Veränderbarkeit des Wissens schied.

Dritte Rede

Die Moral hatte demnach eine wichtige Funktion für die Konstruktion einer ‚Hinterwelt', von der Zarathustra in seiner dritten Rede spricht. Gemeint ist natürlich das Prinzip der Transzendenz, dem zufolge das Denken eine ‚Metaphysik' benötigt, d. h. ein Denken, welches über das Physische hinausgeht und dort die Verständnisgrundlagen für das letztere finden zu können behauptet. Diese ‚Erfindung' bzw. diesen ‚Wahn' führt Zarathustra nun zurück auf ihren Ursprung, d. h. auf „dieses schaffende, wollende, wertende Ich, welches das Maß und der Wert der Dinge ist." (Z VI-1, 32) Letztlich liegt dem der Versuch dieses ‚schöpferischen' Ichs zugrunde, von sich selbst wegzusehen und sich in einer phantasierten Welt zu ‚verlieren' (Z VI-1, 31). Mit dieser ‚Welt jenseits des Menschen' erschuf der Mensch selbst einen Gott, welcher „Menschen-Werk und -Wahnsinn, gleich allen Göttern!" war (Z VI-1, 31). Ist dies erkannt, so erscheinen dem Erwachenden jene Menschen mit dem Glauben an eine eigenständige Welt jenseits ihrer eigenen Welt, die durch jene erklärt und erhellt werden könne, als ‚Hinterweltler' – es ist deutlich, dass Zarathustra hier mit dem Wort ‚Hinterwäldler' für geistig beschränkte Menschen mit extrem beschränktem Horizont spielt.

Die Erfindung einer solchen ‚Hinterwelt' führt Zarathustra hier jedoch auf eine bestimmte Ursache zurück: „Der Leib war's, der am Leibe verzweifelte, ... Der Leib war's, der an der Erde verzweifelte." (Z VI-1, 32) Auf diese Weise entstand die Vorstellung von einer anderen Welt, deren Sein besser erkennbar sein sollte als dasjenige der irdischen und menschlichen Welt. Natürlich bezieht sich dieser Gedanke *auch* auf den platonischen Ursprung des abendländischen Denkens, d. h. auf Platons Erfindung der Ideen als unwandelbarer Urbilder der Dinge, die wegen ihrer Ewigkeit einer sicheren Erkenntnis zugänglich sein können, während das Irdische sich einer solchen Erkennbarkeit entzieht. Dagegen wendet sich Zarathustra mit dem Hinweis, dass von einem solchen Sein (bzw. von den platonischen Ideen) nur schwer die Rede sein könne: „Wahrlich, schwer zu beweisen ist alles Sein und schwer zum Reden zu bringen." (Z VI-1, 32) Offensichtlich will Zarathustra hier darauf hinweisen, dass in der uns bekannten Welt nur Menschen reden und nicht das ‚Sein' selbst, und auch Ideen sind noch nie beim Reden erwischt worden. Deshalb redet „am redlichsten" der Mensch selbst von sich: „dies Ich und des Ich's Widerspruch und Wirrsal redet noch am redlichsten von seinem Sein, dieses schaffende, wollende, wertende Ich, welches das Maß und der Wert der Dinge ist." (Z VI-1, 32)

Eben diesem Ich stehen aber zwei Möglichkeiten offen: es kann sich (1) selbst von einer anderen Welt her zu verstehen suchen, die Zarathustra als ‚Hinterwelt' bezeichnet und von der schwer zu reden ist, weil sie selbst nicht reden kann, es kann sich aber (2) auch vom *„redlichsten Sein"* her verstehen, das gerade das Ich ist. Es ist deutlich, dass Zarathustra hier einen Doppelsinn des Ausdrucks ‚redlich' ins Spiel bringt: ‚redlich' als ‚redefähig' einerseits und als Ausdruck für eine Haltung, die als Tugend gilt, andererseits. In diesem Doppelsinn redet das Ich nun „vom Leibe" und von der Erde – und je „redlicher" es wird, „um so mehr findet es Worte und Ehren für Leib und Erde" (Z VI-1, 32). Aber auch das Umgekehrte soll gelten: je weniger der Redlichkeit des Leibes geglaubt wird, umso stärker wird die Tendenz, sich ‚Hinterwelten' zu erfinden und den Menschen und die ganze Welt von ihnen her zu verstehen. Auch darin waltet also noch die ‚Redlichkeit' des Leibes – nun allerdings nicht mehr im Sinne einer ‚Redlichkeit', die als Tugend bezeichnet werden kann, sondern nur noch als eine ‚un-redliche' Rede des Leibes, in der er von sich spricht, indem er sich von sich distanziert und vor sich versteckt – indem er „den Kopf in den Sand der himmlischen Dinge" steckt (Z VI-1, 33).

Zarathustra unterstellt hier den Verteidigern der ‚Hinterwelt' also so etwas wie ein ‚falsches Bewusstsein': in Wahrheit spricht auch bei ihnen der Leib und die Erde, aber sie verfälschen dieses Reden, indem sie seinen Ursprung im Leib nicht erkennen oder nicht zugeben wollen, sondern ihn außer sich in ein Sein legen, das gerade nicht sprechen kann – eben dies ist für Zarathustra eine ‚Unredlichkeit': „Wahrlich nicht an Hinterwelten und erlösende Blutstropfen: sondern an den Leib glauben auch sie am besten, und ihr eigener Leib ist ihnen ihr Ding an sich." (Z VI-1, 34) Ihr Problem ist jedoch, dass sie ein negatives Verhältnis zu diesem Leib einnehmen, d. h. er ist ihnen „ein krankhaftes Ding" (Z VI-1, 34). Zarathustra empfiehlt dagegen, „auf die Stimme des gesunden Leibes" zu hören: „eine redlichere und reinere Stimme ist dies" (Z VI-1, 34). Natürlich sind damit nicht medizinische Begriffe von Krankheit und Gesundheit gemeint. ‚Unredlich' erscheint Zarathustra jedoch das negative Verhältnis zu dem eigentlich sprechenden Leib – man könnte auch sagen: zu dem konkreten, sinnlichen und geschichtlich existierenden Menschen mit dem, was er in dieser Geschichte zu reden gelernt hat.

Vierte Rede

Dieses negative Verhältnis bezeichnet Zarathustra in der nächsten – vierten – Rede als die ‚Verachtung' des Leibes. Für Nietzsches Auffassung vom ‚Leib' (bzw. des entsprechenden Begriffes ‚Erde') ist es nun wichtig zu sehen, wie Zarathustra in dieser Rede vom ‚Leib' über den Begriff des ‚Selbst' zum Gedanken des ‚Übermenschen' zurückkommt. Daraus wird vor allem deutlich, dass ein Verständnis dieses ‚Leibes' als Gegenstand in der Welt vollständig verfehlt wäre. Ein solcher Gegenstand wäre einer ‚objektiven' Beschreibung zugänglich und damit in einer Endgültigkeit anzugeben, die jede Weiterentwicklung des Gedankens vom ‚Menschen' unmöglich machen würde. Er könnte zwar mithilfe der Wissensform weiterentwickelt werden, die Nietzsche als Ergebnis des platonisch-christlichen Denkens auffasst, was offensichtlich genau diese Wissensform fortsetzen und bestätigen würde. An der Endgültigkeit dieses Denkens und damit am Abschluss des Denkens in einer das Denken ‚feststellenden' und damit beendenden Bestimmung dessen, was ‚Denken' und was ‚Mensch' heißt, würde dies nichts ändern. Ein solches Verständnis des ‚Leibes' kann Zarathustra also nicht meinen, wenn er am Ende dieser vierten Rede gegen die „Verächter des Leibes" einwendet: „Ihr seid mir keine Brücken zum Übermenschen!" (Z VI-1, 37)

Dieser Gedankengang beginnt mit der Kritik an der Unterscheidung zwischen Leib und Seele, welche Zarathustra offensichtlich zu jener zwischen Leib / Erde auf der einen und der ‚Hinterwelt' auf der anderen Seite rechnet: „Aber der Erwachte, der Wissende sagt: Leib bin ich ganz und gar, und Nichts ausserdem; und Seele ist nur ein Wort für ein Etwas am Leibe." (Z VI-1, 35) Eine solche Formulierung könnte Erinnerungen an die gegenwärtigen Versuche einer pseudo-philosophischen Ausdeutung der Gehirnforschung wecken, das ‚Geistige' bzw. das ‚Mentale' oder eben die ‚Seele' als eine ‚Funktion' letztlich physikalistisch erklärbarer Neuronenprozesse aufzufassen. Eine mit den Erklärungsstrategien der Naturwissenschaft bestimmbare Entität ist das, was Zarathustra bzw. Nietzsche hier als ‚Leib' bezeichnet, aber mit Sicherheit nicht – schließlich ist die Wissensform der Wissenschaft (auch der Naturwissenschaft) gerade das, was Nietzsche als Ergebnis des platonisch-christlichen Denkens unter der Perspektive kritisiert, dass es sich als die Sprache des Seins selbst darzustellen versucht, obwohl seine Grundlagen doch nur ‚historisch' und ‚psychologisch' verstanden werden können.

Der entscheidende Punkt in Zarathustras Begriff des ‚Leibes' ist vielmehr gerade, dass er nicht eine „kleine Vernunft" darstellt, bei der es sich gerade um das „Werkzeug deines Leibes" handeln würde (etwa in der Form der Logik), sondern zum ‚Leib' vielmehr eine „grosse Vernunft" gehört (Z VI-1, 35). Diese Unterscheidung könnte man bis zu einem gewissen Grad von Kants Unterscheidung zwischen Verstand und Vernunft her zu verstehen versuchen: mit den Begriffen des Verstandes bestimmt das Bewusstsein eine objektive Welt; die Vernunft erkennt in ihrer Selbstkritik jedoch, dass diese objektive Welt eine ‚Erscheinungswelt' ist, in der Anschauungen, die uns die Sinne geben, mithilfe eben jener Verstandesbegriffe so organisiert werden, dass *für uns* eine Welt von Objekten erscheint. Die ‚grosse Vernunft' ist nicht die, welche von sich als ‚Ich' spricht, sondern sie „tut Ich" (Z VI-1, 35). Diese ‚Funktion', in Bezug auf die auch der Gedanke ‚Ich' bzw. ein Selbstverständnis unter dem Begriff ‚Ich' eben als *Gedanke* und als *entstandener* Begriff verstanden werden können, bezeichnet Nietzsche als Zarathustra hier als ‚*Selbst*'.

Hier ist es wichtig, nicht an ein Selbst als ein Etwas physischer oder psychischer Art ‚im' Menschen zu denken und auch nicht an so etwas wie ein Idealbild, das man in einem Prozess der sog. Selbstverwirklichung zum Ausdruck in der Welt bringen müsste. Was Nietzsche hier meint, ist gerade nichts ‚Endliches': „Was der Sinn fühlt, was der Geist erkennt, das hat niemals in sich sein Ende. Aber Sinn und Geist möchten dich überreden, sie seien aller Dinge Ende: so eitel sind sie." (Z VI-1, 35) Deshalb ist das ‚Selbst' nicht in dem Sinne ‚unendlich', dass es ewig währen würde; wir sollten diese Bedeutung von ‚unendlich' hier ganz außer Acht lassen. Gemeint ist vielmehr etwas, was in sich kein Ende hat, d. h. was nicht so bestimmt ist, dass mit ihm eine Entwicklung ‚endgültig' an ihr Ende kommen würde, weil nun an sich festgestellt wäre, was es mit einer Sache auf sich hat. Genau wegen *dieser* Un-Endlichkeit erklärt Zarathustra hier seinen eigentlich noch überhaupt nicht gefundenen Gefährten: „Es ist mehr Vernunft in deinem Leibe, als in deiner besten Weisheit." (Z VI-1, 36)

Dieses ‚Selbst' ist nun offensichtlich der ‚Ansatzpunkt' für Zarathustras Gedanken vom ‚Übermenschen' *im* Menschen, denn eben dessen „Inbrunst" ist es, „über sich hinaus zu schaffen." (Z VI-1, 36) Die ‚Verächter des Leibes' zeigen sich nun gerade als diejenigen, die nicht über sich selbst hinaus schaffen wollen. Deshalb wäre eine Haltung, die den Leib als physischen Gegenstand feststellt, für Zarathustra gerade eine Haltung der ‚Verachtung' des Leibes. Ebenso wäre eine Einstellung, die alles Tun und Lassen an der wirklichen und / oder möglichen Reaktion des Leibes (hier eigentlich: des Körpers) ausrichten wollte, für Zarathustra ein Charakteristikum der ‚Verächter des Leibes'. Eine solche Haltung wäre zwar eine Tätigkeit des „schaffenden Selbst" und des „schaffenden Leibes" (Z VI-1, 36). Würde sie dieses ‚Schaffen' aber selbst als einen festgestellten Gegenstand (oder eine Funktion oder eine abschließend bestimmbare Tätigkeit) auffassen, so wäre genau jenes Selbstmissverständnis erreicht, das Zarathustra bei den ‚Verächtern des Leibes' diagnostiziert: sie verwechseln das Ergebnis ihres Schaffens mit einer Ursache dieses Schaffens. Wir sind mit diesem ‚Selbst' also nicht beim

‚Menschen‘ als einem in seinem ‚Wesen‘ festgestellten Gegenstand, sondern beim ‚Übermenschen‘, von dem Zarathustra bereits am Anfang dieses Werkes gesprochen hatte – und es wird deutlicher, welch zentrale Stelle dieser Gedanke darin besitzt.

Fünfte Rede

Die fünfte Rede Zarathustras bringt hauptsächlich den Gedanken, dass die wichtigsten Tugenden eines Menschen „unaussprechbar und namenlos“ sein sollten, weil die wirklich eigene Tugend „mit Niemandem gemeinsam“ und schon gar nicht „die Vernunft Aller“ in ihr ist (Z VI-1, 38). Gerade diese Individualität ist gemeint, wenn Zarathustra diese Rede beschließt mit: „Der Mensch ist Etwas, das überwunden werden muss: und darum sollst du deine Tugenden lieben – denn du wirst an ihnen zu Grunde gehn.“ (Z VI-1, 40) Das ‚Zugrundegehen‘ darin ist natürlich als die ‚Überwindung‘ des ‚Menschen‘ gemeint, d. h. als Weg über die ‚Brücke‘ zum ‚Übermenschen‘. Gerade diese namenlose *Individualität* von Tugenden wird hier also als etwas aufgefasst, was gegen die endgültige Festgestelltheit eines ‚Wesens‘ des Menschen spricht – also gegen den ‚letzten Menschen‘ als Antipoden dessen, was Zarathustra bzw. Nietzsche unter dem Begriff des ‚Übermenschen‘ denken will. Man könnte auch sagen: diese unbenennbare Tugend des Menschen gehört zu dem ‚schaffenden Leib‘, den Zarathustra in der Rede zuvor als ‚Selbst‘ und als Ansatzpunkt für den ‚Übermenschen‘ im Menschen charakterisiert hatte.

Siebte Rede

In der siebten Rede erscheint wieder das Motiv des ‚Tanzens‘: „Ich würde nur an einen Gott glauben, der zu tanzen verstünde.“ (Z VI-1, 45) Wir hatten bereits auf den Bezug auf das Ästhetische in dieser Metapher hingewiesen. Zarathustra bzw. Nietzsche setzt dieser Bewegung nun den „Geist der Schwere“ entgegen, der im ‚Zarathustra‘ später noch eine Rolle spielen wird: „Und als ich meinen Teufel sah, da fand ich ihn ernst, gründlich, tief, feierlich: es war der Geist der Schwere – durch ihn fallen alle Dinge.“ (Z VI-1, 45) Diese Metaphern fasst Zarathustra schließlich am Ende dieser Rede in einer Art Vision seiner Befreiung zu dem zusammen, was Nietzsche als ‚Übermensch‘ bezeichnet: „Jetzt bin ich leicht, jetzt fliege ich, jetzt sehe ich mich unter mir, jetzt tanzt ein Gott durch mich.“ (Z VI-1, 46) Die Metapher vom ‚Leichten‘ gegen das ‚Schwere‘ und die Vorstellung vom ‚tanzenden‘ und deshalb nur ästhetisch zu verstehenden Gott verbinden sich hier mit dem ‚Übermensch‘-Gedanken, wenn Zarathustra sich in dieser Vorstellung selbst ‚unter mir‘ sieht.

Auch hier kann man an die Festigkeit und Schwere von endgültigen Begriffen denken, die sich auf die Dinge legen und sie an einem bestimmten ‚Ort‘ fixieren. Wenn man sich an den Gedanken vom ‚letzten Menschen‘ erinnert, so wäre dieser gerade der ‚schwerste‘ Mensch, der zu keiner ‚tanzenden‘ Bewegung mehr in der Lage ist. Man kann hier aber auch ein mehr oder weniger ‚atmosphärisches‘ Motiv erkennen und darin Nietzsches ‚ästhetisches‘ Denken am Werke sehen, das sich selbst einer begrifflichen Fixierung ebenso entziehen will, wie es den Menschen und die Welt von der Ewigkeitsfixierung durch festgestellte Begriffe von ihrem ‚Wesen‘ befreien will.

Elfte Rede

Die elfte Rede variiert die Rede vom ‚Übermenschen‘ mit Bezug auf Gesellschaft bzw. Staat:

„Dort, wo der Staat aufhört, da beginnt erst der Mensch, der nicht überflüssig ist: da beginnt das Lied des Notwendigen, die einmalige und unersetzliche Weise. Dort, wo der Staat aufhört, – so seht mir doch hin, meine Brüder! Seht ihr ihn nicht, den Regenbogen und die Brücken des Übermenschen?“ (Z VI-1, 59–60)

Wenn Zarathustra bzw. Nietzsche den Staat als den „neuen Götzen“ bezeichnet, dann lässt sich schon nichts Gutes ahnen. In der Tat finden sich in der Literatur nur wenige ähnlich hasserfüllte Beschreibungen des Staates, wie wir sie in dieser Rede Zarathustras finden. Als ‚überflüssig‘ wird der Mensch im Staate aber hier natürlich deshalb bezeichnet, weil er darin einer unter anderen ist und das Prinzip des Staates das Aufgeben der Individualität ist, d. h. in dieser Individualität ist er tatsächlich ‚überflüssig‘ als einzelner, an dessen Stelle jederzeit ein anderer treten kann. In der Radikalität, in der Nietzsche den Gedanken der Individualität und damit den Gedanken des ‚Übermenschen‘ durchführt, ist das durchaus konsequent. Wir beschränken uns hier natürlich auf den Grundgedanken und lassen Zarathustras nähere und sehr ‚laute‘ Formulierungen außer Acht. Man kann *dagegen* also nicht einwenden, dass sich Individualität doch auch im Staate entfalten könne, oder dass gerade der Staat die Freiheit des Individuums garantieren könne und solle. Das ist in einem anderen Gedankenzusammenhang sicher richtig – aber um *diesen* Gedankenzusammenhang geht es Zarathustra bzw. Nietzsche gerade nicht.

Man muss dabei natürlich beachten, dass der Staat hier nicht aus der Perspektive der Menschen aufgefasst wird, die darin ein gesichertes Zusammenleben finden können, sondern aus der Perspektive eines Zusammenhanges von ‚Institutionen', die durch feste Regeln gebildet werden, die für Menschen gelten, sofern sie bestimmte Bedingungen erfüllen, also insofern ‚gleich' sind. In der staatlichen Institution der Ehe etwa verbinden sich aus der Perspektive des Staates nicht Individuen, obwohl die Menschen, die eine Ehe eingehen, sehr wohl Individuen sind und sich auch als solche in der Einmaligkeit gerade ihrer individuellen Verbindung verstehen können. Aus der Perspektive des Staates aber hat die Ehe mit Individuen grundsätzlich überhaupt nichts zu tun. Sie funktioniert vielmehr ähnlich wie ein Computerprogramm, das aus Wenn-dann-Zusammenhängen zusammengesetzt ist und damit eine sehr komplexe Gestalt annehmen kann. Einzelne Schritte darin können etwa sein: Wenn Ehe, dann steuerliche Veranlagung mit Ehegattensplitting; wenn Ehe und wenn Kinder, dann gemeinsames Sorgerecht.

Dies lässt sich natürlich mit beliebig vielen Verzweigungen der Befehlsketten durchführen: wenn Kinder und wenn keine Ehe, dann Sorgerecht für die Mutter, wenn aber Gerichtsentscheidung ‚Kindeswohl dadurch gefährdet', dann Sorgerecht für den Vater, usw. Solche Wenn-dann-Zusammenhänge können sich im Mikrobereich bis in die Verwaltungsvorschriften in einzelnen Ämtern des Staates fortsetzen, bis dorthin also, wo durch entsprechende Wenn-dann-Zusammenhänge ein Ermessensspielraum für die Entscheider festgelegt wird. In allen diesen Zusammenhängen als solchen, die z. B. die Ehe ausmachen, kommen keine ‚Menschen' vor, obwohl nach unserer Vorstellung der Staat doch gerade für die Menschen da sein soll. Das bedeutet allerdings nicht, dass ‚Menschen' bzw. ‚Individuen' nicht in einem Staate leben können – es heißt nur, dass sie in seiner Perspektive nicht vorkommen können; niemand ist verpflichtet, diese Perspektive zu übernehmen, der Staat verpflichtet nur dazu, sich an die Gesetze zu halten.

Insofern ist Zarathustras Gedanke von der ‚Überflüssigkeit' des Menschen im Staat und vom ‚Beginn' des Menschen auf eine „einmalige und unersetzliche Weise" (Z VI-1, 59) erst dort, wo der Staat aufhört, zumindest nachvollziehbar. Übrigens spricht Nietzsche im Zusammenhang von den ‚Überflüssigen' auch oft von den ‚Viel-zu-Vielen' (Z VI-1, 87). Solche Ausdrücke suggerieren oft ein moralisches Werturteil und zwar von einer Art, die Erinnerung an eine Zeit wecken könnte, in der tatsächlich versucht worden war, Nietzsches Texte für die Zwecke eines verbrecherischen Staates auszunutzen. Gemeint ist damit jedoch nicht, dass es irgendwo zu viele Menschen gäbe, oder dass Menschen ‚überflüssig' wären. Für Nietzsches Gedanken über den Staat ist der Begriff der ‚Überflüssigkeit' des Menschen hoffentlich bereits einleuchtend geworden.

Ein grundsätzlich ähnlicher Gedankenzusammenhang gilt aber für den Begriff der ‚Viel-zu-Vielen'. Gemeint ist einfach, dass in manchen Zusammenhängen der Mensch nur als ‚Zahl' vorkommt, d. h. eigentlich überhaupt nicht als Individuum erscheint bzw. als ‚Mensch', wie Nietzsche aus der Perspektive des Gedankens vom ‚Übermenschen' ihn als einen möglichen Begriff auffassen will, den wir uns in einer langen Geschichte gebildet haben. Dabei kommt es aber nicht darauf an, wie groß diese Zahl ist. Wenn – etwa für die Zwecke eines Wohlstandsvergleichs zwischen Ländern – das Pro-Kopf-Bruttoinlandsprodukt errechnet wird, so kommen Menschen offenbar in der Tat nur als eine Zahl vor, und von ihrer Individualität wird dabei vollständig abgesehen. Das gilt für ein kleines Land ebenso wie für ein bevölkerungsreiches. Aus der Perspektive der Individualität und der Reflexion auf die begriffliche Festgestelltheit des Menschen sind Menschen in beiden Fällen ‚Viel-zu-Viele' – weil sie überhaupt als ‚Viele' aufgefasst werden, d. h. als gleichnamig, d. h. unter Absehen der Tatsache, dass es eben Menschen sind und nicht Zahlen.

Man kann darüber hinaus in diesem Zusammenhang noch bedenken, dass eine Individualität, die der Staat erlaubt oder sogar schützt oder garantiert, eine begrifflich bestimmte und festgestellte Individualität ist. *Wie* sich jemand kleidet, ist im modernen Staat kein Gegenstand der staatlichen Ordnung, *dass* aber bestimmte Körperteile in der Öffentlichkeit bekleidet sein müssen, ist sehr wohl ein solcher Gegenstand – auch hier ist staatlich festgelegt, worin die Individualität und Unbestimmtheit bestehen darf, d. h. die Unbestimmtheit ist sehr wohl bestimmt, auch wenn dazu gehört, dass zu dieser Bestimmtheit etwa die Unbestimmtheit der Farbe eines Bikini-Oberteils gehört. Dieses Oberteil ist aber wiederum in Wenn-dann-Zusammenhänge eingeordnet, wenn eine erwachsene weibliche Person etwa auf der Liegewiese eines öffentlichen Schwimmbades dasselbe ablegen darf, während sie es im Schwimmbecken tragen muss. Als Individuum bzw. als Mensch kommt diese betreffende Person auch hier aus der Perspektive des Staates nicht vor, sondern nur in solchen Wenn-dann-Zusammenhängen, die prinzipiell auch Teil eines Computerprogramm darstellen und in der Form elektrischer Spannungszustände ausgeführt werden könnten: wenn weiblich und wenn auf Liegewiese, dann keine Sanktion für fehlendes Oberteil; wenn weiblich und wenn im Schwimmbecken, dann Sanktion.

Neunzehnte Rede

Aus der neunzehnten Rede sind einige Stellen zum Thema ‚Gerechtigkeit' unter der Perspektive des Weges zum ‚Übermenschen' interessant:

„So erfindet mir doch die Gerechtigkeit, die Jeden freispricht, ausgenommen den Richtenden! … Aber wie wollte ich gerecht sein von Grund aus! Wie kann ich Jedem das Seine geben! Dies sei mir genug: ich gebe Jedem das Meine." (Z VI-1,84)

Wie das Individuum im Staat nicht vorkommt und dort ‚überflüssig' ist, so kann es auch dort nicht erscheinen, wo jemand ‚gerecht' sein will. Die ‚Gerechtigkeit' setzt voraus, dass nur ‚sachgerechte' Unterschiede gemacht werden, d. h. der Mensch, dem Gerechtigkeit widerfahren soll, muss nach festen Begriffen bestimmt werden. Etwa müssen seine Handlungen so bestimmt werden, dass sie mit den Handlungen anderer Menschen verglichen werden können, die im Grunde andere Handlungen sind. Von diesem Unterschied muss aber abgesehen werden, d. h. sie müssen gleichnamig gemacht werden, indem sie unter gemeinsame Begriffe subsumiert werden. Werden aber ihre Handlungen als ‚gleich' angesehen, so muss dies bis zu einem gewissen Grad auch für die Menschen gelten, die Handlungen begangen haben. In diesem Sinne ist also in erster Linie der Richtende ‚ungerecht', egal wie er entscheidet – er ist ‚ungerecht', weil er gleichnamig macht und damit eine Art von Gewalttat begeht.

Zweiundzwanzigste Rede

Die zweiundzwanzigste und letzte Rede sollte wiederum ausführlicher beachtet werden. Wir sollten uns an das Ausgangsproblem erinnern: Zarathustra hatte zunächst zum ‚Volk' zu reden versucht, das aber lieber einen Seiltänzer hatte sehen wollen, woraufhin er seinen Versuch der Volksaufklärung aufgegeben hatte und sich nach ‚Gefährten' umsehen wollte – nach ‚Wegbegleitern' und Begleitern in der ‚Gefahr', als die er offensichtlich seine eigenen Gedanken ansah. Gefunden hatte er zunächst aber nur altvertraute und nicht sehr menschliche Genossen: seinen Adler und seine Schlange, man könnte auch sagen: seinen Stolz und seine Klugheit. Nun, nach seinen einundzwanzig Reden, stellt es sich jedoch heraus, dass er inzwischen ‚Jünger' gefunden hat – Nietzsche spricht allerdings zunächst vorsichtiger davon: „Viele, die sich seine Jünger nannten." (Z VI-1, 93) Wer sich so nennt, muss es offenbar noch lange nicht sein. Und genau von diesen will Zarathustra sich nun trennen.

Die Art und das Gleiche im Mitteilen

Bei dieser Trennung spricht Zarathustra von der ‚höchsten Tugend' als der ‚schenkenden Tugend' (Z VI-1, 93). Das Fehlen der „schenkenden Seele" dagegen nennt er eine „Entartung", die als „Schlechtes und Schlechtestes" gelten soll (Z VI-1, 94). Aufgrund der bisherigen Erklärungen im Buch ‚Zarathustra' kommt diese Bezeichnung überraschend. Dass es in Zarathustras Denken um die Bewahrung einer ‚Art' gehen solle, kann eigentlich nicht sein, wenn schon die ‚Gerechtigkeit' als etwas dargestellt wurde, das die Individuen *gleich* macht und deshalb keineswegs als eine Tugend der

Ausrichtung an dem gelten kann, was Zarathustra und damit Nietzsche unter dem Begriff des ‚Übermenschen' denken will. Entsprechend schreibt Zarathustra nun auch: „Aufwärts geht unser Weg, von der Art hinüber zur Über-Art." (Z VI-1, 94) Wenn der ‚Übermensch' aber eine ‚Reflexion' auf den Menschen und seine Welt darstellen soll, in der von festgestellten ‚Wesens'-Auffassungen des Menschen und seiner Welt abgesehen werden kann, so scheint es merkwürdig, dass eben der Weg zum ‚Übermenschen' nun als ein Weg zu einer ‚Über-Art' bezeichnet wird. Dass es sich dabei nicht um eine ‚höhere' oder ‚vollkommenere' Art des ‚Menschen' mit besonderen Fähigkeiten oder gar ‚Superkräften' handeln kann, ist inzwischen schon deutlich geworden. Was kann also mit ‚Über-Art' gemeint sein? Und wie lässt sich diese Rede damit vereinbaren, dass die ‚Entartung' und der ‚entartende Sinn' als „Schlechtes und Schlechtestes" bezeichnet werden?

Das Problem ist eigentlich nur aufzulösen, wenn die ‚Über-Art' als eine ‚Art' gedacht wird, die eigentlich *keine* Art darstellt. Das entspricht der merkwürdigen Situation des ‚Übermenschen', der ‚über' dem Menschen sein soll, ohne doch *kein* Mensch mehr zu sein. Die ‚Entartung' soll nun gerade das Gegenteil der ‚schenkenden Tugend' sein – einer solchen Tugend, die gerade als ‚schenkende Liebe' „zum Räuber an allen Werten" wird und darin eine „Selbstsucht" darstellt, die Zarathustra als „heil und heilig" bezeichnet (Z VI-1, 94). Dem gegenüber wird der ‚entartende Sinn' gestellt, dessen Wahlspruch lautet ‚Alles für mich'. Offensichtlich billigt Zarathustra keineswegs eine Ansicht, sein ‚besseres' Wissen um den ‚Übermenschen' als ‚Sinn' der Erde sei am besten bei ihm selbst aufgehoben und die anderen Menschen verdienten es sowieso nicht, an einem solch erhabenen Wissen teilzuhaben. Verlangt wird statt dessen die ‚schenkende Liebe' einer ‚schenkenden Seele', wenn die angemessene Mitteilung dieser Gedanken gelingen soll. Aber diese Unterscheidung und damit dieses Gelingen soll nun von der Gratwanderung zwischen dem Absturz in die schlechte ‚Selbstsucht' einer ‚Entartung' in einer ‚entartenden' Gesinnung (wie wir Zarathustras Ausdruck „der entartende Sinn" übersetzen könnten) und dem ebenso abstürzenden Beharren auf einer ‚Art' und damit dem Abschneiden des Weges in die ‚Über-Art' abhängen.

Man könnte diese Schwierigkeit als Beschreibung des grundlegenden Problems einer Mitteilung über die Gedanken auffassen, die Zarathustra in diesem Buch und zuvor schon sein Autor Nietzsche an manchen Stellen in seinen früheren Schriften entwickelt hatte. Würde er seine Gedanken nicht mitteilen wollen, so hätte Zarathustra auf seine Reden und Nietzsche auf seine schriftstellerische Tätigkeit verzichten können – es sei denn, bei beiden wäre diese Tätigkeit nur motiviert gewesen durch jene Mischung von Eitelkeit und Geldgier, die Buchautoren üblicherweise an den Schreibtisch bringt.

Hier entsteht aber das Problem, dass das Mitteilen grundsätzlich etwas voraussetzt, was die mitzuteilende Philosophie gerade als den Grundfehler des platonisch-christlichen Denkens in allen seinen Verästelungen kritisiert: die Vorstellung von der ‚Gleichheit', wie sie durch Begriffe hergestellt und festgestellt wird.

Es ist sicher bereits deutlich geworden, dass diese ‚Anti-Gleichheits-Philosophie' keineswegs ausschließt, dass Menschen in vielen Zusammenhängen gleich behandelt werden sollen – das ist bei medizinischen Behandlungen ebenso der Fall wie im Wahlrecht mit dem Prinzip ‚one (wo)man, one vote'. Würden wir Menschen aber in dem radikalen Sinn, der hier gemeint ist, tatsächlich als ‚gleich' ansehen, so könnten wir sie auch genau so gut töten, da es sich dann ja nur um ‚Exemplare' einer Gattung handeln würde – und würden wir eines kennen, so würden wir alle kennen, wie dies bei einem technischen Gerät in der Regel der Fall ist.

Will Nietzsche also seine Philosophie mitteilen und etwa die Figur des Zarathustra dafür einsetzen, so muss er zumindest so weit auf die Gleichheit zwischen den Menschen vertrauen, dass er *verstanden* werden kann; man könnte auch sagen: er muss sie grundsätzlich so behandeln, wie ein Arzt eine Lungenentzündung behandelt, d. h. nach Regeln, die für alle Menschen gleich sind, es sei denn, andere Regeln rechtfertigen eine Abweichung von der Standardbehandlung, und diese Regeln gelten gerade deshalb, weil sie viele Menschen wiederum als gleich auffassen. Was für einen Arzt aber kein Problem ist, könnte dem Philosophen Nietzsche – und Zarathustra – als performativer Widerspruch ausgelegt werden: er lehrt die absolute Individualität der Menschen und der Dinge, gerade in diesem Lehren aber dementiert er diese Individualität und behandelt sie zumindest so weit als ‚gleich', als sie den Bedingungen des Verstehens seiner Sprache und darüber hinaus sogar noch seiner philosophischen Gedankengänge entsprechen.

Er kann also nicht einer gewissen ‚Ent-artung' entbehren, insofern in der Mitteilung seiner Philosophie sein Denken nicht verraten darf, d. h. er muss sich auf eine bestimmte Weise von dem entfernen, was er lehrt – er muss das Nicht-Gleiche als ‚gleich' auffassen. Gerade dieser ‚Verrat' an seinem Denken muss zu einer ‚Über-Art' führen – d. h. einsehen lassen, dass es ‚Arten' nicht ‚gibt', sondern dass wir die darin liegende Gleichheit stets konstruieren und für grundsätzlich technische Zwecke unterstellen, damit wir bestimmte Zwecke erreichen können, wie z. B. die effektive Behandlung der Krankheit Lungenentzündung. Auch die Absicht des Mitteilens muss also unterstellen, dass das Publikum von ‚einer Art' ist, also zumindest soweit gleich, dass sie das verstehen können, was Nietzsche bzw. Zarathustra ihnen sagen will – was offenbar nicht gelingen könnte, wenn in einem radikalen Sinne jeder etwas anderes verstehen würde, weil das Publikum eben nicht ‚einer Art' angehört. Mitgeteilt soll aber werden, dass eben eine solche Gleichheit nicht existiert und nur ein langes, historisch überkommenes und vor allem platonisch-christliches Vorurteil darstellt. Man könnte dies auch zu einer Paradoxie pointieren: mitgeteilt soll werden, dass eben diese Mitteilung überhaupt nicht möglich ist, weil dabei eine ‚Gleichheit' vorausgesetzt wird, die es in Wahrheit überhaupt nicht gibt.

Es muss also erreicht werden, dass das, was mitgeteilt wird, *nicht* selbst zu einer ‚Art' wird, d. h. zu einem festgestellten und bestimmten Bestand von Wissen, der durch seine ‚Gleichheit' auch die Menschen, die ihn teilen, zu ‚Gleichen' macht, die zusammen eine ‚Art' bilden. Wird diese Gefahr nicht vermieden, so wird durch das Reden und Mitteilen genau das verhindert, was doch als Ziel angestrebt wird: den Weg zu finden „von der Art hinüber zur Über-Art." (Z VI-1, 94) Damit wäre auch das verhindert, was Zarathustra schon früher als die ‚positive Vision' beschrieben hatte, nämlich die Überwindung des ‚Menschen' (als begrifflich in seinem ‚Wesen' festgestelltes und damit auf unveränderliche Dauer gestelltes Wesen) hin zum ‚Übermenschen' (zur Reflexion auf diese Wissensform, in der eine solche begriffliche Feststellung als Ziel des Denkens gilt). ‚Ent-artet' sich der mitteilende Philosoph jedoch radikal (d. h. beansprucht er, überhaupt nicht einer unter ‚Gleichen' von *einer* Art zu sein), so kann er sein Denken nicht mitteilen, weil diese Mitteilung voraussetzt, sein Publikum jedenfalls in dem Sinn als aus *einer* Art bestehend auffassen zu müssen, dass sie ‚Gleiche' sind im Verstehen der Mitteilung seines Denkens.

Wenn Zarathustra etwas später von einem ‚auserwählten Volk' spricht, so sollten wir deshalb vorsichtig sein, uns dieses Volk als von großer Einheit vorzustellen: „Ihr Einsamen von heute, ihr Ausscheidenden, ihr sollt einst ein Volk sein: aus euch, die ihr euch selber auswähltet, soll ein auserwähltes Volk erwachsen – und aus ihm der Übermensch." (Z VI-1, 96–97) Dass es sich hier nicht um ein konkretes Volk der historischen Wirklichkeit handelt, dürfte inzwischen deutlich sein. Aber wir können uns dabei auch nicht eine Gemeinschaft von Menschen vorstellen, die sich als ‚gleich' auffassen – würden sie das tun, so müssten sie sich wechselseitig eine festgestellte Bestimmtheit zuschreiben, die sie gerade unfähig zu jeder Beziehung zu dem machen müsste, was Nietzsche mit dem Begriff des ‚Übermenschen' denkt.

Die Erde und der Leib

Zarathustra beschwört diejenigen, „die sich seine Jünger nannten" (Z VI-1, 93), deshalb, aus seinem Denken keine Lehre mit Ewigkeitsanspruch zu machen:

> „Bleibt mir der Erde treu, meine Brüder, mit der Macht eurer Tugend! Eure schenkende Liebe und eure Erkenntnis diene dem Sinn der Erde! … Ach, es gab immer so viel verflogene Tugend! Führt, gleich mir, die verflogene Tugend zur Erde zurück – ja, zurück zu Leib und Leben: dass sie der Erde ihren Sinn gebe, einen Menschen-Sinn! … Ach, in unserm Leibe wohnt jetzt noch all dieser Wahn und Fehlgriff: Leib und Wille ist er da geworden … Ja, ein Versuch war der Mensch. Ach, viel Unwissen und Irrtum ist an uns Leib geworden!" (Z VI-1, 95–96)

Die Begriffe ‚Erde' und ‚Leib' sind uns schon an einigen Stellen in Nietzsches Denken begegnet. Es war auch bereits deutlich geworden, dass es nicht um den Planeten Erde geht und nicht um den Leib als einen mit der speziellen Wissensform der Naturwissenschaft innerhalb des platonisch-christlichen Denkens beschreibbaren und begrifflich in seinem ‚Wesen' feststellbaren Gegenstand in der Welt. An der gerade zitierten Stelle wird dieser Gedanke durch eine neue Entgegensetzung ausgeführt: ‚Erde' bzw. das ‚Irdische' ist das, was sich dem Versuch entgegensetzt, „mit den Flügeln gegen ewige Wände [zu] schlagen", und wir könnten ergänzen: ‚Leib' ist das, was dagegen spricht, mit den Wissensansprüchen davonzufliegen und insofern einen Anspruch auf ewige und letztgültige Erkenntnis zu erheben, als man aus der Sicht eines so fliegenden Wesens den Blick ‚von oben' und damit die Übersicht wie durch das Auge Gottes hätte.

Genau dies legt Nietzsche bzw. Zarathustra nun seinen ‚Jüngern' ans Herz, um das bewahren zu können, was er als ‚schenkende Tugend' bezeichnet hatte und damit als Grundlage jener Mitteilung seines Denkens, die von der „kranken Selbstsucht" befreit, welche den Verzicht auf die Mitteilung und das Bewahren des Denkens als nur ‚eigene' Wahrheit verlangen würde. Diejenige ‚Selbstsucht', die Zarathustra und mit ihm Nietzsche als „heil und heilig" bezeichnete (Z VI-1, 94), muss sich von jener ‚kranken' Selbstsucht also dadurch unterscheiden, dass sie die Mitteilung des Denkens anstrebt, aber dennoch nicht darauf verzichtet, zum „Räuber an allen Werten" zu werden (Z VI-1, 94), d. h. auch an denjenigen Werten, mit denen eine Gleichheit zwischen Menschen behauptet wird, so dass sie zu *einem* Publikum werden, und mit denen eine Gleichheit zwischen Begriffen behauptet wird, so dass sie weitergegeben werden könnten wie Diamanten, die von einer Hand zur anderen gehen, ohne dass sie sich dadurch verändern.

Zarathustra kennt offensichtlich auch ein Mittel, dieses Ziel zu erreichen, und empfiehlt es denjenigen, die sich als seine Jünger bezeichnen:

„Gleichnisse sind alle Namen von Gut und Böse: sie sprechen nicht aus, sie winken nur. Ein Tor, welcher von ihnen Wissen will! Achtet mir, meine Brüder, auf jede Stunde, wo euer Geist in Gleichnissen reden will: da ist der Ursprung eurer Tugend. Erhöht ist da euer Leib und auferstanden; mit seiner Wonne entzückt er den Geist, dass er Schöpfer wird und Schätzer und Liebender und aller Dinge Wohltäter." (Z VI-1, 94–95)

Er weist also darauf hin, dass gerade mithilfe von Gleichnissen jene ‚schenkende Tugend' bewahrt werden kann, die in der Mitteilung seines Denkens verwirklicht werden soll, also gerade so, wie er selbst es im ‚Zarathustra' unternimmt. Eine solche Redeweise soll aber auch eine besondere Beziehung zu dem haben, was Nietzsche als ‚Leib' bezeichnet – also zu dem jedem Anspruch auf ewige Bedeutungen entgegengesetzten Prinzip, in dem deshalb gerade das ‚ungleichmachende' Zentrum von Nietzsches Philosophie bewahrt sein kann.

Darüber hinaus aber sollen überhaupt *alle* Namen von Gut und Böse ‚Gleichnisse' sein. Dass in den Lehren von Gut und Böse kein *Wissen* liegen kann, das ist aus dem grundsätzlich ‚anti-moralischen' Denken Nietzsches schon deutlich geworden. Dass mit moralischen Begriffen keine Wahrheiten über Dinge in der Welt ‚ausgesprochen' werden, ist dagegen keine Entdeckung Nietzsches, sondern gehört zu jeder Ethik, die sich nicht als ‚ontisch' versteht, d. h. die moralische Begründungen nicht aus Werten ableiten will, die in der Welt vorhanden sind wie Zwerghasen, Planeten und elektrische Ladungen. Etwa wird Kants Ethik als ‚deontisch' bezeichnet, weil sie das, was wir als ‚gut' bezeichnen dürfen, mithilfe einer Maximenprüfung auf mögliche Verallgemeinerbarkeit bestimmen will. Aber Nietzsche geht hier noch einen Schritt weiter. Auch in Kants Ethik wird der Anspruch erhoben, die ‚Namen von Gut und Böse' aussprechen zu können, denn ‚gut' soll das heißen, was jener Prüfung auf Verallgemeinerung nicht widerspricht, und ‚böse' soll der Name dessen sein, dessen Vernünftigkeit durch eine Universalisierungsprüfung und damit durch das Prinzip der Vernunft selbst ausgeschlossen wird.

Nach Nietzsche aber sind *alle* Namen von Gut und Böse ‚Gleichnisse', und dies deshalb, weil sie ‚nicht aussprechen' (was nicht gleichbedeutend ist mit ‚nichts aussprechen'), so dass wir von ihnen kein Wissen fordern dürfen. Ihre besondere Mitteilungsform bezeichnet Nietzsche an der gleichen Stelle mit ‚sie *winken* nur'. Ganz offensichtlich ist dies bereits ein Gleichnis – wir könnten auch sagen: eine Metapher, denn die gemeinte Struktur des Verstehens ist weitgehend identisch. Hier wird ein physischer Vorgang herangezogen, um mit seiner Hilfe das Verstehen der Namen von Gut und Böse verständlich zu machen. Dieser physische Vorgang *kann* aber nur überhaupt als ein ‚Winken' aufgefasst werden, wenn er nicht als *rein* physischer Vorgang verstanden wird – man muss schon eine menschliche Äußerungsabsicht erkennen bzw. unterstellen, um eine körperliche Bewegung überhaupt als ein ‚Winken' aufzufassen, und es können peinliche Missverständnisse entstehen, wenn eine bloß zufällige Bewegung des Körpers (hier: der Hand oder des Armes) als ein ‚Winken' aufgefasst wird, d. h. als eine Bewegung mit der Absicht der Mitteilung.

Die Auffassung spielt hier also eine größere Rolle als dies beim Verstehen eines Wortes der Fall ist, wo schon durch den Charakter eines Wortes die Äußerungsabsicht unterstellt werden kann. Daraus ergeben sich bereits mehr Möglichkeiten des Missverstehens, und es gehört sehr viel Erfahrung mit den Bräuchen in einer bestimmten Gruppe, Klasse oder auch Alterskohorte von Menschen dazu, um ein ‚Winken' überhaupt als solches auffassen zu können. Darüber hinaus ist ein ‚Winken' aber in der Regel auch weitaus vieldeutiger als eine Äußerung in der Sprache. Es ist also weniger feststellbar und auf Ewigkeit gestellt – m. a. W. es fällt schwer, durch ein ‚Winken' „vom Irdischen" davonzufliegen „und mit den Flügeln gegen ewige Wände" zu schlagen (Z VI-1, 95–96).

Schließlich ist bei einem ‚Winken' der sinnliche Vorgang der Übermittlung den Beteiligten unmittelbar präsent – das Sinnliche drängt sich sogar so weit in den Vordergrund, dass es einer nicht ganz selbstverständlichen Leistung bedarf, um den sinnlichen Vorgang überhaupt als eine Form der Mitteilung aufzufassen, weshalb die Risiken von Missverständnissen entsprechend groß sind. Zwar kommt auch keine sprachliche Mitteilung zustande ohne die Produktion physisch wahrnehmbarer Zeichen – seien es nun akustische Ereignisse (Laute) oder bestimmte Anordnungen von Formen mithilfe von Druckerschwärze, Tinte oder elektrischer Impulse. Aber dieser physische Charakter von Zeichen verschwindet unmittelbar und wir müssen sogar eine eigene Aufmerksamkeitsleistung vollbringen, wenn wir die physikalische Struktur sprachlicher Zeichen eigens wahrnehmen wollen. Dagegen müssen wir umgekehrt eine eigene Leistung der Zuschreibung von Bedeutung zu einem physischen Geschehen einer Körperbewegung erbringen, wenn wir diese als ein ‚Winken' und damit mit Bedeutung auffassen wollen. Deshalb erfordert ein ‚Winken' einen *ästhetischen* Akt der Bedeutungszuschreibung und wir könnten von einer in höherem Ausmaß ästhetischen Mitteilungsform sprechen, als dies beim Verstehen sprachlicher Zeichen der Fall ist. Nietzsche spricht deshalb an der oben zitierten Stelle davon, dass dabei der Leib ‚erhöht' ist.

Lehren und Missverstehen

Es ist nach diesen Ausführungen Zarathustras über die besondere Art des Mitteilens des Denkens, das er versuchen will, nicht verwunderlich, dass er sich am Ende dieser letzten Rede von seinen ‚Jüngern' verabschiedet – und ihnen dringend rät, sich entsprechend von ihm zu verabschieden und sich gegen seine Lehren zu ‚wehren':

> „Wahrlich, ich rate euch: geht fort von mir und wehrt euch gegen Zarathustra! Und besser noch: schämt euch seiner! Vielleicht betrog er euch … Man vergilt einem Lehrer schlecht, wenn man immer nur der Schüler bleibt … Hütet euch, dass euch nicht eine Bildsäule erschlage! Ihr sagt, ihr glaubt an Zarathustra? Aber was liegt an Zarathustra!" (Z VI-1, 97)

Konsequent ist diese Warnung vor seinen eigenen Lehren, wenn man berücksichtigt, dass die Übernahme von Mitteilungen eben die Annahme von ‚Gleichheit' zwischen den Menschen voraussetzt – zumindest so weit, als das Publikum als eine Einheit dadurch aufgefasst werden muss, dass in ihnen alle weitgehend dasselbe verstanden haben, oder auch so weit, dass der Schüler glaubt, in dem Sinne mit dem Lehrer ‚gleich' zu sein, als er mehr oder weniger dasselbe versteht, was der Lehrer sagen wollte. Deshalb rät Zarathustra seinen Schülern, sich gegen ihn zu wehren – d. h. zur Geltung zu bringen, dass sie *nicht* gleich mit ihm sind. Er warnt sie – und sich – davor, dass er auf diese Weise zu einer ‚Bildsäule' werden könnte, also zu einem Teil der physischen Natur, das so unbeweglich und nichtssagend ist, wie Steine es eben sind, und das nicht mehr von sich her spricht, sondern für die Interpretation durch andere offen ist, gegen die es sich nicht mehr wehren kann. Man könnte auch sagen: er warnt sie davor, dass er durch ihre Schülerschaft zu jemandem werden könnte, der stumm geworden ist und *über* den gesprochen wird.

Der Übermensch und seine Zeit

Zarathustra beendet seine Warnungen an seine ‚Jünger' schließlich mit einer Formulierung der ‚positiven Vision', die erst wahr werden könne, wenn sie seinem Rat folgen, „mich [zu] verlieren und euch [zu] finden" (Z VI-1, 97). Er beschreibt diese Situation mit der Metapher des „grossen Mittags":

„Und das ist der grosse Mittag, da der Mensch auf der Mitte seiner Bahn steht zwischen Tier und Übermensch und seinen Weg zum Abende als seine höchste Hoffnung feiert: denn es ist der Weg zu einem neuen Morgen. Alsda wird sich der Untergehende selber segnen, dass er ein Hinübergehender sei; und die Sonne seiner Erkenntnis wird ihm im Mittage stehn. ‚Tot sind alle Götter: nun wollen wir, dass der Übermensch lebe‘ – dies sei einst am großen Mittage unser letzter Wille!“ (Z VI-1, 98)

Das Gleichnis von Morgen, Mittag und Abend ist am einfachsten zu verstehen, wenn man dabei wiederum an das verwandte Gleichnis ‚Der Wanderer und sein Schatten‘ denkt, das am Anfang und am Ende der gleichbenannten ‚Zweiten Abteilung‘ des ‚Zweiten Buches‘ von ‚Menschliches-Allzumenschliches‘ steht. Dort war das Thema jenes Licht, das um den ‚Wanderer‘ einen Schatten erzeugt, mit dem als seinem durch eine fremde Lichtquelle gezeichneten Umriss der erstere spricht. Dies enthielt auch die Metapher dafür, dass im Lichte eines Horizontes jeder nur mit seinem Schatten spricht, der ihn als Bild für ihn vertritt, während eine ‚Selbsterkenntnis‘ jenseits eines solchen Horizontes nicht möglich ist. Wenn wir dieses Bild fortsetzen, so ist der Morgen folglich die Zeit, an dem die Schatten sich mit der aufgehenden Sonne bilden und der ‚Wanderer‘ seinen Weg durch den Tag mit seinem Schatten (seiner aus dem Horizont seines Verstehens gewonnenen Möglichkeit eines Selbstverstehens) beginnt. Der Abend ist die Zeit, an dem die Schatten sich wieder in die Dunkelheit verflüchtigen – allerdings um den Preis der Licht- bzw. Horizontlosigkeit dessen, der sich zuvor noch in seinem Schatten erkennen konnte. Dieser Zustand endet bekanntlich erst mit dem nächsten Morgen, an dem sich die neuen Schatten bilden.

Zarathustra bzw. Nietzsche aber preist an dieser Stelle den ‚großen Mittag‘. Wenn wir dem Bild folgen, so ist diese Situation sehr einfach zu deuten: es ist die kurze Zeit, in dem die Gegenstände einschließlich der Menschen *keine* Schatten werfen. Es ist bereits deutlich geworden, dass dieser ‚große Mittag‘ die Zeit des ‚Übermenschen‘ ist, jene Zeit also, zu der der Mensch sich nicht mehr aus dem Horizont einer ‚Metaphysik‘ gleich welcher Art versteht, d. h. sich nicht mehr festgestellt hat in einen ‚Schatten‘, in dem er so etwas wie sein unveränderliches und ewiges ‚Wesen‘ erblickt. Damit ist das Gleichnis jedoch noch nicht zu Ende. Wir sollten auf jeden Fall die ganze Geschichte heranziehen und Nietzsches Begriff des ‚großen Mittags‘ ebenso wie den entsprechenden Begriff des ‚Übermenschen‘ aus diesem Zusammenhang verstehen. Dann ist der ‚Übermensch‘ offensichtlich kein Zustand, den der Mensch eines schönen Tages wirklich erreicht haben wird und in dem er fortan seine Tage glücklich und zufrieden verbringen wird.

Nietzsches Bild vom ‚Übermenschen', wie wir es an dieser Stelle entnehmen können, zeichnet ihn vielmehr als den kurzen und vorübergehenden Zustand nach dem Morgen und vor dem Abend, und es scheint kein Zufall zu sein, dass Nietzsche hier das Kommen des Abends in den Gedanken des ‚Übermenschen' einschließt. Der ‚Übermensch' ist nach diesem Bild der Zustand, den der Mensch erreichen kann, sobald die Schatten des Morgenhorizontes vergangen sind und bevor die neuen Schatten des Nachmittags- und Abendhorizontes aufstehen werden. Darüber hinaus ist er auch der kurze Zustand vor einem neuen Abend und einer neuen Nacht ohne horizontbildende Sonne, und ohne Licht können wir bekanntlich nicht sehen – also der Zustand vor neuen Zeiten ohne Horizonte, die dem Menschen ein Selbstbild und eine Selbsterkenntnis in einem Schattenbild ermöglichen. Schließlich ist er auch der kurze Zustand vor dem neuen Morgen – d. h. vor dem neuen Entstehen von Horizonten, die dem Menschen ein Selbstverständnis in und aus einem durch eine solche Horizontbildung entworfenen Bild ermöglichen.

Das Schlussbild des Ersten Teils des ‚Zarathustra'-Buches gibt uns also eine Selbstinterpretation von Nietzsches Denken als einer Position, die ihre Zeit hat innerhalb einer bestimmten Entwicklung eines Horizontes, nämlich dann, wenn im Zeitablauf dieser Horizont seine höchste Leuchtkraft erreicht hat und dabei so hoch gestiegen ist, dass die Dinge keine Schatten mehr werfen. Man könnte dies als den Ausdruck einer gewissen Paradoxie verstehen: wenn die Kraft eines erhellenden Horizontes am größten ist, entsteht die Möglichkeit der ‚freien Geister', die sich aus dem Bann jenes Horizontes lösen können und den ‚Übermenschen' feiern können als Distanz von den festgestellten ‚Wesens'-Bestimmungen des Menschen und der Dinge, die jener Horizont hervorgebracht hat.

Damit erscheint das Motiv der ‚Tragik' wieder in Nietzsches Philosophie. Jene ‚freien Geister' behalten das Wissen, dass ihr Denken vergehen wird – zunächst wird jene Lichtquelle ihren Zenit überschreiten und die Menschen werden wieder fester an die Feststellungen und Bestimmungen gebunden, die von jenem Horizont gefordert werden; darüber hinaus aber wird jener Horizont irgendwann einmal seine Kraft überhaupt verlieren und die fixen Auffassungen vom Menschen werden ebenso untergehen wie die ‚freien Geister' mit ihrer Auflösung aller festen Bestimmungen im Gedanken des ‚Übermenschen'. Unter welchen Horizonten sich die ‚Menschen' – oder wie immer sie sich nennen werden – dann unter der Sonne eines neuen Tages verstehen werden, ist den Menschen des alten Tages sowieso unbekannt.

Nietzsche zeigt sich unter diesem Aspekt seiner Philosophie des ‚Übermenschen' also als ein ganz und gar ‚unmoderner' Philosoph, dem der typisch moderne Glaube an den Fortschritt zum immer Besseren (auch unter vorübergehenden Rückschlägen) zutiefst fremd ist. Die Entwicklung der ‚freien Geister' hat ihre Zeit, die auf bestimmte Weise mit der Geschichte jener Horizonte zu tun hat, von denen her das ‚Wesen' der Menschen und der Dinge bestimmt wird. Jene Horizonte haben aber selber ihre Zeit, und was der neue Morgen mit seinen neuen Horizontbildungen für das, was der Mensch in seinem ‚Wesen' ist, bringen wird, kann man sowieso nicht wissen. Für den ‚freien Geist' muss es deshalb genügen, dass er *seine* Zeit hat in *seinem* ‚großen Mittag', den er nicht in einem Dogma als einer für alle Zeit aufzubewahrenden Lehre feststellen kann.

4.3 Zarathustra: Zweiter Teil

4.3.1 Die Gerechtigkeit und die Rache

Die Situation am Ende des Ersten Teils ist in Bezug auf das intendierte Übermitteln der Botschaft im Grunde immer noch dieselbe wie nach der in den Ersten Teil integrierten ‚Vorrede'. Nach vergeblichen Versuchen, dem ‚Volke' zu predigen, war Zarathustra zu der Einsicht gekommen, dass seine Botschaft nur ‚Gefährten' gepredigt werden könne – solche aber waren zunächst nur verfügbar in Gestalt jener Tiere, die ihm schon auf Bergeshöhen Gesellschaft geleistet hatten: Adler und Schlange. Nichtsdestoweniger folgten darauf 22 Reden Zarathustras und darin zeigte sich, dass er offensichtlich doch über einen gewissen Kreis menschlicher Jünger verfügt. Erst in der letzten Rede – ‚Von der schenkenden Tugend' – entschließt sich Zarathustra endgültig, sich von seinen Jüngern zu verabschieden und sich wieder in sein Gebirge zurückzuziehen. Dabei hatte sich angedeutet, dass seine Botschaft von einer solchen Art ist, dass sie gerade nicht als eine Lehre von einem Lehrer an seine Schüler übermittelt werden kann. Das Zentrum dieses Problems hatte sich wiederum im Thema des ‚Übermenschen' gezeigt. Offensichtlich bringt der Versuch, einen Gedanken mitzuteilen, der *keine* Feststellungen über den Menschen und über das, was die Welt und die Dinge in ihr sind, enthält, aus Nietzsches Sicht gewisse Schwierigkeiten mit sich, wenn er auf eine angemessene Weise übermittelt werden soll, also so, dass nicht auf dem Wege der Mitteilung das eigentlich Wichtige wieder verloren geht.

Der Zweite Teil des Zarathustra beginnt mit der Einsicht, dass daran auch der Verzicht auf das Lehren nichts ändern kann – das erste Textstück ‚Das Kind mit dem Spiegel' bringt das drastisch zum Ausdruck: Zarathustra erkennt sich in dem Spiegel, den ihm im Traum ein Kind vorhält, nicht mehr, sondern nur eine Fratze. Er erkennt also, dass seine Lehre „in Gefahr" ist (Z VI-1, 101), m. a. W.: sie wird als solche weitergegeben und damit verfälscht. Nach den Ausführungen in der letzten Rede des

Ersten Teils muss dies aber nicht das Ergebnis von bösem Willen oder / und Unfähigkeit beim genauen Weitersagen darstellen, sondern es könnte in der besonderen Lehre selbst angelegt sein, die weniger ein feststellbares Wissen, sondern in erster Linie so etwas wie eine ‚Haltung' des Denkens verkünden will. Auf jeden Fall will Zarathustra aber darob nicht resignieren, sondern einen neuen Versuch der Verkündigung seiner „wilden Weisheit" unternehmen (Z VI-1, 103). Es stellt sich die Frage, wie es ihm dieses Mal besser gelingen soll, dass ihm zumindest ‚Gefährten' zuhören *und* dass seine Lehre nicht bald wieder zu einer ‚Fratze' verkommt, in der nichts mehr von ihm und seiner wirklichen Botschaft vorkommt.

Zunächst aber wird nur die Lehre weiter erläutert, die schon im Ersten Teil skizziert wurde: der wollende und schaffende Mensch steht gegen Gott und die Götter: „Aber dies bedeute euch Wille zur Wahrheit, dass alles verwandelt werde in Menschen-Denkbares, Menschen-Sichtbares, Menschen-Fühlbares! Eure eignen Sinne sollt ihr zu Ende denken!" (Z VI-1, 105–106) Die ‚Welt' ist der Mensch bzw. sie soll als eine des Menschen erkannt werden: „eure Vernunft, euer Bild, euer Wille, eure Liebe soll es selber werden!" (Z VI-1, 106) Gegen den mit dem Gedanken ‚Gott' verbundenen Gedanken des ‚Unvergänglichen' werden „Zeit und Werden" und die „Rechtfertigung aller Vergänglichkeit" gestellt (Z VI-1, 106). Gegen das ‚Sein' wird das ‚Schaffen' zur Geltung gebracht, das den Menschen gegen alle Götter auszeichnet (Z VI-1, 106–107). Genau dies gilt auch für alles Erkennen: „Auch im Erkennen fühle ich nur meines Willens Zeuge- und Werde-Lust; und wenn Unschuld in meiner Erkenntnis ist, so geschieht dies, weil Wille zur Zeugung in ihr ist." (Z VI-1, 107)

Einen zusätzlichen Gedanken bringt erst das Textstück mit dem seltsamen Titel ‚Von den Taranteln". Hier wird zunächst vom Zusammenhang der ‚Rache' mit den Gedanken der ‚Gleichheit' und der ‚Gerechtigkeit' gehandelt, und dann ergibt sich eine weitere Aufklärung über das, was wir als Nietzsches ‚positive Lehre' auffassen könnten, auch wenn darin die ‚Position' auf eine sehr spezielle Weise zu verstehen ist. Vor allem aber handelt es sich um eine Abgrenzung von möglichen und in der Rezeptionsgeschichte tatsächlich bedeutend gewordenen Missverständnissen.

Als ‚Taranteln' bezeichnet Zarathustra hier die „Prediger der Gleichheit", die eine „Gerechtigkeit" predigen, in der die Suche nach „Rache" versteckt ist (Z VI-1, 124). Ganz offensichtlich sieht Zarathustra einen Zusammenhang zwischen der Philosophie des ‚Übermenschen' und der Wendung gegen die Rache: „Denn dass der Mensch erlöst werde von der Rache: das ist mir die Brücke zur höchsten Hoffnung und ein Regenbogen nach langen Unwettern." (Z VI-1, 124) Dagegen setzt Zarathustra den Gedanken der ‚Gerechtigkeit' – was zunächst insofern überraschend sein könnte, als die Rache geradezu als Bestandteil derjenigen Gerechtigkeit aufgefasst werden könnte, die etwa in einem Vergeltungs-Strafrecht durchgesetzt wird (ius talionis), das das Alte Testament kannte und das auch heute noch dem Präventions-Strafrecht entgegengesetzt wird. Das Recht des Staates, dem Übertreter der Gesetze Leid zuzufügen, wird beim ersteren nicht durch die Notwendigkeit begründet, zukünftige Verbrechen zu verhindern, sondern durch die Notwendigkeit, dass das Verbrechen seinen Ausgleich in der staatlichen Strafe finden müsse, etwa um den Rachewünschen der Bürger zu genügen oder um eine umfassende Ordnung wiederherzustellen, die der Verbrecher gestört hat.

‚Gerechtigkeit' ist nach dieser Auffassung der ‚Ausgleich' des Verbrechens durch die Strafe – das Leid der Bürger durch das selbst erlebte oder miterlebte oder als Bedrohung empfundene Verbrechen wird durch die Bestrafung des Verbrechers zu einem ‚Ausgleich' gebracht, der als ‚Gerechtigkeit' verstanden wird. Damit ist wiederum Nietzsches zentrales Thema der ‚Gleichheit' erreicht, in dessen Zusammenhang der Gedanke von der ‚Rachsucht' der ‚Gerechten' steht. Eine Konzeption des *Ausgleichs* des Verbrechens durch die Strafe setzt offensichtlich den Gedanken der ‚Gleichheit' zwischen dem einen durch die andere voraus – Verbrechen und Strafe sollen ‚gleich' sein können, nur mit umgekehrten Vorzeichen: während das Verbrechen die Ordnung störte, soll die Strafe sie im gleichen Ausmaß und in gleicher Hinsicht wiederherstellen.

Dagegen lässt sich jedoch einwenden, dass eine solche ‚Gleichheit' nur in der Phantasie existiert – es ist eine Konstruktion, an die man *glauben* muss, wenn sie wirken soll, die man aber nicht *wissen* kann. Mit dieser Gleichheit von Verbrechen und Strafe ist natürlich eine Vorstellung von der Gleichheit der Menschen verbunden, ohne die man auch jene Gleichheit nicht behaupten könnte. Menschen sind aber ‚gleich' nur unter eben diesem Begriff ‚Mensch', weshalb Nietzsche gerade vor dem ‚Allzumenschlichen' warnt, d. h. vor der Verabsolutierung des Begriffes ‚Mensch' als etwas, was alle gleichmacht und sie damit in das Schema einer festgestellten Begrifflichkeit eines ‚Wesens' presst.

Nietzsche spricht hier von der Vorstellung der Gleichheit aber nicht nur als – notwendige – *Voraussetzung* für die ‚Rachsucht'. Mit dem Streben nach ‚Rache' scheint ihm für die Rach-Süchtigen auch eine „Beschimpfung an Allen, die uns nicht gleich sind", verbunden zu sein (Z VI-1, 124). Nach diesem Gedanken ist die ‚Rache' innerlich verbunden mit einer Art Leidenschaft für die ‚Gleichheit' – wer Rache will, will auch die Gleichheit, und er will sich gerade für eine verlorene Gleichheit rächen, er will sich also gegen die Verletzung jener Konstruktion wehren, nach der Menschen gleich sind, so dass ihnen auch Gleiches geschehen kann. ‚Rache' ist nach dieser Auffassung der Versuch, sich gegen die Einsicht zu wehren, dass es Gleichheit nicht gibt, sondern dass sie nur durch ein schaffendes Werten ‚hergestellt' oder konstruiert werden kann. Deshalb schreibt Zarathustra den Predigern der Gleichheit „Tyrannen-Gelüste" zu (Z VI-1, 125): deren „Tyrannen-Wahnsinn" (Z VI-1, 125) besteht im Grunde in der *Konstruktion* von Gleichheit, und diese Konstruktion ist ein Schaffen und letztlich ein Ausüben von *Macht*.

Die ‚Gerechtigkeit', die hier ‚Gleichheit' fordert, die sie durch die ‚Rache' herstellen will, kann dies also nur, weil sie zunächst in einer ‚Ungerechtigkeit' jene Gleichheit durch Macht hergestellt hat – sie war insofern ‚ungerecht', als sie das ‚Ungleiche' gleich *gemacht* hat. Wenn sie dann Gleichheit fordert, so fordert sie sie als eine *bestimmte* – also nicht die durch das Wesen der Welt, der Dinge und der Menschen bestehende Gleichheit, sondern diejenige, die sie nach bestimmten Begriffen und Kriterien geschaffen hat. Etwa konnte die griechische Sklavenhaltergesellschaft ganz selbstverständlich von ‚Gerechtigkeit' sprechen, die ausschließlich für die ‚Freien' gelten sollte (und nicht für die Sklaven), weil die Kriterien der Gleichheit nur diese so *bestimmten* Menschen als in die Welt der Gleichheit fallend definiert hatten. Ähnlich könnte man darauf hinweisen, dass unsere Kriterien der Gleichheit von Menschen ‚speziistisch' sind, d. h. sich an der Zugehörigkeit zu einer ‚Art' orientieren, d. h. zur Spezies ‚Mensch', was hoch entwickelte Tiere ebenso aus dem Bereich der Gleichheit *ausschließt* wie Aliens und Cyborgs, während aufgrund der gleichen Kriterien Lebewesen mit im Verhältnis zu höheren Tieren oder möglicherweise auch zu Cyborgs oder Aliens wesentlich geringerer Bewusstheit in den Bereich der Gleichheit *einbezogen* werden, wenn sie nur als von menschlicher Abstammung bezeichnet werden können.

Man könnte auf dieser Grundlage nach Zarathustras Auffassung die ‚Rache' mit der Konzeption der Gerechtigkeit selbst nahezu gleichsetzen: wer ‚gerecht' sein will, muss zuvor etwas ‚gleichgemacht' haben, d. h. er hat die wirkliche ‚Ungleichheit' durch Macht ausgelöscht. Zuvor hatte Zarathustra darauf hingewiesen, dass der Spruch der ‚Tugendhaften' „ich bin gerecht" stets klinge wie „ich bin gerächt" (Z VI-1, 118). Gemeint ist: ‚gerächt' im Willen zur Gleichheit, der ein Willen zur Macht des Gleichmachens ist. Wir sollten allerdings diesen Gedankengang nicht falsch verstehen, indem wir ihn auf eine falsche Ebene bringen. Man kann sich *mitnichten* auf Nietzsche berufen, wenn man die politische Leitidee der Gleichheit aller Menschen im Staat kritisieren will, wie sie sich etwa in der Gleichheit des Gewichts der Stimmabgabe der Menschen bei Wahlen oder als Gleichheit vor dem Gesetz konkretisiert.

Das lässt sich dann leicht sehen, wenn man an Beispiele einer politischen *Un*gleichheit denkt, etwa bei einem Stimmgewicht, das nach dem Einkommen differenziert, wie es grundsätzlich in Deutschland vor dem Ersten Weltkrieg galt. Eine solche ‚Ungleichheit' wäre in Nietzsches Begriffen aber keineswegs ‚gerechter', sondern würde nur auf *anderen* Kriterien der Gleichheit beruhen, d. h. sie wäre insofern ebenso ungerecht wie ein System mit gleichem Gewicht jeder (menschlichen) Stimme, weil auch dieses

Menschen als ‚gleich' auffasst, die dies doch grundsätzlich *nicht* sind – etwa wären hier zwei Menschen in Bezug auf das Stimmgewicht ‚gleich', weil sie gleiches Einkommen haben. Da Menschen mit gleichem Einkommen aber immer noch vollkommen ungleich sind (außer unter der abstrakten Perspektive ihres Einkommens), wäre eine solche Gleichheit ebenso das Ergebnis einer Konstruktion und damit eines *Machens* von Gleichheit, d. h. sie wäre ebenso das Resultat von *Macht*, wie dies bei einem gleichen Stimmgewicht *als Mensch* der Fall ist.

Worauf Nietzsche uns aufmerksam machen will ist also, dass immer dann, wenn Menschen als ‚gleich' bezeichnet werden, es sich um ein ‚Gleichmachen' handelt, d. h. um das Wirken von Macht. Natürlich würde Nietzsche den gleichen Einwand gegen jeden vorbringen, der etwa eine Differenzierung der Gleichheit der Menschen vor dem Gesetz aufgrund ihres Intelligenzquotienten oder ihrer kulturellen oder ethnischen Zugehörigkeit verlangen würde. Auch solchen Forderungen würde ein Gleichmachen durch Macht zugrunde liegen – ebenso wie dem Gleichmachen *als Menschen*.

Daraus folgt offenbar, dass man ein gewisses Gleichmachen nicht verhindern kann, wenn man Menschen in Gruppen einteilt, was man offenbar in allen staatlichen Regelungen tun muss. Dabei kann man verschiedene Vorstellungen von ‚Gerechtigkeit' einsetzen – und vor dem Hintergrund des jeweilig geltenden Denkhorizontes können es bessere oder schlechtere Vorstellungen sein. Worauf uns Nietzsche aufmerksam machen will ist jedoch, dass bei allen solchen Einteilungen *auch* eine Ungerechtigkeit im Spiel ist, dass sie auf einem Machen und damit auf Macht beruhen (auch wenn diese Macht etwa nur aus einem herrschenden Denkhorizont besteht), und dass die Illusion, dabei einer im Sein oder in der Natur der Sache angelegten Gerechtigkeit zu folgen, aus dem Willen zur Gleichheit folgt, in dem sehr viel ‚Rache' an der wirklichen Ungleichheit am Werke ist – und am meisten dann, wenn das Bewusstsein der Gerechtigkeit am stärksten ist: „Misstraut allen Denen, die viel von ihrer Gerechtigkeit reden! … Und wenn sie sich selber ‚die Guten und Gerechten' nennen, so vergesst nicht, dass ihnen zum Pharisäer Nichts fehlt als – Macht!" (Z VI-1, 125)

Wenn von Gerechtigkeit und ihrer Nähe zur ‚Gleichmacherei' die Rede ist, dann natürlich auch von der Grundlage des Richtens und Be- und Verurteilens. Für die „Prediger der Gleichheit" mit ihrem „Tyrannen-Wahnsinn" gilt auch: „Richter-sein scheint ihnen Seligkeit." (Z VI-1, 125) Dies gilt natürlich nicht nur für das Richten, das sich im Staat auf Handlungen bezieht, sondern ebenso für das moralische Richten und Beurteilen. Dagegen lautet wiederum die grundsätzliche Kritik, dass es ein Herstellen von Gleichheit voraussetzt, das nur durch ein Machen und damit durch Macht möglich ist. Hier wäre natürlich auch Nietzsches zusätzlicher Einwand gegen eine moralische Aufrüstung im Namen einer Kritik an der Gleichheit zu finden – über den oben erwähnten

Einwand hinaus. Die Folgen des Urteilens und Richtens sind dann meistens (wenn die entsprechende Macht vorhanden ist) die Strafen: „Also aber rate ich euch, meine Freunde: misstraut Allen, in welchen der Trieb, zu strafen, mächtig ist!" (Z VI-1, 125)

Wir können daraus wieder ein Stück der ‚positiven Lehre' in Bezug auf den Gedanken vom ‚Übermenschen' entnehmen: „Denn so redet mir die Gerechtigkeit: ‚die Menschen sind nicht gleich'. Und sie sollen es auch nicht werden! Was wäre denn meine Liebe zum Übermenschen, wenn ich anders spräche?" (Z VI-1, 126) Auch daraus ergibt sich übrigens wieder, dass der ‚Übermensch' nicht ‚jemand' ist, der als Teil von irgendeiner Gruppe oder Klasse charakterisiert werden könnte – nicht einmal als Element der Gruppe ‚Supermen' bzw. ‚Superwomen'. Gemeint ist vielmehr eine Auffassung des Menschen, in der keine ‚Gleichen' vorkommen, d. h. des Menschen *nicht* in einer Gruppe, Klasse oder Art. Das ist der Sinn des Singulars, in dem Nietzsche den Begriff des ‚Übermenschen' verwendet – der Plural würde eine Gleichheit einführen, die doch genau mit diesem Begriff ausgeschaltet werden soll; m. a. W.: der Plural ‚Übermenschen' würde gerade dem Sinn widersprechen, in dem Nietzsche diesen Begriff verwendet.

4.3.2 Die Denkbarkeit der Welt und der Wille zur Macht

Eines der wichtigsten Textstücke in diesem Zweiten Teil des ‚Zarathustra' ist überschrieben mit ‚Von der Selbst-Überwindung'. Gemeint ist damit nicht in erster Linie, dass sich jemand gegen sein eigenes Widerstreben zu etwas überwinden soll, das ihm nicht gefällt, obzwar er es tun soll, sondern in erster Linie ist die Rede von der Überwindung des ‚Selbst'. Unter diesen Titel stellt Zarathustra die Rede, in der er vom Zusammenhang zwischen Erkenntnis und Macht spricht bzw. von der Bedeutung dessen, was er hier und später noch an vielen Stellen als den ‚Willen zur Macht' bezeichnet. Dieser Begriff war lange Zeit in der Rezeption sehr eng – viel zu eng – mit Nietzsches Denken verbunden worden, und er gibt auch heute noch sehr viel Anlass zu fundamentalen Missverständnissen über dessen Philosophie. Im Zarathustra wird dieser Begriff im Zusammenhang mit einer Philosophie der Erkenntnis bzw. der Wahrheit eingeführt:

„‚Wille zur Wahrheit' heisst ihr's, ihr Weisesten, was euch treibt und brünstig macht? Wille zur Denkbarkeit alles Seienden: also heisse ich euren Willen! Alles Seiende wollt ihr erst denkbar machen: denn ihr zweifelt mit gutem Misstrauen, ob es schon denkbar ist. Aber es soll sich euch fügen und biegen! So will's euer Wille. Glatt soll es werden und dem Geiste untertan, als sein Spiegel und Widerbild. Das ist euer ganzer Wille, ihr Weisesten, als ein Wille zur Macht; und auch wenn ihr vom Guten und Bösen redet und von den Wertschätzungen." (Z VI-1, 142)

Offensichtlich geht es jedoch zunächst nur um die *Motivation* derjenigen, die sich nach eigener Bekundung um ‚Wahrheit' bemühen wollen – also um die Motivation derjenigen, die sich mit der Wissensform der Wissenschaft beschäftigen und sie dadurch bedeutend und lebendig erhalten. Gegen eine solche Motivationsforschung wird in der Regel der Unterschied zwischen Genesis und Geltung vorgebracht – jene soll danach zwar Aufschluss über den Entstehungsprozess von wissenschaftlichen Erkenntnissen erbringen können, dies aber habe nichts mit der Frage zu tun, ob und warum solche Erkenntnisse als ‚wahr' bezeichnet werden können, m. a. W.: ob und warum sie gelten. Es klingt zunächst plausibel, dass es für die Geltung der Newtonschen Mechanik nicht darauf ankomme, ob Newton seine fundamentalen Gesetze aus Ruhmsucht, Geldgier oder aus dem Willen zur reinen Erkenntnis gefunden hat. Nietzsche war hier jedoch anderer Meinung und kann geradezu als der Begründer einer ‚historischen' Erkenntnistheorie gelten, derzufolge die Geltung von Erkenntnissen nicht unabhängig von deren Entstehungsprozess behauptet werden kann.

Dieser Gedanke beginnt an der genannten Stelle mit der Gleichsetzung des ‚Willens zur Wahrheit' mit dem Willen zur *Denkbarkeit* des Seienden. Eine solche Denkbarkeit liegt offensichtlich *vor* einzelnen Erkenntnissen, die in wissenschaftlichen Aussagen oder Theorien formuliert werden können. Was nicht einmal denkbar ist, kann auch nicht Gegenstand einer wissenschaftlichen Erkenntnis werden. Ein erkenntnistheoretisches Problem wird die Denkbarkeit jedoch erst, wenn wir eine Reflexion von solchen Gegenständen auf den Vorgang des Denkens vornehmen, also die ‚gerade Richtung' auf das zu Erkennende verlassen und uns auf die Leistung oder Tätigkeit ‚zurückwenden', in der die Erkenntnis stattfindet.

Es ist damit der Stand der Philosophie Kants, auf dem Nietzsche seine Philosophie der Erkenntnis beginnt. Dies sollten wir uns nochmals vergegenwärtigen, obwohl wir an einigen Stellen schon darauf gestoßen waren. Nach Kant ist es gerade die Reflexion auf die Denkbarkeit der objektiven Welt, durch die wir eine wirklich philosophische und d. h. nicht aus der Erfahrung stammende Erkenntnis gewinnen können Allerdings bezieht sich eine solche Erkenntnis deshalb auch *nur* auf die *Denkbarkeit* der Welt der Objekte. Ausgeschlossen ist damit zum einen eine philosophische Erkenntnis über diese Objekte, welche über die bloße Form ihrer Denkbarkeit hinausgeht, und ausgeschlossen ist zum anderen eine wissenschaftliche Erkenntnis der Objektwelt, die nicht durch die philosophisch bestimmbaren Strukturen von deren Denkbarkeit begrenzt wird. Wir können also zum einen nichts über die menschliche Seele oder über den Kosmos durch reine Vernunft unabhängig von aller Erfahrung erkennen, und die Erfahrungswissenschaft kann zum anderen über beide Gegenstände nur innerhalb ihrer durch die menschliche Erkenntnisfähigkeit begrenzten Denkbarkeit zu Erkenntnissen gelangen.

Kant hatte die Denkbarkeit der Welt anzugeben versucht mithilfe von Bedingungen der Möglichkeit der *Erfahrung*, die gleichzeitig die Bedingungen der Möglichkeit der *Gegenstände* dieser Erfahrung sind – was nicht in unsere Erkenntnisfähigkeit passt, können wir nicht erkennen, unsere Erkenntnisfähigkeit selbst aber können wir gut erkennen und wenn wir einiges über sie wissen, dann verfügen wir auch über ein gewisses Wissen über das, was für uns erkennbar ist. *Was* wir auf diese Weise über die Denkbarkeit der Gegenstände in der Welt und damit über sie selbst, wenn sie für uns überhaupt etwas sein sollen, erkennen können, hatte Kant mithilfe einer Analyse der *Urteilsformen* untersucht, d. h. derjenigen Eigenschaften von Urteilen, die ihnen zukommen müssen, wenn wir überhaupt entscheiden wollen, ob ein Urteil richtig *oder* falsch ist. Etwa müssen wir dazu im Urteil angeben, wovon es gelten soll, ob es für alle oder nur für einige Gegenstände gelten soll, und ob seine Geltung notwendig ist oder nur auf Erfahrung beruht. Auf diese Weise war er auf Urteilsformen gekommen, die er auf einige Begriffe brachte, welche er als ‚reine Verstandesbegriffe' bezeichnete. Es handelt sich nach diesem Gedankengang um gerade jene Begriffe, mit denen wir die Denkbarkeit der Welt vor aller Erfahrung beschreiben können.

Nietzsche beschreibt diese Denkbarkeit der Welt nun nicht mithilfe von Begriffen, die wir vor der Erfahrung aus den Bedingungen der Erfahrung entwickeln können, sondern als einen Prozess, in dem die Denkbarkeit *gemacht* wird aufgrund eines *Willens* und er beschreibt diesen Willen wiederum als einen *Willen zur Macht*. Wenn wir daran denken, dass sich auch nach Kant alles Denk- bzw. Erkennbare in die Urteilsformen bzw. Verstandesbegriffe ‚einfügen' muss, so ist Nietzsches Gedanke nicht so weit davon entfernt, wenn wir uns auf das ‚Machen' der Denkbarkeit konzentrieren, und damit ist auch der Gedanke einer hier beteiligten ‚Macht' dem Kantischen Gedankengang nicht ganz fremd. Allerdings gibt es einen fundamentalen Unterschied. Kant hatte zusätzlich den Gedanken entwickelt, dass jene Urteilsformen gleichzeitig die Formen sind, mithilfe derer das Subjekt sich auf sich selbst beziehen und eine objektive Welt von sich als Subjekt unterscheiden kann – m. a. W.: dass es sich auch um die Bedingungen von Selbstbewusstsein handelt. Insofern gibt es hier kein Subjekt, das diese Bedingungen *macht*, sondern sie sind mit seinem Wissen von sich selbst gleichursprünglich gegeben.

Nach Nietzsche dagegen ist das Wollen zum ‚Denkbarmachen' der Welt der Grundzug jener Wissensform, die seit Platon die Wissenschaft geprägt hat, und er beschreibt das so Denkbare als etwas, das sich den so Wollenden „fügen und biegen" soll (Z VI-1, 142). Er wendet sich also gegen die Auffassung, dass die erkennbare Welt ihre Erkenntnis vorgibt und der Wissenschaftler sich dabei passiv verhält. Erkenntnis ist vielmehr das Ergebnis eines aktiven Prozesses: „Schaffen wollt ihr noch die Welt, vor der ihr knien könnt“ (Z VI-1, 142). Wer diese denkbare Welt schafft, seid ‚ihr‘ – „ihr Weisesten“: „ihr und euer herrschender Wille!“ (Z VI-1, 142) Der wichtigste Unterschied zu Kants Denken besteht also darin, dass es in diesem Wollen kein feststellbares und bestimmbares Verhältnis zwischen dem, was die Erkennenden sind, und dem, was ihr Erkanntes ausmacht, geben kann. Kant hatte dieses Verhältnis mithilfe der Urteilsformen bzw. Verstandesbegriffe angegeben. Nach Nietzsche jedoch bleiben auch die ‚Weisesten‘ an diesem Anfang des Erkennens in einer Entwicklung, die er auch als eine ‚Gefahr‘ bezeichnet, und hier beginnt eigentlich die Philosophie des ‚Willens zur Macht‘: „Nicht der Fluss ist eure Gefahr und das Ende eures Guten und Bösen, ihr Weisesten: sondern jener Wille selber, der Wille zur Macht, – der unerschöpfte zeugende Lebens-Wille.“ (Z VI-1, 143)

Die ‚Gefahr‘ liegt also offenbar darin, dass die Wollenden jene von ihnen nach den Strukturen der Denkbarkeit ‚geschaffene‘ Welt nicht festhalten können. Dies aber geht nicht darauf zurück, dass sich darin die Welt an sich ‚besser‘ melden könnte, oder dass die Bedingungen der Denkbarkeit besser erkannt werden könnten. Der entscheidende Grund für diese nur vorübergehende Geltung der Art, wie die Denkbarkeit der Welt einmal festgestellt wurde (wie etwa mithilfe der Kantischen Urteilsformen bzw. Verstandesbegriffe), liegt vielmehr in der Natur dessen, was Nietzsche nun ‚das Leben‘ nennt. An dieser Stelle wird deshalb deutlich, dass wir auch diesen Begriff nicht mit einer bestimmten Bedeutung feststellen und für alle Zeiten aufbewahren können. Es kann sich nicht um den Gegenstand einer ‚Wissenschaft‘ vom Leben und damit um etwas innerhalb jenes Willens ‚Erkanntes‘ handeln, denn *alle* Erkenntnis soll von diesem Ursprung der ‚Fügung‘ alles Seienden zur Denk- und Erkennbarkeit abhängig sein.

Diese – aktiv zu verstehende – ‚Fügung‘ zur Denkbarkeit ist bei Nietzsche nun nicht unabhängig von den „Wertschätzungen“ (Z VI-1, 142) und damit von den Urteilen über das Gute und Böse. Es ist ein ganz entscheidender Zug im Gedankenzusammenhang der Philosophie Nietzsches, dass die Unterscheidung zwischen der Ethik und der Erkenntnistheorie hier weitgehend aufgehoben wird, und hier wird die Differenz zu Kants zunächst ähnlich erscheinenden Überlegungen zu den Bedingungen der Denkbarkeit des Seienden bzw. der Welt besonders deutlich. Die Urteile über Gut und Böse aber sind letztlich Ausdrucksformen des ‚Lebens‘, so dass wir sowohl von der Seite der Ethik als auch von der Seite der Erkenntnistheorie auf diesen Gedanken kommen: „Aber damit ihr mein Wort versteht vom Guten und Bösen: dazu will ich euch noch mein Wort vom Leben sagen und von der Art alles Lebendigen.“ (Z VI-1, 143)

Der Zusammenhang zwischen dem ‚Fügen‘ des Seienden in seine Denk- bzw. Erkennbarkeit und dem, was Nietzsche nun als den ‚Willen zur Macht‘ bezeichnet, führt also nun über den Begriff des Lebens bzw. des Lebendigen:

> „Aber, wo ich nur Lebendiges fand, da hörte ich auch die Rede vom Gehorsame. Alles Lebendige ist ein Gehorchendes. Und dies ist das Zweite: Dem wird befohlen, der sich nicht selber gehorchen kann. So ist es des Lebendigen Art. Dies aber ist das Dritte, was ich hörte: dass Befehlen schwerer ist, als Gehorchen. Und nicht nur, dass der Befehlende die Last aller Gehorchenden trägt, und dass leicht ihn diese Last zerdrückt: – Ein Versuch und Wagnis erschien mir in allem Befehlen; und stets, wenn es befiehlt, wagt das Lebendige sich selber dran." (Z VI-1, 143)

Wir sollten hier drei Aspekte berücksichtigen. Zum ersten geht es hier nicht einfach um menschliche Verhältnisse, wie wir sie unter dem Titel Befehl und Gehorsam etwa als militärisches Prinzip kennen. Zum zweiten geht es um eine sehr grundsätzliche und deshalb auch sehr allgemeine Struktur des Lebendigen. Zum dritten ist demnach offensichtlich nicht allein der ‚Wille' oder der ‚Wille zur Macht' die grundlegende Form des Bestimmens der ‚Wertschätzungen' – jedenfalls dann nicht, wenn wir den hier gemeinten ‚Willen' zu eng auffassen als den Ausdruck eines ‚Selbstes', das sich auf diese Weise in der Wirklichkeit ‚verwirklicht', indem es die ihm gemäßen Bestimmungen auf die Welt überträgt bzw. sie ihr aufprägt. Mit dem Ausdruck ‚Willen zur Macht' versucht Nietzsche vielmehr gerade diese ‚Bewegung' von Befehl / Gehorsam zum Ausdruck zu bringen, die *nie* zum Stillstand kommt. Es geht also gerade *nicht* um ein festes Verhältnis von Bestimmen und Bestimmtsein, sondern um eine *Dynamik*, die in allem, was auf irgendeine Weise bestimmt ist, als eine Tendenz zur Auflösung dieser Bestimmtheit am Werk ist.

Wir könnten das auch so ausdrücken: mit dem Begriff des ‚Willens zur Macht' drückt Nietzsche – vielleicht parodoxerweise – ebenso die Tendenz zur Auflösung von Macht aus; man könnte sogar sagen, dass der ‚Wille zur Macht' eine universelle ‚Entmächtigung' zum Ausdruck bringt, d. h. nichts, was auf irgendeine Weise bestimmt wird, ist dies von sich aus und als ‚an sich', alles *wird* bestimmt. In der menschlichen und sprachlichen Welt drückt sich dies so aus, dass wir es nicht mit Dingen zu tun haben, die ihre sprachliche Bestimmtheit und die Theorien, die ihr Dasein und ihr Wirken bestimmen, von sich aus mitbringen. Wir bestimmen vielmehr das, was uns begegnet, nach unseren menschlichen Vorstellungen, die sich mit der Zeit ändern können – und wenn wir nur lange genug warten, so werden sich alle Begriffe und Theorien, die wir jetzt für ewig geltend halten, so fundamental ändern, dass wir die Dinge und ihr Verhalten nicht mehr wiedererkennen würden. Das ist kein rationaler Vorgang, der einer inneren Logik der Vernunft folgt; es handelt sich auch nicht um eine immer bessere Anpassung der Erkenntnis an die Gegenstände der Erkenntnis, sondern geändert hat sich vor allem der ‚Geschmack', der eine ästhetische Kategorie darstellt:

„Aber alles Leben ist Streit um Geschmack und Schmecken! Geschmack: das ist Gewicht zugleich und Waagschale und Wägender; und wehe allem Lebendigen, das ohne Streit um Gewicht und Waagschale und Wägende leben wollte!" (Z VI-1, 146–147)

Man könnte darüber hinaus auch sagen, dass Nietzsche mit dem Begriff des ‚Willens zur Macht' die generelle Struktur eines jeden Bestimmens zu beschreiben versucht: jede Bestimmung als Vorgang und Leistung verlangt eine Differenz zwischen der ‚Bestimmung' im Sinne dessen, *was* etwas ist, und der Sache, die auf diese Weise bestimmt wird. Schon diese Herstellung einer Differenz ist in Nietzsches Sinne eine Macht-Leistung bzw. Ermächtigung. Als ein erst zu Bestimmendes, das nicht mit seiner gegebenen Bestimmtheit identisch ist, kann es nur durch die Leistung einer Negation aufgefasst werden. Wäre es überhaupt nicht bestimmt, so würde es für uns überhaupt nicht existieren – d. h. wir könnten überhaupt nicht über es reden und deshalb auch nicht die Frage stellen, ob es vielleicht nach einer *anderen* Bestimmtheit verlangt, die ihm angemessener wäre. Schon lange vor Nietzsche wurde dies durch ‚omnis determinatio est negatio' ausgedrückt. In Nietzsches Sprache würde dies heißen, dass Ermächtigung und Entmächtigung so verbunden sind, dass sie nur als *ein* Akt vorkommen.

Indem aber durch *jeden* Bestimmungsvorgang die Differenz zwischen der Bestimmung und dem Bestimmten geöffnet wird, die auch dann bleibt, wenn diese Bestimmung als die reine und ewige Wahrheit über das, was die Sache ist, aufgefasst wird, bleibt auch die Struktur bestehen, die den Vorgang von Ermächtigen und Entmächtigen fortsetzt – auch wenn dies für eine lange Zeit durch das Gelten von ein und derselben Bestimmung überdeckt wird. Ein solches Gelten muss im Grunde stets durch eine kontinuierliche Machtausübung aufrechterhalten werden – auch wenn dies etwa durch Gewohnheit und Übung gewissermaßen stillschweigend geschieht, so dass darin kein aktueller Machtvorgang mehr gesehen wird. Jene Differenz hält jedoch auch die Möglichkeit offen, dass das Bestimmte irgendwann anders bestimmt wird, wenn sich die Gewohnheit *als* Gewohnheit zeigt und damit offenbar wird, dass das bestimmte Etwas nicht durch sich selbst oder ‚an sich' gerade so bestimmt ist, wie es bestimmt wurde.

Wir sollten also Nietzsches Begriff des ‚Lebens' nicht mithilfe einer vorgängigen Angabe dessen, was ‚Leben' heißen soll, verstehen, sondern diesen Begriff umgekehrt von jener Bewegung des Bestimmens, Ent-Bestimmens und Bestimmtwerdens her zu verstehen suchen, die Nietzsche im Begriff des ‚Willens zur Macht' zum Ausdruck bringt. Dann werden auch die nur vermeintlich ‚konkreten' Ausführungen Nietzsches in dieser Rede verständlicher, die allzu wörtlich verstanden nur in große Missverständnisse führen:

„Wo ich Lebendiges fand, da fand ich Willen zur Macht; und noch im Willen des Dienenden fand ich den Willen, Herr zu sein. Dass dem Stärkeren diene das Schwächere, dazu überredet es sein Wille, der über noch Schwächeres Herr sein will: dieser Lust allein mag es nicht entraten. Und wie das Kleinere sich dem Grösseren hingibt, dass es Lust und Macht am Kleinsten habe: also gibt sich auch das Grösste noch hin und setzt um der Macht willen – das Leben dran." (Z VI-1, 143–144)

Schon indem eine Bestimmung ‚geschaffen' wird und damit von etwas anderem her und für etwas anderes zu einer solchen Bestimmung wird, ist der Keim zu einer anderen Bestimmung darin angelegt, d. h. die Differenz zwischen dieser Bestimmung und dem Etwas, das bestimmt wird.

Jener „Wille zur Denkbarkeit alles Seienden", als den Nietzsche den vermeintlichen Willen zur Wahrheit bezeichnet (Z VI-1, 142), ist damit ebenso ein ‚Wille zur Macht': „Und auch du, Erkennender, bist nur ein Pfad und Fußtapfen meines Willens: wahrlich, mein Wille zur Macht wandelt auch auf den Füssen deines Willens zur Wahrheit!" (Z VI-1, 144) Auch dann, wenn von einem so ursprünglichen Vorgang die Rede ist wie dem, in dem die Möglichkeitsbedingungen des Denkens so auf das zu Denkende übertragen werden, dass es als ein ‚Denkbares' erscheinen kann, ist in Nietzsches Sinne von ‚Macht' die Rede', weil damit nicht ein gänzlich Unbestimmtes seine erstmalige Bestimmtheit gewinnt. Von einem solchen Vorgang könnten wir offensichtlich nicht sprechen, denn irgendwie müssen wir dasjenige, auf das die Denkstrukturen übertragen werden, doch nennen können.

Schon deshalb ist die Vorstellung falsch, es gäbe so etwas wie „aller Dinge unbefleckte Erkenntnis", in der der Erkennende vor den Dingen liegen würde „wie ein Spiegel mit hundert Augen." (Z VI-1, 153) Insofern könnten wir auch sagen, der Begriff des ‚Willens zur Macht' bezeichne die einfache Tatsache, dass wir nirgends davon ausgehen können, das, wovon wir sprechen, habe sich selbst von sich aus so bestimmt, wie wir es auffassen. In jeder Bestimmung steckt vielmehr ein ‚es-wurde-bestimmt', und darin findet Nietzsche den ‚Willen zur Macht'. Es wurde etwas ‚geschätzt' – „doch aus dem Schätzen selber heraus redet – der Wille zur Macht!'" (Z VI-1, 145)

4.3.3 Gründe, das Schweigen und die Stille

Das ‚Begründen' – den logos geben – gehört seit Platon zu den wesentlichen Bestandteilen der Wissensform Wissenschaft. Begründen heißt in der Regel das zufriedenstellende Beantworten von Warum-Fragen. Zarathustra scheint sich jedoch nicht an die

Grundlagen dieser Wissensform anpassen zu wollen, wenn er in einer der folgenden Reden einem Jünger antwortet:

> „Ich gehöre nicht zu Denen, welche man nach ihrem Warum fragen darf. Ist denn mein Erleben von Gestern? Das ist lange her, dass ich die Gründe meiner Meinungen erlebte. Müsste ich nicht ein Fass sein von Gedächtnis, wenn ich auch meine Gründe bei mir haben wollte?“ (Z VI-1, 159)

Was Zarathustra einer solchen Frage entgegensetzt, ist also nicht, dass er keine Gründe gehabt hätte, sondern dass er sie nicht ohne aktuelles Erleben so haben kann, dass sie eine begründende Kraft für seine Behauptungen besitzen. Implizite ist hier gesagt, dass Gründe ihre Zeit haben und mit der Zeit ihre Kraft verlieren. Implizite weigert sich Zarathustra aber auch, dem Verlangen nach Gründegeben so nachzukommen, wie dies von jener Wissensform eigentlich verlangt wird, nämlich zeitunabhängige Gründe anzugeben, die für alle Menschen unabhängig von deren aktuellem Erleben gelten, und für die Menschen eigentlich nur eine Bedingung erfüllen müssen, nämlich ‚Vernunft‘ zu besitzen.

Auf ein solches Gründegeben zu verzichten kann sich aber in der Regel nur derjenige erlauben, der keine wissenschaftlichen oder philosophischen Behauptungen aufstellen will, sondern sich als ‚Dichter‘ bezeichnet – und genau dies nimmt Zarathustra nun in Anspruch: „Aber auch Zarathustra ist ein Dichter.“ (Z VI-1, 159) Auf der einen Seite stellt er sich damit auf die Seite derjenigen, die ‚begründungslos‘ schaffen: „Ach, es gibt so viel Dinge zwischen Himmel und Erde, von denen sich nur die Dichter Etwas haben träumen lassen! Und zumal über dem Himmel: denn alle Götter sind Dichter-Gleichnis, Dichter-Erschleichnis!“ (Z VI-1, 160) Auf der anderen Seite erscheinen ihm alle Dichter nicht ‚dichtend‘ genug: „Sie dachten nicht genug in die Tiefe: darum sank ihr Gefühl nicht bis zu den Gründen.“ (Z VI-1, 161) Man könnte vermuten, dass Zarathustra bei den ‚wahren‘ Dichtern an jene denkt, die er in einer der nächsten Reden als „die Erfinder von neuen Werten“ bezeichnet und dazu erklärt, um diese „dreht sich die Welt; unhörbar dreht sie sich.“ (Z VI-1, 165)

Offenbar hat er aber selbst diesen Status noch nicht so ganz erreicht, wenn er immer noch große Probleme mit der Verkündigung seines Denkens hat und deshalb noch immer nach Gehör bei jenen sucht, die sich irgendwann vielleicht um ihn ‚drehen‘ sollen. Möglicherweise hängt diese Schwierigkeit nun gerade damit zusammen, dass sein Denken das Geben von Gründen als ‚grundsätzlich‘ problematisch – weil nicht selbstverständlich, sondern in einem Lebens- und damit Machtvorgang geschaffen – auffassen muss, und auf diese Weise sich nicht so mühelos an das traditionelle Denken anschließen kann, das ‚Gründe' fordert, wenn ein solcher Anschluss gelingen soll, so dass das Anzuschließende sich auf die Bereitschaft zum Akzeptieren von Behauptungen als ‚Erklärungen' verlassen kann. Möglicherweise geht jene Schwierigkeit aber auch darauf zurück, dass Zarathustra doch nicht vollständig bereit ist, auf die andere Seite zu den ‚Dichtern' zu wechseln, wo der Verzicht auf das Begründen und Erklären geradezu in das Prinzip des Schaffens gehört.

Auf der Grundlage dieser Einsicht handelt Zarathustra zum Abschluss des Zweiten Teils wieder vom Problem der Mitteilung. In der letzten Rede ‚Die stillste Stunde' verlässt Zarathustra erneut die Gesellschaft seiner Jünger / Freunde und kündigt an, „in seine Höhle" zurückgehen zu wollen (Z VI-1, 183). Zarathustra spricht dabei von einem Befehl seiner „zornigen Herrin", deren Name er ausspricht als „meine stillste Stunde" (Z VI-1, 183), und diese Herrin spricht zu ihm „ohne Stimme" – und es geht offensichtlich um etwas, was Zarathustra nach Ansicht dieser Herrin weiß, aber nicht sagen will, weil es ihn mit Furcht und Zittern erfüllt und weil er den Eindruck besitzt, mit seinen Reden die Menschen nicht erreicht zu haben: „Noch versetzte mein Wort keine Berge, und was ich redete, erreichte die Menschen nicht. Ich ging wohl zu den Menschen, aber noch langte ich nicht bei ihnen an.'" (Z VI-1, 184) Das jedoch will jene Herrin mit dem Namen „die stillste Stunde" nicht gelten lassen und bringt vier Einwände vor (Z VI-1, 185): (1) Zunächst soll Zarathustra etwas vollbringen, was „Allen am nötigsten tut", nämlich „Grosses befehlen", (2) Zarathustras „Unverzeihlichstes" soll es sein, die „Macht" zu haben und nicht herrschen zu wollen, (3) Auch Zarathustras erneuten Einwand, ihm fehle „des Löwen Stimme zu allem Befehlen", lässt jene Herrin, die ohne Stimme spricht, nicht gelten: „Die stillsten Worte sind es, welche den Sturm bringen. Gedanken, die mit Taubenfüssen kommen, lenken die Welt." (Z VI-1, 185) (4) Schließlich wendet sie gegen seine ‚Scham' ein: „‚Du musst noch Kind werden und ohne Scham. Der Stolz der Jugend ist noch auf dir, spät bist du jung geworden: aber wer zum Kinde werden will, muss auch noch seine Jugend überwinden.'" (Z VI-1, 185)

Auch auf Zarathustras Widerspruch „Ich will nicht" weiß jene stimmlos sprechende Herrin eine Entgegnung: „Und es sprach zum letzten Male zu mir: ‚Oh Zarathustra, deine Früchte sind reif, aber du bist nicht reif für deine Früchte! So musst du wieder in die Einsamkeit: denn du sollst noch mürbe werden.'" (Z VI-1, 185–186) Als Zarathustra schließlich zu seinen Jüngern zurückkehrt, kündigt er ihnen seine Rückkehr in die „Einsamkeit" an und fügt hinzu: „Aber auch dies hörtet ihr von mir, wer immer noch aller Menschen Verschwiegenster ist – und es sein will!" (Z VI-1, 186) Aus dem Zusammenhang wird deutlich, dass er sich selbst damit meint, und man könnte daraus eine fundamentale Kritik an allem entnehmen, was in den bisherigen mehr als vierzig Reden gesagt wurde, die immerhin knapp die Hälfte des Textbestandes des ‚Zarathustra'-Buches ausmachen.

Wir sollten an dieser Stelle auf jeden Fall festhalten, dass Nietzsche auch an dieser Stelle im ‚Zarathustra' seinen Protagonisten immer noch ein fundamentales Vermittlungsproblem erkennen lässt, das auch nach so vielen Reden nicht behoben ist. Wenn Zarathustra von sich sogar im Superlativ spricht – als ‚aller Menschen Verschwiegenster', so muss man daraus darüber hinaus entnehmen, er habe *weniger* gesagt als alle anderen Menschen, obwohl er doch am meisten zu sagen *hätte*. Er scheint also seinen Jüngern sagen zu wollen, bei ihm sei die Differenz zwischen dem zu Sagenden und dem, was er bisher wirklich gesagt habe, am größten unter allen Menschen. Wir werden weiter prüfen müssen, ob es sich bei dieser Behauptung um einen Trick handelt, mit dem der ‚Dichter' Zarathustra Interesse für seine weiteren Geschichten aufbauen will, oder ob es sich um eine Erklärung handelt, die jene Sache betrifft, um die es in diesem Buch geht.

Was bedeutet also Zarathustras ‚stillste Stunde'? Zunächst lässt sich vermuten, es handle sich um die Stunde der Einsicht in das bisherige Misslingen der Verständigungsversuche, also um die Einsicht Zarathustras, *er* sei bisher ‚still' gewesen. Allerdings sollte dieser Verdacht nach dem, was seine ‚Herrin' ihm verkündet hat, ergänzt werden durch die Vermutung, gerade auf diese Weise könne Zarathustra seine spezifische Botschaft verkünden – ohne dass darüber jedoch im ‚Zarathustra'-Buch schon vollständige Klarheit geschaffen worden wäre. Man könnte darüber hinaus das ‚stillste' in dieser Bezeichnung auch auf jene ‚Herrin' beziehen, die zu Zarathustra *ohne* Stimme spricht, was man gewöhnlich für unmöglich halten würde. Es würde sich um eine Mitteilungsform ohne Zeichen handeln, d. h. ohne physische Elemente, die aufgrund von Gewohnheiten und gelernten, aber selbstverständlich gewordenen Verhaltensweisen als *bedeutend* aufgefasst werden. Solche physischen Elemente können etwa akustische Ereignisse sein, die von Menschen erzeugt und als Sprachzeichen intendiert und verstanden werden; es kann sich aber auch um visuelle Elemente handeln wie Anordnungen von Druckerschwärze auf Papier oder von Farbverläufen auf einem Display, welche intendiert und verstanden werden als Schriftzeichen, die mit Bedeutung verbunden werden sollen. Zarathustra spricht zwar nur von einer Mitteilung ‚ohne Stimme', aber aus dem Zusammenhang ist deutlich, dass jene ‚Herrin' keineswegs mithilfe von Schriftzeichen mit Zarathustra kommuniziert, sondern *ganz* ohne Zeichen.

Schließlich könnte man das ‚stillste' in Zarathustras ‚stillster Stunde' auch darauf beziehen, dass jene Herrin Zarathustra versichert, er benötige keineswegs „des Löwen Stimme", sondern gerade die „stillsten Worte" würden den Sturm bringen (Z VI-1, 185). Sollten diese ‚stillsten' Worte solche sein, die ohne physische Zeichen übermittelt werden so wie jene von Zarathustras Herrin, die ‚ohne Stimme' spricht, und sollte diese Einsicht gerade deshalb in der ‚stillsten' Stunde geschehen? Auf jeden Fall steht an dieser Stelle – also am Ende des Zweiten Teils – die Einsicht des Protagonisten, dass noch nicht das gesagt ist, was zu sagen ist, und dieser Mangel hat offensichtlich mit einer Reflexion auf die Art zu tun, *wie* das Bisherige gesagt wurde. Sollte es nicht ‚still genug' gewesen sein? Sollte es mit zu viel ‚Stimme' gesagt worden sein?

Auf jeden Fall soll der nun festgestellte Mangel nicht darauf zurückgehen, dass noch nicht in einem genügenden Ausmaß mitteilungsfähige Botschaften übermittelt worden sind, also noch nicht genügend Informationen vom Sender zum Empfänger übertragen wurden. Das wird sicher nicht ausgeschlossen. Aber darin soll doch nicht das Hauptproblem liegen. Der Mangel soll vielmehr darin bestehen, dass die Botschaft auf die falsche Weise übermittelt wurde. Sollte dies der Tatsache anzulasten sein, dass überhaupt physische Zeichen dafür eingesetzt wurden (wie etwa die Stimme)? Aber wie könnte etwas gesagt werden, ohne dass physische Zeichen verwendet werden, die als bedeutend aufgefasst und deshalb interpretiert werden? Es scheint, Nietzsches Protagonist hat sich in eine schwierige Lage gebracht, aus der zunächst kein Ausweg zu erkennen ist.

4.4 Zarathustra: Dritter Teil

4.4.1 Über sich selbst hinaus

Auch in seiner neu gewonnenen Einsamkeit hält Zarathustra jedoch weiter Reden – allerdings zunächst nur zu sich selbst als ‚Wanderer', der von sich sagt: „man erlebt endlich nur noch sich selber" (Z VI-1, 189) und: „was könnte jetzt noch zu mir fallen, was nicht schon mein Eigen wäre! Es kehrt nur zurück, es kommt mir endlich heim – mein eigen Selbst, und was von ihm lange in der Fremde war und zerstreut unter alle Dinge und Zufälle." (Z VI-1, 189) Dabei soll es ihm aber gerade sein „bester Mut" sein, „dass es hinter dir keinen Weg mehr gibt!" (Z VI-1, 190) Diese Behauptung ist im Zusammenhang des am Schluss des vorangegangenen Teiles angesprochenen Problems der Mitteilung insofern aufschlussreich, als es ohne einen Weg hinter Zarathustra offenbar auch niemanden mehr gibt, der ihm folgen kann – auf jeden Fall nicht auf dem *gleichen* Weg. Es muss sich um einen seltsamen Weg handeln, von dem Zarathustra sagt: „Dein Fuß selber löschte hinter dir den Weg aus, und über ihm steht geschrieben: Unmöglichkeit." – Genau diesen Weg der Unmöglichkeit bezeichnet Zarathustra nun auch als seinen „Weg der Grösse" (Z VI-1, 190).

Es wird aber auch deutlich, dass dies nur in einem sehr ungewöhnlichen Sinne ein Weg zu ‚sich selber' sein wird: „Und wenn dir nunmehr alle Leitern fehlen, so musst du verstehen, noch auf deinen eigenen Kopf zu steigen: wie wolltest du anders aufwärts steigen?" (Z VI-1, 190) Auf dem eigenen Kopfe stehend mag vieles zu sehen sein, auch der eigene Kopf – aber doch nicht vom eigenen Kopf aus: „Von sich absehn lernen ist nötig, um Viel zu sehn" (Z VI-1, 190) Der wieder zum Wanderer gewordene Zarathustra sagt nun zu sich: „Du aber, oh Zarathustra, wolltest aller Dinge Grund schaun und Hintergrund: so musst du schon über dich selber steigen – hinan, hinauf, bis du auch deine Sterne noch unter dir hast!" (Z VI-1, 190) Und genau darin soll sein letzter Gipfel liegen, den es noch zu besteigen gilt. Offensichtlich ist dieser Punkt nur durch eine bestimmte Form von ‚Sich-selbst-Verlassen' zu erreichen, und zu diesem zu verlassenden Selbst gehören auch noch die eigenen ‚Sterne', mit welcher Metapher wir problemlos die Orientierungspunkte eines Menschen ‚über sich' und ‚unabhängig von sich' bezeichnet sehen können, also das, was ihm die Richtung und den Sinn seiner Unternehmungen angibt, was also seinen Horizont bestimmt, aus dem her die Einzelheiten ihre besondere Bedeutung erhalten. Jenes ‚über dich selbst steigen' scheint in einem sehr radikalen Sinne gemeint zu sein.

Wenn wir uns an den Schluss des Zweiten Teils erinnern, so können wir jedoch vermuten, dass gerade dieser Vorgang auf eine noch näher zu bestimmende Weise mit dem Mitteilungsproblem verbunden sein muss, von dem dort die Rede war. Der Hinweis, dass hinter ihm der Weg durch ihn selber ausgelöscht wird, hat dies schon angedeutet. Offenbar soll diese Unmöglichkeit, ihm zu folgen, mit dem Vorgang des ‚Sich-selber-Übersteigens' verbunden sein. Es liegt darüber hinaus nahe, die Auslöschung des Weges hinter dem voranschreitenden Wanderer als einen Ausdruck dafür aufzufassen, dass er in diesem Vorgang nicht zu verstehen sei, d. h. er könne ihn nicht so verständlich machen, dass ihm jemand darin nachfolgen könne.

Damit wäre zumindest der Grund angedeutet, warum die Übermittlung der Botschaft Zarathustras mithilfe von physischen Zeichen so schwierig sein muss, wie dies in der Rede „Die stillste Stunde" ausgeführt wurde. Wenn Zarathustra auf einem Weg unterwegs ist, auf dem ihm niemand folgen kann, dann kann auch nicht jenes ‚Nachfolgen' hergestellt werden, das mit dem Übermitteln von Sprachzeichen versucht wird, die die Absicht enthalten, ebenso verstanden zu werden wie sie der Sprecher (oder etwa auch Schreiber) gemeint hatte, so dass ein Nachfolgen in der gleichen Bedeutung hergestellt werden kann. Genau dies wird Zarathustra zufolge nun durch das ‚Sich-selbst-übersteigen' unmöglich, auf dessen Wege Zarathustra den höchsten Gipfel erreichen will.

Man könnte an dieser Stelle zunächst vermuten, dies sei deshalb der Fall, weil der Mitteilende als ‚Sich-selber-Übersteigender' nie dort sein könne, wo er war, als er seine

Botschaft absendete, und, wenn wir die Zeitlichkeit dieses Vorgangs relativieren, so kann er durch diese Bewegung auch beim Senden seiner Botschaft nicht identisch mit ihr gewesen sein – d. h. was auch immer der Empfänger verstehen mag, ihn, den Absender, versteht er damit auf keinen Fall, weshalb er ihm auch nicht ‚nachfolgen' kann. Wenn er aber niemanden haben kann, der ihm nachfolgt, so kann er ganz offenbar keine ‚Jünger' haben, zu denen Zarathustra jedoch in den beiden ersten Teilen des ‚Zarathustra'-Buches gesprochen hatte. Wenn es ihm um die Mitteilung dessen geht, was er als seinen höchsten und letzten Gipfel auffasst, so muss er jenen Versuch offensichtlich aufgeben, den er so lange unternommen hatte.

Man möchte meinen, das Buch müsse nun an sein Ende gekommen sein – es sei denn, es gelingt Zarathustra noch, auch für seine höchste Weisheit eine angemessene Form der Mitteilung zu finden. Man könnte sich jedoch auch fragen, weshalb dies überhaupt noch ein Problem darstellen könne, wenn er das, was er habe sagen wollen, doch gerade eben, in dem Textstück ‚Der Wanderer' am Anfang des Dritten Teils des ‚Zarathustra'-Buches, gesagt hat. Schließlich konnten *wir* es ziemlich einfach mithilfe der Entzifferung der Metaphern in diesem Text verstehen – oder sollten wir ganz besonders klug sein? Oder vielleicht sind wir nur in der Zeit seit dem Entstehen des Buches ‚Zarathustra' weiter vorangeschritten auf dem Weg der Philosophie, von dem ein Stück durch Nietzsche gebahnt wurde, und haben deshalb neue Verständnisgewohnheiten und neue Akzeptanzbereitschaften für Erklärungen angenommen?

4.4.2 Die ewige Wiederkehr des Gleichen

Der ‚Vor-Gedanke'

Auf jeden Fall nimmt Zarathustra sehr bald wieder sein übliches Geschäft auf: er hält neue Reden. Und die nächste Rede enthält das Theorem, das man mit Recht als das am wenigsten – vielleicht auch nur am schwersten – verständliche in Nietzsches Denken bezeichnen könnte: die ewige Wiederkehr des Gleichen. Man sollte sich jedoch das Verständnis nicht unnötig schwer machen und diesen Gedanken isoliert bzw. in einer abstrakten Formulierung auffassen; er wird im Zusammenhang einer bestimmten Geschichte erwähnt und gewinnt seine Bedeutung und Verständlichkeit auch nur innerhalb dieses Zusammenhangs. Der Gedanke hat deshalb einen ‚Vor-Gedanken' und einen ‚Nach-Gedanken'. Der erstere betrifft den ‚Geist der Schwere' und der letztere das Bild eines Hirten, der seiner Schlange den Kopf abbeisst, und zu diesem ‚Nach-Gedanken' gehört das große Lachen dieses Hirten: „Niemals noch auf Erden lachte je ein Mensch, wie er lachte!" (Z VI-1, 198)

In seinem ‚Vor-Gedanken' beschreibt Zarathustra eine Situation, in der er auf einem „Berg-Pfad" unterwegs ist und in düsterer Stimmung: „Nicht nur Eine Sonne war mir untergegangen." (Z VI-1, 194) Wir müssen uns hier nicht scheuen, wiederum an die Sonne / Schatten-Metapher zu denken, die Nietzsche an mehreren Stellen verwendet, um auf die Abhängigkeit der Auffassung aller Dinge und des Menschen selbst von einem ‚licht-gebenden' Horizont zu verweisen. Der ‚Wanderer' findet sich offenbar nun in einer Lage, in dem von jenen Horizonten alle verfügbaren verschlossen sind. Und in dieser Situation fühlt er den „Geist der Schwere" auf sich lasten, der sein Gehen schwer macht, und ihn in Richtung der Schwerkraft zieht, also weg von der Richtung nach oben, auf der er sich trotz – oder wegen – der verlorenen Horizonte gerade befindet. Wenn wir uns daran erinnern, dass diese Richtung gerade diejenige zu Zarathustras höchstem und letztem Gipfel sein soll, also hin zum ‚Sich-selber-Übersteigen' (und hier können wir ohne weiteres wieder den Gedanken vom ‚Übermenschen' heranziehen), so ist deutlich, wohin der ‚Geist der Schwere' lenkt: in die Welt der Ebene, wo die Horizonte unbezweifelt sind und deshalb die Dinge sind, was sie sind, und wo die Sprache problemlos funktioniert, weil man getrost davon ausgehen kann, dass andere Menschen einem im Verstehen zumindest grundsätzlich ‚nachfolgen'. Dass dabei bisweilen Verständnisprobleme aufgelöst werden müssen, ändert dann die Lage nicht mehr wesentlich; man könnte geradezu sagen: der Geist der Schwere zieht Zarathustra zurück in die Welt, wo alle Verständnisprobleme aufgelöst werden *können*.

Die Ausgangssituation für den Gedanken von der Ewigen Wiederkehr des Gleichen ist also eine prekäre Lage: die Horizonte sind aufgelöst, obwohl doch bereits eingesehen wurde, dass alles Verstehen der Welt ebenso wie alles Selbstverstehen von solchen Horizonten abhängig ist. Der ‚Geist der Schwere' ist aber nun die Prophezeiung von der Rückkehr in eben solche Horizonte – wobei wir es auf sich beruhen lassen können, ob damit der Rückweg in die alten Horizonte gemeint ist oder die Verwandlung des nun erreichten Standes des Denkens von Zarathustra bzw. Nietzsche in einen neuen Horizont, in dessen Licht die Dinge und der Mensch auf eine neue Weise verstanden werden können – aber doch so, dass die Horizonthaftigkeit selbst vergessen ist und der Horizont ohne Reflexion *gilt*. Man könnte also auch sagen, der ‚Geist der Schwere' repräsentiere den Zweifel, dass eine solche ‚Hochgebirgssituation' der Freiheit von Horizonten gelingen und beibehalten werden kann. Man sollte dabei jedoch auch nicht vergessen, dass Zarathustra diesen ‚Geist der Schwere' selbst in das Gebirge *hoch*getragen hat – es handelt sich also nicht um ein Ergebnis des Denkens der Höhe, sondern um ein Relikt aus der Ebene, also aus jenem Denken, das in festen Horizonten vonstatten ging.

Der Augenblick und das ‚Gleiche‘

In dieser Situation findet Zarathustra eine Lösung, die er als „Mut“ bezeichnet: „Mut aber ist der beste Totschläger, Mut, der angreift: der schlägt noch den Tod tot, denn er spricht: ‚War das das Leben? Wohlan! Noch Ein Mal!‘“ (Z VI-1, 195) Man sollte nicht außer Acht lassen, dass Nietzsche an dieser Stelle hinzufügt: „In solchem Spruche aber ist viel klingendes Spiel. Wer Ohren hat, der höre.“ Wer Ohren hat, sollte vor allem die Selbstironie nicht überhören, und Selbstironie ist grundsätzlich eine Struktur, die ein ‚Sich-selber-Übersteigen‘ enthält, d. h. das Aufheben des Gesagten *im* Gesagten. Und nun erklärt Zarathustra eben jenem ‚Geist der Schwere‘ – veranschaulicht durch „halb Zwerg, halb Maulwurf“ (Z VI-1, 194) – seinen „abgründlichen Gedanken“ (Z VI-1, 195). Zarathustra schildert ihm den vor ihnen liegenden Torweg als den Zusammenhang von zwei Ewigkeiten – einer in die Vergangenheit und einer in die Zukunft, und fügt in Bezug auf die von diesem Torweg rückwärts ausgehende Gasse hinzu: „Muss nicht, was laufen kann von allen Dingen, schon einmal diese Gasse gelaufen sein? Muss nicht, was geschehn kann von allen Dingen, schon einmal geschehn, getan, vorübergelaufen sein?“ (Z VI-1, 196)

Zunächst sollten wir beachten, dass Zarathustra diese Vorstellung in Form einer *Frage* äußert, nicht einer Feststellung. Darüber hinaus ist eine solche Vorstellung natürlich sehr einfach zu bilden, wenn wir uns die Zeit nicht linear, sondern als Kreis denken. Auf diesen Gedanken kommt natürlich auch jener Zwerg, den Zarathustra als ‚Geist der Schwere‘ bezeichnet. Diese einfache Lösung schließt Zarathustra jedoch aus mithilfe der Warnung, es sich nicht *zu* leicht zu machen. Offenbar gibt es ein solches *Zu*-leicht-machen auch für Zarathustras Denken, das gerade die Leichtigkeit so hoch schätzt und das Schwere gering.

An dieser Stelle sollten wir wiederum bedenken, dass Nietzsches fundamentaler Einwand gegen die ‚rationale‘ Wissensform, die bei Platon ihren Anfang genommen hatte und sich grundsätzlich in aller Wissenschaft wiederfindet, gegen die Annahme der ‚Gleichheit‘ gerichtet ist: alles Logische ist eine ‚Fälschung‘, weil es davon ausgeht, dass es ‚Identisches‘ bzw. ‚Gleiches‘ gibt, obwohl bei genauerem Hinsehen doch nur Verschiedenes bzw. Individuelles existiert – das gilt für Menschen, von denen keiner genau so ist wie der andere, das gilt aber auch für standardisierte Industrieprodukte, die, wenn man nur genau genug hinsieht, niemals vollständig identisch sind, obwohl man im Gebrauch davon absehen kann, wie man unter bestimmten Umständen auch davon absehen kann, dass Menschen niemals ‚gleich‘ sind.

Wie kann Zarathustra bzw. Nietzsche nun den Gedanken von der ewigen Wiederkehr des Gleichen verbinden mit dem kritisch gemeinten Gedanken, dass es im

Kosmos gerade *nichts* Gleiches gibt? Jener ‚abgründliche Gedanke' ist, dass „Alles schon dagewesen ist" (Z VI-1, 196). Das würde voraussetzen, dass es *doch* Gleiches gibt, sonst könnte man diesen Satz nicht behaupten – es sei denn, gemeint ist gerade nicht, dass etwas *Gleiches* schon ‚dagewesen' sei, sondern das Selbe, also genau dieser individuelle Gegenstand und dieser individuelle Mensch, der *jetzt* ist, und zwar genau so, wie er jetzt ist. Dagegen könnte man noch einwenden, dass er schon durch die veränderte Position in der Zeit ein anderer gewesen sein müsse. Auch diese Verschiedenheit will Nietzsche jedoch ausschließen – gemeint ist tatsächlich, dass alles in seiner vollkommenen Individualität und in seiner Bestimmtheit durch seine jeweilige Zeit ‚schon dagewesen ist'. Es geht nicht um das ‚Gleiche' in einer anderen Zeit, sondern um das Identische in seiner identischen Zeit, nicht in einer anderen Zeit, in der es allein durch die andere Zeit schon nicht mehr im vollen Sinne das Identische wäre. Zunächst ergibt sich daraus, dass wir Nietzsches eigenen Einwand gegen die Existenz von ‚Gleichem' nicht gegen den Gedanken von der ewigen Wiederkehr des Gleichen vorbringen können, denn eigentlich handelt es sich um einen Gedanken von der ewigen Wiederkehr des *Selben*, des *Identischen* und damit des *Individuellen*.

Wir müssen nun jedoch beachten, dass es sich im Grunde überhaupt nicht um eine Behauptung handelt, sondern die vermeintliche Behauptung wird von Zarathustra nur als *Frage* formuliert: (a) „Und sind nicht solchermassen fest alle Dinge verknotet, dass dieser Augenblick alle kommenden Dinge nach sich zieht? Also – – sich selber noch?" (Z VI-1, 196) Erst danach kommt eine Feststellung, die mit einem begründenden ‚denn' beginnt: (b) „Denn, was laufen kann von allen Dingen: auch in dieser langen Gasse hinaus – muss es einmal noch laufen!" (Z VI-1, 196) Offensichtlich begründet dieser mit einem ‚denn' beginnende Satz jedoch *nichts* in Bezug auf die ewige Wiederkehr des Gleichen, sondern nur fügt nur die *Form* einer Begründung (b) zu jener Behauptung (a) aus dem vorangegangenen Satz hinzu, während (a) selbst aber nur in Frageform eingeführt wurde und auch jetzt *keine* Begründung erhält, sondern nur als Behauptung aufgestellt wird, die offensichtlich schon als *Frage* ausreichend begründet sein soll – die Begründung soll also eigentlich die Frage sein. Wenn wir aber etwa die Frage stellen ‚Gilt die Newtonsche Mechanik auch im subatomaren Bereich?', dann würden wir sicher nicht aus dieser *Frage* den Schluss ziehen, dass die darin enthaltene Proposition (also der Sachverhalt) ‚dass die Newtonsche Mechanik auch im subatomaren Bereich gilt' wahr ist bzw. eine Tatsache darstellt. Genau dieses Verfahren wendet Nietzsche hier aber an.

Wir sollten uns an dieser Stelle daran erinnern, dass Zarathustra sich im Zweiten Teil selbst als ‚Dichter' bezeichnet hatte mit dem Hinweis: „Ich gehöre nicht zu Denen, welche man nach ihrem Warum fragen darf." (Z VI-1, 159) Im Zusammenhang dichterischer Rede ist es ein bekanntes Stilmittel, mithilfe von Suggestivfragen dem Leser die

Akzeptanz von Zusammenhängen nahezulegen, die der Dichter für die Konstruktion der Welt und der Atmosphäre benötigt, in der sein Werk Leben gewinnt. Wir können feststellen, dass Zarathustra den Gedanken von der ewigen Wiederkehr als Frage einführt und nicht als Behauptung – wir könnten höchstens sagen: als Suggestivfrage. Wollten wir also behaupten, die ewige Wiederkehr des Gleichen sei *als Lehre* ein Teil von Nietzsches Philosophie, so dass diese uns damit sagen wolle, so *sei* es und so verhalte es sich in der Welt, so würden wir schlicht etwas Falsches sagen. Wenn wir diesen Gedanken in Zusammenhang mit Nietzsches Philosophie bringen wollen, so *müssen* wir den Anspruch mitdenken, den Nietzsche damit verbindet, und diesen hat er an dieser Stelle des ‚Zarathustra'-Buches sehr deutlich gemacht. Damit wurde allerdings nur festgestellt, was jener Gedanke *nicht* ist – welche Bedeutung und welche Stelle er in Nietzsches Denken einnimmt, dies muss noch weiter erörtert werden.

Wir sollten dazu beachten, dass Zarathustra die ‚Geschichte' von der ewigen Wiederkehr des Gleichen an einem Ort situiert, der ein ‚Torweg' ist, an dem die beiden unendlichen Wege in die Vergangenheit und Zukunft zusammenstoßen – natürlich steht der Name dieses Torwegs „oben geschrieben" und lautet „Augenblick" (Z VI-1, 196). Der von Zarathustra bzw. Nietzsche in Frageform vorgebrachte Gedanke von der ewigen Wiederkehr des Gleichen schließt natürlich ein, dass auch der Torweg ‚Augenblick' schon dagewesen ist. Genau dies formuliert Zarathustra wiederum in Frageform und an den ‚Geist der Schwere' gerichtet: „Und wenn Alles schon dagewesen ist: was hältst du Zwerg von diesem Augenblick? Muss auch dieser Torweg nicht schon – dagewesen sein?" (Z VI-1, 196) Und daran schließt Zarathustra den zentralen Gedanken an, der sich nunmehr auf diesen ‚Augenblick' bezieht, und der wiederum in Frageform formuliert ist: „dass dieser Augenblick alle kommenden Dinge nach sich zieht?" (Z VI-1, 196)

Nun ist der Augenblick – also der Gegenwartspunkt, an dem die Vergangenheit nicht mehr und die Zukunft noch nicht ist – dasjenige, was wir als das Individuellste überhaupt ansehen können. Von ‚Zeit' können wir dagegen nur sprechen, wenn er nicht in seiner Individualität bleibt, sondern sich etwas verändert, so dass wir von einem Vergehen sprechen können, womit Vergangenheit und Zukunft entsteht. In diesem Sinne ist der ‚Augenblick' das einzige, was wir als ‚zeitlos' bezeichnen können. Wir könnten ihn deshalb aber auch als das bezeichnen, was radikal ‚individuell' ist, denn alle Dinge im Zeitablauf müssen wir schon deshalb als ‚Gleiche' bezeichnen, weil wir von ihnen nur sprechen und uns nur auf sie beziehen können, wenn wir sie im Zeitablauf als gleich *ansehen*.

Genau genommen sind sie natürlich eben deshalb gerade nicht gleich – auch wenn sie äußerlich gleich erscheinen, so geraten sie durch den Zeitablauf doch in verschiedene Verhältnisse, und diese Verhältnisse müssen wir ihnen eigentlich zurechnen, wenn wir sie nicht abstrakt betrachten wollen, indem wir sie aus ihren Umständen und Verhältnissen herausstellen. Der Mensch A ist um 12:00 Uhr genau genommen nicht der gleiche wie um 6:00 Uhr, und dies nicht nur, weil er um 6:00 vermutlich tief und fest schläft, während er um 12:00 zumindest halbwegs wach zu sein pflegt, sondern weil die Zeitbestimmung ‚genau genommen' zu dem gehört, was er ist, und jede andere Betrachtung eine gewisse – wie immer berechtigte – Abstraktion darstellt.

Nun formuliert Zarathustra sogar in doppelter Frageform die Behauptung von der ewigen Wiederkehr des Gleichen so (und die Stelle sei hier bewusst wiederholt), „dass dieser Augenblick alle kommenden Dinge nach sich zieht? Also – – sich selber noch?" (Z VI-1, 196) Das absolut Individuelle, das gerade *nicht* ‚gleich' ist, zieht sich selbst nach sich – also das absolut Individuelle, das gerade *nicht* ‚gleich' ist, und mit dem deshalb auch keine Relation der Gleichheit hergestellt werden kann? Man *könnte* daraus den Schluss ziehen, dass Zarathustra bzw. Nietzsche in der Tat den ‚Geist der Schwere' nur darauf hinweisen will, dass sich nur der *Augenblick* wiederholt, der im Grunde natürlich nie der gleiche ist, bzw. der mit allen folgenden und vorangegangenen Augenblicken nur die vollkommene Individualität und ‚Nicht-Gleichheit' gemeinsam hat. *Dann* wäre mit dem scheinbar eine ewige ‚Gleichheit' voraussetzenden und damit in Widerspruch zu Nietzsches ganzer Philosophie stehenden Gedanken von der ewigen Wiederkehr des Gleichen in Wahrheit ein ganz anderer Gedanke ausgeführt, nämlich der von der ewigen Wiederkehr nur des absolut Individuellen, das wir im *Augenblick* erfahren, der sich nur *als* Augenblick wiederholt, aber ohne den gleichen Inhalt, und der gerade in seiner Augenblickhaftigkeit alle Gleichheit ausschließt: „Und wenn Alles schon dagewesen ist: was hältst du Zwerg von diesem Augenblick? Muss auch dieser Torweg nicht schon – dagewesen sein?" (Z VI-1, 196) Dieser Torweg aber trägt den Namen ‚Augenblick'.

Im Augenblick laufen Vergangenheit und Zukunft zusammen, aber ebenso heben sich in ihm alle Bestimmtheiten auf, mithilfe derer wir Gleichheiten herstellen, die über die Zeit hinweg bleiben und gerade so Vergangenheit und Zukunft ermöglichen. Wir können uns keine Vergangenheit aus lauter Jetzt-Punkten denken; eine Vergangenheit entsteht vielmehr erst, wenn wir uns etwas denken, das im Vergehen der Zeit gleich geblieben ist, weil wir nur dann davon sprechen können, dass anderes vergangen ist. Wäre dagegen alles auf gleiche Weise vergangen, so hätten wir überhaupt keine Vergangenheit – etwa muss sich die Stadt langsamer verändern und uns die Illusion des Gleichbleibens geben, damit die Menschen darin sich als vergehend auffassen können. Das Gleiche gilt natürlich auch für die Zukunft: auch hier muss einiges zumindest in unserer Auffassung gleich bleiben, damit wir die Veränderungen feststellen können, die für das Fortschreiten der Zukunft notwendig sind. Eine Zukunft aus lauter Augenblicken bzw. Jetzt-Punkten könnten wir uns nicht denken.

Was Nietzsche mit dem Gedanken der ewigen Wiederkehr des Gleichen zu denken versucht, ist also, dass sowohl Vergangenheit als auch Zukunft auf etwas beruhen, was es ‚eigentlich' nicht gibt: nämlich *Gleichheit*. Was es gibt, ist eine Folge von Augenblicken. Dass *dieser* Augenblick, den Zarathustra als ‚Torweg' bezeichnet, „alle kommenden Dinge nach sich zieht? Also – – sich selber noch?" (Z VI-1, 196) heißt demnach nichts anderes als dass *dieser* Augenblick alles Folgende *als Augenblicke* nach sich zieht, d. h. als so individuelle Geschehnisse, dass in ihnen gerade keine Gleichheit besteht. Weil die „lange Gasse" Vergangenheit und die „lange Gasse" Zukunft sich in diesem Augenblick – genannt ‚Torweg' – „vor den Kopf" stossen (Z VI-1, 195–196), deshalb erhalten beide „Gassen" den Status von ‚Augenblicksfolgen' bzw. Jetzt-Folgen, in denen eine Gleichheit nur *hergestellt* werden kann durch eine ‚Ungerechtigkeit', in der das Ungleiche und Individuelle *als gleich betrachtet* wird. Zarathustras bzw. Nietzsches „abgründlicher Gedanke" (Z VI-1, 195), der den ‚Geist der Schwere' so leichthin zum Verschwinden bringt, ist also keine mystische Vorstellung von einer kreisförmigen Zeit (die Zarathustra ausdrücklich ausschließt), sondern er ist eigentlich ein Gedanke über eine Bedingung der Möglichkeit der Zeitvorstellung, die durch die Gedanken der Vergangenheit und der Zukunft entsteht, so dass in ihr der Gedanke der Gegenwart nur als etwas ‚zwischen' Vergangenheit und Zukunft erscheinen kann.

Diese Bedingung der Möglichkeit ist jene Gleichheit, die Nietzsche gerade als ‚Ungerechtigkeit' und als eine Konstruktion auffasst. Die Gleichheit widerspricht dem Gedanken des ‚Augenblicks', der sie gerade aufhebt in einem neuen ‚Augenblick', der *als* Augenblick mit keinem anderen gleich ist, so dass damit Vergangenheit und Zukunft als Konstruktionen mithilfe des Gedankens der Gleichheit erscheinen. Es ist also dieser Gedanke der unendlichen Augenblicklichkeit jenseits der Gleichheit, der den ‚Geist der Schwere' nicht etwa fliehen lässt, sondern *augenblicklich* zum Verschwinden bringt.

Wir hatten den ‚Geist der Schwere' als ein Bild aufgefasst, welches auf die in einer langen Tradition unterstellte Bestimmtheit der Welt durch abgeschlossene Horizonte weist, welche eine Gleichheit der Dinge in der Zeit und über die Zeit herstellen, indem sie uns zu einem Blick aus einer bestimmten Perspektive zwingen, d. h. die Dinge in *diesem* Sinne abstrakt aufzufassen lehren. Die Abstraktheit liegt hier in dem Gleichnamigmachen der Dinge – alle Tiere der Gattung ‚Hauskatze' sind gleich, *wenn* wir sie unter dem Gesichtspunkt ihres Beuteschemas betrachten, und die Katze Lucy ist heute die gleiche wie morgen, *wenn* ich sie unter dem Gesichtspunkt der Notwendigkeit betrachte, sie genau um 7:00 Uhr füttern zu müssen. *Ohne* solche Gesichtspunkte – die natürlich auch ganz andere sein können – gleicht keine Hauskatze der anderen, und die Katze Lucy ist morgen früh eine andere als heute. Man könnte jene Augenblicklichkeit, die Zarathustra bzw. Nietzsche hier gegen den ‚Geist der Schwere' anführt, also auch als den Gedanken eines Zustands auffassen, der vor oder jenseits der durch Horizonte und Perspektiven hergestellten Gleichheit der Dinge liegt.

Der ‚Nach-Gedanke'

Nun muss aber über jenen ‚Vor-Gedanken' vom ‚Geist der Schwere' hinaus auch noch der ‚Nach-Gedanke' beachtet werden, in dessen Zusammenhang Zarathustra jenen Gedanken von der ewigen Wiederkehr einführt. Zarathustra führt diesen Gedanken nämlich keineswegs näher aus, sondern bricht ihn abrupt ab, weil er – sic! – einen Hund heulen hört. Die folgenden Zeilen könnten bei oberflächlicher Lektüre als Ausführung der ewigen Wiederkehr verstanden werden, bei genauerem Hinsehen jedoch schildert Zarathustra ein dejá-vu-Erlebnis, das gerade nichts mit dem Gedanken einer ewigen Wiederkehr zu tun hat. Eben mit diesem Erlebnis verschwindet die Situation des ‚Vor-Gedankens' mit dem ‚Geist der Schwere'. Auch die Szenerie hat sich extrem gewandelt. Der ‚Vor-Gedanke' war auf einem ‚Berg-Pfad' angesiedelt, während Zarathustra sich nunmehr „zwischen wilden Klippen" befindet (Z VI-1, 197). Zarathustra ist nunmehr also hinabgestiegen aus jener Höhe des ‚Berg-Pfades' – im vorangegangenen Textstück hatte Zarathustra dazu geschrieben: „Woher kommen die höchsten Berge? so fragte ich einst. Da lernte ich, dass sie aus dem Meere kommen. Dies Zeugnis ist in ihr Gestein geschrieben und in die Wände ihrer Gipfel. Aus dem Tiefsten muss das Höchste zu seiner Höhe kommen." (Z VI-1, 191)

In dieser Szenerie ist nun das Bild situiert, mit dem der Gedanke der ewigen Wiederkehr abgeschlossen wird. Einem Hirten – einem Menschen – ist im Schlaf eine Schlange in den Mund gekrochen und hat sich in seiner Zunge festgebissen. Zarathustras Versuch, dem Hirten auf konventionelle Weise behilflich zu sein, indem er das Tier aus dessen Mund zu ziehen versucht, schlägt fehl. Glücklicherweise kommt er auf einen sehr naheliegenden Gedanken bzw. Rat: „Da schrie es aus mir: ‚Beiss zu! Beiss zu! Den Kopf ab! Beiss zu!'" (Z VI-1, 197) Der Mensch tut wie ihm geheißen und ist seine Schlange los. Zarathustra fragt nun zunächst sich und seine Leser: „Wer ist der Hirt, dem also die Schlange in den Schlund kroch? Wer ist der Mensch, dem also alles Schwerste, Schwärzeste in den Schlund kriechen wird?" (Z VI-1, 198) Eine Antwort auf diese Frage erhalten wir jedoch nicht. Aber wir gewinnen hier den Zusammenhang zum ‚Vor-Gedanken' vom ‚Geist der Schwere' – offensichtlich entspricht die ‚Schlange' weitgehend jenem ‚Geist der Schwere', wenn sie für das ‚Schwerste' steht, aber nun nicht, wie es für Zarathustra im Hochgebirge erschien, sondern für einen Menschen, und nicht als sprachfähiges Gegenüber wie jener Geist, sondern als sprach*lähmendes* Untier, das dem Menschen die Zunge lähmt und damit die Sprache nimmt.

Sollte der Unterschied zwischen Zarathustra bzw. Nietzsche und den ‚gewöhnlichen' Menschen etwa darin liegen, dass es ersterem gelingt, mit jenem Horizont oder jenen Horizonten, die unser Denken bestimmen und damit darüber entscheiden, wie wir uns selbst und die Dinge der Welt in uns und um uns herum verstehen, in ein Zwiegespräch einzutreten, und den letzteren nicht, so dass sie mit jenen Horizonten eins sind und sie nicht als solche wahrnehmen können? Dieser Gedanke war schon weiter oben in den beiden kurzen Stücken über ‚Der Wanderer und sein Schatten' deutlich geworden, in denen Nietzsche seine Textstücke im Zweiten Band von ‚Menschliches, Allzumenschliches' als Auseinandersetzung zwischen ‚sich' und jenem ‚Schatten' situierte, den der geschichtliche Horizont durch sein ‚Licht' eben von ihm (Nietzsche bzw. dem ‚Wanderer') wirft. Jetzt im ‚Zarathustra' kann der Protagonist mit seinem ‚Geist der Schwere' sprechen und sich durch die suggestive Beschwörung der ewigen Wiederkehr des Gleichen von ihm befreien. Dem danach beschriebenen ‚Hirten' gelingt dies jedoch nicht – jenem Menschen ist die ‚Schlange der Schwere' in den Mund gekrochen und hat seine Zunge gelähmt, und befreien kann er sich nur durch die Radikallösung, dieser Schlange den Kopf abzubeißen.

Wir hatten zuvor aus dem ‚Vor-Gedanken' entnommen, dass Zarathustra der ‚Geist der Schwere' dann erscheint, als er von den Horizonten befreit von der Drohung des Zurückfallens in eben jene geschlossenen Horizonte belastet wird. In dieser Situation bringt der Gedanke von der ewigen Wiederkehr jenen Geist umstandslos zum Verschwinden, auch wenn dieser Gedanke nur in der Form von Suggestivfragen erscheint. Dem menschlichen Hirten jedoch lähmt das ‚Schwerste' die Zunge und nur ein guter Biss rettet ihn. *Spricht* er danach wieder? Nach Zarathustra offensichtlich nicht, denn dieses Textstück endet mit der Verwandlung des Hirten:

> „Nicht mehr Hirt, nicht mehr Mensch – ein Verwandelter, ein Umleuchteter, welcher lachte! Niemals noch auf Erden lachte je ein Mensch, wie er lachte! Oh meine Brüder, ich hörte ein Lachen, das keines Menschen Lachen war, – – und nun frisst ein Durst an mir, eine Sehnsucht, die nimmer stille wird. Meine Sehnsucht nach diesem Lachen frisst an mir: oh wie ertrage ich noch zu leben! Und wie ertrüge ich's, jetzt zu sterben!" (Z VI-1, 198)

Das Bemerkenswerte daran ist, dass Zarathustra offenbar überhaupt nicht so sehr durch seinen Gedanken von der ewigen Wiederkehr begeistert wird, der ihn vom ‚Geist der Schwere' befreite, sondern mehr noch durch die Verwandlung des *Menschen*, der seiner ‚Schlange der Schwere' durch eine beherzte Überwindung des Ekels den Garaus gemacht hat, also durch jenes Lachen, „das keines Menschen Lachen war".

Natürlich liegt der Gedanke nahe, dass Zarathustra nun den ‚Übermenschen' sieht, „der einst noch kommen muss" (Z VI-1, 198), der sich durch jene beherzte Tat gegen die ‚Schlange der Schwere' so zu artikulieren gelernt hat, wie es ihm allein möglich ist. Berücksichtigen wir, dass ‚Schwere' hier für die Drohung steht, in die geschlossenen Horizonte zurückzufallen, aus denen sich Zarathustra mit Mühe in seinem Hochgebirge befreite, so könnten wir das Zarathustra so begeisternde Lachen als die Artikulationsform des ‚Übermenschen' auffassen. Das würde allerdings einschließen, dass dieser der Abschließung seiner Horizonte nicht dadurch entgehen kann, dass er mit einer ‚besseren' Sprache eine neue Philosophie entwirft – er entgeht seinen Horizonten nur durch das befreiende Lachen, das voraussetzt, dass er jenen ‚Ekel' überwinden konnte und seiner ‚Schlange der Schwere' den Kopf abbiss.

Wenn die ‚Schlange der Schwere' die Entsprechung beim Menschen in den Niederungen der See zum ‚Geist der Schwere' bei Zarathustra im Hochgebirge darstellt, und die Befreiung durch den Biss die Entsprechung zum Gedanken der ewigen Wiederkehr bildet, setzt dann die Befreiung des Menschen von seiner sprachlähmenden ‚Schlange der Schwere' Zarathustras Gedanken von der ewigen Wiederkehr voraus? In dem Textstück „Vom Gesicht und Rätsel' erscheint das letztere Bild ja tatsächlich als eine Verwandlung der Szenerie durch gerade diesen Gedanken.

Wir können diese Überlegung aber auf sich beruhen lassen und uns damit begnügen, den Gedanken von der ewigen Wiederkehr ebenso wie das Lachen des Hirten als Formen aufzufassen, mithilfe derer Zarathustra Gedanken zu entwickeln sucht, durch die ein Sich-Artikulieren jenseits aller Horizonte gedacht werden kann, also dann, wenn durch das fehlende Licht der Horizonte ‚eigentlich' nichts mehr gedacht und artikuliert werden kann. Man könnte auch sagen: Zarathustra sucht Bilder jenseits der Zeichen, die interpretiert werden müssen, auf dass andere dem Sprechenden ‚nachfolgen' können – also in der Lage, in welcher ein ‚Sich-selber-Übersteigen' gelungen ist, das den Weg zur Nachfolge (und zur Mitteilung) zerstört. Er gibt ‚Winke' und Bilder, mit denen noch etwas vermittelt werden kann, was nicht mehr innerhalb der Sprache zu sagen ist, die nur innerhalb der Horizonte funktioniert.

Nur der Vollständigkeit halber sei darauf hingewiesen, dass fast am Schluss des ‚Zarathustra'-Buches das Motiv der ewigen Wiederkehr noch einmal auf eine ganz andere Weise wiederkehrt. Dieses Mal erscheint es als ein Lobpreis des Lebens, das gelebt zu werden wert ist. Hier muss man jedoch beachten, *wer* es spricht – wie immer im Zarathustra. Es ist einer der seltsamen Menschen, die als ‚höhere Menschen' schließlich zu Zarathustra in seine Höhle finden – und die er gerade nicht als seine angemessenen Schüler und Jünger anerkennen kann, dies schon deshalb, weil es sich um ‚höhere Menschen' handelt, also eigentlich um ‚mehr' Menschen und damit ferner vom ‚Übermenschen' als andere Menschen, obwohl Zarathustra sie mit einer gewissen Ambivalenz sieht, und in ihnen auch Ansätze zu ‚Brücken' sieht und sie als ‚Genesende' auffasst.

Einer von ihnen, genannt ‚der hässlichste Mensch', der Gott getötet hat, weil er ihn nicht länger als Zeugen und Betrachter ertragen wollte, spricht schließlich: „Es lohnt sich auf der Erde zu leben: Ein Tag, Ein Fest mit Zarathustra lehrte mich die Erde lieben. ‚War Das – das Leben?' will ich zum Tode sprechen. ‚Wohlan! Noch Ein Mal!' Meine Freunde, was dünket euch? Wollt ihr nicht gleich mir zum Tode sprechen: War Das – das Leben? Um Zarathustras Willen, wohlan! Noch Ein Mal!" (Z VI-1, 392) Aus dem Zusammenhang geht deutlich hervor, dass es sich hier um Ironie, um nicht zu sagen Spott handelt – der Text nimmt sogar den Charakter eines Märchens an: „dies mag sich nun so verhalten oder auch anders …" (Z VI-1, 392)

4.5 Zarathustra: Vierter Teil

4.5.1 Lehren und Missverstehen

Wir hatten schon an mehreren Stellen darauf hingewiesen, dass es im ‚Zarathustra' in erster Linie um die Mitteilungsweise der Botschaft und um die Probleme bei dieser Mitteilung geht. Am Ende des Dritten Teils war Zarathustra zu der Einsicht gelangt, dass er nicht damit rechnen kann, Jünger oder auch nur Gefährten für seine ‚tiefsten' Einsichten zu finden: „Gefährten suchte einst der Schaffende und Kinder seiner Hoffnung: und siehe, es fand sich, dass er sie nicht finden könne, es sei denn, er schaffe sie selber erst." (Z VI-1, 199) Man könnte hier auch hinzufügen: will er seine Lehre mitteilen, so muss er das Publikum schaffen – und akzeptieren, dass damit eine ‚Gleichheit' hergestellt wird, die zwangsläufig ‚ungerecht' ist, denn zumindest in ihrer Auffassungsfähigkeit müssen sie ihm ‚gleichen', woraus sich schon ergibt, dass Zarathustra in der Mitteilung seiner Lehre eben dieser Lehre zumindest so weit widersprechen muss, als er darin auf die Ungleichheit und Augenblicklichkeit verzichten muss und eine ‚Ungerechtigkeit' herstellen muss. Er müsste damit gerade das aufgeben, was er eigentlich lehren will:

„Ein Versuchen und Fragen war all mein Gehen: – und wahrlich, auch antworten muss man lernen auf solches Fragen! Das aber – ist mein Geschmack: – kein guter, kein schlechter, aber mein Geschmack, dessen ich weder Scham noch Hehl mehr habe. ‚Das – ist nun mein Weg – wo ist der eure?' so antwortete ich Denen, welche mich ‚nach dem Wege' fragten. Den Weg nämlich – den gibt es nicht!" (Z VI-1, 241)

Jedes Lehren müsste aber einen Weg für alle oder zumindest für viele angeben können, und es müsste sich auf einen gemeinsamen Geschmack berufen, wobei wir den Ausdruck ‚Geschmack' nicht nur im ästhetischen Sinne auffassen sollten. In Nietzsches Denkzusammenhang könnte man damit auch jene Akzeptanzbereitschaft für Erklärungen bezeichnen, die Grundlage für den Bezug auf gemeinsame ‚Wahrheiten' ist.

In dem auch aus dem Dritten Teil stammenden Textstück „Der Genesende" stürzt Zarathustra nieder, und schließlich versuchen seine Tiere mit ihm zu reden und ihn dazu zu bringen, seine Weisheiten zu verkünden. Zarathustra antwortet nun mit Sätzen, in denen er seine Begleiter darauf hinweist, dass wir mit der Sprache nicht einen Bezug zu einer ‚Welt an sich' herstellen, sondern eine Beziehung zwischen Menschen konstruieren, ohne dass damit eine Identität des Gemeinten vorausgesetzt werden müsste:

„Wie lieblich ist es, dass Worte und Töne da sind: sind nicht Worte und Töne Regenbogen und Schein-Brücken zwischen Ewig-Geschiedenem? Zu jeder Seele gehört eine andre Welt; für jede Seele ist jede andre Seele eine Hinterwelt. Zwischen dem Ähnlichsten gerade lügt der Schein am schönsten; denn die kleinste Kluft ist am schwersten zu überbrücken. Für mich – wie gäbe es ein Ausser-mir? Es gibt kein Aussen! Aber das vergessen wir bei allen Tönen; wie lieblich ist es, dass wir vergessen! Sind nicht den Dingen Namen und Töne geschenkt, dass der Mensch sich an den Dingen erquicke? Es ist eine schöne Narretei, das Sprechen: damit tanzt der Mensch über alle Dinge." (Z VI-1, 268)

Daraufhin *scheinen* seine Tiere seine Lehre von der ewigen Wiederkehr zu wiederholen – allerdings tun sie in Wahrheit etwas völlig anderes: sie reden von Eigenschaften, die dem Sein selbst zukommen; ihnen geht es nun um „alle Dinge selber" und um das „Rad des Seins", das ewig läuft im „Jahr des Seins", in dem sich „das gleiche Haus des Seins" baut (Z VI-1, 268–269), m. a. W.: sie sprechen, als hätten sie Platon vor sich und nicht Zarathustra, der ihnen gerade eine Rede über das Missverstehen gehalten hat. Zarathustra nennt sie darob „Schalks-Narren und Drehorgeln", die ein „Leier-Lied" aus seinem Denken machen wollten (Z VI-1, 269). Das aber verstehen die Tiere durchaus nicht, sondern fahren ungerührt fort mit ihren Beschreibungen von Zarathustra als dem großen Lehrer: „Denn deine Tiere wissen es wohl, oh Zarathustra, wer du bist und werden musst: siehe, du bist der Lehrer der ewigen Wiederkunft –, das ist nun dein Schicksal!" (Z VI-1, 271) Im Anschluss daran wiederholen sie – wie Drehorgeln – ihr ‚Leier-Lied' davon, dass „alle Dinge" ewig wiederkehren müssen (was genau jene Gleichheit voraussetzen würde, gegen die sich Zarathustra wehrte), dass die Zeit ein Kreis sei (welche Meinung Zarathustra ausdrücklich dem ‚Geist der Schwere' zugeschrieben hatte); sie geben als Zarathustras Lehre also eigentlich genau das aus, wogegen sich dieser in dem ganzen Werk gewandt hatte – mehr Missverständnis war nie. Zarathustra zieht es hier vor, nicht mehr zuzuhören, und sich statt dessen „mit seiner Seele" zu unterreden (Z VI-1, 273).

4.5.2 Seltsame ‚Nachfolger'

Der ‚Vierte Teil' hat zum Thema also erneut das Missverstehen dessen, worum es Zarathustra bzw. Nietzsche geht. Zarathustra muss erfahren, dass seine eigentliche Botschaft gerade bei denen nicht verstanden wurde, die sich als seine ‚Nachfolger' oder Jünger ausgeben. Nietzsche stellt dieses Thema unter den Titel ‚Die höheren Menschen' – obwohl dieser Ausdruck als Überschrift nur im 13. Textstück vorkommt. Die auftretenden Personen sind jedoch alle auf die eine oder andere Weise solche, die von sich behaupten, von Zarathustra bekehrt worden zu sein. Es treten auf: zwei Könige, ein Papst außer Dienst, ein schlimmer Zauberer, ein freiwilliger Bettler, ein Wanderer und Schatten, ein alter Wahrsager, der ‚Gewissenhafte des Geistes' und der ‚hässlichste Mensch'. Zarathustra muss bald einsehen, dass dies diejenigen sind, die sich – vermeintlich in seinem Geiste – als die ‚höheren Menschen' auffassen.

Der aufmerksame Leser wird bei diesem Ausdruck nun bereits voller Misstrauen sein. Wer Nietzsches Gedanken vom ‚Übermenschen' auch nur ein wenig verstanden hat, der kann nicht mehr glauben, dass Zarathustra oder Nietzsche mit ‚höheren' Menschen zufrieden sein könnte, vor allem dann nicht, wenn diese sich selbst als solche bezeichnen. Wenn der Mensch etwas ist, das überwunden werden soll, dann werden nicht ausgerechnet ‚höhere' Menschen diese Forderung erfüllen können, die sich ja vermutlich gerade deshalb als ‚höher' verstehen, weil sie das ‚Wesen' des Menschen auf irgendeine Weise besser erfüllen zu glauben als dies diejenigen tun, die sie als die ‚niedrigeren' ansehen. Mit diesem Glauben an ein ‚Wesen' des Menschen entsprechen sie jedoch gerade am wenigsten dem, worauf Nietzsche unter dem Titel ‚der Übermensch' hinweist.

Am Anfang dieses ‚Vierten Teils' ist Zarathustra allerdings noch guten Mutes und hofft, die Angelrute in das Menschen-Meer auswerfen zu können und so die „wunderlichsten Menschen-Fische" fangen und zu *seiner* Höhe hinauf bringen zu können: „Also mögen nunmehr die Menschen zu mir hinauf kommen: denn noch warte ich der Zeichen, dass es Zeit sei zu meinem Niedergange, noch gehe ich selber nicht unter, wie ich muss, unter Menschen." (Z VI-1, 293)

Zunächst allerdings erscheint nur ein weiterer Schatten neben seinem eigenen Schatten, und dieser zeigt sich als ein „Wahrsager" und als „Verkündiger der grossen

Müdigkeit", dessen einziges Thema die Vergeblichkeit alles Tuns ist (Z VI-1, 296). Eben dieser beansprucht Zarathustra zu dessen letzter Sünde verführen zu können: dem Mitleiden. Es war schon im 2. Hauptkapitel dieses Buches deutlich geworden, dass diese Eigenschaft für Nietzsche deshalb so sehr im Gegensatz zu dem Gedanken steht, den der Begriff des ‚Übermenschen' bezeichnet, weil damit in der Theorie *und* in der Tat eine Gleichheit unter den Menschen unterstellt wird, die den einzelnen Menschen in eine Allgemeinheit auflöst und ihn nicht als Individuum gelten lässt, sondern als ein ‚etwas', das auf einen gemeinsamen Nenner mit anderen gebracht werden kann, so dass der Mensch einer unter anderen ist – man könnte pointiert auch sagen: womit der eine durch den anderen austauschbar wird und es auf den einen nicht mehr ankommt, wie es bei der Produktion von Computer-Chips nicht auf den einen bestimmten ankommt, der beliebig durch einen anderen ersetzt werden kann.

Zarathustras Mitleiden wird aber sofort herausgefordert, als er einen „Notschrei" hört, von dem jener ‚Wahrsager' behauptet, er würde gerade ihm, Zarathustra, gelten, und er kann ihm auch sagen, wer da so schreit: „der höhere Mensch" (Z VI-1, 298). Zarathustra will jenen um Hilfe schreienden Menschen durchaus retten, auch gegen jene Warnung vor dem Mitleiden: „Er ist in meinem Bereiche: darin soll er mir nicht zu Schaden kommen! Und wahrlich, es gibt viele böse Tiere bei mir.'" (Z VI-1, 299) Dass dieser ‚höhere Mensch' sich in dem befindet, was Zarathustra als ‚meinen Bereich' bezeichnet, muss allerdings noch nicht heißen, dass er tatsächlich jemand ist, der Zarathustra verstanden hat. Auf der Suche nach jenem ‚Notschreienden' trifft Zarathustra zunächst auf zwei Könige mit einem Esel, die ihrer Macht und ihres Ansehens überdrüssig geworden sind, und nun selbst auf der Suche nach dem ‚höchsten Menschen' sind, der ihrer Meinung nach „auf Erden auch der höchste Herr sein" sollte (Z VI-1, 302). Diese Suche führt sie zu Zarathustra. Zarathustra hätte zwar Lust, ihrer zu spotten, aber lädt sie doch ein in seine Höhle. Er selbst eilt weiter auf der Suche nach jenem Menschen, von dem der Notschrei gekommen war.

Als nächstes trifft er einen ‚Gewissenhaften des Geistes', der auf der Suche nach Zarathustra als dem „grossen Gewissens-Blutegel" ist (Z VI-1, 307). Er beansprucht, von Zarathustra gelernt zu haben, es in den Dingen des Geistes „strenger, enger und härter" als jeder andere zu nehmen (Z VI-1, 307). Auch ihn lädt Zarathustra in seine Höhle ein. Nun trifft Zarathustra einen ‚schlimmen Zauberer', der ihm den „Büsser des Geistes" vorspielt – der einen großen Menschen vorstellen möchte und daran zerbricht (Z VI-1, 314). Auch dieser wird von Zarathustra eingeladen. Seine nächste Begegnung ist der ‚letzte Papst' – nach dem ‚Tode Gottes' natürlich außer Dienst, welcher sucht nach dem „Frömmsten aller Derer, die nicht an Gott glauben", und eben diesen glaubt er in Zarathustra zu finden. So wird er zum weiteren Gast in Zarathustras Höhle. Auf der weiteren Suche nach dem ‚Notschreienden' trifft Zarathustra den ‚Mörder Gottes', der zugleich der ‚hässlichste Mensch' ist, welcher zum Mörder geworden war, weil er den nicht ertrug, der ihn unabänderlich sah: „Der Gott, der Alles sah, auch den Menschen: dieser Gott musste sterben! Der Mensch erträgt es nicht, dass solch ein Zeuge lebt.'" (Z VI-1, 327) Auch ihn lädt Zarathustra in seine Höhle ein.

Seine nächste Begegnung ist ein freiwilliger Bettler, der seinen Besitz von sich geworfen hatte und nun Kühen predigt, der von Zarathustra die Überwindung des Ekels suchte und ihn entsprechend begeistert begrüsst, weil er ihn für „besser noch als eine Kuh" hält (Z VI-1, 509). Die letzte Begegnung auf der Suche nach jenem Notschreienden führt Zarathustra mit seinem Schatten zusammen – allerdings einem Schatten in dem Sinne, wie man von dem Nachahmer und allzu treuen Gefolgsmann eines Menschen als von dessen Schatten spricht – also kein Schatten, den das Licht eines Horizontes geworfen hatte, vielmehr bezeichnet Zarathustra ihn auch als seinen ‚Nachfolger', also als einen Menschen, der ihm nachfolgt wie ein Schatten, weshalb ihn Zarathustra mit großem Misstrauen betrachtet, ihn aber nichtsdestotrotz zu den anderen in seine Höhle einlädt (Z VI-1, 335ff).

Diese Menschen mögen wenig gemeinsam haben, aber *eine* Eigenschaft teilen sie doch: sie alle haben sich auf die eine oder andere Weise von Zarathustra inspirieren lassen und sind ihm ‚nachgefolgt' – nicht unbedingt auf die explizite Weise wie derjenige, den Zarathustra selbst als ‚Nachfolger' bezeichnet, aber doch so, dass sie ihren eigenen Weg an Zarathustra und dessen Lehren orientiert haben, so dass sie also gerade nicht ihren *eigenen* Weg zu finden versucht haben.

Nachdem Zarathustra alle diese Figuren der Nachfolge aufgesammelt hat, findet sich in diesem ‚Vierten Teil' eine Art ‚Zwischenspiel', das scheinbar weder zu den vorangegangenen noch zu den folgenden Textstücken passt. Es ist überschrieben mit ‚Mittags' – also mit dem Namen jener Tageszeit, „als die Sonne gerade über Zarathustra's Haupte stand" (Z VI-1, 338). Zarathustra legt sich nieder und beginnt mit offenen Augen zu schlafen und erlebt, dass ihm die Welt ‚vollkommen' wird (Z VI-1, 338f). Diese Vollkommenheit währt allerdings nicht lange – nicht länger als die Sonne „gerade über seinem Haupte" steht (Z VI-1, 341). Es handelt sich offensichtlich genau um die Zeit, da die Sonne keine Schatten wirft. Diese Metapher war uns bereits begegnet für die Situation, in der ein Licht, sei es nun ein geschichtlicher Horizont oder eine herrschend gewordene Perspektive oder eine lange bestimmende Wissensform, den Menschen in seiner bzw. ihrer Beleuchtung ohne die verzerrende und nur den groben Umriss zeichnende Verdoppelung lässt, die wir als Schatten bezeichnen können.

Dramaturgisch ist diese eingeschobene Szene sehr geschickt, denn im folgenden Textstück beginnt die Aufklärung über jene Gesellschaft, die Zarathustra zuvor zusammengesammelt hatte. Der aufmerksame Leser wird bereits ahnen, dass es sich bei ihnen um die Schatten handelt, die Zarathustra – Nietzsche – selbst inzwischen durch seine Lehren geschaffen hat. Der „große Notschrei", dem Zarathustra gefolgt war, kommt nun aus Zarathustras Höhle selbst, wo sich jene Figuren versammelt haben, und es zeigt sich, dass er gerade von ihnen stammt. Erinnern wir uns daran, dass Zarathustra am Beginn des ‚Vierten Teils' dieses Buches es als seine Aufgabe bezeichnet hatte, „die wunderlichsten Menschen-Fische" zu fangen (Z VI-1, 293). Wunderlich mögen die nun gefangenen Fische wohl sein, aber ob es eben die sind, die Zarathustra sich als diejenigen erwählen kann, die seine Lehre verstehen und weitergeben, das ist nicht so sicher – es stellt sich bald heraus, dass dem durchaus nicht so ist. Sie sind zwar wohl zu ihm „hinauf" gekommen, wie er es sich zuvor gewünscht hatte (Z VI-1, 293), aber ob sie deshalb wirklich bei ihm sind, ist noch eine andere Frage.

Eine sehr fröhliche Gesellschaft sind Zarathustras nun gefundene ‚Nachfolger' auf jeden Fall nicht, die wir generell alle als seine ‚Schatten' bezeichnen können. Nichtsdestoweniger spricht Zarathustra doch mit Bezug auf sie vom ‚höheren Menschen': „Und nun weiss ich auch, wo Der zu suchen ist, den ich umsonst heute suchte: der höhere Mensch –: – in meiner eignen Höhle sitzt er, der höhere Mensch!" (Z VI-1, 343) Dass dies kein freudiges Ereignis für Zarathustra sein kann, wird deutlich, wenn wir uns daran erinnern, dass die Suche eigentlich dem ‚Übermenschen' galt, der den Menschen ‚überwunden' hat. Als seine ‚Nachfolger' hat Zarathustra aber nun – Menschen gefunden, und noch dazu solche, die sich selbst offensichtlich als ‚höhere' auffassen. Einer der Könige hält auch gleich eine passende Lobrede auf den großen Lehrer Zarathustra (Z VI-1, 344f).

Das erschreckt nun jedoch selbst den hartgesottenen Zarathustra, der am liebsten fliehen würde, seine Gäste aber schließlich doch nur bescheidet: „Nicht auf euch wartete ich hier in diesen Bergen." (Z VI-1, 346) Mit solchen ‚Nachfolgern' verdürbe er sich den Sieg; sie sind ihm nicht schön genug und vor allem: „Ich brauche reine glatte Spiegel für meine Lehren; auf eurer Oberfläche verzerrt sich noch mein eignes Bildnis." (Z VI-1, 346) M. a. W.: Zarathustra erkennt sich in ihnen nicht wieder – seine Lehre ist in ihnen nicht erhalten, bestenfalls können sie „Brücken" sein (Z VI-1, 347). Hier findet sich eine gewisse Ambivalenz in Zarathustras Haltung gegenüber jenen ‚Nachfolgern', die nun in seiner Höhle versammelt sind: einerseits haben sie als ‚höhere Menschen' nichts mit dem ‚Übermenschen' zu tun – aber sie können doch Wege zu jenem Gedanken bahnen, zu dem Zarathustra unterwegs ist. Deshalb können sie aber nur ‚Vorzeichen' sein:

„Als Vorzeichen kamt ihr mir nur, dass schon Höhere zu mir unterwegs sind, – nicht die Menschen der grossen Sehnsucht, des grossen Ekels, des grossen Überdrusses und Das, was ihr den Überrest Gottes nanntet. – Nein! Nein! Drei Mal Nein! Auf andere warte ich hier in diesen Bergen und will meinen Fuss nicht ohne sie von dannen heben, – auf Höhere, Stärkere, Sieghaftere, Wohlgemutere, Solche, die rechtwinklig gebaut sind an Leib und Seele: lachende Löwen müssen kommen!" (Z VI-1, 347)

Zarathustra setzt das Gefundene und das eigentlich Gesuchte also entgegen als ‚den Überrest Gottes' und die ‚lachenden Löwen' – die letztere Metapher wird das ‚Zarathustra'-Buch schließlich beschließen in einem Textstück, das mit ‚Das Zeichen' überschrieben ist, also nicht mehr mit ‚Das Vorzeichen'.

Das Beste, was Zarathustra schließlich über seine wunderlichen Gäste, die ‚höheren Menschen', zu sagen weiß, ist, dass sie beginnen über sich selber zu lachen, und genau auf diese Weise „weicht auch ihnen ihr Feind, der Geist der Schwere". (Z VI-1, 383) Es weicht ihnen der ‚Ekel' und sie werden Genesende (Z VI-1, 383). Woraufhin er bemerken muss, dass sie wieder fromm geworden sind und nun den Esel anbeten (Z VI-1, 384). Zunächst empört sich Zarathustra zwar gegen dieses ‚Eselsfest', aber er lässt sich schließlich davon überzeugen, dass es sich jetzt nur um einen Spaß handelt. Die ‚höheren Menschen' könnte man also auch als die ‚Überreste Gottes' verstehen, die es aus Versehen in den Denkbereich Zarathustras bzw. Nietzsches verschlagen hat. Zu erkennen sind sie vor allem daran, dass sie weder lachen noch tanzen können:

„Ihr höheren Menschen, euer Schlimmstes ist: ihr lerntet alle nicht tanzen, wie man tanzen muss – über euch hinweg tanzen! Was liegt daran, dass ihr missrietet! Wie Vieles ist noch möglich! So lernt doch über euch hinweg lachen! … Das Lachen sprach ich heilig; ihr höheren Menschen, lernt mir – lachen!" (Z VI-1, 363–364)

4.5.3 Horchen und Gehorchen

Wenn es im ‚Zarathustra'-Buch in erster Linie um das Problem der Vermittlung von Nietzsches Denken geht, so ist es dem Protagonisten selbst offensichtlich nicht gelungen, diese Schwierigkeit aufzulösen. Die einzigen Gefährten, die Zarathustra gefunden hat, sind nach wie vor seine beiden Tiere – Adler und Schlange, das klügste und das stolzeste Tier, und auch diese missverstehen ihn als Verkünder einer ‚Lehre', also als ‚Dogmatiker'. Die ‚höheren Menschen', die im ‚Vierten Teil' in Zarathustras Bergeshöhe ziehen, zeigten sich als sehr wunderliche Gestalten, und Zarathustra distanziert sich an mehreren Stellen von ihnen. Auf der anderen Seite zeigen sie aber auch eine gewisse Ambivalenz, denn als ‚Brücken' erscheinen sie Zarathustra doch immerhin, und an anderer Stelle hatte es geheißen, der Mensch sei eine Brücke zwischen Tier und Übermensch. Aber dem ‚Übermenschen' sind sie in Zarathustras Augen mit Sicherheit nicht näher gekommen – was schon daraus entnommen werden konnte, dass sie eben ‚höhere Menschen' sind, also ihrem Selbstverständnis nach *Menschen* gerade in einer vollkommeneren Gestalt als andere. ‚Höher' sind sie allerdings für Zarathustra unter einem bestimmten Gesichtspunkt, nämlich dadurch, dass sie alle an einem großen Zweifel leiden und an einigen vermeintlichen Wahrheiten irre geworden sind. Vor allem aber sind sie schließlich wenigstens im Ansatz fähig, über sich selbst zu lachen – und genau das macht sie zu dem, was Zarathustra als ‚Brücken' bezeichnet. Man könnte auch sagen, dass sie sich nicht mehr allzu sicher in den gewohnten Horizonten bewegen, die den Menschen die Sicherheit geben über das, was sie selbst sind und wie sie die Dinge der Welt auffassen sollen. Sie feiern zwar noch ihre Gottesdienste, aber sie geraten ihnen zu einem trunkenen ‚Eselsfest', d. h. so ernst ist das alles nicht gemeint, und das Licht über alles, was ist, leuchtet ihnen nicht von da aus.

Der ‚Vierte Teil' und damit das ganze ‚Zarathustra'-Buch wird allerdings abgeschlossen mit einem ein wenig verrätseltem Textstück, das mit ‚Das Zeichen' überschrieben ist. Zunächst bestätigt Zarathustra sehr deutlich, was zuvor schon offensichtlich war: „Wohlan! sie schlafen noch, diese höheren Menschen, während ich wach bin: das sind nicht meine rechten Gefährten! Nicht auf sie warte ich hier in meinen Bergen." (Z VI-1, 401) Vor allem sind es nicht jene, die ihn so hören, wie er verstanden werden möchte: „Das Ohr doch, das nach mir horcht, – das gehorchende Ohr fehlt in ihren Gliedern.'" (Z VI-1, 401)

Wenn Zarathustra hier in einem Atemzug von ‚Horchen' und ‚Gehorchen' spricht, so sollten wir zumindest versuchsweise unterstellen, dass dies mit Überlegung geschieht und die Rede von ‚Gehorchen' hier nicht auf eine persönliche ‚Führer-Marotte' von Zarathustra oder von Nietzsche zurückgeht. Schon zuvor war deutlich geworden, dass Zarathustra es zurückweist, von ihm ‚Gründe' als Antworten auf Warum-Fragen verlangen zu dürfen. Das hängt natürlich damit zusammen, dass (a) das Angeben von Gründen ihm eine in einer bestimmten historischen Konstellation in die Welt gekommene Angelegenheit zu sein scheint, nämlich das Erbe der platonischen Welt, dass (b) das Angeben von Gründen jene Gleichheit voraussetzt, die wir zwar *herstellen* können, die aber nicht in den Dingen selbst anzutreffen ist, welche alle sehr verschieden und keineswegs gleich sind, und dass (c) diese Gleichheit das Einnehmen einer bestimmten Perspektive voraussetzt, d. h. das Erzeugen eines Horizontes, aus dem die

Dinge auf eine bestimmte Weise erscheinen, also in einem bestimmten ‚Licht', das sie nicht selbst mit sich bringen.

Die Berufung auf Gründe mithilfe von akzeptierten Warum-Fragen hat jedoch zur Folge, dass der Zusammenhang zwischen ‚Hören' (‚Horchen') und ‚Gehorchen' auf eine bestimmte Weise aufgelöst wird, nämlich so, dass nun ein allen gemeinsames Kriterium, das wir in der Regel als ‚Vernunft' bezeichnen, zwischen das Hören und das Gehorchen tritt. Wenn es ein solches Prüfkriterium gibt, dann ist das, was der eine Mensch über die Welt sagt, nicht unbedingt das, was der andere akzeptiert und für sich gelten lassen muss. Das alles gilt nicht erst bei komplizierten philosophischen oder wissenschaftlichen Kommunikationsvorgängen, sondern auch schon bei ganz einfachen Fragen wie etwa, ob der Baum an einer bestimmten Stelle ein Apfel- oder ein Kirschbaum ist. Solche Fälle sind in der Regel sehr leicht aufzulösen, aber nur deshalb, weil wir dafür Regeln eingeübt haben, die uns ganz selbstverständlich zur Verfügung stehen, wie etwa die Einteilung von Pflanzen und die Bezeichnungsregeln für Bäume. Das funktioniert aber nur, wenn wir bereit sind, eine Gleichheit zwischen verschiedenen Bäumen zu akzeptieren, nur weil sie bestimmte Eigenschaften zeigen. Dann können wir etwa sagen, ‚dies ist der gleiche Baum wie jener und beide sind Kirschbäume'. Natürlich sind sie in Wahrheit nicht gleich – aber unter einer bestimmten Perspektive haben wir sie gleich *gemacht*, indem wir Gegenstände mit bestimmten Eigenschaften als Kirschbäume ansehen und dabei von fast allen anderen Eigenschaften absehen.

Auf diese Weise fällt es uns leicht, jemandem zu widersprechen, der einen Apfelbaum irrtümlich als einen Kirschbaum bezeichnet. Stehen solche Regeln jedoch nicht zur Verfügung und können wir nicht von der Gleichheit der Dinge, von denen die Rede ist, ausgehen, so wird das Widersprechen schwieriger. In einem solchen Fall können wir uns nicht mehr auf etwas berufen, was uns und dem Gesprächspartner gemeinsam ist. Natürlich kann man auch dann noch widersprechen. Aber es gibt dabei keinen Bezug mehr auf eine gemeinsame Grundlage. Wenn wir dies radikal durchführen, dann findet kein Gespräch mehr statt – das sogar dann, wenn wir dem anderen nur noch Dummheit unterstellen, immerhin noch in dem rudimentären Sinne geschieht, dass wir den anderen aufgrund von Intelligenzmängeln für unfähig erklären, die richtigen Regeln etwa für die Unterscheidung zwischen Apfel- und Kirschbäumen zu kennen und anzuwenden.

In dieser merkwürdigen Situation des Sprechens ohne jede Möglichkeit der Berufung auf etwas Gemeinsames bzw. Allgemeines, mit dessen Hilfe wir eine Beziehung zwischen verschiedenen Behauptungen herstellen können, gibt es eigentlich in der Tat nur noch ein ‚Horchen', das ein ‚Gehorchen' *oder* ‚Nicht-Gehorchen' ist. Worauf kann sich eine solche Reaktion stützen, wenn jeder Bezug auf etwas Allgemeines oder

Gemeinsames ausgeschlossen ist und es damit keine Gründe irgendwelcher Art mehr geben kann? Offensichtlich nur noch auf die bloße Individualität des Sprechers – man könnte auch sagen: auf sein bloßes Sein. Offensichtlich lässt sich diese Situation nicht mehr als ‚Gespräch' beschreiben.

Es ist diese Situation, die Zarathustra dazu bringt, von einem ‚Horchen', das ein ‚Gehorchen' ist, zu sprechen, wenn er von denen spricht, die seine ‚rechten Gefährten' sein könnten. Wir sollten in Zarathustras entsprechenden Äußerungen deshalb nicht den Verdacht auf einen Führer-Gestus hineinlesen, sondern darin einfach die konsequente Durchführung des Denkens erkennen, das Nietzsche bereits in anderen Werken begonnen hatte – ein Denken, das auf die ‚Gewaltsamkeit' jeder Unterstellung einer Gleichheit zwischen Dingen oder Menschen ebenso aufmerksam macht wie auf die absolute Individualität eben dieser Dinge und Menschen, und das gerade deshalb nicht ‚den Menschen' in den Mittelpunkt stellen kann, weil es sich damit an einem Allgemeinbegriff orientieren würde, in dem eben jene Gewaltsamkeit des Gleichmachens aufbewahrt ist.

Daraus wird nun deutlich, was der letzte Grund ist, der die im ‚Zarathustra'-Buch dargestellte Problematik der Vermittlung der Lehre Zarathustras bzw. Nietzsches so zentral *und* so schwer auflösbar macht. Eine jede Vermittlung dieses Denkens in der Form einer Lehre müsste eigentlich gerade das dementieren, *was* gedacht wird. Sie müsste die Gesprächspartner unter den Vorzeichen einer Gleichheit auffassen, die Nietzsche doch gerade nicht akzeptieren will. Sie müsste eine gemeinsame Perspektive zwischen ihnen unterstellen, die Nietzsche doch gerade als eine historisch gewordene und ursprünglich durch eine Art ‚Gewaltsamkeit' geschaffene Überwältigung des Einzelnen enthüllen will. Sie müsste zwischen ihnen einen gemeinsamen Horizont annehmen, den Nietzsche doch gerade als eine Art ‚Trugbild' verdeutlichen will. Sie müsste Gemeinsamkeiten voraussetzen, an welche die Gesprächspartner zu Zwecken der Mitteilung anschließen können, obwohl eine solche Gemeinsamkeit sie doch wieder jener ‚Gewaltsamkeit' des Gleichmachens unterwirft, die zu Nietzsches zentralen Themen gehört – wenn sie nicht sogar *das* zentrale Thema seines Denkens darstellt.

Wenn wir den Titel ‚Mensch' als das allgemeinste ‚Gleichmachen' auffassen, das wir im Zusammenleben und im sprachlichen Umgang untereinander begehen, so erscheint dieses zentrale Thema unter dem Titel des ‚Übermenschen', mit dem Nietzsche gerade den Gedanken eines Aufhörens des Subsumierens unter so allgemeine Begriffe wie ‚Mensch' formuliert – wobei ‚Mensch' nur als Stellvertreter für alle ähnlich allgemeinen und ebenso selbstverständlich verwendeten Begriffe gemeint ist, mit deren Hilfe wir gewohnheitsmäßig und in der Regel mit sehr gutem Gewissen ‚gleich' machen, was nicht gleich *ist* bzw. nur unter einem bestimmten Verständnishorizont und aus einer bestimmten Perspektive, die wir dabei aber vergessen und die Gleichheit dann in den Dingen bzw. Menschen selbst sehen und nicht mehr in der Sicht aus einer bestimmten Perspektive. An dieser Stelle sei nochmals darauf hingewiesen, dass Nietzsche diesen Begriff nicht im Plural verwendet – was natürlich vollständig widersinnig wäre, denn die Bezeichnung ‚Übermenschen' würde wieder eine Gleichheit zwischen absolut Verschiedenen unterstellen, die doch gerade mit diesem Gedanken ausgeschlossen werden soll. Gerade deshalb dürfen wir uns den ‚Übermenschen' nicht als ein redseliges Wesen vorstellen – abgesehen davon, dass wir ihn uns überhaupt nicht vorstellen sollten, denn es handelt sich um einen Gedanken, den man sich nicht vorstellen kann.

Dass am Ende des ‚Zarathustra'-Buches die Einsicht steht, dass Zarathustra keine Gefährten finden kann, außer jenem Surrogat, das wir in seinem Stolz und seiner Klugheit, also in seinen Tieren Adler und Schlange erkennen sollen, ist also ein konsequenter Ausdruck von Nietzsches Philosophie. Ebenso konsequent ist die Einsicht, dass solche Gefährten keine Diskussionspartner wären, sondern ‚Gehorchende' im ‚Horchen'. Natürlich spüren wir dabei einen fast physischen Widerwillen, nachdem uns die vor mehr als zwei Jahrtausenden begonnene Diskussionskultur in Fleisch und Blut übergegangen ist – eine Kultur, die keineswegs stets oder vorwiegend ‚rational' im emphatischen Sinne der Berufung auf die universelle und eine Vernunft war, die aber doch auf dem Geben von Gründen beruhte, auch wenn uns Gründe wie ‚der Fürst hat recht, weil er von Gottes Gnaden herrscht' heute albern erscheinen mögen.

Dieser Widerwille aber ist *eine* Sache, und Nietzsches Insistieren darauf, dass dort, wo keine Gleichheit *herrscht*, auch keine Gründe gegeben werden können, weshalb letztlich kein ‚rationales' Gespräch im Sinne einer Orientierung an der ‚Welt an sich' möglich ist, sondern nur ein ‚Horchen' und ‚Gehorchen', ist eine *andere* Sache, deren Vernunft in dem Versuch besteht, uns darauf aufmerksam zu machen, dass jenes ‚Gleichmachen', das uns ein Selbstverständnis ‚als Menschen' ermöglicht und eine Berufung auf Gründe in der sprachlichen Auseinandersetzung, nicht ein naturgegebenes ‚Gleichsein' darstellt, sondern das Ergebnis einer schöpferischen Leistung, die in der menschlichen Geschichte so sehr wirksam wurde, dass wir sie heute nur noch schwer eigens als solche erkennen können.

4.5.4 Das Zeichen

Auch wenn die Suche nach Gefährten für Zarathustra erfolglos endet, schließt das ‚Zarathustra'-Buch doch mit einem Textstück, das ihn offensichtlich im Zenit seiner Gefühle zeigt, obwohl er einsehen musste, dass er keine Gefährten gefunden hatte und die Mitteilung seiner Botschaft nicht gelungen war. Immerhin findet er einen lachenden Löwen umgeben von einem Taubenschwarm, was er deutet mit den Worten „Das Zeichen kommt" (Z VI-1, 402). Den ‚höheren Menschen' ist der Löwe allerdings weniger gewogen, was er mit einem wilden Brüllen zeigt, das die ersteren rasch verschwinden macht. Zarathustra kommt nun zu der vollen Einsicht in seinen Irrtum mit den ‚höheren Menschen': „Zu meiner letzten Sünde? rief Zarathustra und lachte zornig über sein eigenes Wort: was blieb mir doch aufgespart als meine letzte Sünde? … ‚Mitleiden! Das Mitleiden mit dem höheren Menschen!' schrie er auf, und sein Antlitz verwandelte sich in Erz. Wohlan! Das – hatte seine Zeit!" (Z VI-1, 404) Das Buch schließt darauf mit einigen euphorischen Worten: „Wohlan! Der Löwe kam, meine Kinder sind nahe, Zarathustra ward reif, meine Stunde kam: – Dies ist mein Morgen, mein Tag hebt an: herauf nun, herauf, du grosser Mittag!" (Z VI-1, 404)

Das Bild des ‚großen Mittags' ist eine Metapher, die Nietzsche an mehreren Stellen gebraucht. Zum Verständnis muss man sich nur an die Metapher von den Schatten erinnern, vor allem an die Szene vom ‚Wanderer und seinem Schatten', mit dem der erstere seine Gespräche führte als mit demjenigen, der von ihm ‚selbst' in dem Lichte zu erkennen ist, das aus jenem Horizont kommt, aus dem erst überhaupt etwas zu erkennen ist – auch der Wanderer selbst, wenn auch nur im Schattenbild. Wenn wir diesem Bild folgen, so ist der Mittag ganz offensichtlich die Situation, in der die Dinge keine Schatten werfen, obwohl sie im hellsten Lichte stehen. Man könnte darin also eine Situation erkennen, in der die Welt unabhängig von einem lichtgebenden Horizont zu erkennen ist.

Man sollte jedoch sehr vorsichtig sein mit der Vermutung, dass darin die Dinge und die Menschen ‚sie selbst' sein könnten. Dass sie aus sich selbst heraus und unabhängig von den Zuschreibungen der von ihnen sprechenden Menschen etwas sein könnten, was durch die erhellenden Horizonte nur verdeckt wird, so dass sie durch den Abbau der Lichtquellen schattenlos, nackt und deshalb in ihrer Wahrheit vor uns stehen würden, genau dies ist eine Vorstellung, die nur aus einem *bestimmten* Horizont heraus einleuchtend wird. Es geht aber gerade nicht darum, einen solchen neuen Horizont zu konstruieren, sondern eine Einsicht in die Abhängigkeit des Erkennens der Dinge und unserer selbst von Horizonten und Perspektiven zu gewinnen.

Was aber hat der lachende Löwe mit dem Taubenschwarm mit dieser Metapher vom großen Mittag zu tun? Dazu muss man sich erinnern, dass Zarathustras bisherige Gefährten für den Stolz und für die Klugheit standen – den Stolz, nicht ‚gleich' sein zu wollen, und die Klugheit, das Gleichmachen als ein *Machen* von Gleichheit einzusehen. An mehreren Stellen hatte Zarathustra aber bereits vom *Mute* gesprochen, ohne dass er ihn – bzw. sein Sinnbild: den Löwen – als Gefährten gewonnen hatte. Dass der Mut lachen will, stand im Ersten Teil (Z VI-1, 44). Er hatte auch zu sich davon gesprochen, es müsse „nun dein bester Mut sein, dass es hinter dir keinen

Weg mehr gibt!“ (Z VI-1, 190) Mit Mut hatte Zarathustra den ‚Geist der Schwere‘ besiegt (Z VI-1, 194f), und „der Mut schlägt auch den Schwindel tot an Abgründen“ (Z VI-1, 195). An einer anderen Stelle hieß es: „Aber es gehört mehr Mut dazu, ein Ende zu machen, als einen neuen Vers: das wissen alle Ärzte und Dichter.“ (Z VI-1, 255)

Man sollte darüber hinaus nicht vergessen, dass wir nun mit dem Ende des ‚Zarathustra‘-Buches beschäftigt sind, das man auch als das Produkt eines Dichters bezeichnen kann, und da es gerade aufgrund von Nietzsches Denken kein naturgegebenes Ende durch die Sache selbst geben kann, ist das Zu-Ende-Kommen nicht ohne Mut zu schaffen. Noch an einer anderen Stelle war die Rede von einem Mut, der „nicht Mut vor Zeugen [ist], sondern Einsiedler- und Adler-Mut, dem auch kein Gott mehr zusieht? … Herz hat, wer Furcht kennt, aber Furcht zwingt, wer den Abgrund sieht, aber mit Stolz. Wer den Abgrund sieht, aber mit Adlers-Augen, wer mit Adlers-Krallen den Abgrund fasst: Der hat Mut.“ (Z VI-1, 354)

Dass das Lachen ebenso wie das Tanzen zur Situation des ‚Übermenschen‘ gehört, war schon an mehreren Stellen deutlich geworden, so dass wir nun den ‚lachenden Löwen‘ als Sinnbild für einen Mut auffassen können, der sich nicht zu ernst nimmt und sich selbst nicht zu einer Ideologie macht – für einen Mut auch, der nicht für alle gleich ist, sondern der Mut des Einzelnen bleibt, der sich nicht als Fall eines Allgemeinen sieht. Es bleibt allerdings noch der Taubenschwarm um diesen Löwen, um das Sinnbild zu vollenden. Wir könnten ihn insofern als Vollendung des Bildes auffassen, als es sich um einen friedlichen Löwen zu handeln scheint, der nicht gekommen ist, um zu töten und seine Beute zu verschlingen. Zarathustra hat also nun am Ende dieses Buches keine Jünger oder Gefährten menschlicher Natur gefunden, aber einen neuen tierischen bzw. sinnbildhaften Gefährten: zu Adler und Schlange ist nun der Löwe gekommen, Stolz und Klugheit durch Mut ergänzt auf eine Art, die den kriegerischen Widerstand gegen die Welt der geschlossenen Horizonte, der festgestellten Identitäten und der gleich gemachten Dinge und Menschen aufgeben konnte.

Ist das ein befriedigender oder auch nur ein würdiger Abschluss für ein Buch, in dem es zentral um die Vermittlung der Botschaft Zarathustras bzw. Nietzsches ging? Dass dieses Unternehmen scheiterte und warum es scheitern musste, haben wir schon gesehen. Natürlich tauchen am Schluss nun keine ‚Gefährten‘ auf, die wie durch ein Wunder diese Lage beheben könnten – schließlich sind wir nicht in einem Hollywood-Film. Das einzige, was nach dem langen Weg erscheint, ist eine weitere Tugend: der Mut, der nun den Stolz und die Klugheit ergänzt. Genau diese Kombination ist es, die Zarathustra nun den ‚großen Mittag‘ erleben lässt, also die kurze Zeit, in der die Dinge und die Menschen ohne jene Dunkelheit bestehen können, die das sie erhellende und sichtbar machende Licht sonst um sie wirft.

Vermutlich will Nietzsche uns sagen, dass dies bereits das Höchste ist, das wir erreichen können – d. h. die Freiheit von Horizonten ist kein Zustand, der längere Zeit anhalten kann. Im Grunde kann er sogar überhaupt nicht anhalten, sondern nur für einen ‚Augenblick' gelten, so wie jene Gegenwart nur einen ‚Augenblick' währt, die sich im Gedanken von der ewigen Wiederkehr des Gleichen wiederholt. Damit ist auch die Auffassung des Menschen und der Dinge aus dem unmöglichen Licht ihrer absoluten Individualität ohne ein Gleichmachen nur aus der Perspektive dieses Augenblicks des großen Mittags möglich.

Daraus ergibt sich die Konsequenz, dass der ‚Zarathustra' am Schluss ohne eine vermittelbare Lehre bleibt. Eine solche müsste eben durch ihre bloße Existenz genau das dementieren, *was* sie sagen sollte. Nichtsdestoweniger hat Nietzsche das ‚Zarathustra'-Buch geschrieben, und wir sollten unterstellen, dass Eitelkeit, Ruhmsucht und Geldgier dabei zumindest nicht die einzigen Beweggründe waren. Wir können also annehmen, dass er gerade auf diese Weise die Hoffnung hegte, anderen Menschen zumindest eine gewisse Idee von der Situation jenes ‚großen Mittags' geben zu können, von dem am Schluss des Buches die Rede ist. Dementsprechend müssen aber auch die einzelnen Textstücke aus diesem Buch gelesen werden.

Sie werden eigentlich nur *richtig* verständlich, wenn in ihnen mit-verstanden wird, dass sie nicht Wahrheiten zum Ausdruck bringen, wie dies philosophische Texte in der Regel beanspruchen. Enthalten sie Aussagen, so setzen sie Horizonte und Perspektiven voraus, die ein Gleichmachen implizieren, auf das Nietzsche gerade als ein *Machen* aufmerksam machen will. Wollen sie etwas mitteilen, so setzen sie eine Gleichheit zwischen Begriffen und zwischen Menschen voraus, gegen die Nietzsche seine Lehre vom ‚Übermenschen' setzt als eine Idee von der Möglichkeit, die Vereinheitlichung der Individuen unter Allgemeinbegriffen wie z. B. ‚Mensch' als eine historisch gewordene *Leistung* und als etwas *Gemachtes* auffassen zu können.

Aus diesem Ergebnis erklärt sich letztlich der *philosophische* Grund für die seltsame Gestalt des ‚Zarathustra'-Buches, insbesondere für das Überschreiten der Grenzen, die in der Regel zwischen philosophischen und literarischen Texten eingehalten werden. Die literarische Form ist weit weniger auf die Regeln verpflichtet, gegen die Nietzsche seine Kritik im Sinne einer Aufklärung über ihre *Gemachtheit* vorbringt. Sie kann mit Andeutungen, Anspielungen, Mehrdeutigkeiten und sogar Vieldeutigkeiten arbeiten, sie kann Metaphern, Analogien und Symbole einsetzen, die nicht eindeutig in Begriffe mit festgestellten Bedeutungen übersetzt werden können. Natürlich lässt sich auch das Sinnbild des Löwen nicht einfach auf den Begriff des Mutes reduzieren, wie er vielleicht in einer Psychologie der Verhaltensdispositionen verwendet werden könnte.

Darüber hinaus kann die literarische Sprache ein Werk schaffen, das nicht ein Aussagensystem im Sinne einer Theorie darstellt, sondern das eine Geschichte erzählt, die sich nicht auf eine Lehre reduzieren lässt, oder es kann sich darauf beschränken, eine Atmosphäre zu schaffen, in der man sich bewegen kann, indem sie einen umgibt, ohne dass man sich von ihr als einer vollständig beschreibbaren Welt distanzieren könnte. Bis zu einem gewissen Grad kann die literarische Form darüber hinaus auf das Herstellen von Gleichheit verzichten, weil sie vom Einzelnen handelt und nicht vom Allgemeinen. Sie kann in Zeichen, Winken und Hinweisen reden, ohne damit Feststellungen zu treffen. Es kann in ihr auch glücken, auf Horizonte zu weisen, ohne diese selbst begrifflich festzulegen, und unter Umständen kann sie das Licht einer Perspektive gerade in der Erhellung eines Einzelnen als solches sichtbar machen.

Ist es Nietzsche im ‚Zarathustra'-Buch gelungen, die literarische Form in diesem Sinne erfolgreich einzusetzen? Oder handelt es sich um ein bloß quasi-literarisches oder sogar pseudo-literarisches Werk, aus dem sich der philosophische Gehalt nur in der Form einer übersetzenden Interpretation herausholen lässt? Die Antwort auf diese Frage bleibe hier offen und dem Leser überlassen. Man könnte allerdings einen relativ einfachen Test vorschlagen: findet der Leser bei der eigenen Lektüre nur das, was hier in diesem Einführungs-Buch erklärt wurde, so ist entweder Nietzsches literarisch-philosophischer Versuch misslungen – oder der Leser hat schlecht gelesen. Findet der Leser dagegen etwas ganz anderes, so ist entweder die hier vorgelegte Erklärung misslungen – oder der Leser hat wiederum schlecht gelesen.

Man könnte freilich auch den Gedanken wagen, Nietzsches Versuch könne nur dann als gelungen bezeichnet werden, wenn der Leser bei der Lektüre etwas findet, das mit den hier angebotenen Erklärungen ganz und gar inkompatibel ist – und darüber hinaus mit allen möglichen Erklärungen und Übersetzungen, denn wenn wir Nietzsches ‚Zarathustra' als ein langes Gedicht auffassen, dann gilt auch von diesem Gedicht: solche, die sich übersetzen lassen, lohnen eben diesen Aufwand nicht, denn bei ihnen kann die sprachliche und damit ästhetische Gestalt nicht diejenige Bedeutung besitzen, auf die es bei einem Gedicht doch eigentlich ankommen sollte.

5 Zum Schluss: Der ‚freie Geist' und seine ‚Zeit'

Was ist nun aus jenem ‚Nihilisten' geworden, als welchen die weitgehend außerphilosophische Rezeption Nietzsche viele Jahrzehnte lang darzustellen versucht hatte? Nach den vorangegangenen Erörterungen und Interpretationen zu Nietzsches Werken sollte die folgende Selbsteinschätzung der Fluchtlinie seines Denkens einleuchten können:

„Ich will nicht anklagen, ich will nicht einmal die Ankläger anklagen. Wegsehen sei meine einzige Verneinung! Und, Alles in Allem und Grossen: ich will irgendwann einmal nur noch ein Ja-sagender sein!" (F V-2, 201)

Auf diesem Weg hat sich auch der Anspruch auf eine universelle Umwertung aller Werte relativiert – zumindest aber hat er sich als eine Strategie gezeigt, mit deren Hilfe eine ganz andere Einsicht gefunden werden konnte: alles Werten entsteht in einem Prozess der Ausbildung neuer Akzeptanzbereitschaften in den Gemeinschaften der Menschen, und weder im ‚Sein' noch in der ‚Vernunft' können ewige Grundlagen dafür gefunden werden. Alles, wofür wir Bezeichnungen wie ‚Wissen', ‚Erkenntnis' oder auch ‚Wahrheit' in Anspruch nehmen wollen, ist deshalb selbst von den Werten abhängig, welche die Bereitschaft zum Akzeptieren von ‚Erklärungen' bestimmen.

Haben sich aber auch die vielen allzu lauten Sätze relativiert und konnten die vielen Widersprüche aufgeklärt werden, die sich dem aufmerksamen Leser bei einer kursorischen Lektüre aufdrängen? Viele der letzteren haben sich als Missverständnisse gezeigt, die sich für ein besseres Interpretieren nicht mehr stellen. Viele von ihnen gehen auf die merkwürdige Struktur einer Philosophie zurück, die sich auf keinen Fall der Erwartung fügen will, welche immer noch so oft an das Denken herangetragen wird, das als Philosophie bezeichnet wird. Danach soll sie eine ‚Lehre' zur Verfügung stellen, mit der wir erkennen können, was ‚wahr' und ‚gut' ist, so dass wir wissen, was wir wissen können und was wir tun sollen, m. a. W.: sie soll eine Wissenschaft sein mit einem speziellen und kaum je genau bestimmten Gegenstand.

Wollten wir die ganze Entwicklung der Philosophie seit ihren griechischen Ursprüngen jedoch auf eine einfache Abkürzung bringen, so müssten wir sagen, sie ist der

Prozess einer fortschreitenden Enttäuschung solcher Erwartungen. Dieser Prozess beschleunigt sich mit der Konzentration auf die ‚Reflexion', also auf das Zurückkommen auf das Denken selbst und seine Voraussetzungen und später auf die Sprache, in der wir Behauptungen aufstellen und Geltungsansprüche erheben, also von Descartes im 17. Jahrhundert bis zu Wittgenstein im 20. Jahrhundert. Eine ‚Lehre' können Philosophen innerhalb dieser Entwicklung nur noch zusammen mit einer Reflexion auf die Voraussetzungen und Bedingungen des Aufstellens solcher Behauptungen ausarbeiten, die jene Lehre ausmachen.

Nietzsche steht innerhalb dieses Weges an einer Stelle, an der das Zurückkommen auf das Subjekt (das ‚ich denke') des Erkennens überholt wird von dem Zurückkommen auf die Möglichkeit des Sprechens von den Gegenständen der Erkenntnis *einschließlich* des Subjekts und seiner Denkbedingungen. Dieser Prozess wurde erst im 20. Jahrhundert durch Wittgenstein und seine Nachfolger zu einem – vorläufigen – Ende gebracht. Mit diesem Ende ist die Philosophie mehr oder weniger bis heute beschäftigt, jedenfalls dort, wo sie ‚radikal' zu sein beansprucht und d. h. keine Voraussetzungen akzeptieren will, die nicht in ihre Gedankenbewegung eingeholt werden können.

Dem muss nicht widersprechen, dass es darüber hinaus auch immer Philosophie geben kann, die sich mit der Aufklärung und Verdeutlichung des in menschlichen Gemeinschaften geschichtlich geltend gewordenen Denkens beschäftigt. Dass darüber hinaus ein Begriff wie Philosophie auch offen genug ist, um zumindest institutionell Bereiche zuzulassen, in denen die Selbstaufklärung eines ‚dogmatischen' Wissens betrieben wird, sei nur am Rande erwähnt – etwa kann der Wunsch geltend gemacht werden, näher zu bestimmen, wie wir denken müssen, *wenn* wir die Naturwissenschaften als das nicht mehr zu bedenkende Fundament alles Wissens akzeptieren wollen.

Nietzsche gehört jedenfalls in jene zuerst genannte Entwicklung, in der das Zurückkommen des Wissens auf sich selbst immer radikaler verfolgt wurde. War er in diesem Denkzusammenhang ein wirklich origineller Philosoph? Wir haben an vielen Stellen versucht, sein Denken an Kants – und manchmal auch Hegels – Grundlegung der modernen Philosophie anzuschließen, aber dabei auch wichtige Unterschiede betont. Ähnlich hätten wir andere Denker von Descartes bis zu Hume und Leibniz heranziehen können, bei denen Nietzsche Grundlagen für seine eigene Philosophie finden hätte können, auch wenn er sie an manchen Stellen gegen deren eigene Intentionen hätte lesen müssen.

Bei Nietzsche selbst findet sich eine Formulierung, mit der er seine Position innerhalb jener Entwicklung relativ gut beschrieben hat. Er spricht dort von einem „Heros, der nichts getan hat als den Baum geschüttelt, sobald die Früchte reif waren." Das scheint zunächst keine große Leistung zu sein. Aber er schließt die Frage an: „Dünkt euch dies zu wenig? So seht euch den Baum erst an, den er schüttelte." (MA IV-3, 339)

Wir haben in den vorangegangenen Erörterungen an vielen Stellen deutlich zu machen versucht, dass dies in der Tat von Nietzsche selbst gesagt werden könnte. Es gehört aber gerade zu den fundamentalen Gedanken seiner Philosophie, dass neue Perspektiven eine schöpferische Leistung ausmachen, die dem Schaffen großer Kunst vergleichbar ist. Kant, Hegel und andere Denker so radikal neu zu sehen, wie Nietzsche dies gelungen ist, und dafür zumindest heute eine Akzeptanzbereitschaft zu finden, ist eine Leistung, die deren Denkleistungen durchaus ebenbürtig ist.

Jetzt, da auch das 20. Jahrhundert schon längere Zeit eine Vergangenheit ist, mag sich Nietzsches radikale Reflexion auf das Denken, seine Sprache und damit auf die Mitteilbarkeit des Denkens nicht mehr so ungewöhnlich ausnehmen, wie dies zu seiner Zeit der Fall war. Zunächst und lange Zeit nach seinem Tode allerdings vermochte man ihn nur nach der Seite zu verstehen, nach der er laut und aggressiv war (obwohl er von den Gedanken mit ‚Taubenfüßen' und von den ‚stillsten Worten' gesprochen hatte, welche die Welt lenken) und bisweilen auch den geduldigen Leser mit der Penetranz nervt, mit der er seine Ressentiments zum Besten gibt (obwohl seine ganze Philosophie ein Denken über und gegen das Ressentiment darstellt).

Dass wir heute besser lesen und jene Seite – mehr oder weniger – auf sich beruhen lassen können, dies geht natürlich darauf zurück, dass wir inzwischen von anderen Philosophen vieles gelesen und viele Erklärungen akzeptiert haben, die zurückverweisen auf die Seite der radikalen Reflexion in Nietzsches Werken. Nur weil sich unsere Denkperspektive seit Nietzsche so fundamental verändert hat, können wir ihn heute als Philosophen verstehen und jene alte Perspektive auf das Laute und Aggressive mehr und mehr auf sich beruhen lassen. Dies könnte zu der Meinung führen, eine solche veränderte Perspektive sei geradezu die Folge seines eigenen Denkens, das sich demnach seine eigenen Verständnisbedingungen geschaffen hätte, von denen im ‚Zarathustra' die Rede war.

Aber im Falle der Wirkung Nietzsches ist der Zusammenhang nicht ganz so einfach. Vor seiner Entdeckung als Philosoph war Nietzsche in der Tat nur von wenigen als solcher gelesen worden – in erster Linie natürlich von Martin Heidegger, aber diese Rezeption war doch vor allem als eine Vereinnahmung verstanden worden, und sie hatte wichtige Aspekte außer acht gelassen, die erst später beachtet wurden. Nietzsches Wirkung ist wesentlich komplizierter. Er selbst gab dazu an einer Stelle eine durchaus treffende Einschätzung:

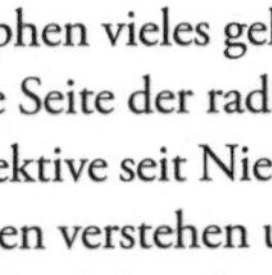

„Der Philosoph glaubt, der Wert seiner Philosophie liege im Ganzen, im Bau: die Nachwelt findet ihn im Stein, mit dem er baute und mit dem, von da an, noch oft und besser gebaut wird: also darin, dass jener Bau zerstört werden kann und doch noch als Material Wert hat." (MA IV-3, 102)

Wir sollten uns hier vor allem daran erinnern, dass Nietzsches Philosophie es gerade aus ihrem gedanklichen Zentrum her verhindert, in ihr ein ‚Ganzes' oder einen ‚Bau' zu sehen.

Große Teile seines Werkes versuchen gerade dadurch die genuine Philosophie des Verfassers zu verdeutlichen, dass sie von den Schwierigkeiten mit deren Vermittlung handeln. Diese Schwierigkeiten gehen letztlich auf die Radikalität der durchgeführten Reflexionsbewegung zurück. Wenn sogar ‚Wissen', ‚Erkenntnis' und ‚Wahrheit' explizit zu Begriffen jenseits des selbstverständlich in der Verständigung Akzeptierten werden, so wird es zum Problem, wie für die eigenen Erklärungen Akzeptanz im Zusammenhang eines Denkens gefunden werden kann, für das gerade jene Begriffe an zentraler Stelle stehen. Wir haben oben ausführlich Nietzsches Ringen mit diesem Problem im ‚Zarathustra' dargestellt, wo er schließlich den Ausweg zu literarischen Darstellungsformen durchgespielt, aber nicht durchgeführt hat.

Wir könnten also sagen, das Besondere der Philosophie Nietzsches lasse sich gerade in der Reflexion auf die Schwierigkeit einer ‚Lehre' in der Philosophie finden, also jenseits der festgestellten und eingeübten Akzeptanzregeln, wie sie in den Wissenschaften deren ‚Strenge' und ‚Exaktheit' ermöglichen und garantieren. Wenn wir heute also den *Philosophen* Nietzsche in seinen Werken erkennen können, so vermutlich deshalb, weil wir seit der Entstehungszeit seiner Werke in andere ‚Spiele' der Akzeptanz, der Reflexion und der Reflexion auf die Reflexion eingeübt wurden, die seinen Zeitgenossen noch nicht zur Verfügung standen.

Auf dieser Grundlage ist es uns heute möglich, in Nietzsches Philosophie nicht eine Lehre, sondern eine ‚un-endliche' Bewegung des Denkens zu erkennen. Wir sollten uns aber nicht darauf verlassen, dass dieses Verständnis die einzige Perspektive auf sein Werk bleiben wird. Es gibt eine Stelle, an der Nietzsche das Geheimnis und das „Meister-Mittel" für literarischen Erfolg sehr treffend so beschreibt:

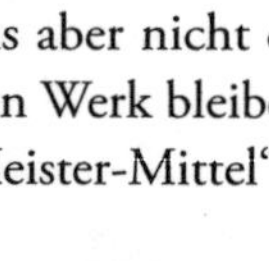

„Alles als gefunden, nichts als kommend und ungewiss hinzustellen. Alle wirkungsvollen Bücher versuchen, einen ähnlichen Eindruck zu hinterlassen, als ob der weiteste geistige und seelische Horizont hier umschrieben sei und um die hier leuchtende Sonne sich jedes gegenwärtige und zukünftig sichtbare Gestirn drehen müsse." (MA IV-3, 53)

Wenn diese Einschätzung überzeugend ist, so muss es als ein unwahrscheinliches Ereignis gelten, dass es uns heute gelingt, Nietzsche als den Philosophen einer radikalen Reflexion aufzufassen, aus der keine neue Lehre entsteht. Möglicherweise werden sich neue Perspektiven bilden, in denen diese Reflexion verschwindet und neue ‚Lehren' entstehen. Nietzsche war sich dieser Abhängigkeit seines Verstandenwerdens von den Akzeptanzmöglichkeiten einer Zeit und ihrer Vorurteile durchaus bewusst: „Ich habe eine erschreckliche Angst davor, dass man mich eines Tags heilig spricht" (EH VI-3, 363).

Zitierweise

Nietzsches Werke werden zitiert nach: Giorgio Colli und Mazzino Montinari, Hg., Nietzsche Werke. Kritische Gesamtausgabe, Berlin, Walter de Gruyter & Co (KGW). Diese Ausgabe ist in mehrere ‚Abteilungen' gegliedert, innerhalb welcher die Bände durchnummeriert sind.

Sie ist für die herangezogenen Werke text- und seitenidentisch mit der Kritischen Studienausgabe in 15 Bänden der gleichen Herausgeber (KSA). Die Zitate lassen sich also in beiden Ausgaben finden. Die Rechtschreibung wurde sehr behutsam modernisiert (z. B. Kausalität / Causalität, tun / thun u. ä.).

Angegeben wird abgekürzt das zitierte Werk von Nietzsche, die ‚Abteilung' und der Band innerhalb der ‚Abteilung' in römischen bzw. arabischen Ziffern, und nach einem Komma folgt dann die Seitenzahl.

Beispiel:
J VI-2, 4) steht für
J = Jenseits von Gut und Böse
VI-2 = Abteilung VI, Band 2 der oben genannten Ausgabe
4 = Seite in diesem Band

Abkürzungen:
A = Der Antichrist
EH = Ecce homo – Wie man wird, was man ist
F = Die fröhliche Wissenschaft
FW = Der Fall Wagner
G = Zur Genealogie der Moral
GD = Götzen-Dämmerung
GT = Die Geburt der Tragödie aus dem Geiste der Musik
J = Jenseits von Gut und Böse
M = Morgenröte. Gedanken über die moralischen Vorurteile
MA = Menschliches, Allzumenschliches
Ü = Über Wahrheit und Lüge im aussermoralischen Sinn
UB = Unzeitgemäße Betrachtungen
Z = Also sprach Zarathustra

Andere Werke werden mit ausgeschriebenem Titel angegeben.

Literaturverzeichnis

Die folgende Literaturliste ist natürlich nicht vollständig. Sie soll nur Hinweise für die weitere Lektüre geben.

Appel, Sabine, Friedrich Nietzsche. Wanderer und freier Geist, München 2011 *[Eine Biographie anhand der Orte, an denen* Nietzsche *lebte. Philosophisch nicht ertragreich, aber für biographisch interessierte Leser zu empfehlen.]*

Biser, Eugen, Nietzsche – Zerstörer oder Erneuerer des Christentums?, Darmstadt 2002 *[Eine lohnende Lektüre für Leser, die sich für* Nietzsches *durchaus ambivalente Sicht des Christentums interessieren, wo Christus gegen das Christentum steht.]*

Böhmer, Otto A., Warum ich ein Schicksal bin. Das Leben des Friedrich Nietzsche, Leipzig 2004 *[Eine reine Biographie.]*

Danto, Arthur Coleman, Nietzsche als Philosoph, München 1998 *[Die deutsche Übersetzung eines amerikanischen Werkes, das bereits 1965 erschienen ist und zu einem Wegbereiter eines philosophischen Zugangs zu Nietzsches wurde, immer noch empfehlenswert.]*

Denker, Alfred, Hg., Heidegger und Nietzsche, Freiburg u. a. 2005 *[Das Buch besteht hauptsächlich aus einer Dokumentation, die vor allem Heideggers* Nietzsche-*Zitate zusammenstellt, außerdem gibt es vier Aufsätze zum Thema.]*

Diethe, Carol, Vergiss die Peitsche. Nietzsche und die Frauen, Hamburg 2000 *[Wer sich gerne mit den Dummheiten im Werk eines Philosophen beschäftigt, der findet hier Material.]*

Djurić, Mihailo, Nietzsches Begriff der Philosophie, Würzburg 1990 *[Eine Aufsatzsammlung mit einigen interessanten Texten zu diesem Thema.]*

Düsing, Edith, Nietzsches Denkweg. Theologie – Darwinismus – Nihilismus, Paderborn 2007 *[Dieses gelehrte und umfangreiche Buch geht der Frage Theologie/Darwinismus nach; ich kann mich damit nicht überall identifizieren; aber vielleicht hilft es einigen Lesern.]*

Figal, Günter, Nietzsche. Eine philosophische Einführung, Stuttgart 1999 *[Eine gute und empfehlenswerte Einführung.]*

Friedlaender, Salomo, Friedrich Nietzsche. Eine intellektuelle Biographie, Herrsching 2009

Gasser, Reinhard, Nietzsche und Freud, Berlin 1997 *[Eine Studie mehr aus Sicht der Psychoanalyse als der Philosophie.]*

Gerhardt, Volker, Friedrich Nietzsche, München 1992 *[Eine lesenswerte Einführung.]*

Golomb, Jacob / Aschheim, Steven E., Hg., Nietzsche und die jüdische Kultur, Wien 1998 *[Diese Aufsatzsammlung behandelt ein sehr problematisches Thema; dabei geht es nicht nur um Nietzsches Verhältnis zur jüdischen Kultur, in der zweiten Hälfte des Buches werden auch Aspekte der jüdischen Rezeption von Nietzsches Werk untersucht.]*

Görner, Rüdiger, Wenn Götzen dämmern. Formen ästhetischen Denkens bei Nietzsche, Göttingen 2008

Himmelmann, Beatrix, Hg., Kant und Nietzsche im Widerstreit, Berlin 2005 *[Es handelt sich um einen Kongress-Reader mit Beiträgen zum genannten Thema; für den fortgeschrittenen Leser sehr interessant.]*

Himmelmann, Beatrix, Nietzsche, Leipzig 2006 *[Eine sehr kurze und knappe Einführung in Nietzsche, die sich klugerweise auf wenige und zentrale Themen konzentriert.]*

Höffe, Otfried, Hg., Friedrich Nietzsche. Zur Genealogie der Moral, Berlin 2004 *[Aufsätze zu diesem Werk von sehr unterschiedlicher Thematik und Gewicht.]*

Körnig, Stephan, Perspektivität und Unbestimmtheit in Nietzsches Lehre vom Willen zur Macht. Eine vergleichende Studie zu Hegel, Nietzsche und Luhmann, Tübingen 1999 *[Eine systematisch sehr interessante Studie, die trotz bisweilen weit hergeholter Parallelen Horizonte eröffnet.]*

Lorenz, Martin, Die Metaphysik-Kritik in Nietzsches Carmen-Rezeption, Würzburg 2005 *[Es wurde schon kurz darauf hingewiesen, dass Nietzsches Wagner-Schwärmerei später durch Bizet-Schwärmerei abgelöst wurde; hier kommt die ausführliche und bedeutungsschwangere Interpretation zu Nietzsche und Bizets ‚Carmen' – etwas zur Entspannung.]*

Lossi, Annamaria, Nietzsche und Platon. Begegnung auf dem Weg der Umdrehung des Platonismus, Würzburg 2006

Montinari, Mazzino, Friedrich Nietzsche, Eine Einführung, Berlin 1991 *[Eine kurze aber lesenswerte Einführung von einem der beiden Herausgeber der KGW-Ausgabe.]*

Müller, Enrico, Die Griechen im Denken Nietzsches, Berlin 2005 *[Im vorliegenden Buch wurde Nietzsche auch aus seiner Kritik an Platon interpretiert. Hier liegt eine sehr interessante Studie zu den Einzelheiten von Nietzsches Rezeption der antiken Philosophie vor.]*

Neymeyr, Barbara, Hg., Nietzsche als Philosoph der Moderne, Heidelberg 2012 *[Eine nützliche Aufsatzsammlung mit sehr disparaten Themen.]*

Niemeyer, Christian, Friedrich Nietzsches ‚Als sprach Zarathustra', Darmstadt 2007 *[Die eingehendere Interpretation dieses Werkes und manchmal abweichend von der in diesem Buch gegebenen, aber dennoch interessant und hilfreich. Hier werden auch weitere Reden und Stücke behandelt.]*

Niemeyer, Christian, Nietzsches andere Vernunft. Psychologische Aspekte in Biographie und Werk, Darmstadt 1998 *[Auf das Problem der ‚Psychologie' bei Nietzsche wurde immer wieder hingewiesen; hier findet sich eine Erörterung dieser Frage, allerdings leider vermengt mit einem Psychologisieren ‚über' Nietzsche; interessant erst im Teil II.]*

Nietzsche-Handbuch. Leben – Werk – Wirkung, Stuttgart 2000

Nietzsche-Lexikon, hg. von Christian Niemeyer, Darmstadt 2009

Nolte, Ernst, Nietzsche und der Nietzscheanismus, München 2000 *[Eine Studie zur Rezeption bis 1999, die sich mit der Wirklichkeit dessen beschäftigt, was es laut ‚Zarathustra' und im Grunde gemäß Nietzsches ganzem Denken eigentlich nicht geben darf/kann: Nietzsche als der große Lehrer für eine Schule.]*

Patt, Walter, Formen des Anti-Platonismus bei Kant, Nietzsche und Heidegger, Frankfurt/Main 1997 *[Das* Nietzsche-*Kapitel ist für unseren Zusammenhang lesenswert.]*

Petersen, Jens, Nietzsches Genialität der Gerechtigkeit, Berlin 2008 *[Das ist eine interessante Studie zum Begriff der Gerechtigkeit und damit über politische Philosophie überhaupt bei Nietzsche, allerdings wohl nur für fortgeschrittene Leser.]*

Pieper, Annemarie, ‚Ein Seil geknüpft zwischen Tier und Übermensch' – Philosophische Erläuterungen zu Nietzsches erstem ‚Zarathustra', Stuttgart 1990 *[Wer noch 400 Seiten zum ‚Zarathustra' möchte, der wird hier gut bedient.]*

Prossliner, Johann, Nietzsches Zarathustra, München 2002 *[Ein sehr kurzer Kommentar zu diesem Werk.]*

Raffnsøe, Sverre, Nietzsches Genealogie der Moral, Paderborn 2007 *[Ein Kommentar zu genau diesem und nur diesem Werk.]*

Reckermann, Alfons, Lesarten der Philosophie Nietzsches. Ihre Rezeption und Diskussion in Frankreich, Italien und der angelsächsischen Welt 1960–2000, Berlin 2003 *[Wer sich über die Vielfalt der Perspektiven auf Nietzsche informieren will, der ist hier richtig.]*

Reschke, Renate, Hg., Bilder – Sprache – Künste, Berlin 2011, Nietzscheforschung. Schriftenreihe der Nietzsche-Gesellschaft Bd. 18 *[Eine sehr interessante Aufsatzsammlung zur Bedeutung der bildlichen Sprache vor allem – aber nicht nur – im Zarathustra.]*

Riccardi, Mattia, ‚Der faule Fleck des Kantischen Kriticismus' Erscheinung und Ding an sich bei Nietzsche, Basel 2009 *[Eine zwar sehr akademische, aber an vielen Stellen doch interessante Abhandlung zu einem speziellen Problem im Verhältnis Nietzsche vs. Kant.]*

Ries, Wiebrecht, Nietzsche für Anfänger: Die Geburt der Tragödie aus dem Geiste der Musik. Eine Lese-Einführung, München 1999 *[Wer dieses Werk ganz besonders genau lesen möchte, der findet hier Unterstützung.]*

Ries, Wiebrecht, Nietzsche zur Einführung, Hamburg 2004 *[Eine Einführung, die zunächst Werk für Werk darstellt, aber dann – ab ca. S. 107 – die wichtigen Themen sehr gut behandelt.]*

Ries, Wiebrecht, Nietzsches Werke. Die großen Texte im Überblick, Darmstadt 2008 *[Das ist ein sehr kurzer Überblick über alle – veröffentlichten – Werke Nietzsches; das kann für manchen Leser hilfreich sein, obwohl man gegen einen werkorientierten Zugang gerade bei* Nietzsche *skeptisch sein sollte.]*

Römpp, Georg, Kant leicht gemacht. Eine Einführung in seine Philosophie, Weimar 2005, 2. verbesserte Auflage 2007

Römpp, Georg, Hegel leicht gemacht. Eine Einführung in seine Philosophie, Weimar 2008

Römpp, Georg, Platon – Profil, Weimar 2008

Römpp, Georg, Ludwig Wittgenstein. Eine philosophische Einführung, Weimar 2010

Saar, Martin, Genealogie als Kritik. Geschichte und Theorie des Subjekts nach Nietzsche und Foucault, Frankfurt / Main 2007 *[Hier findet sich eine ausführliche Diskussion über das Problem des Begriffs der ‚Genealogie', allerdings in erster Linie mit Bezug auf Foucault.]*

Safranski, Rüdiger, Nietzsche. Biographie seines Denkens, München 2000 *[Die erfolgreichste Biographie Nietzsches, die auch Aspekte seines Denkens nicht außer Acht lässt.]*

Schaberg, William H., Nietzsches Werke. Eine Publikationsgeschichte und kommentierte Bibliographie, Basel 2002 *[Interessant für das Spezialthema der Geschichte der Veröffentlichungen von Nietzsches Werken.]*

Schank, Gerd, ‚Rasse' und ‚Züchtung' bei Nietzsche, Berlin 2000 *[Eine Studie zu einem Thema, das bei Nietzsche zwar vorkommt, das man aber unter philosophischen Aspekten vernachlässigen kann – obwohl es in den schlimmsten Zeiten der deutschen Geschichte gerade nicht ignoriert wurde und deshalb historisch wichtig ist.]*

Schlaffer, Heinz, Das entfesselte Wort. Nietzsches Stil und seine Folgen, München 2007 *[Hier geht es in erster Linie um die Besonderheiten des literarischen Stils von Nietzsche und dessen Rezeption, allerdings wird die philosophische Bedeutung stilistischer Fragen unterbelichtet.]*

Schönherr-Mann, Hans-Martin, Friedrich Nietzsche, Paderborn 2008 *[Eine sehr kurze, aber lesenswerte Einführung.]*

Sommer, Andreas Urs, Friedrich Nietzsches ‚Der Antichrist', Basel 2000 *[Wer tief gerade in dieses Werk eintauchen will, der findet hier auf fast 800 Seiten sehr viel Material.]*

Sorgner, Stefan Lorenz, Hg. Wagner und Nietzsche. Kultur – Werk – Wirkung. Ein Handbuch, Reinbek 2008 *[Hier findet man auf ca. 500 Seiten alles, was man über Wagner/Nietzsche wissen kann – aber nicht muss.]*

Stegmaier, Werner, Philosophie der Fluktuanz. Dilthey und Nietzsche, Göttingen 1992 *[Die Nietzsche-Kapitel sind für unser Thema auf jeden Fall lesenswert.]*

Tanner, Michael, Nietzsche, Freiburg 2004 *[Eine sehr kurze und sehr, sehr vereinfachte Darstellung.]*

Taureck, Bernhard, Nietzsche und der Faschismus. Ein Politikum, Leipzig 2000 *[Eine wichtige Studie zu diesem Thema, auch wenn die einer faschistischen Rezeption zugrundeliegende Nietzsche-Auffassung heute vollständig überholt ist – gewirkt hat diese Auffassung wohl.]*

Valk, Thorsten, Hg., Friedrich Nietzsche und die Literatur der klassischen Moderne, Berlin 2009 *[Eine Aufsatzsammlung zur Rezeption von Nietzsche bei wichtigen Schriftstellern – von Stefan George über Kafka bis zu Thomas Mann und Gottfried Benn.]*

Vieweg, Klaus, Hg., Hegel und Nietzsche. Eine literarisch-philosophische Begegnung, Weimar 2007

Villwock, Peter, Hg., Nietzsches ‚Also sprach Zarathustra', Basel 2001 *[Eine Aufsatzsammlung zu diesem Werk, hilfreich für jeden, der tiefer in den ‚Zarathustra' eindringen will, da sehr viele Aspekte behandelt werden.]*

Begriffsregister

Hinweis:

Bei Begriffen, die in einem bestimmten Kapitel ausführlich behandelt werden, sind hier in der Regel nur zusätzliche Stellen aus anderen Kapiteln aufgeführt. Es ist also sinnvoll, einen bestimmten Begriff zunächst im Inhaltsverzeichnis zu suchen.

Georg Römpp
Ludwig Wittgenstein
Böhlau
UTB